集 刊 名：形象史学
主办单位：中国社会科学院古代史研究所文化史研究室
主　　编：刘中玉

## 2023年春之卷

### 编委会（以姓氏笔画为序）

主　任　孙　晓（中国社会科学院古代史研究所）

委　员

卜宪群（中国社会科学院古代史研究所）　　李　零（北京大学）
万　明（中国社会科学院古代史研究所）　　沙武田（陕西师范大学）
王子今（西北大学）　　　　　　　　　　　沈卫荣（清华大学）
王月清（江苏省社会科学院）　　　　　　　张昭军（北京师范大学）
王亚蓉（中国社会科学院考古研究所）　　　陈支平（厦门大学）
王彦辉（东北师范大学）　　　　　　　　　陈星灿（中国社会科学院考古研究所）
王震中（中国社会科学院古代史研究所）　　尚永琪（宁波大学）
尹吉男（中央美术学院、广州美术学院）　　罗世平（中央美术学院）
成一农（云南大学历史与档案学院）　　　　金秉骏（韩国首尔大学）
扬之水（中国社会科学院文学研究所）　　　郑　岩（北京大学）
仲伟民（清华大学）　　　　　　　　　　　耿慧玲（台湾朝阳科技大学）
邬文玲（中国社会科学院古代史研究所）　　黄厚明（南京大学）
池田知久（日本东方学会）　　　　　　　　渡边义浩（日本早稻田大学）
杨宝玉（中国社会科学院古代史研究所）　　谢继胜（浙江大学）
杨爱国（山东省博物馆）　　　　　　　　　臧知非（苏州大学）
杨富学（敦煌研究院）　　　　　　　　　　熊文彬（四川大学）
李　旻（美国洛杉矶加州大学）

### 编辑部主任　宋学立

### 编辑部成员

王艺　王申　马托弟　刘中玉　刘明杉　安子毓　纪雪娟　李凯凯　宋学立　张沛林
黄若然　曾磊

### 副主编

宋学立　安子毓

## 总第二十五辑

古文字与中华文明传承｜CSSCI 来 源 集 刊
发展工程专项资助集刊｜AMI（集刊）核心集刊

# 形象史學

中国社会科学院古代史研究所文化史研究室 主办

刘中玉 主编

2023 年
春之卷
（总第二十五辑）

中国社会科学出版社

图书在版编目(CIP)数据

形象史学.2023年.春之卷：总第二十五辑/刘中玉主编.
—北京：中国社会科学出版社，2023.2
ISBN 978-7-5227-1764-7

Ⅰ.①形… Ⅱ.①刘… Ⅲ.①文化史—中国—文集
Ⅳ.①K203-53

中国国家版本馆 CIP 数据核字(2023)第 059241 号

| | |
|---|---|
| 出 版 人 | 赵剑英 |
| 责任编辑 | 李凯凯 |
| 责任校对 | 闫 萃 |
| 责任印制 | 王 超 |

| | |
|---|---|
| 出　　版 | 中国社会科学出版社 |
| 社　　址 | 北京鼓楼西大街甲 158 号 |
| 邮　　编 | 100720 |
| 网　　址 | http://www.csspw.cn |
| 发 行 部 | 010-84083685 |
| 门 市 部 | 010-84029450 |
| 经　　销 | 新华书店及其他书店 |
| 印刷装订 | 北京君升印刷有限公司 |
| 版　　次 | 2023 年 2 月第 1 版 |
| 印　　次 | 2023 年 2 月第 1 次印刷 |
| 开　　本 | 787×1092　1/16 |
| 印　　张 | 20.25 |
| 字　　数 | 396 千字 |
| 定　　价 | 128.00 元 |

凡购买中国社会科学出版社图书，如有质量问题请与本社营销中心联系调换
电话：010-84083683
版权所有　侵权必究

# 目　录

## 一　服饰研究
栏目主持　刘中玉

沈从文服饰研究的综合比较法及其推进　　　张倩仪　　003

浅析明定陵出土 W55 织金妆花缎衬褶袍　　　陈寒蕾　王亚蓉　　016

13 世纪初"红皮履"与"红皮鞋"流行亚非诸国考　　　董烨寒　　036

两河流域史前时期人物塑像上的装饰及相关问题　　　郭颖珊　　052

## 二　器物研究
栏目主持　安子毓

浅析青铜盂的自名、形制和功能　　　李金鑫　　069

随州叶家山 M126 新出麻于尊、卣考释　　　吴毅强　韩文博　　087

从骨座到灵座
——北魏平城时代墓葬尸柩床座的形成　　　白炳权　　100

## 三　图像研究
栏目主持　曾磊

汉代的"外藏"概念：制度、观念与表征
——兼论汉墓中一类图像的观念来源　　　徐志君　　141

汉代"人鱼"的神化及其海洋想象萌芽　　　李重蓉　　171

论河西墓葬壁画中的"启门图" 贾小军 196

高平仙翁庙壁画考释
——兼谈神祠壁画的基本问题 孙 博 216

## 四 文本研究 栏目主持 宋学立

"官制象天"与东汉尚书台的设立 梁 轩 赵 璐 243

甘州史小玉敦煌莫高窟漫题辑考
——兼谈史小玉并非元末之画工 王海彬 李 国 267

毕竟是书生
——元季金坛张氏家族的出处进退 陈 波 285

赵孟頫大楷书法三议 高丰加 306

# 一

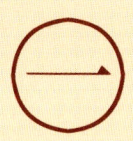

## 服饰研究

# 沈从文服饰研究的综合比较法及其推进

■ 张倩仪（香港中文大学）

《中国古代服饰研究》（以下简称《服饰研究》）1981年首次在香港出版，广受好评，成为相关研究的开山之作。[1] 沈从文在该书引言及其他讲话中，多次说明其研究方法。但《服饰研究》出版至今已40余年，期间中国服饰史著作出版甚多，但在研究方法上，与沈氏相比，仍少有突破。讨论沈从文服饰研究方法的论著偏少，到21世纪才有论文专门讨论。[2] 其中2011年王方的《沈从文的古代服饰研究与服饰考古》及2021年杨道圣的《沈从文与服饰史研究的三重证据法》论述明晰，并有阐发。整体而言，要继承沈从文的研究成果，实在有必要继续加强对沈从文服饰研究方法的讨论。

## 一 研究方法

沈从文认为研究方法十分重要，"我要谈的不是服装，服装大家比我知道得多，我要谈的是一个工作方法。……方法对头啦，那么说服力就强"，"如果方法对，个人成就即或有限，不愁后来无人"[3]。

他多次提到，他的研究方法是综合比较法："我搞的综合文物"，并说自到都市来，对工艺美术的"爱好与认识，均奠基于综合比较"。这综合比较法的主要材料不是文献，而是"以图像为主结合

---

[1] 1967年王宇清在台北出版《中国服装史纲》，从出版的绝对年份而言，比沈从文的早。沈从文自1964年着手从事服饰图谱的写作出版，当年而成样本，只因政治变动，蹉跎近二十年才出版《中国古代服饰研究》一书。

[2] 毕广德：《以物见文：沈从文文物研究的成就和意义》，硕士学位论文，曲阜师范大学，2008。王方：《沈从文的古代服饰研究与服饰考古》，《中国国家博物馆馆刊》2011年第12期。张鑫、李建平：《沈从文物质文化史研究与三重证据法的理论与实践》，《吉首大学学报》2012年第6期。李艺：《沈从文服饰思想研究》，博士学位论文，武汉理工大学，2018。杨道圣：《沈从文与服饰史研究的三重证据法》，《艺术设计研究》2021年第2期。

[3] 沈从文：《我是一个很迷信文物的人》，载王亚蓉编《从文口述》，香港商务印书馆，2002，第6页。《我为什么始终不离开历史博物馆》，载沈从文《花花朵朵坛坛罐罐》，文物出版社，1994，第31页。

文献进行比较探索、综合分析的方法"[1]。

沈从文无论在"文化大革命"初期的多番检讨中、[2] 在《服饰研究》的引言、出版后在湖南的几次演讲中，都反复说明他的研究方法。而且即使在自我检讨时，对自己的研究方法还是很有信心，自言是"用土方法战胜洋教条旧传统一项新试探"[3]，不受洋框框考古学的影响，不受本国玩古董字画旧的影响，而完全用一种新方法，来进行文物研究工作，"深深相信这么工作是一条崭新的路""具有学术革命意义"[4]，而且"我在试探中进行研究的方法，还从来没有人做过"[5]。

## （一）材料：以海量文物为主

沈从文强调从文物而不是从文献入手，他认为按照从《舆服志》着手的旧方法，以文献为主来研究文化史，能做的有限，而从文物制度来搞问题，可搞的就特别多，"历史上讲得模糊的，我们都可以得到很新的启发"[6]，"千言万语形容难明确处，从新出土文物中均可初步得到较正确理解"[7]。

中国文物资料之丰富是沈从文认为大可开发的重要理由。"世界任何一个国家，都没有条件保存得那么丰富完整的物质文化遗产于地下"，所以他甚至主张文物学成为崭新的独立学科。[8]

> 近三十年新出土文物以千百万计，且不断有所增加，为中国物质文化史研究提供了无比丰富资料。一个文物工作者如善于学习，博闻约取，会通运用，显明可把文物研究中各个空白点逐一加以填补，创造出崭新纪录。[9]

沈从文就是从海量的文物中概括出印象，再加钻研而成为一己之说的。他多次以"十万八万"来描述他所过目的文物，"在文物任何一个部门：玉器、丝绸、漆

---

1. 沈从文：《陈述检讨到或不到处》，《沈从文全集·第27卷集外文存》，北岳文艺出版社，2002，第259页。沈从文：《关于西南漆器及其他》，《沈从文全集·第27卷集外文存》，第23页。《中国古代服饰研究》"引言"，商务印书馆，2011，第2页。
2. 各检讨见《沈从文全集·第27卷集外文存》。
3. 沈从文：《陈述检讨到或不到处》，《沈从文全集·第27卷集外文存》，第261页。
4. 沈从文：《我为什么始终不离开历史博物馆》，《花花朵朵坛坛罐罐》，第31页。
5. 沈从文：《从新文学转到历史文物——1980年11月24日在美国圣若望大学的讲演》，载沈从文《花花朵朵坛坛罐罐》，第41页。
6. 沈从文：《我是一个很迷信文物的人》，载王亚蓉编《从文口述》，第7—8页。
7. 沈从文：《中国古代服饰研究》"引言"，第3页。
8. 沈从文：《中国古代服饰研究》"引言"，第3、4页。
9. 沈从文：《中国古代服饰研究》"后记"，第749—750页。

器、瓷器、纸张、金属加工……都有机会看上十万八万的实物"[1]。沈从文所见到的海量文物，不光指他从文学转到博物馆的三十年所见，还包括他二十一岁到北京后所见的清宫散出的文物等，那是他后来在历史博物馆研究文物的基础，"后来的年轻人已不可能有这种好机会见到这么多各种难得的珍贵物品"[2]。

从海量文物中概括印象这一点很重要。《服饰研究》各篇文章虽然常就一两件文物引论，但不是就一件文物论一个问题，而是在了解普遍情况的背景下，提出新见。例如他提出《簪花仕女图》的花冠有误，因此不会是唐代绘画，那是建基于他看过唐代女性发饰及宋代男男女女普遍在头上插花而推断的[3]。

以海量文物为基础，不是一般意义的材料丰富，还要讲究角度和方法。从海量文物，沈从文"看形态，看发展，并比较它的常和变，从这三者取得印象，取得知识"[4]，他不是为看一两件文物，而是看中国服饰演变，透过这种长时段的观察，为他研究服饰的特征和演变，提供了厚实的基础。

## （二）方法：三重证据与多重对比

沈从文自言的"综合分析"之名，较早提出沈从文服饰研究重要性的王方仍然沿用。[5] 然而此名含义较泛，具体如何综合、如何分析，据名字并不能把握到。张鑫、李建平则提出沈从文用三重证据法，后来的研究者亦多跟从。[6] 三重证据法是由王国维的二重证据法（文献和地下文物）发展而来。王国维之后，不少学者据各自研究领域的实践，增加取证的方向：例如饶宗颐将出土文物再划分开器物和文字，人类学、民俗学学者如黄现璠等则加入实地调查或口述历史。

沈从文虽没有说自己是三重证据法，但他很推崇王国维，认为王国维用文物和文献相印证，为探索古史"树立了一个新的工作指标"，并谓自己所处的时代比诸王国维便利了百倍，拥有万千种丰富材料，遗憾的是"一般作学问的方法，还具保守性，停顿在旧有基础上，即使有新

---

1 沈从文：《一个长会的发言稿》《从新文学转到历史文物——1980 年 11 月 24 日在美国圣若望大学的讲演》，均见沈从文《花花朵朵坛坛罐罐》，第 11、42 页。

2 沈从文：《从新文学转到历史文物——1980 年 11 月 24 日在美国圣若望大学的讲演》，载沈从文《花花朵朵坛坛罐罐》，第 41 页。

3 沈从文：《中国古代服饰研究》"引言"，第 9 页。

4 沈从文：《关于西南漆器及其他》，《沈从文全集·第 27 卷集外文存》，第 24 页。

5 王方：《沈从文的古代服饰研究与服饰考古》，《中国国家博物馆馆刊》2011 年第 12 期。

6 张鑫、李建平的三重证据指传世文献、出土文献、文物，参见张鑫、李建平《沈从文物质文化史研究与三重证据法的理论与实践》，《吉首大学学报》2012 年第 6 期。李艺、杨道圣均称三重证据法，但具体的是哪三重，则各有说法。李艺按沈从文的三分，见氏著《沈从文服饰思想研究》，第 152 页。杨道圣则分为文献、图像、实物，见杨道圣《沈从文与服饰史研究的三重证据法》，《艺术设计研究》2021 年第 2 期。

理论，也缺少新内容"[1]。沈从文将他使用的万千种材料，归纳为三种：文献、出土文物、图画，"把史部中的文献和出土的东东西西，和留在图画上的形形式式，三者结合起来看问题，分析判断，才能提得出较新的结论"[2]。三者中又以实物图像为主，也就是前述三种材料中提供视觉形象的两种：出土文物、图画。[3] 当年沈从文没有在出土文物中特别标出纺织文物，因为在他写作《服饰研究》时，古代纺织物出土尚较零散。

以上三类材料是沈从文说明他的研究方向时谈及的，由于不是专门针对如何划分研究材料来作说明，故划分不算很严整，例如他十分重视的传世纺织品虽然属于实物图像，但就难以列入他所说的文献、出土文物、图画三者的任何一类。

杨道圣根据服饰研究的专门需要，建议纯以媒介性质分材料，不管传世或出土。因而提出服饰史研究的三重证据是文献、图像、实物。杨道圣所指实物是指衣物，包括出土纺织品及传世衣物，故其实可以直接用衣物一词；他进而将这实际衣物、图像、文献与罗兰巴特的真实服饰、图像服饰和书写服饰对应。[4]

从服饰研究来说，杨道圣的划分是合理的。不过，沈从文讲到自己的研究时，经常是从文化史研究的角度来说，偶然才专谈服饰的研究，[5] 所以他对研究材料的划分，与杨道圣专门就服饰研究来划分的类目名称，不太一样。

| 表1 | 沈从文服饰研究方法诸说对比 |||||
|---|---|---|---|---|---|
| | 名称 | 材料划分 ||||
| 沈从文 | 综合比较法 | 文献 || 出土文物 | 图画 |
| 张鑫、李建平 | 三重证据法 | 传世文献 | 题识文字 | 出土实物 ||
| 杨道圣 | 三重证据法 | 文献 || 图像 | 实物 |

---

1　沈从文：《文史研究必须结合文物》，载沈从文《花花朵朵坛坛罐罐》，第14—15页。原文1954年10月3日在《光明日报》发表。

2　沈从文：《一个长会的发言稿》，载沈从文《花花朵朵坛坛罐罐》，第10页。

3　沈从文：《中国古代服饰研究》"引言"，第11页。沈从文所指与服饰研究有关的文物和图画，下面仍可细分成很多种类，包括：人物形象的绘画，无论是传世画作或出土的壁画、石刻线画、画像砖，等等；雕塑刻画有人物形象的各式器物，主要是俑；但石器、玉器、木器、金银器等各式文物也有不少资料；文物下亦包括出土纺织物和传世纺织物。

4　杨道圣：《沈从文与服饰史研究的三重证据法》，《艺术设计研究》2021年第2期。

5　沈从文：《我是一个很迷信文物的人》，载王亚蓉编《从文口述》，第6、8页。

后来的研究者无论如何划分，无论是研究服饰史还是文化史，对每类材料的具体内容，还应当细加辨析，才能精确体现沈从文按中国资料状况所发展的研究方法。例如杨道圣大概也知道罗兰巴特的图像服饰的范畴，与他所说的沈从文三重证据之中的图像材料，有一定差距。在欧洲文化的背景，罗兰巴特的图像服饰应主要指绘画和雕塑，在中国文化的背景，绘画也是重要的图像服饰，但中国少做大型雕塑，而墓葬的俑多。多数的俑体积较小，因此表现衣饰的细节较大型雕塑简略。故沈从文留意的范围还包括玉器、铜镜、金银器、画像砖石、漆器等，不放过上面的人物形象。例如大多数研究者重视俑，但沈从文注意春秋战国金银错工艺品上的衣着信息。[1] 因此他说自己是研究杂项文物的。中国文物大量是杂项文物，服饰研究者如果不能从杂项文物去发现信息，未免有损失。留意杂项文物是烦琐辛劳的，但因应中国文物的特性，是值得关注的。

此外，在"实际衣物"这一项下，沈从文所用的不限于传世或出土的衣物，还留意利用人类学和民俗学的资料，例如讨论无裆裤和胫衣时，就援引西南少数民族的事例；谈及明刘若愚《酌中志》用元代制度讲锦缎量度用"派"，他又说苗乡当时仍在用，就是两手伸展的尺寸。[2]

因此我以为在强调三重证据法的同时，应同时强调沈从文所谓"杂文物研究"的重要性，以及沈从文亦利用民俗学材料，作多重对比的方法。

## （三）材料类目：各自的优势和局限

对文献、图像、衣物等材料里的具体类目、优势和各自的局限，也应该深入了解，才有利于作有效利用。

文献：材料多，文字长于描写和说明，表达感情和思想。但和具体问题差距大，所得知识不全面；并有写作时代争议、版本差异、地方用词差异、抄写讹误等问题要留意。

要注意的是沈从文虽强调出土文物是他的主要材料，但他很重视文献。所谓提出新问题，不少是从文物与文献的比较里找出的矛盾，所以他说自己采用的是以文物为主结合文献作比较的方法。[3] 另一要留意的是他不仅用《舆服志》《仪卫志》等常见文献，还包括《牡丹谱》《芍药谱》等实用文献。[4] 这因为他体会到服饰的表现和流行，是一种文化现象，因此与当时社会风尚有关，藏有文化信息的文字材料，都进入他留意的范围。

---

[1] 沈从文：《中国古代服饰研究》"引言"，第4—5页。
[2] 沈从文：《江陵马山楚墓发现的衣服和衾被》，《中国古代服饰研究》，第137页。沈从文：《我是一个很迷信文物的人》，载王亚蓉编《从文口述》，第10页。
[3] 沈从文：《中国古代服饰研究》"引言"，第2页。
[4] 沈从文：《中国古代服饰研究》"引言"，第9页。

图像：包括出土文物和绘画。

出土文物：量多，具象；但类别多而杂，工艺品常受工艺限制、模样沿袭、匠人认识水平的影响。沈从文运用多种出土文物时，对其优势和局限十分留意。墓葬的俑，以其墓葬时代明确，形象立体，本很可用，但沈从文举北朝俑及明代朱檀墓的牵马俑，说明墓葬文物的可用程度也是相对的。[1] 由此可知，使用实物图像也要结合文献及其他材料，于不疑处有疑，才能算严谨，这也是运用多重证据作对比的要求。

绘画：长于呈现理想的穿着、搭配效果，可具体呈现当时的审美观。但属平面艺术，少见背面服饰；风格或有夸张。

唐及以前纸绢画少能留存；宋元以来，文人画兴，山水最流行，人物画较少。现存较多人物的画作是佛道画和肖像画；但神佛的衣服与俗人有一定差距，肖像画不少是穿朝服作祭祀用的画像，穿常服便服的少。幸自汉至宋辽金元墓出土不少壁画，可作补充。传世绘画有文人仿古或后人添改的状况，而画作的粉本沿袭问题亦要留意，不能轻易认为创作时代一定是衣服时代。

衣物：包括衣服和织物实物，直接呈现研究对象的织造技术、剪裁等；但量少，不易亲见及研究。沈从文关注传世织物，提出明初到清初的大藏经经面是织金织物的宝库，并多次提到故宫有四十多万匹绸缎。[2]《服饰研究》虽能及时用到马山楚墓和马王堆汉墓两大织物宝库的出土纺织物，只是来不及充分利用展开作全面的研究。

要为服饰史写成线索，须综合运用各种材料，互相比勘，各采其长。细辨每类材料的长短，小心运用，才有稳妥的研究基础。

为便简览，今将服饰研究材料初步胪列如表2。

| 表2 | | | 服饰研究材料分类 | |
|---|---|---|---|---|
| | 细类 | 范围 | 长处 | 不足 |
| 文献 | 史籍 | 制度性史料如《舆服志》等 | 制度，说明理念 | 未必同于现实沿袭重复 |
| | | 史书纪传 | 记载时代较近，有使用场景 | 片言只语式资料较多 |
| | 文学 | 诗文 | 描写视觉、感觉 | 抽象，夸张 |
| | | 笔记小说 | 有使用人物及场景 | 附会夸张，须严审可信度 |
| | 其他 | 哲学著作、宗教文献、社会资料 | | 类别杂，相关性偏少 |

---

1　沈从文：《我是一个很迷信文物的人》，载王亚蓉编《从文口述》，第13页。

2　沈从文：《我是一个很迷信文物的人》《自己来支配自己的命运——在湘江文艺座谈会上的讲话》，载王亚蓉编《从文口述》，第9、41页。

续表

|  | 细类 | 范围 | 长处 | 不足 |
|---|---|---|---|---|
| 实物图像 | （1）出土文物 — 雕塑 | 陶石俑、瓷像 | 时代长，量多，人物类型多，立体，有颜色，图案 | 时代与衣服未必一致，或欠细节 |
|  | （1）出土文物 — 杂项文物 | 有人物形象的漆木玉石金银等器 | 量多，时代分布长，有早期的 | 形象偏小，衣物简略，类别杂 |
|  | （2）图画 — 传世画作 | 纸绢画 | 人物类型多 | 时代偏后及有争议；后世或有添改 |
|  | （2）图画 — 寺观壁画 |  | 时代明确 | 少世俗衣饰 |
|  | （2）图画 — 墓葬绘画 | 壁画、线画、画像砖等 | 时代明确，有辅助考古讯息或榜题 | 早期较简略，风格或非写实 |
| 衣物 | 传世 | 衣服、佩饰、织物 | 织造、剪裁、图案、颜色 | 时代偏后 |
|  | 出土 | 衣服、佩饰、织物 | 织造、剪裁、图案；衣料选择原因及效果。可早到周代，可辨族属、年龄、性别、阶层 | 稀少；残缺；少有成套。丧葬与生活实用有差距；颜色难保存；时代分布不均；多属富贵阶层 |

## （四）阶段性目标：发现问题，初步求解

沈从文研究服饰的目标，是给读者从多方面对中国古代衣着式样的发展变化，有个比较明确的印象。[1] "从多方面"获得衣饰发展印象，是这句话的重点。

《服饰研究》的一大贡献是提出许多新鲜的想法。沈从文认为图像上充满了过去没有碰到过的新鲜问题，[2] 这些新鲜问题是经过多重对比材料后发现的，例如文物跟文献的矛盾，图像和图像间的矛盾，并因而形成他的新想法。具体的做法，是先摊开材料，就所理解作解释，再把种种解释联系起来看问题，不理解的就拿文献来证。虽然这文献这么说，那文献这么说，但至少先知道个问题；文献所说多半属礼仪的，实际上各代墓葬都因各种各样的原因不会受礼仪拘束。透过摆材料，试解释，比较文献，这样往往就补充了不少知识。[3]

沈从文重视提问题，多次谦称他的研

---

1 沈从文：《中国古代服饰研究》"后记"，第750页。
2 沈从文：《自己来支配自己的命运——在湘江文艺座谈会上的讲话》，载王亚蓉编《从文口述》，第41页。
3 沈从文：《自己来支配自己的命运——在湘江文艺座谈会上的讲话》，载王亚蓉编《从文口述》，第38—39页。

究方法只是试验性的，"充满试验的、探索的方法，提出些问题，解决些问题"[1]，并且强调在此阶段，他的研究是"不谈结论，先谈实物"，他谦称是为研究部门做后勤工作，提供最新资料，说不上是什么真正研究的成绩。[2]

提出问题确实只是导向研究结果的第一步，不是研究的成绩本身。但是面对中国海量的新出土文物，以及缺乏整理的服饰资料，在推倒纯靠文献来论述服饰的习惯之后，据图像材料而提出问题、提出猜想是引向真正研究的重要一步。新问题是新鲜的研究成绩的基石，因此他不惮重审旧说，大力反对传世书画研究迷信帝王题跋、名流鉴藏、专家鉴定，而主张透过画中实物判断画作的年代。[3] 故此讨论沈从文的研究方法，重视其对比材料后作深刻提问的态度是重要的。

沈从文说他的《服饰研究》与他的文学创作计划的相通：内容虽有连续性，解释说明却缺少统一性，总的看来虽有长篇小说的规模，内容却近似风格不一、分章叙事的散文。[4] 虽然沈从文长时期关注服饰的源流变化，以长篇小说为其终极目标，但是因应当前的条件，暂时先做好散文。而做好散文则由多重对比后提新问题开始，这是沈从文作出的好示范，是留给后来研究者的好财产。

## （五）绘图：一种研究方法

未有服饰研究计划前，沈从文已很重视摹绘线图。在历史博物馆时，虽然不坐班，却经常到馆，拿来一些好的资料、好的古代图案，要美术组的年轻人临摹。[5]

初版于1981年的《服饰研究》，作为一本大型图册，黑白线图却占不少。这不能单纯理解为彩色文物照片难得或当时的印刷条件限制。因为即使已有照片的文物，书中仍再用线图呈现一次。实际上，绘图是研究的本身，也是研究的成果。王方点出绘图在学术性的服饰研究中的重要性，摹绘线图"不仅方便了其他学者的参照研究，摹绘过程也体现了研究者对文物资料的理解和认识，是研究的另一种表现形式。这些线图本身也成为具有一定参考价值的研究资料。"[6]

无论像商朝的玉石人像、唐朝的彩色人俑等，都各有线图摹绘的需要。前者体

---

[1] 沈从文：《我是一个很迷信文物的人》，载王亚蓉编《从文口述》，第6、13页。

[2] 沈从文：《从新文学转到历史文物——1980年11月24日在美国圣若望大学的讲演》，载沈从文《花花朵朵坛坛罐罐》，第42页。

[3] 沈从文：《用常识破传统迷信》，《沈从文全集·第27卷集外文存》，第229页。《我是一个很迷信文物的人》，载王亚蓉编《从文口述》，第15页。

[4] 沈从文：《中国古代服饰研究》"引言"，第11页。

[5] 李之檀：《沈从文先生的服饰研究历程（一）》，《艺术设计研究》2014年第2期。

[6] 王方：《沈从文的古代服饰研究与服饰考古》，《中国国家博物馆馆刊》2011年第12期。

积小，刻纹浅，没加彩，如果没有线图，难以看清身上衣饰结构；后者虽然体积大，有色彩，但图案等装饰细节亦多，没有线图，亦易忽略。事实上，线图比照片更易呈现关键细节，而摹绘是发现和研究关键细节的手段之一。沈从文甚至将他的研究的主要贡献推让给有几十年经验的美工人员，将他自己的角色说成是解释文物上的花纹同文献有什么矛盾、启发了我们什么。[1]

沈从文的服饰研究固然历经波折，但他的研究条件仍是有优势的。历史博物馆、中国社会科学院给他配备了绘图的人手，而更关键的是他有条件根据实物、细研实物来绘图，这是很多文史研究者没有机会做到的。

## 二　中国服饰研究的路向

### （一）服饰通史著作的状况

沈从文虽然对自己的方法很有信心，但是他认为研究方法也在探索之中，后来者应该尝试寻找更好的方法。[2]

沈从文的《服饰研究》出版之前，只有王宇清出版过服饰史，两人开始着手的时间约略相当。虽然王宇清也明确知道古籍材料无法解答服饰许多实证问题，而要从考古材料去探索，[3] 但受制于知识专长及空间阻隔，全书仍以文献为主。沈从文之后，服饰研究兴盛，研究者日见增加，所研究范围亦有推展及加深。[4] 服饰史著作尤多，未计断代及女装、军服、少数民族服饰等专题著作，40多年来出版了近50本服饰通史类著作。[5] 若检视该等著作，以衡量服饰研究的更新成果，则可见因应考古出土物大增而有形象材料丰富的优势，但研究方法上未见很大进展。[6] 而沈从文提倡的综合比较研究方法，40多年来亦未有充分展开，不免遗憾。

> 研究服装不是为了好看搞，也不是为了演戏搞。意思是可以探索许多，互相来证它。……一方面可以补充历史文献所不够的，一方面可以丰

---

1　沈从文：《自己来支配自己的命运——在湘江文艺座谈会上的讲话》，载王亚蓉编《从文口述》，第39页。

2　沈从文：《中国古代服饰研究》"引言"，第11页。

3　王宇清：《中国服装史纲》，台北中华大典编印会，1967，第40页。

4　唐永霞：《近十年来中国古代服饰研究综述》，《郑州轻工业学院学报》（社会科学版）2007年第2期。

5　王方以为《服饰研究》的问世直接推动了服饰专题研究的形成，见氏著《沈从文的古代服饰研究与服饰考古》，《中国国家博物馆馆刊》2011年第12期。又，本文所论以服饰史书籍为限，不涉论文。

6　唐永霞亦以为全面系统地研究古代服饰的论著较缺乏，同时较少研究者用第一手资料，多由于或无法绕开沈从文《服饰研究》所列资料，见氏著《近十年来中国古代服饰研究综述》，《郑州轻工业学院学报》（社会科学版）2007年第2期。

富历史文献的内容。[1]

在补充历史文献所不够，丰富历史文献内容上，沈从文之后的服饰史著作主要以大量的出土文物图像来达成，甚至有以文物照片为主、文字为辅的。但对该等大量文物所表现的服饰，还有许多研究工作尚待深入。服饰史著作的文献名词偏多，而对该等名词的来龙去脉以及该类衣饰的发展变化脉络，仍未显豁。[2] 要突破这情况，须同时在文献上下深功夫，及在沈从文所提倡的把握海量文物形象的基础上着力。

在服饰的断代上，只泛言是某朝代的服饰是不足够的。虽然礼服与改朝换代大有关系，但服饰不止与政治上层人物相关，服饰的潮流亦不以朝代为界限。若能把握服饰潮流变化的细节，可对服饰断代作更细致的分期。服饰潮流有社会的、审美的，甚至科技等的因素，因此不囿于朝代界限去挖掘其潜流，发掘一个朝代里也有种种流变，对中国服饰史固然重要，对中国文化史亦可贡献大线索。

王方看重《服饰研究》是由点及线、由线及面的服饰专题研究。在点上形成有创见的认识，在线上爬梳出一条服饰发展脉络，在面上形成一整套服饰文化体系研究的框架。[3]

深化及丰富这条服饰发展脉络，充实框架，以更快形成一套完整的中国古代服饰文化体系，是当前服饰通史著作所宜用力的。

## （二）实验纺织考古和文物数据库

在三重证据，综合比较之上，由沈从文的助手王㐨所开出的纺织考古，已经为中国服饰研究打开一面重要的材料库之门；而实验纺织考古则是研究方法上的更新。

王㐨在20世纪60年代以来所做的染紫和染缬等实验，是探究古代原料和工艺的方法，并关系到战国齐紫、唐代染缬装饰的文献记载；[4] 到王亚蓉1985年以来做整件出土衣物的复织实验，并引起对文献"小要"的深究，等等；如此种种，实验考古方法用在纺织考古上，已为文献之说作了一定的补充、更新。

出土纺织品除了给研究者提供材料，也给我们提出进一步的问题，例如沈从文就曾经提到战国马山楚墓的深衣有小要，汉初马王堆墓的没有；其中原因当时未及了解，今日仍未有解决。沈从文认为马山楚墓的是成熟期深衣，这一点也可以进一

---

[1] 沈从文：《我是一个很迷信文物的人》，载王亚蓉编《从文口述》，第24页。

[2] 结合文物，深究文献，考证名称是古代服饰研究的重要基础工作，这方面论文比著作在古代服饰名词的探索更多，也更适合。

[3] 王方：《沈从文的古代服饰研究与服饰考古》，《中国国家博物馆馆刊》2011年第12期。

[4] 王㐨：《染缬集》，燕山出版社，2014。王㐨做实验的时间很早，可惜到他身后成果才得以发表。

步研究：深衣由起始，到战国臻于成熟，其间步骤如何？在此过程中形成《礼记·深衣》的哲理性叙述的思想文化背景是什么？

实验考古已确认是考古学的一种研究方法，以它应用在纺织考古上，外国亦有实行。[1] 因此可以期待以之打开一个中国服饰研究的广阔天地。当然，做纺织实验考古的研究者毕竟需要有纺织知识和技术，因此能参与的研究者较少。

服饰史是文化史的一环，不能排除非长于纺织技术的文史研究者对服饰研究的作用。沈从文以小说家的背景，而能经眼过手海量的文物，因而有效结合文献和文物两者，从而成就《服饰研究》。正如前面所引，他并不以为服饰研究只是为了衣服好看或是演戏所需，服饰可以帮助辨明其他学科的问题，沈从文经常强调的是古画的断代问题。除此之外，服饰研究还有助于考究族属、风俗、经济民生，等等，服饰材料对研究文化史，有作为或直接或间接证据的作用。虽然有这重要性，但要经眼海量文物去研究服饰，并不容易。沈从文早就认识到后来的文史研究者经手文物的机会不如他，在1954年已提出建立文物资料馆，认为以实物和图片为主的文物资料馆对全体文史研究工作者有非常具体的帮助，而新的文史专家太需要这种帮助。[2] 张鑫等了解到考古学以实物为中心，文献学以文献研究为中心，要两种学科有机结合，实际操作难度很高，因此注意到沈从文这一主张对培养文史研究人才的作用。[3]

今天数据库技术已成熟，储存空间充足，文献数据库已多有建立，为研究者提供极大帮助。沈从文对文物资料馆的主张，亦可以改用文物数据库的形式，较快速地实践出来，这将大有助于长于文献的研究者突破学科鸿沟，利用出土或传世文物，参与共写沈从文心目中的服饰史长篇小说。

利用服饰文物数据库，在细辨海量文物的基础上，用考古类型学的方法辨释文物，排成序列，形成较可靠的服饰断代，则服饰时代变化的线索将可了然，还可以达到沈从文所主张的：用服饰细节帮助其他文物的断代或释读，解决一系列文物制度、古代绘画的问题。[4]

---

[1] 例如 Ce'cile Michel，"Estimating an Old Assyrian Household Textile Production with the Help of Experimental Archaeology: Feasibility and Limitations"，C. Ebert，M. Harlow，E. Andersson Strand L. Bjerregaard，*Traditional Textile Craft-an Intangible Cultural Heritage*?，Mar 2014，Amman，Jordan. Centre for Textile Research，pp. 125-136. 以复织所需时间，评估亚述与小亚细亚的纺织品贸易情况。

[2] 沈从文：《文史研究必须结合文物》，载沈从文《花花朵朵坛坛罐罐》，第20页。原文1954年10月3日在《光明日报》发表。

[3] 张鑫、李建平：《沈从文物质文化史研究与三重证据法的理论与实践》，《吉首大学学报》2012年第6期。

[4] 沈从文：《我是一个很迷信文物的人》，载王亚蓉编《从文口述》，第26页。

## （三）服饰史长篇小说与中国古代文化史

研究历史，在厘清事实之后，还须解释：即由描述性进到分析性。描述十分重要，研究者不把握基础事实，不可能进一步作分析。虽然《服饰研究》尝试由点及面地探讨中国服饰，但以沈从文当时的条件，只能做到描述性为主，而且是片段描述，例如沈从文认为用实物图像加上文物，百花齐放的战国的衣服基本式样可说已能把握得住：衣袍宽博属于社会上层，仆从则短衣紧袖口。但花样百出不拘一格、式样突破礼制是特征。[1] 但对其他材料未足的时代，仍不能完成描述的工作。

沈从文十分清楚条件所限，只能勾勒，未能描出完整的长线，所以他称自己穷后半生的巨著为分章叙事的散文。

但沈从文的目标非止于此，所以《服饰研究》并非全然是描述性的，在条件可行时，《服饰研究》对衣服的穿着感觉，特别是穿着美感，亦时有意见，如马山楚墓的小菱纹锦绵衣或冬常服外衣，用料讲究而不奢华，沈从文认为是以雍容娴雅取胜，同墓的素绢锦缘裙或是追求裙缘露出衣袍之外的层叠性装饰效果。[2] 沈从文一直关注服饰的源流变化及其与当时社会文化的关系，提出有启发的新见，显示出他的分析倾向。沈从文也提过文物学作为新学科，为美学史、文化史提供丰富的新原料。服饰史是美学史、文化史的一支，与美学史尤其有关。[3]

张光直作饮食研究时指出，亲缘、政府、经济以及宗教研究都有方法论的框架：界定该领域的边界、普遍认识但未解决的问题，以及解决争论的公认程序。但饮食及日常生活的其他方面如服饰研究，则没有。[4] 总的来说，沈从文透过《服饰研究》示范了他的方法，立了一些框架，但我们不可能期望他在服饰研究的开创时期，一举完成学科理论和体系的工程。[5] 而他原准备用十年做

---

[1] 沈从文：《中国古代服饰研究》"引言"，第 4 页。

[2] 沈从文：《中国古代服饰研究》，第 132、136 页。

[3] 2000 年后，渐有服饰美学史书籍出版。如蔡子谔《中国服饰美学史》，河北美术出版社，2001。兰宇、祁嘉华：《中国服饰美学思想研究》，三秦出版社，2006。

[4] 张光直：《中国文化中的饮食——人类学与历史学的透视》，载安德森《中国食物》，马孆、刘东译，刘东审校，江苏人民出版社，2003，第 251 页。

[5] 王方认为《服饰研究》得出了很多新认识，但受当时考古发现的制约，尚没有形成系统的学说体系。不过，该书仍尝试提出若干问题，如服饰起源的推测、服饰起源与纺织起源的关系、纺织工具及其技术水平、装饰品与社会等级等。这些宏观问题有助于服饰研究向纵深发展，未来考古学也有可能涉及并不断展开。因而《服饰研究》为未来的服饰专题研究构建了扩展的空间，也提供了继续深入的可能。见氏著《沈从文的古代服饰研究与服饰考古》，《中国国家博物馆馆刊》2011 年第 12 期。

十本书，使这个问题得到比较明确的解决。[1] 当《服饰研究》的出版也蹉跎了二十年之后，这项工程当然不能期诸他自己，而要靠后来者的努力。

因此若要继承和推展沈从文的研究，我们的目标应该是完成长篇小说。这长篇小说不光是描述性的；像沈从文的小说追求探索人性一样，服饰史的长篇小说最终应该回答两个重要问题：中国服饰产生和变化的动力是什么？中国服饰所体现的审美观是怎样的？这两个问题的答案，将为中国古代文化史添上形象美丽的一笔。

---

[1] 沈从文：《自己来支配自己的命运——在湘江文艺座谈会上的讲话》，载王亚蓉编《从文口述》，第39页。

# 浅析明定陵出土
# W55 织金妆花缎衬褶袍

■ 陈寒蕾（北京服装学院） 王亚蓉（中国社会科学院考古研究所）

　　明十三陵的定陵是明神宗万历皇帝、孝端皇后和孝靖皇后的陵寝，于1956年5月开始发掘，至1958年7月结束，前后历经两年又两个月，总计出土各类器物2468件，其中纺织文物644件。[1] 目前，这批纺织文物中唯一的一件W55织金妆花缎衬褶袍（以下简称"衬褶袍"）在学界尚未展开系统研究。本文以衬褶袍为研究对象，通过解读、研习相关历史文献，结合定陵所出衬褶袍的形制、工艺、纹样，考证衬褶袍的制式、穿着场合及功用。

## 一　文献中的"衬褶袍"

　　"衬褶袍"一词见于明代刘若愚所著《酌中志·内臣佩服纪略》，原文是："顺褶，如贴里之制。而褶之上不穿细纹，俗为'马牙褶'，如外廷之裖褶也。间有缀本等补。世人所穿襈子，如女裙之制者，神庙亦间尚之，曰衬褶袍。想即古人下裳之义也。"[2] 此段文献内容内涵丰富，下面结合实物及相关文献材料对衬褶袍、顺褶、裖褶、贴里和襈子之间的关联做进一步的说明。

　　上引《酌中志》原文前半段"顺褶，如贴里之制。而褶之上不穿细纹，俗为'马牙褶'，如外廷之裖褶也。间有缀本等补"，意思是顺褶与贴里的形制相似，褶上无细纹，俗称为"马牙褶"，形如外廷官员穿的裖褶，有时也缀有和官职品级相当的补子。《酌中志》列有"贴里"条目："贴里，其制如外廷之裖褶。"[3] 此两段文字表明，顺褶、裖褶与贴里形制相似，而三者间的区别在于褶裥的折叠方式不同。有学者在研究贴里制式时指出了具

---

1　中国社会科学院考古研究所：《定陵》上，文物出版社，1990，第237页。
2　（明）刘若愚：《酌中志》卷一九《内臣佩服纪略》，北京古籍出版社，1994，第172页。
3　（明）刘若愚：《酌中志》卷一九《内臣佩服纪略》，第165页。

体的差异，贴里为内臣宦官之服，廷外百官的大褶、褴褶、顺褶、褶子等与贴里类似，但在形制上有三点区别，即面料、褶裥的折法和廷外官员"设补"的规定。[1]《明史》卷九五："役长曰档头，帽上锐，衣青素褴褶，系小绦，白皮靴，专主伺察。"[2]《新刻金瓶梅词话》第六十八回提到"应伯爵又早到了，盔的新缎帽，沉香色褴褶，粉底皂靴……"[3]。对于专指外廷官员所穿的缀补褴褶而言，不缀补的褴褶除规定颜色为级别低的官职人员服用外，士庶男子日常也可服。

上引《酌中志》原文后半段"世人所穿褴子，如女裙之制者，神庙亦间尚之，曰衬褶袍。想即古人下裳之义也"，意思是士庶男子所穿褴子的形制中，下裳有近似女裙的款式，明神宗有时喜欢穿，并称为衬褶袍，想必是模仿古人着裳的意思。《新刻金瓶梅词话》中多次提到褴子，如第七十七回"掀起西门庆藕合缎褴子，看见他白绫裤子……"[4]；第九十六回"青高装帽子，勒着手帕，倒披紫袄，白布褴子，精着两条腿"[5]；第九十九回"翠屏道：'在底褴子上拴着，奴替他装殓在'棺椁内了。'"[6]根据上述《新刻金瓶梅词话》的描述，虽无法明确褴子的形制，但可知褴子可外穿也可内穿。目前，出土实物中暂未发现褴子，无从考证形制。当代学者对"褴子"的解释有二：其一，解释为"明代士庶男子所穿便服"，孙晨阳、张珂《中国古代服饰辞典》指出："明代士庶男子所穿便服。或用圆领，或用交领，两袖宽博，下长过膝。腰部以下折有细裥，形如女裙，尊卑均可着之。"[7]；其二，解释为"内穿的打褶衬裙"，这一说法以《酌中志》"想即古人下裳之义也"为依据，接受度较高。相较之下，前者的解释更为准确。

笔者认为，单以文献中的"衬褶袍"来说，《酌中志》所描述的内容与定陵所出衬褶袍别无二致，可以互为观照。衬褶袍仅为万历皇帝偶尔爱穿的样式，在万历前后朝的皇帝无人穿该样式的袍服，廷外官员所穿顺褶、褴褶，内臣宦官所穿贴里，均不属女裙形制，只能说明这是万历皇帝的独特爱好，学古人对下裳做个性化的改造。皇帝日常穿戴的服饰并不全按典章制度，往往会根据自己的偏好进行服饰设计，并为其定名。

---

1　刘畅：《明代官袍结构与规制研究》，硕士学位论文，北京服装学院，2018，第65页。
2　（清）张廷玉等：《明史》卷九五《刑法三》，吉林人民出版社，2005，第1490页。
3　（明）兰陵笑笑生：《新刻金瓶梅词话》第六十八回，明万历四十五年刊本，第183页b。
4　（明）兰陵笑笑生：《新刻金瓶梅词话》第七十七回，第385页b。
5　（明）兰陵笑笑生：《新刻金瓶梅词话》第九十六回，第661页a。
6　（明）兰陵笑笑生：《新刻金瓶梅词话》第九十九回，第701页a。
7　孙晨阳、张珂：《中国古代服饰辞典》，中华书局，2015，第879页。

018　服饰研究

图 1　W55 织金妆花缎衬褶袍

（引自《定陵》下）

图 2　W55 织金妆花缎衬褶袍褶型（局部）

## 二 定陵出土衬褶袍的蒙元遗存风尚

明初，太祖朱元璋下令"复衣冠如唐制"，但蒙元风尚仍旧在服饰上体现，这种风尚一直延续至清代。定陵出土衬褶袍就承袭了蒙元服装的形制、工艺及纹饰，并在此基础上进行一定的汉化改造，体现出不同民族的交流与融合。

### （一）定陵出土衬褶袍的形制

衬褶袍（图1）出土时残损严重，袍身轮廓较完整，该袍的形制为交领右衽，从袍身的腰线断开，形成上衣和下裳相连属的关系，下裳正面打对褶13个（图2），《定陵》报告中称该褶为"合抱褶"[1]。上衣下裳相连属的袍服是从蒙元时期的辫线袍（图3）演变而来，称为贴里（为蒙语"terlig"的音译）。康熙五十六年成书的《二十一卷本辞典》将"贴里"解释为绸缎做的带褶的长袍。[2] 这一形制演变至明代，形成了明代官服体系中的贴里制式。

明代的服制变革之所以未将贴里制式淘汰，是因为它有一定的功能性和礼制性，体现了从蒙元时期的功能性到明代礼制性的转变与定性。元代作为马背民族所统治的朝代，对服饰的功能性要求极高，辫线袍的辫线部分起到束腰、护腰的作用，窄袖不妨碍骑马射猎，下摆宽大则方便骑马。到了明代，辫线逐渐简化，演变成一条腰线连属上衣和下裳，袖子也逐渐加大加宽，最终形成贴里制式的袍服，上到皇帝下到百官均可服。上节提到，衬褶袍、顺褶、褡褶等与贴里形制相似，均为贴里制式，且仅作为里衣，穿于袍服内，这会使袍服下摆变宽大，在礼仪场合能彰显气势、更加端凝庄严，贴里制式中唯有缀补的红色、青色贴里作为内臣宦官的常服可穿于外。由此可知，明代对贴里制式的保留与改造，并不是像元代那样源于对着装功能性的追求，而是为了突出仪礼的庄重性及严肃性，这体现了明代帝王对汉民族服饰礼制性的恢复。贴里制式的袍服也一直沿用至清代（图4）。

---

[1] 中国社会科学院考古研究所：《定陵》上，第88页。

[2] （清）拉锡等编纂：《二十一卷本辞典》，内蒙古人民出版社，1977，第563页。

图 3　纳石失辫线袍
（丹麦大卫收藏博物馆藏）

图4 清乾隆明黄色纳纱彩云龙纹男单朝袍

(故宫博物院藏)

## (二)定陵出土衬褶袍的织造工艺

定陵出土的衬褶袍是万历皇帝之服,其织造工艺复杂,纹饰精美。通过对该袍面料的分析可知为南京云锦织造工艺,该工艺织出的袍料质地坚挺,配色和纹样相当讲究,深得明、清两代皇室的喜爱,属于皇家御用工艺。定陵出土的大批丝织物中,利用云锦织造工艺的织物数量及种类繁多,从一个侧面证明南京云锦技艺的发展到明代已达鼎盛。云锦织造重工重料,工艺流程相当烦琐,必须通过大花楼提花织机织造。明代宋应星《天工开物·乃服》记载了花楼织机的尺寸"凡花机通身长一丈六尺"[1](约5米)、"其花楼高一丈五尺"[2](约4.5米)。整个织造过程需由两名织工配合织造,提花工坐于4.5米高的机架顶,提拽花本线;织工则根据提花工提起的纹样经线进行挖花盘织、妆

---

[1] (明)宋应星:《天工开物》卷二《乃服》,商务印书馆,1954,第36页。

[2] 同上注。

彩或妆金。（图5）

妆彩、妆金工艺始于明代，当时统称为"妆花"，为南京匠人首创，妆花的出现使得明代的织锦技艺比前代更上一层楼。"妆花"一词记载于明代多部史料，如《大明会典》《天水冰山录》《金瓶梅词话》《万历重修江宁县志》等，最早见于《天水冰山录》一书。据此书记载，嘉靖年间，严嵩家被抄没所得大量的丝织品中，绝大部分为"妆花"，并列出"妆花缎""妆花纱""妆花绸""妆花锦"等名目。[1] 妆花工艺为通经断纬的重纬提花织造技艺，不与织物的地组织形成交织，最初妆花工艺运用于缎地提花织物上，称为"妆花缎"，后来随着工艺的进步与创新发展，工匠们可自如将其运用在各类地组织上，因而才有了《天水冰山录》中多样的妆花名目。妆花工艺最终织造出的织物纹样宽大，布局严谨，色彩华丽多样，组织变化丰富，这也是南京云锦的一大特色。这样高成本、高人工的云锦，极大彰显帝王服饰的"君权神授"，更体现了数千年以来无法撼动君与民之间的"阶级烙印"。

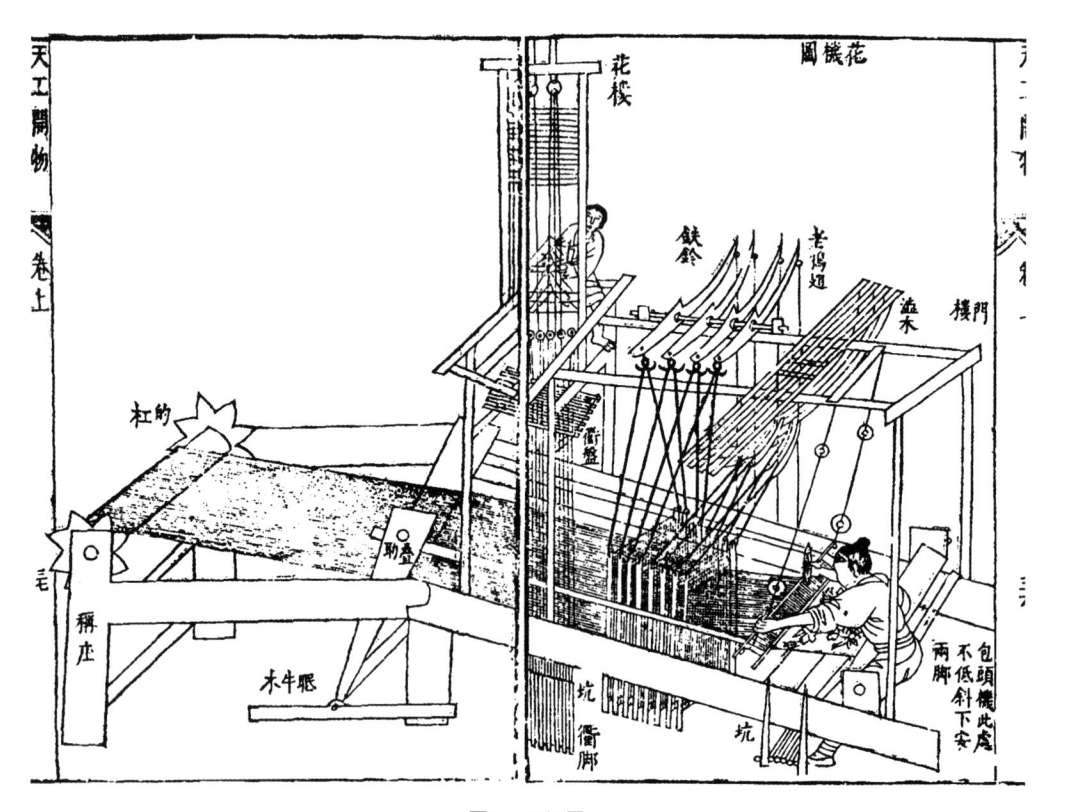

图5　花机图

[（明）宋应星《天工开物》，明崇祯初刻本]

---

1　（清）吴允嘉：《天水冰山录》，知不足斋丛书，吴枚庵藏周石林钞本，第140—152页。

图6 沙哈纳玛绘《列王纪》插图"努什而万吃儿子马尔穆特带来的食物"

(大都会博物馆藏)

图7　W55织金妆花缎衬褶袍织金"寿"字（局部）

织造衬褶袍的主要原材料不仅有多彩的丝线，还使用了大量华贵的片金线和圆金线，使得该袍呈现出富丽堂皇的效果。公元5—6世纪成书的《列王纪》中有多幅与蒙古贵族相关的插画，他们所穿的服装上基本饰金（图6）。而后，据公元13世纪成书的《马可·波罗游记》记载，蒙元贵族服装通常满身饰金，就连日常的生活用品及军用品等都利用金线织造而成。通过这些插画及纪实史料反映出蒙元贵族日常用金为常态。

受到蒙元尚金的影响，明代人也喜金、用金，中国金工在明代实现跨越式的发展。明人胡侍所撰《真珠船》中提到，明代在服装上饰金的工艺约30种，如金线、金箔、贴金、织金、盘金等。[1] 衬褶袍则大量使用圆金线和片金线进行织造，地纹利用圆金织成金"寿"字（图7）；云肩通袖龙襕、大小襟及领缘则用片金进行妆金。通过衬褶袍的织造工艺分析可知，明代的织锦织造工艺具有独特的创新

---

1　（明）胡侍：《真珠船》卷四，中华书局，1985，第42页。

性，融前朝织造元素于一体，使得明代的服饰配色更五彩斑斓。

### （三）定陵出土衬褶袍的纹样

定陵所出衬褶袍的纹样在保留了蒙元时期风格的基础上结合汉民族的文化主题，形成了一套民族融合性极强的纹样体系，并一直沿用至清代。

图8　塔克波斯坦石刻群"沙普尔二世的授职"

图9 唐四骑狮子狩文锦·复织品

（日本东京国立博物馆藏）

图10 吐鲁番阿斯塔那骑士纹锦

（引自赵丰《锦程：中国丝绸与丝绸之路》，黄山书社，2016，第187页）

图11 《列王纪》插画云肩式织于袍服
(亚瑟·萨克勒美术馆藏)

1. 云肩通袖膝襕

"云肩"是饰于衬褶袍上最大的纹样,该纹样在元朝建立之初便已出现。早期云肩以披领的式样出现于波斯萨珊王朝时期,历史遗迹对此多有反映,例如,伊朗塔克波斯坦石刻群(Taq-e Bostan)的浮雕人物就将云肩披领附于服装上(图8)。从考古发现来看,隋唐时期带有波斯色彩的织物上常见人物身上附有云肩披领（图9、图10）。公元3—6世纪，波斯在与中国的频繁交往过程中，学习掌握了中国的织造技术，并将其与叙利亚的毛织技术融合，创造出了萨珊纬锦，这就是中国所称的"波斯锦"[1]。波斯云肩披领也随之利用织造技术织于袍服上，形成云肩式服章[2]，成为蒙古统治者和波斯勇士的标志性服章（图11），这为后世元明时期的云肩式章制奠定了基础。

元代之所以广泛使用云肩式服章，不仅源于与波斯的文化艺术和工艺技术的相互影响和融合，还因为云肩式样是一种无上荣耀的象征。蒙元时期的袍服除云肩式样外，还有膝襕和袖襕，这三者可组合搭配，也可单独织于袍服之上。美国大都会博物馆藏元缂丝《大威德金刚曼陀罗》局部可见元文宗、元明宗的织金交领短袖袍内穿有袖襕袍服，两位皇后所穿袍服上织有袖襕和膝襕（图12）。据《元典章》工部卷记载云肩纹及袖襕、膝襕是由专门的"云肩襕袖机"[3] 织造而成。一般来说，织造云肩这类大纹样的织物，需利用大门幅的织机织造，而只有大花楼提花织机符合该条件。这说明，元明易代之际在织造技艺上有较强的传承性、融合性和创新性。

图12 元缂丝大威德金刚曼陀罗局部
（美国大都会博物馆藏）

---

1 　缪良云、张晓霞：《古代波斯的染织艺术及其与中国的关系》，《丝绸》2001年第1期。
2 　刘畅：《明代官袍结构与规制研究》，第198页。
3 　陈高华等点校：《元典章》，工部卷一典章五十八，天津古籍出版社、中华书局，2011，第1958页。

图 13　鲁荒王墓出土妆金柿蒂窠盘龙纹通袖式样线图
（引自山东省文物考古研究所、山东博物馆《鲁荒王墓》上册，文物出版社，2014，第 24—25 页）

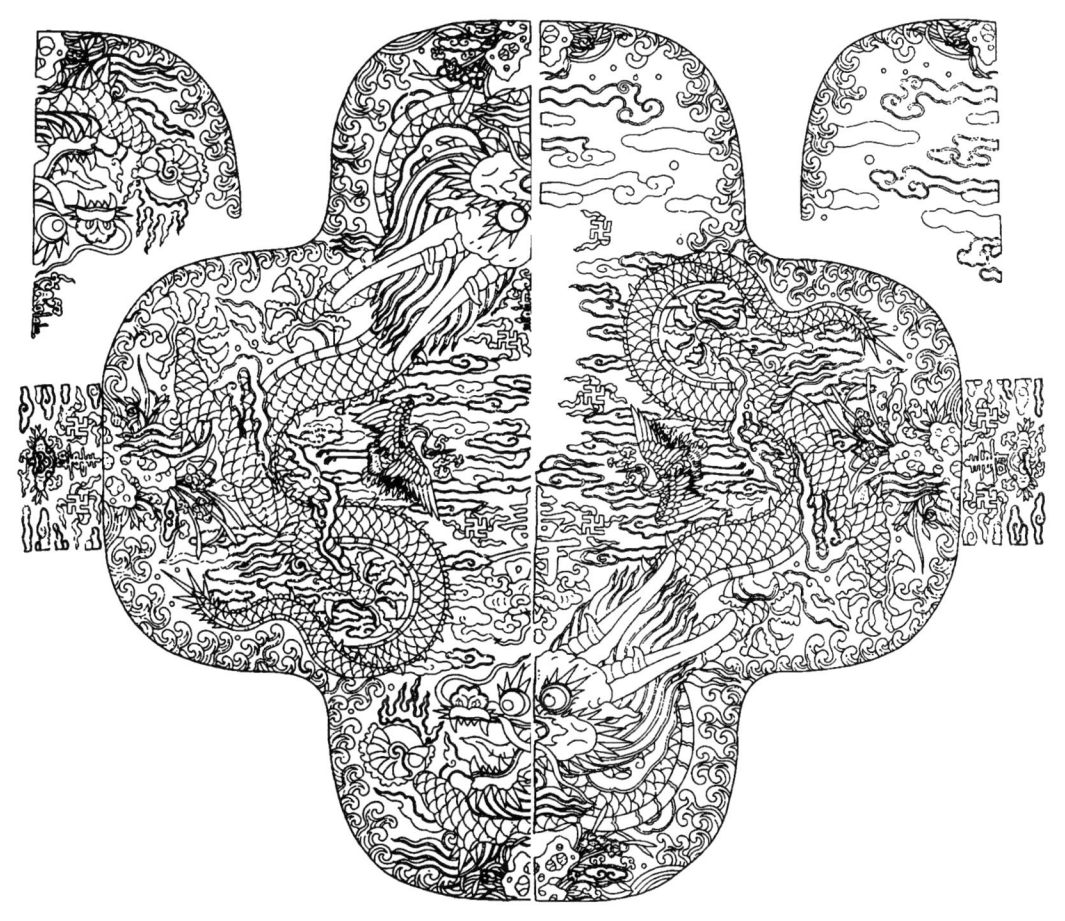

图 14　定陵出土 W117 云肩通袖龙襕织金妆花绸龙袍料线图
（引自《定陵》上）

图15　红色妆花纱云肩通袖膝襕蟒袍

(孔子博物馆藏)

明代云肩式的使用相对元代更为多元。明早期云肩的轮廓未脱离元代云肩的式样（图13），与《元史·舆服志》所载"云肩，制如四垂云"[1] 相似。随着明代织造水平日渐提升，为了让云肩内有更大的空间来彰显"辨贵贱，明等威"的主题纹样，便将云肩外轮廓的形状逐渐简化得更为圆润饱满（图14）。虽然云肩外轮廓简化了，但是内饰的纹样规定十分严谨和讲究，主要包括龙纹、蟒纹、飞鱼纹、斗牛纹、麒麟纹等。龙纹自古象征皇权，代表着皇帝高高在上的特权，因此成为皇帝御用的纹样。正如《大明实录·太祖高皇帝实录》卷二〇九所说"织锦龙凤文，军民僧道人等常服止用"[2]，龙、凤纹上至百官下至士庶均不可用。对于明代官员来说，袍服上饰云肩蟒纹、飞鱼纹、斗牛纹等，是被赋予权贵的象征，并非本等章纹可享有的殊荣，这是皇帝赐予有功之臣、有地位之人或是附属国之君臣的冠服，称为"赐服"（图15）。

根据明代皇帝画像及传世、出土纺织品，明代皇帝袍服上饰云肩纹是十分常见的。云肩纹可作为独立纹样（图16），又可以与通袖（袖襕）、膝襕作为组合式样，织绣于盘领（图17）、曳撒（图

---

1　(明) 宋濂：《元史》卷七八，清乾隆武英殿刻本，第914页。

2　(明) 胡广等纂修：《大明太祖高皇帝实录》卷二〇九，洪武二十四年六月，北平图书馆藏红格抄本，第6页。

18)、贴里、直身、罩甲（图19）等袍服之上。明代史料一般将云肩纹组合式样，称为"云肩通袖膝襕"。万历皇帝陵寝出土云肩通袖膝襕式样的袍料有36件，其中6件的腰封上记有"云肩通袖龙襕"的字样，这是"史实互证"的一个依据；龙袍有5件，衬褶袍则是其中保存相对较完整的一件。

图16　明洒线绣百花过肩龙云肩圆领袍料

（故宫博物院藏，引自常沙娜主编《中国织绣服饰全集：历代服饰卷下》，天津人民美术出版社，2004，第205页）

图 17　《徐显卿宦迹图》
（故宫博物院藏）

图 18　《明宪宗元宵行乐图》（局部）
（中国国家博物馆藏）

图 19　《明宣宗射猎图轴》（局部）
（故宫博物院藏）

图1显示，衬褶袍胸背上的云肩已残破，通袖襕、龙襕保存较为完好。《定陵》发掘报告中未对衬褶袍上已残破的云肩进行过多描述，但通过实物本身残留的龙纹形态、大小、定位，以及报告中所记述的其余几件袍服（料）上云肩内所饰龙纹多为"过肩双龙戏珠"式样，再与明代其他等级较高墓葬出土的云肩通袖膝襕袍服进行比对，可以判断，衬褶袍云肩内应该饰有两条盘绕呼应的戏珠过肩龙，周围伴有江崖海水和如意云纹。衬褶袍的通袖襕饰有升龙，龙头朝肩；龙襕饰有多条行龙戏珠，周边有海水江崖及云纹相伴。

2. 领缘纹样

衬褶袍的领缘不同于一般的贴里，通常贴里所用领缘为素色，多与服色相同或接白色护领。衬褶袍实物的领缘隐约可见行龙戏珠纹，底部有海水纹，结合《定陵》报告中绘制的几件龙领来看，多为三条龙，一条正龙，左右两边各一条头对正龙的行龙戏珠，依此分析判断，衬褶袍的领缘也应该为一条正龙和两条行龙戏珠。

3. 地纹

自古以来，中国人从未停止追求吉祥寓意的事物，这些吉祥寓意的形象、文字经过代代相传，形成亘古永恒的文化符号。明代延续了自古"天人合一"美学观念的主导思想，在衬褶袍的地纹设计上将灵芝纹、鹤纹、"寿"字纹组合为灵芝捧金"寿"字和仙鹤托金"寿"字[1]（图20）。《酌中志》记载有遇圣寿或千秋，君臣会穿织绣有"金寿字"纹样的袍服。这两组纹样表达了对万历皇帝福寿绵延、鹤寿延年的祝愿。同一纹样还出现于孝端皇后墓中的D19:1织金妆花缎裙的地纹上（图21）。

图20 W55织金妆花缎衬褶袍（地纹局部）

---

1　中国社会科学院考古研究所：《定陵》上，第88页。

图 21　织金妆花缎裙 D19：1 地纹

（引自《定陵》上）

## 三　结论

综上所述，定陵所出衬褶袍是典型的上衣下裳相连属的明代贴里制式，由于该袍的织造工艺繁杂，纹样丰富精美，时常被误认为是外穿的袍服，实则皇帝之服不可与内臣宦官相同，将贴里制式的袍服穿于外，该制式只可穿于盘领、罩甲或褡护等袍服内。经过对衬褶袍的纹样分析，该袍是一件万历皇帝用于万寿圣节或千秋时所着的"专属升级版"贴里制式的袍服。

# 13世纪初"红皮履"与"红皮鞋"流行亚非诸国考*

■ 董烨寒（厦门大学南洋研究院）

13世纪初，海上丝绸之路兴盛，诸多商品沿此贸易通道进行交换。陶瓷、丝绸、茶叶、香料等商品贸易在诸多典籍中多有记载，学界研究颇丰。相对于这些大宗商品或奢侈品贸易的研究，对一些不起眼的小物品的研究难度较大，由于缺少对其贸易细节的明确记载，也缺乏相应的研究方法，因此对这类商品的研究还没有充分展开。但作为海上丝绸之路贸易的重要组成部分，小物品的研究对于全面了解海上丝绸之路沿线不同地区和人群之间的物质文化交流状况，有着不容忽视的意义。这一时期记载中多次出现在亚非诸国的"红皮履"和"红皮鞋"正是该类商品的一个典型代表，笔者以此为出发点，综合利用中国、印度、阿拉伯等国家和地区的相关史料进行研究，以期引起史学界同人的兴趣。

## 一 中国古籍中的"红皮履"与"红皮鞋"

从1911年德国汉学家夏德和美国汉学家柔克义合译的《诸蕃志》英译本 *Chau Ju-kua: On the Chinese and Arab Trade in the Twelfth and Thirteenth Centuries* [1] 中，可以看出译者对鞋履形制的一些倾向性，如其将细兰国出现的金线红皮履称为"sandals"，该词在英文中指拖鞋，尤其指（古希腊罗马人穿的）带子鞋或鞋襻或凉鞋。而对阇婆国、胡茶辣国、大食国、层拔国、记施国出现的无论"红皮履""红皮鞋"，一律翻译为"shoes"，根据柯林斯

---

\* 本文为2020年度教育部人文社会科学重点研究基地重大项目"海上丝绸之路与中国—东南亚经济文化交流史研究"（20JJD770010）的阶段性成果。

[1] Chau Ju-kua, Translated and Annotated by Friedrich Hirth and W. W. Rockhill, *Chau Ju-kua: On the Chinese and Arab Trade in the Twelfth and Thirteenth Centuries*, ST. Petersburg: Imperial Academy of Sciences, 1911.

词典的解释，shoes"是穿在脚上的东西。它们覆盖了脚的大部分，把它们穿在袜子或长袜外面"。可以推测作者认为出现于上述国家的是常见的覆盖全脚的鞋。后在默伽猎国中，译者则将红皮鞋翻译为"boots"，意为靴子，可见译者认为该国的红皮鞋应为靴子样式。然而，在中文各版《诸蕃志》中仅有皮鞋、皮履两种表述，而译者却将其区分为三种，译者何以如此翻译，我们难以得知，这样的分类是否合理，有待商榷。

要探明红皮履与红皮鞋之异同，首先应该清楚宋代履与鞋的含义。《事类备要》称："身章撮要，履，礼也，饰足以为履。用绯罗表皮裹头，饰以绚，缝中紃，且纯且缘，不带，口两旁各着带，用以缚足或以为单底。"[1] 对鞋的描述则十分简单"鞋亦履属……"[2] 在当时正式文书中，履依然是各种足衣的统称，而鞋只是其中的一种。通过考证宋代其他非官方文献可以发现，这一时期鞋的范围正在扩大，当时众多履也都可称为鞋，鞋、履的含义有混同之嫌。

宋代古籍中，"红皮履"与"红皮鞋"出现于不同国家，这些国家从南海到非洲，遍布整个环印度洋区域甚至到达地中海沿岸。在《诸蕃志》中，红皮履首次出现是在"细兰国"条，"其王黑身而逆毛，露顶不衣，止缠五色布，蹑金线红皮履，出骑象，或用软兜，日啖槟榔，炼真珠灰"[3]。细兰国在唐时称僧伽罗，即锡兰，位于今斯里兰卡岛，"斯里兰卡"来自梵语古名"Simhalauipa"，指驯狮人，《大唐西域记》中将其称为僧伽罗。《诸蕃志》根据斯里兰卡古阿拉伯语"Sirandib"，音译为"细兰"。僧伽罗国信仰佛教，其国内的"巨足山"据传说是佛足留下的脚印，其国家的主要宗教几乎没有变化，至今其主要信仰仍为南传佛教。在其后的阇婆国条中，又出现了所谓革履："其王椎髻，戴金玲，衣锦袍，蹑革履，坐方桩。"[4] 宋代阇婆应指爪哇岛，其国当时的信仰，"国有寺二，一名圣佛一名舍身"。即谓其国内有佛教和婆罗门两种教派信仰，且二者为竞争状态。[5] 除《诸蕃志》外，在宋代古籍中，周去非《岭外代答》中《皮履》篇亦提及交趾人蹑红皮履，[6] 在其"故临国"条中称："与大食国相迩。广舶四十日到蓝里住冬，次年再发舶，约一月始达。其国人黑色，身缠白布。须发伸直，露头撮髻，穿

---

1　（宋）谢维新编：《事类备要》外集卷三九《寝衣门》，清文渊阁四库全书本，第2961页。
2　同上注。
3　（宋）赵汝适著，杨博文校释：《诸蕃志校释》，中华书局，1996，第49页。
4　（宋）赵汝适著，杨博文校释：《诸蕃志校释》，第51页。
5　（宋）赵汝适著，杨博文校释：《诸蕃志校释》，第58页。
6　（宋）周去非：《岭外代答校注》，杨武泉校注，中华书局，1999，第221页。

红皮履，如画罗汉脚踏者。"[1] "国人好奉事佛。"[2]《宋会要》"占城蒲端"条记载其王"脑后垂髻，散披古贝衣，戴金花、冠七宝装璎珞为饰，服胫皆露，蹑革履，无袜"[3]。后又称其王"凡出入装束，着大食锦或川法锦大衫，头戴七宝、装成金冠，身上戴七条金装就璎珞，脚踏红皮履"[4]。占城传说当中，有安拉（Allah）在1000—1036年"君临都城"之事，且此时其国已信奉伊斯兰教。

后于《诸蕃志》"胡茶辣国"条中，初见"红皮鞋"："国人白净，男女皆穿耳，坠重环，着窄衣。缠幔布，戴白㲲耳，蹑红皮鞋。"[5] 胡茶辣国应指当时印度诸小国，在今印度最西部与巴基斯坦接壤处古吉拉特邦一带，其国以婆罗门教为主要信仰，玄奘《大唐西域记》也曾记载其国"多事外道，少信佛法，天祠数十，异道杂居"[6]。杨博文校注本在此条红皮鞋下加注了《马可波罗游记》的内容，称"此国亦制最美之红皮，嵌极美之鸟兽于其中，用金银线巧缝之，其美不可思议"[7]。进而指出这种红皮应该就是红皮鞋的主要制作材料。在"层拔国"条又有记载："其人民皆大食种落，遵大食教度。缠青番布，蹑红皮鞋。"层拔国应为"Zanzibar"的音译，是阿拉伯人在东非建立的王朝，现今的桑给巴尔岛即是这一名称的遗留。[8] 在"记施国"条中，也出现了相关记载："记施国在海屿中……国人白净，身长八尺，披发打缠，缠长八尺，半缠于头，半垂于背，衣番衫，缴缦布，蹑红皮鞋。"[9] 该国应为波斯湾东岸之小国，此地近阿拉伯半岛，为大食属国，其缠头风俗与大食类似，为伊斯兰教信仰。默伽猎国国王也有穿红皮鞋的习惯："王逐日诵经拜天，打缠头，着毛段番衫，穿红皮鞋。"[10] 该国应位于今北非摩洛哥地区，其"教度与大食国一同"[11]。在其他古籍中，则未见红皮鞋的说法。

---

1 张星烺编：《中西交通史料汇编》第6册，中华书局，1977，第365页。

2 同上注。

3 （清）徐松辑：《宋会要辑稿》"蕃夷四"，稿本，第9867页。

4 （清）徐松辑：《宋会要辑稿》"蕃夷四"，第9873页。

5 （宋）赵汝适著，杨博文校释：《诸蕃志校释》，第72页。

6 （宋）赵汝适著，杨博文校释：《诸蕃志校释》，第73页。

7 同上注。

8 （宋）赵汝适著，杨博文校释：《诸蕃志校释》，第101页。

9 （宋）赵汝适著，杨博文校释：《诸蕃志校释》，第108页。

10 （宋）赵汝适著，杨博文校释：《诸蕃志校释》，第134页。

11 同上注。

表1　　　　　　　　　中国古籍中红皮履、红皮鞋分布情况

| 国名 | 穿着者 | 书中描述 | 所在地区 | 主要宗教、信仰 |
|---|---|---|---|---|
| 交趾 | 国人 | 蹑皮履，或以红皮为十字 | 中南半岛东北部，今越南北部 | 大乘佛教、儒家 |
| 占城国 | 国王 | 蹑红皮履；蹑革履 | 中南半岛东南部 | 婆罗门教向伊斯兰教转变 |
| 阇婆国 | 国王 | 蹑革履 | 今爪哇岛 | 婆罗门教、小乘佛教 |
| 细兰国 | 国王 | 蹑金线红皮履 | 印度南部，今斯里兰卡 | 小乘佛教 |
| 故临国 | 国王 | 穿红皮履，如画罗汉脚踏者 | 今印度西南海岸喀拉拉邦南部 | 小乘佛教 |
| 胡茶辣国 | 国民 | 蹑红皮鞋 | 今印度西北部古吉拉特邦一带 | 婆罗门教 |
| 层拔国 | 国民 | 蹑红皮鞋 | 东非赤道南部 | 伊斯兰教 |
| 记施国 | 国民 | 蹑红皮鞋 | 位于波斯湾伊朗南部海岸 | 多为伊斯兰教 |
| 默伽猎国 | 国王 | 穿红皮鞋 | 今摩洛哥 | 伊斯兰教 |

资料来源：(宋)赵汝适《诸蕃志校释》，杨博文校释，中华书局，1996，第49、51、58、72、73、101、108、134页；(宋)周去非《岭外代答校注》，杨武泉校注，中华书局，1999，第221页；张星烺编《中西交通史料汇编》第6册，中华书局，1977，第365页；(清)徐松辑《宋会要辑稿》"蕃夷四"，稿本，第9867、9873页。

## 二　红皮履与红皮鞋之形成

### (一) 红皮履、红皮鞋与"坎贝鞋"

根据马可波罗的记载与《诸蕃志》的对照，杨博文指出，红皮鞋应为胡茶辣国红皮所制。[1] 这与阿拉伯古代文献中出现的"坎贝鞋"不谋而合——根据当时众多的游记和史料记载，胡茶辣的港口坎贝（位于今印度古吉拉特邦）出产之鞋最为有名，马苏第在其《黄金草原》中记载，"这座城市以它的凉鞋而闻名，由一个叫巴尼亚的婆罗门统治，他非常关心穆斯林商人和其他陌生人"[2]。10世纪末的《世界境域志》中提到："在阿拔斯时期，坎贝的鞋子以其美丽和设计而闻名，更重要的是它们的舒适，被出口到巴格达……坎贝的鞋在9世纪和10世纪获得了相当大的声誉。这些商品从古吉拉特沿海地区出口到伊斯兰国家。"[3] 根据阿巴

---

1　(宋)赵汝适著，杨博文校释：《诸蕃志校释》，第73页。

2　Masudi, Pavet, *Les Prairies D'or*, Paris: Impr. Impériale, 1861, pp. 253-254.

3　Iftikhar Ahmad Khan, "Tradeof Medieval (Pre 16th Century) Gujarat", *Proceedings of the Indian History Congress* 41, 1980, pp. 282-288.

斯王朝的书记员和学者 Al-Jahshiyari 的记载，当时"流行的鞋履包括来自印度坎贝的厚鞋（thick shoes）"[1]。从上述描述可发现，胡茶辣国出产的鞋履似乎不止一种，既有凉鞋，又有所谓厚鞋。

图1 雕塑作品吹长笛的黑天（Krishna）局部
（公元13世纪，印度，布巴内斯瓦尔，奥里萨邦博物馆）

根据《岭外代答》的记述，红皮履有两种，一种"以皮为底而中施一小柱，长寸许，上有骨朵头以足将指夹之而行"[2]，与印度之传统鞋履"paduka"相同（如图1），另一种则"或以红皮如十字，倒置其三头于皮底之上，以足穿之而行"[3]，即印度另一种传统鞋履"chappal"（如图2）。根据印度马哈拉史特拉邦记载，皮制"chappal"的起源可以追溯到12世纪，当时该地的国王比贾拉二世（Bijjala Ⅱ，1130—1167）和他的首相巴萨瓦（Basavanna，1131—1196）鼓励"Kolhapuri Chappal"的生产以支持当地鞋匠。根据历史记录，早在13世纪，"chappal"就已首次被穿着。[4]

图2 瑜伽女神（Yogini）
（公元11世纪，印度，古吉拉特邦帕坦镇，皇后阶梯井，壁雕）

周去非又称"皆燕居之所履也，地

---

1　al-Jahshiyari, Kitab al-Wuzara "wa" l-Kuttabed, *M. al-Saqqa'*, *I. al-Abyari*, *and A. H. Shalibi*, Cairo: Matbacat Mustafa al-Bati al-Halabi, 1938, p.60.

2　（宋）周去非：《岭外代答》卷六《器用门》，清文渊阁四库全书本，第39页。

3　（宋）周去非：《岭外代答》卷六《器用门》，第39—40页。

4　"History of Kolhapuri Footwear", *Indian Mirror*, 2 February 2017.

近西方，则其服饰已似之矣"[1]。可见其认为这种红皮履源自西方佛国印度。出土的这一时期乔卢基王朝[2]的碑铭，也有对皮鞋制造业的明确记载，[3] 这说明当时胡茶辣国的确出产拖鞋式的红皮履。

此外，根据表1可以发现，自胡茶辣国及以东，穿着的是红皮履，而胡茶辣国及其西方诸国则穿红皮鞋。既然红皮履指凉拖鞋无疑，那红皮鞋又是何种形制呢？

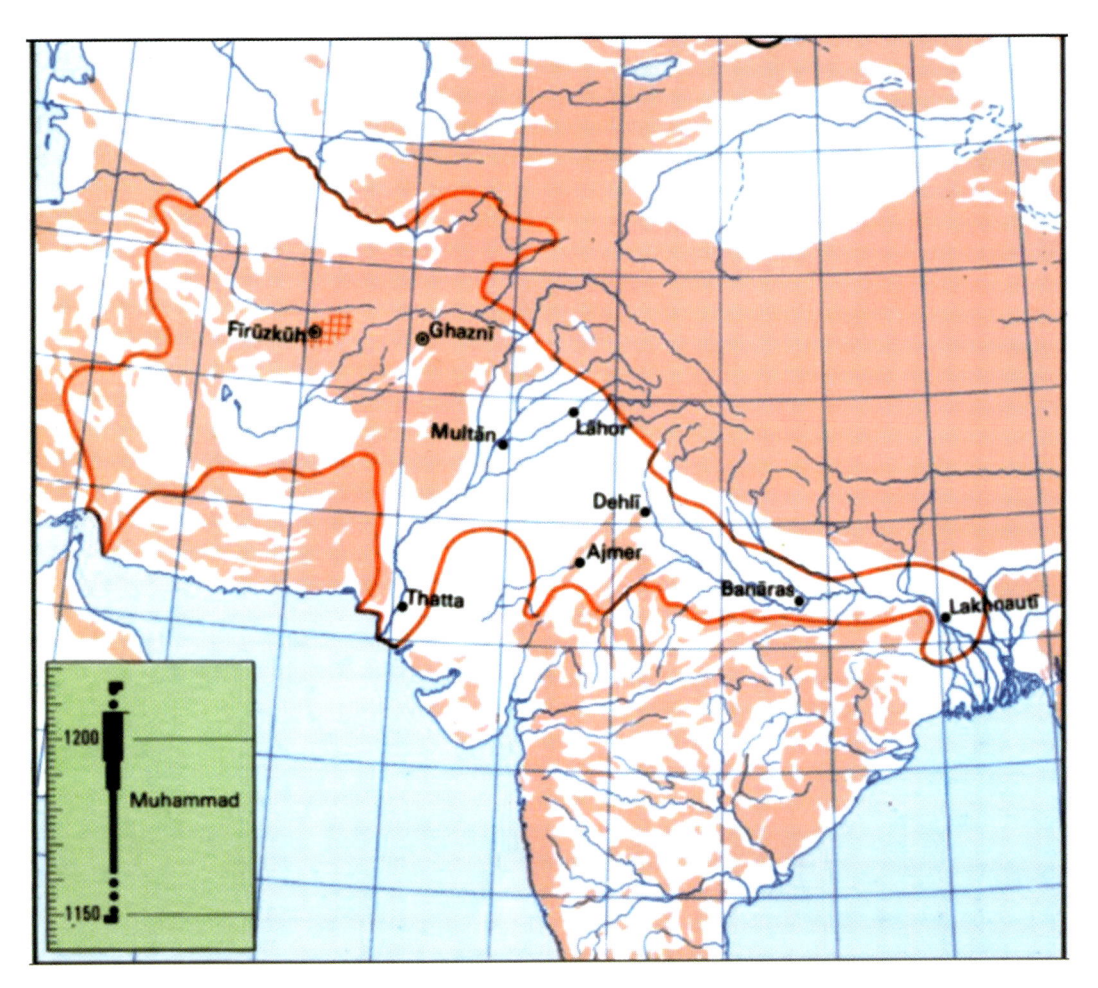

图3 大约1200年的古尔王朝领土

（引自 Schwartzberg, E. Joseph, *A Historical Atlas of South Asia*, London：Oxford University Press, 1978, p. 147）

---

1 （宋）周去非：《岭外代答》卷六《器用门》，第40页。
2 乔卢基王朝（Solanki）也叫 Chaulukya 王朝，是统治印度西北部的古吉拉特邦和拉贾斯坦邦的一个王朝，统治时间为公元940—1244年。
3 Majumdar Asoke Kumar, *Chaulukyas Of Gujarat*, Delhi：Bharatiya Vidya Bhavan, 1956, p. 263.

图4 普里色毗罗阁三世（Prithviraj Chauhan）射击穆罕默德·古里（Muhammad Ghori）
（约公元1860年，印度，莫卧儿宫廷艺术家Tara绘）

图 5　拉杰普特（Rajput）皇家游行
（印度，拉贾斯坦邦焦特布尔壁画）

《诸蕃志》记载称胡茶辣国国人穿红皮鞋，后又称记施国国人穿红皮鞋。13世纪初的记施国位于今基什岛（kish），12—13世纪，突厥人在今阿富汗和印度北部地区建立了穆斯林—突厥化的古尔王朝（Sulala Ghuriyya，1148—1215）。其版图如图3所示。已经扩展至基什岛，与胡茶辣国相邻。在古尔王朝开疆拓土的过程中，印度文明与阿拉伯文明和波斯文明之间不断交流，在服饰上形成了一种印度—波斯风格。而红皮鞋正是在这样的文化碰撞中产生的，根据相关画像，当时国王与侍从皆穿红鞋（图4、图5）。

印度西北部的拉杰普特（该地与胡茶辣国相邻，同属乔卢基王朝管辖）有穿皮鞋（Leather juttis）的传统，也称为民族鞋（ethnic shoes）。在印度的其他地方，"juttis"通常也被称为"mojari"，在巴基斯坦的另一个名称是"khussa"，它们现在在西方也很受欢迎。这是一种末端向上卷曲的长鞋。它们世代相传，每一代鞋匠都为其做出了一些变化，通常由精细的皮革制成，并用线或珠子精心刺绣。这种鞋履采用套穿式设计，其特点是高高地上升到背部的跟腱，并用圆形或M形的重度刺绣鞋面覆盖脚趾，使脚的顶部几乎裸露。有些以大量的手工刺绣为特色,[1]颜色往往呈红色（如图6）。

图6　穆尔塔尼·库萨（Khussa）
（巴基斯坦，巴哈瓦尔布尔博物馆）

自11世纪开始，今阿富汗、巴基斯坦以及印度西北部地区都流行这种红色的鞣制皮鞋。如果要为中国古籍中流行于胡茶辣国与记施国的红皮鞋找到参照物，这是最为合适的解释。

其他出现红皮鞋的地区如层拔国，虽然没有直接证据表明其穿着这种鞋履，但考古发掘了大量这一时期的印度产品，也证实了诸多文献中记载的印度鞋履在该地占有重要地位。[2] 阿拉伯商人将皮鞋沿海路从印度胡茶辣运至开罗，再从开罗被分销至各处。开罗与西非、北非之间有着频繁的商品交换,[3] 这些鞋履应来自胡茶辣国。

至于北非的默伽猎国国王所穿着的红皮鞋是何种形制，则需要了解默伽猎国此时处于穆瓦希德王朝（Almohades），这一时期的服装特色继承前一时期马格里布风格，目前能见到的哈里发画像穿着的是阿拉伯风的红色带条纹翘头鞋（图7）。

同时期伊拉克地区塞尔柱突厥人建立的赞吉王朝（Zengid Dynasty）的哈里发巴德尔丁·鲁鲁（Badr al-Din Lu'lu'）穿着红色绣金线的皮靴，他的服装整体是突厥风格的（图8）。

在伊斯兰文化中，红皮靴象征着皇室身份，这一习惯从萨珊王朝遗留而来。[4] 夏德、柔克义将出现在默伽猎国的红皮鞋译为"boots"应该也源于此，不过，从画像来看默伽猎国王更有可能穿着露出脚面的"shoes"。

综上所述，红皮鞋、红皮履即阿拉伯人所谓坎贝鞋，主要产自胡茶辣等印度西北部地区，包括凉拖、翘头长鞋等多种形制的鞋履，红皮履应指其中的拖鞋类，而红皮鞋则指包裹全脚的鞋类。这些鞋履从胡茶辣出发，在当时亚非不同的地区之间

---

1　Jutta Hindu-Neubauer, *Feet and Footwear in Indian Culture*, Toronto: Bata Shoe Museum, 2000, p. 171.

2　Hortonetc., *The Swahili: The Social Landscape of a Mercantile Community*, Oxford: Wiley-Blackwell, 2001, p. 46.

3　Goitein, Shelomo Dov, Mordechai Friedman, *India Traders of the Middle Ages (paperback 2 vol. set): Documents from the Cairo Geniza "India Book"*, Leiden: Brill Academic Publishers, 2007, pp. 8, 304, 305.

4　Yedida Kalfon Stillman, *Arab Dress: A Short History From the Dawn of Islam to Modern Times*, Leiden: Brill Academic Publishers, 2003, p. 48.

流通。

那么，这些主要出产自胡茶辣国的鞋履又是如何制作的呢？印度皮鞋制造的历史十分悠久，梨俱吠陀时期的历史中已经出现了这一物品。在印度教神话《摩诃婆罗多》的"教诫篇"中，有相关的神话传说："毗湿摩（Bhishma）向坚战（Yudhishthira）讲述，太阳神赠送了一把雨伞和一双皮鞋来保护食火仙（Jamadagni）的妻子生殖女神叶蓝玛（Renuka）的脚，叶蓝玛在炎热的天气中收集她丈夫射出的箭。"[1]

图7 卡斯蒂利亚王国使者拜会穆瓦希德王朝哈里发（局部）

[公元1280—1284年，西班牙，出自阿方索十世等编《圣母玛丽亚歌谣集》（Cantigas de Santa María, Códice rico）埃斯科里亚尔图书馆，MST. I. 1号手稿插图]

---

1　Krishna-Dwaipayana Vyasa, Translated by Kisari Mohan Ganguli, *The Mahabharata* Book 13, Calcutta: Bharata Press, 1893, p. 197.

图 8　巴德尔丁·鲁鲁（Badr al-Din Lu'Lu'）

[出自艾布·法拉吉·伊斯法哈尼（Abu al-Faraj al-Isfahani）的《乐府诗集》（*kitatisb al- aghongnn*），土耳其，伊斯坦布尔费祖拉图书馆 1566 号手稿插图]

到 13 世纪左右，根据印度古籍记载，众多职业中就包括鞋匠（Kuttao[1] 和 Vaddhaio[2]），这印证了制鞋是当时一种重要的手工业。[3] 同时这一时期出现的 18 公会中包括皮革制造公会（Chammayaru），"Chamakara" 意为制皮工。[4] 出土的这一时期坎贝地区碑铭上的法律条令也规定，偷牛皮者罚款 25 drammas，说明在当时牛皮晾晒过程中出现被偷的现象，也从侧面证明当时制皮业的完善。相比于打破别人的头和霸占他人土地罚款只有 6 drammas，可见坎贝对该产业的重视。[5]

马可波罗称："此国制作种种皮革，如山羊、黄牛、水牛、野牛、犀牛及其他诸兽之皮是已。"[6] "偶尔把'go'作为'carman'的同义词，反映了在这一时期，除了野猪、黑羚羊、鹿等兽皮外，还广泛使用牛皮。"[7] 可见制作红皮履、红皮鞋的原料以牛皮为主，其他动物皮革也有之。

这一时期当地皮革制作的方法为：首先润湿牛皮，然后"用钉子把它拉伸，然后把它卷起来"[8]。根据马可波罗所言红色的熟皮制品，以及当地传统的制作工艺，应该是植物鞣法进行处理加工后经过染色所呈现出的红色。

## （二）红皮履、红皮鞋与宗教

红皮履、红皮鞋的产生与这一时期各文明与文化之间的碰撞融合有关。

红皮鞋、履的材质主要是牛皮，而牛皮的使用，与印度的宗教变迁息息相关。吠陀时代，人们表达对牛崇拜的方式是将其作为一种祭品："在早期，牛是在各种仪式上的祭品，如国王的奉献和对神的崇拜。在吠陀时代，有一个特殊的词'goghna'，意思是'为他宰杀牛的人'，用来称呼客人。《摩诃婆罗多》中的英雄们也习惯吃牛肉，吠陀文献被引用来证明这一点。"[9] 因此这一时期牛皮制品是常见的日用品。即使佛教成为国教时，虽然可以在《佛经》中发现对牛的家庭崇拜，但"与此同时，婆罗门提议向火神阿格尼献祭一头牛；有些收税的人杀死一头牛犊，用它的皮做剑鞘；农民在饥荒时吃

---

1　Banerjee, Muralydhar, *Desinamamala of Hemachandra*, Calcutta: University of Calcutta, 1931, p. 37.

2　Banerjee, Muralydhar, *Desinamamala of Hemachandra*, p. 44.

3　Majumdar Asoke Kumar, *Chaulukyas Of Gujarat*, p. 263.

4　Majumdar Asoke Kumar, *Chaulukyas Of Gujarat*, p. 281.

5　Hemachandra, *Trishashtisalakapurushacharita*, Calcutta: Asiatic Society, 1883, p. 316, quote from: Majumdar Asoke Kumar, *Chaulukyas Of Gujarat*, p. 245.

6　[意] 马可波罗:《马可波罗行纪》，冯承钧译，东方出版社，2007，第 504 页。

7　Suchita Upadhyay, "Antiquity of Leather Art: Indian milieu", *Research Guru* 12.2, 2018, pp. 1006-1010.

8　Suchita Upadhyay, "Antiquity of Leather Art: Indian milieu".

9　CrookeW., "The Veneration of the Cow in India", 23.3, 1912, pp. 275-306.

牛，所有这些做法显然是常见的，不会受到指责"[1]。牛皮的使用在这一时期也并未出现明显下降。但随着佛教和耆那教苦行思想的流行，食肉作为一种享乐方式被禁止，另外由于耆那教崇拜的湿婆神坐骑为牛，牛的地位不断升高，牛皮的使用也被禁止，影响了当地皮鞋制造。

红皮履与红皮鞋畅销之年代正值伊斯兰教向印度和东南亚扩张之时。《诸蕃志》成书于宋理宗宝庆元年（1225年），此时印度北部已经建立了一个伊斯兰国家——德里苏丹国，并不断向南、东方向侵略蚕食，虽则印度教在德里苏丹国320年的统治下仍然保存了下来，但伊斯兰文明此时已经开始作为国教产生其影响。由于阇提（种姓）制度在这一时期的印度已经逐渐成形，在笈多王朝时期尚且属于首陀罗的皮革工人，到这一时期由于要剥牛皮而沦为了贱民阶层。[2] 由于德里苏丹国在该地的存在，一定程度上削弱了婆罗门教的影响，穆斯林对屠宰牛没有禁忌也一定程度上促进了当地皮革制造业的发展。

胡茶辣国正处于"文明之间的冲突地带"，其文化中出现多种文明的杂糅是正常的。同时，如马克思所言，印度教"这个宗教既是纵欲享乐的宗教，又是自我折磨的禁欲主义的宗教；既是林加崇拜的宗教，又是扎格纳特的宗教；既是和尚的宗教，又是舞女的宗教"[3]。由于印度教本身这种模棱两可的特征，使得其在与其他文明碰撞的过程中，并未完全同化，而是互相融合。胡茶辣国生产的红皮鞋、履依然有一部分保留了此前几个世纪就已经形成的形制，似乎透露出审美与时尚相对于宗教文化的独立性。

综上所述，红皮履与红皮鞋是在胡茶辣得天独厚的自然条件以及当地悠久的制鞋、制皮历史传统下诞生的。同时，由于胡茶辣国地处各种文明交汇之处，伊斯兰教对当地文化的冲击，意外地使得在笈多王朝时期已经被禁止的牛皮制造业得以复兴且成为当地重要产业。处在这一特殊的时空交汇点的胡茶辣，最终形成了红皮鞋、履这一流行于亚非各地的商品。

## 三 红皮履、红皮鞋与海上丝绸之路

宋代海上贸易相较于前朝发展较快，由于这一时期陆上丝绸之路在少数民族政权控制之下，宋与大食等国家的交流主要从海上进行。这也促进了海上丝绸之路的进一步发展，加之这一时期航海技术的进步，为"番舶"在亚非之间海上贸易增添了技术优势。宋代海上丝绸之路的发展

---

1　Crooke W., "The Veneration of the Cow in India", 23.3, 1912, pp. 275-306.

2　Sau, Ranjit, "Second Industrialisation in India: Land and the State", *Economic and Political Weekly* 42.7, 2007, pp. 571-577.

3　郑天星编：《马克思恩格斯论无神论、宗教和教会》，华文出版社，1991，第250页。

表现在航线的进一步扩展,周去非《岭外代答》对从阿拉伯地区到广东的海上路线记载道:"大食国之来也,以小舟运而南行,至故临国。易大舟而东行,至三佛齐国。""三佛齐之来也,正北行,舟历上下竺与交洋,乃至中国之境。其欲至广者,入自屯门;欲至泉州者,入自甲子门。"[1] 在这条粗略的路线中又有许多支线。"一是阇婆(今印尼中爪哇地区)来华航线。从阇婆港口莆家龙(或今北加浪岸)启程,航向'十二子石'(今卡里马塔海峡附近之塞鲁士岛),再到达竺屿(即上下竺,今奥尔岛),与三佛齐航线汇合。这不仅是走了直线,而且巧妙地利用了西南季风时节从爪哇海北上进入南海的爪哇海流。二是渤泥(今马来西亚婆罗洲)来华航线。渤泥到占城,先向菲律宾方向走一段路(到加里曼丹岛东北角)。然后斜穿南海而至。接着,沿中西航线便可到中国了。"[2]

红皮履与红皮鞋销售的地点与海上丝绸之路的主要港口有很高的契合度。周去非《岭外代答》中《皮履》篇提及红皮履,称"交趾人足蹑皮履,正似今画罗汉所蹑者"[3]。想交趾地处热带,气候常年炎热潮湿,这种露出脚面的拖鞋状皮履在当地容易流行,且交趾作为当时重要的通商口岸,往往是阿拉伯人货运的重要目的地和中转站,该地又有敬佛的传统,红皮履作为富有宗教意义的物品在该地得以流行。在《诸蕃志》记载中,同在爪哇岛附近的其他国家依然多为"跣足",而阇婆国则穿红皮履,可能与其重要的海上丝绸之路中转站的地位有关,"番商兴贩,用夹杂金银,及金银器皿,五色缬绢、皂绫、川芎、白芷、硃砂、绿矾、白矾、硼砂、砒霜、漆器、铁鼎、青白瓷器交易"[4]。可见番商在当地十分活跃,其中又称"商舶利倍徙之祸,往往冒禁"[5],也可见此地商贸繁盛,获利颇丰,以至于犯禁也要行商,相较于"番商罕至"的苏吉丹等地,阇婆国作为宋朝新开辟的航运路线的重要站点,出现红皮履也较为合理。而细兰国作为印度地区重要的中转地,如果从胡茶辣国走水路,可以说是必经之地,其地蹑红皮履亦合理。至于印度西南海岸的故临国"与大食国相迩。广舶四十日到蓝里住冬,次年再发舶,约一月始达"。且"中国舶商欲往大食必自故临易小舟而往"[6]。该地地理位置险要,是宋代海上丝绸之路一个重要中转站,其

---

[1] (宋)周去非:《岭外代答》卷三《航海外夷》,第21页。

[2] 黄启臣:《广东海上丝绸之路史》,广东经济出版社,2003,第262页。

[3] (宋)赵汝适著,杨博文校释:《诸蕃志校释》,第221页。

[4] (宋)赵汝适著,杨博文校释:《诸蕃志校释》,第55页。

[5] (宋)赵汝适著,杨博文校释:《诸蕃志校释》,第16页。

[6] 张星烺:《中西交通史料汇编》,第365页。

商业繁荣自不必多言。胡茶辣国自古即为商贸繁荣之地，"土产青碇至多、紫矿、苟子、诸色番布，每岁转运就大食货卖"[1]。大食国在海上丝路贸易中的重要性毋庸赘述，阿拉伯商人往往是这一时期海上丝绸之路主要的贸易者。而层拔国则"每岁胡茶辣国及大食国边海等处发船贩易，以白布、瓷器、赤铜、红吉贝为货"[2]。可见其与胡茶辣国和大食国的商业联系十分密切。至于记施国，"大食岁遣骆驼负蔷薇水、栀子花、水银、白铜、生银、硃砂、紫草、细布等下船，至本国，贩于他国。"[3] 其应为贸易繁盛之地。文中对默伽猎国贸易情况的描述并不多，反倒是记载了一些奇闻逸事（关于产珊瑚树的传闻）。由于其地路途遥远，与中原交流较少，因此关于其商贸记载不多，而其地理位置在当时世界已知范围内极西之地。不过，从其公元 7 世纪开始阿拉伯化，以及文中关于其对大食佛经之重视，[4] 可见其与大食国联系是相当密切的。根据上述分析可知，出现红皮鞋或红皮履的地区，都处于该时期海上丝绸之路贸易繁盛的港口地区，这一物件应是自胡茶辣国出发，通过大食商人沿着海上丝绸之路不断转运，最终成为遍及亚非数个不同宗教信仰国家的流行商品。

虽然没有看到对红皮履与红皮鞋价格的直接记载，但根据马可波罗所言："其国亦制最美之红皮，嵌极美之鸟兽于其中，用金银线巧缝之，其美不可思议，有值银六马克者。"[5] "尚有言者，此国制造红皮美席，嵌以鸟兽，用金银线巧缝之。此席美至不可思议，回教徒寝卧其上，盖为一种是卧具也；并制有椅褥，全以金线缝合，值银六马克，上述之席有值银至十马克者。此国用皮制作王座（roiaux de-reusse），其巧世所不及，价值甚贵。"[6] 以及对偷牛皮者罚款 25 drammas 的记载，可知胡茶辣国所产红皮在当时依然比较昂贵，而皮鞋虽然用料相对较少，但制作工艺复杂，应价值不菲。

这一时期阿拉伯商人的贸易记录是更为直观可信的资料。由于中世纪印度与阿拉伯间贸易缺乏官方记录，目前只有开罗热尼扎地区圣所中发现的手稿对这一时期阿拉伯法蒂玛王朝和印度之间的贸易的订单、记录等有所保存。根据对热尼扎手稿的整体研究看，从印度古吉拉特运往开罗的货物中皮鞋是重要的，尽管比不上香料

---

1　（宋）赵汝适著，杨博文校释：《诸蕃志校释》，第 72 页。

2　（宋）赵汝适著，杨博文校释：《诸蕃志校释》，第 100 页。

3　（宋）赵汝适著，杨博文校释：《诸蕃志校释》，第 108—109 页。

4　（宋）赵汝适著，杨博文校释：《诸蕃志校释》，第 134 页。

5　[意]马可波罗：《马可波罗行纪》，第 504 页。

6　同上注。

和药材等大宗产品。[1] 手稿中对鞋和其他皮制品的贸易项目有过两次记录，其中一次出现在运送印度货物到艾萨克的旅行者的备忘录中，他称："愿上帝保佑你活着！我寄了九件东西……3 又 1/4 Kawrajas（一种计量单位，在与印度贸易中常用，一般指二十个单位）鞋，一 Kawrajas 又 3 双是给雅各布的，1/4 Kawrajas 给亚伯拉罕的儿子，1 双给阿布，两双中小尺寸的一双给阿布法斯，另一双给……"[2] 后又称，亚伯拉罕之子靠着得到的 5 双印度鞋，首次加入了家族生意，可见这次运输中共运送的 65 双印度鞋，其中除了 3 双作为私人礼物赠送，剩下的都流入当地市场。这一贸易记录是对坎贝鞋在阿拉伯一带流行的印证，65 双鞋是一个不小的数字，仅一次贸易就有这个数量的坎贝鞋流入开罗，可见当时贸易之频繁。被作为送给商会头领的礼物，可见其是比较名贵的日用品，主要由富裕的上层人士消费使用，亚伯拉罕之子仅仅凭着 5 双坎贝鞋就做起生意也反映出这种鞋价格不菲，亦证实了印度—阿拉伯之间皮鞋贸易的真实性。

## 四　结语

红皮履与红皮鞋，由水牛皮或其他动物皮而制成，经过植物鞣制后泛红色。其形制多样，主要出产于公元 13 世纪左右的胡茶辣国，根据其产地被阿拉伯人称为"坎贝鞋"，经由阿拉伯商人将该物贩运至海上丝绸之路沿线的各地，在阿拉伯地区主要供富有的中上层人士穿着，在南亚、东南亚等地则只有国王可以穿。作为这一时期伊斯兰文明与南亚、东南亚原有的印度文明碰撞与交融的产物，被记载在各国文献中的红皮履与红皮鞋，首先是与人们日常生活息息相关的重要日用品；其次它作为服饰的重要组成部分，是身份、地位的象征；最后，它既是流通于路途遥远的大洲之间的重要商品，又是连接不同文明与文化的文化产品。

宋元之际，海上丝绸之路逐渐形成完善的网络，在这张蛛网密布的海上交通图中，一些地区开始成为海上贸易的重要港口，从中国的泉州到北非沿岸的诸多海岸，开始共享一些产品与文化。红皮履与红皮鞋的贸易与流行虽然只是这一贸易中的沧海一粟，但其反映出当时宗教文化和风俗习惯甚至审美的变迁。红皮履与红皮鞋这一不起眼的物件的"环球旅行"也说明海上丝路贸易有更多值得挖掘的研究对象，对其中非大宗商品的研究方兴未艾。

---

[1] Goitein, Shelomo Dov, Mordechai Friedman, *India Traders of the Middle Ages* (paperback 2 vol. set): *Documents from the Cairo Geniza "India Book"*, p. 16.

[2] Goitein, Shelomo Dov, Mordechai Friedman, *India Traders of the Middle Ages* (paperback 2 vol. set): *Documents from the Cairo Geniza "India Book"*, pp. 304, 305.

# 两河流域史前时期
# 人物塑像上的装饰及相关问题

■ 郭颖珊（南京大学历史学院）

两河流域，即幼发拉底河和底格里斯河流经的地区，是古代人类文明的重要发源地之一。在前陶新石器时代（公元前10千纪—前7千纪初），定居在两河流域的人们开始用黏土捏塑人形。最初的造型简单粗略，仅表现大体人物轮廓，偶尔表现头饰和腰饰。到了有陶新石器时代至铜石并用时期（公元前7千纪—前5千纪），人们开始在人物塑像上增添装饰，贴附泥条、戳印、刻画和彩绘表现胸带、腰带和服饰等。在现实生活中，人们也用珠子和吊坠等装饰自己的身体，这些装饰品常见于遗址或墓葬中。人物塑像成为人们日常生活的缩影，而装饰品、服饰和文身等既具个人特色，又反映了个人在群体中的社会属性和身份地位。

学术界对两河流域人物塑像上的装饰研究并不多见。戴尔斯（Dales, G.F.）的论文是仅有的专门研究，他主要探讨了哈拉夫时期至阿卡德时期的女性塑像上的装饰特征，对前哈拉夫时期的女性塑像鲜有讨论。[1] 戴姆斯（Daems, A.）对欧贝德时期的人物塑像肩部的圆形黏土块做了简单的解释，认为这些圆形黏土块是人为的疤痕或文身。[2] 其他学者仅在描述人物塑像时提及塑像上的装饰，但未做专门研究。科洛伽（Croucher, K.）通过人物塑像、墓葬出土的人骨，以及近东各地的民族学材料探讨了欧贝德时期的人们是如何处理以及为何处理他们的身体。她认为人们对待自己身体的方式传达了各种身份信息，如社会角色、婚姻状况、种族、年龄和群体归属，并且人们对待身体的方式有

---

[1] Dales, G.F., *Mesopotamia and Related Female Figurines: their chronology, diffusion and cultural function*, University of Pennsylvania, 1960.

[2] Daems, A., "Snake in the Grass: Reassessing the Ever Intriguing Ophidian Figurines", in: Carter, R.A. and Philip, G. (eds.), *Beyond the Ubaid: transformation and integration in the late prehistoric societies of the middle east*, Chicago: University of Chicago, 2006, pp. 149–162.

助于构建、反映和强化这些身份信息。[1] 本文通过辨析两河流域史前时期人物塑像上的装饰种类，进而探讨史前人类装饰身体的原因、装饰传达的身份信息，以及对社会身份的构建。

## 一 人物塑像上的装饰种类及遗址出土的装饰品

在旧石器时代晚期，人物雕像广泛发现于欧亚大陆。其分布西起欧洲，东至西伯利亚，跨越了长达5000英里的距离，涵盖了包括乌克兰、摩拉维亚、奥地利、德国、比利时、法国、意大利等国的欧洲文化圈以及以贝加尔湖为中心的西伯利亚文化圈。一般认为人物雕像与大约2万—2.7万年前的格拉维特（Gravettian）文化有关。

人物雕像大多数是写实风格的女性形象，即所谓的"维纳斯"雕像，它们表现丰满的乳房、突出的腹部和肥厚的臀部。绝大多数人物雕像表现裸露的身体，但也不乏精美的装饰。通过旧石器时代遗址中出土的织物和装饰品，我们可以辨别出人物雕像上装饰了精致的头饰、胸带、腰带。奥地利的威伦多夫（Willendorf）雕像，头戴一顶帽子。阿伯拉莫洼（Abramova, Z. A.）认为这是由一排排贝壳装饰的帽子，因为意大利的墓葬证据表明有人佩戴成排的海洋贝壳、穿孔的牙齿和象牙吊坠组成的帽子，人们在格拉维特墓葬中也发现了这种帽子。[2] 索弗（Soffer, O）通过观察雕像头部的雕刻技艺，认为这是一个呈螺旋或放射状的、从中心结开始编织的帽子。[3] 布拉森普伊（Brassempouy）雕像头戴的是发网或束发带，这种网状头饰在丹麦史前墓葬的许多女性尸体上发现。[4] 巴甫洛夫（Pavlov I）雕像上表现一种扭曲的绳状，是一条腰带，缠在腰部下方。科斯坦基（Kostenki I）石灰岩女性雕像，胸部有胸带，突起的腹部上方装饰一条腰带，还表现出了手饰，也是绳状。莱斯普格（Lespugue）雕像表现的是一位穿裙子的女性，裙子遮住了她的后侧，其上缠绕着一根带子。德国西南部的费尔斯（Hohle Fels）洞穴出土了一个距今3.5万年前的人物雕像，胸部、手臂和躯干上画出了许多线条，表现的是"裙子或披肩"。

公元前10千纪—前7千纪初，两河

---

1　Croucher, K., "Figuring Out Identity: The Body and Identity in the Ubaid", in: Carter, R. A. and Philip, G. (eds.), *Beyond the Ubaid: transformation and integration in the late prehistoric societies of the middle east*, Chicago: University of Chicago, 2006, pp. 113-124.

2　Mussi, M. et al., "Echoes from the Mammoth Steppe: the case of the Balzi Rossi", in: M. Mussi, Roebroeks, W. and Svoboda, J. (eds.), *Hunters of the Golden Age: The Mid Upper Paleolithic of Europe and Beyond* (30,000-20,000 bp), Leiden University Press, 2000, pp. 105-124.

3　Lambert, D., *The Cambridge Guide to Prehistoric Man*, Cambridge University Press, 1987, p. 158.

4　Hald, M., *Ancient Danish Textiles from Bogs and Burials*, National Museum of Denmark, 1980.

流域北部进入了前陶新石器时代，人们过上了半定居生活，最早居住在两河流域北部的高原以及扎格罗斯山脉与底格里斯河之间的山麓地带。前陶新石器时代的人们用黏土捏塑人像，最初的造型简单粗略，仅表现大体人物轮廓，偶尔表现出头饰和腰饰。到了有陶新石器时代至铜石并用时期，两河流域发展出了四支考古学文化——哈苏纳文化（公元前7100—前6600年）、萨马拉文化（公元前7000—前6300年）、哈拉夫文化（公元前6400—前5500年）和欧贝德文化（公元前6500—前4000年）。人们开始在人物塑像上增添装饰，贴附泥条、戳印、刻画和彩绘表现头饰、胸带、腰带和服饰等。在现实生活中，人们也用珠子和吊坠等装饰自己的身体，这些装饰品常见于遗址或墓葬中。人物塑像上可辨别出的装饰有以下几类：

（1）头饰。两河流域北部的耶莫（Jarmo）遗址出土了大量的人物塑像，有的人物塑像头部后方有圆形突起的头饰（图1-1）。有些人的额头上有一圈黏土条（图1-2）。萨马拉时期的梭万土丘（Tell es-Sawwan）出土的一件男性塑像，头部表现出发饰。乔加·马米遗址（Choga Mami）出土的人物塑像，头部用黑彩绘出发辫。哈拉夫时期的人物塑像的头部有缠绕一圈黏土条形状的头饰。两河流域南部欧贝德时期的人物塑像有一种高而尖的头顶，其上涂有黑色沥青，有人认为是头冠。[1]

（2）唇饰。唇饰最早见于乔加·马米遗址出土的人物塑像上，其右脸颊下方表现了唇钉。在欧贝德时期，唇饰很常见。欧威利土丘（Tell el-'Oueili）、欧贝德遗址（Al-Ubaid）和乌尔遗址（Ur）的墓葬出土的唇饰位于下颌骨旁。

（3）项链。人物塑像上常见的项链装饰多用黏土球或彩绘线条表示。耶莫遗址出土的1件头部碎块，脖子上贴附一系列圆形黏土球组成的项链（图1-3）。同样的表现方式还出现在梭万土丘和乔加·马米遗址。哈拉夫时期的人物塑像用彩绘线条的方式表示项链，人物塑像上多条V形彩绘线条表明他们佩戴不止一条项链（图1-7）。

（4）胸带。胸带是哈拉夫时期至欧贝德时期的人物塑像上的常见装饰，通常以彩绘的形式表现在胸部。带子、肩带或绳子在人物胸前形成V形或W形，有时在人物后背也形成V形或W形。V形或W形胸带在两河流域的人物塑像上广泛出现。阿尔帕契亚土丘（Tell Arpachiyah）、高拉土丘（Tepe Gawra）、欧威利土丘、欧贝德遗址出土的人物塑像的胸前和背后都有V形或W形背带服饰，为女性独有（图1-8）。这种胸饰在近东有着极其悠久的历史和广泛的分布。苏美尔词汇"ad-tab"便是用来描述这种服饰的，表示绳

---

[1] Potts, T. F. et al. (eds.), *Culture through Objects: Ancient Near Eastern Studies in Honour of P. R. S. Moorey*, Oxford: Griffith Institute, 2003, pp. 168-170.

子或系带，由羊毛制成，[1] 既有实用功能也具有装饰功能。

（5）腰带。腰带是人物塑像上常见的装饰。人们通常用两种方式表示腰带：一是把圆形的黏土颗粒或黏土带贴附在腰上；二是彩绘宽带纹。最早在甘吉·达瑞遗址（Ganj Dareh），人们将泥条带附在人物腹部表示腰带，可能是编织的绳子制成的（图1-4），这和旧石器时代晚期人物雕像上的胸带和腰带如出一辙。伊朗西南部的萨拉布土丘（Tepe Sarab）出土的1件人物坐像，腰部缠绕一圈泥带，表现的也是腰带。梭万土丘出土的1件男性坐像，身上佩戴着一条项链，腰部束着腰带，腰带下方还表现了男性生殖器（图1-6），这表明腰带不总是与衣服搭配起来遮盖身体。

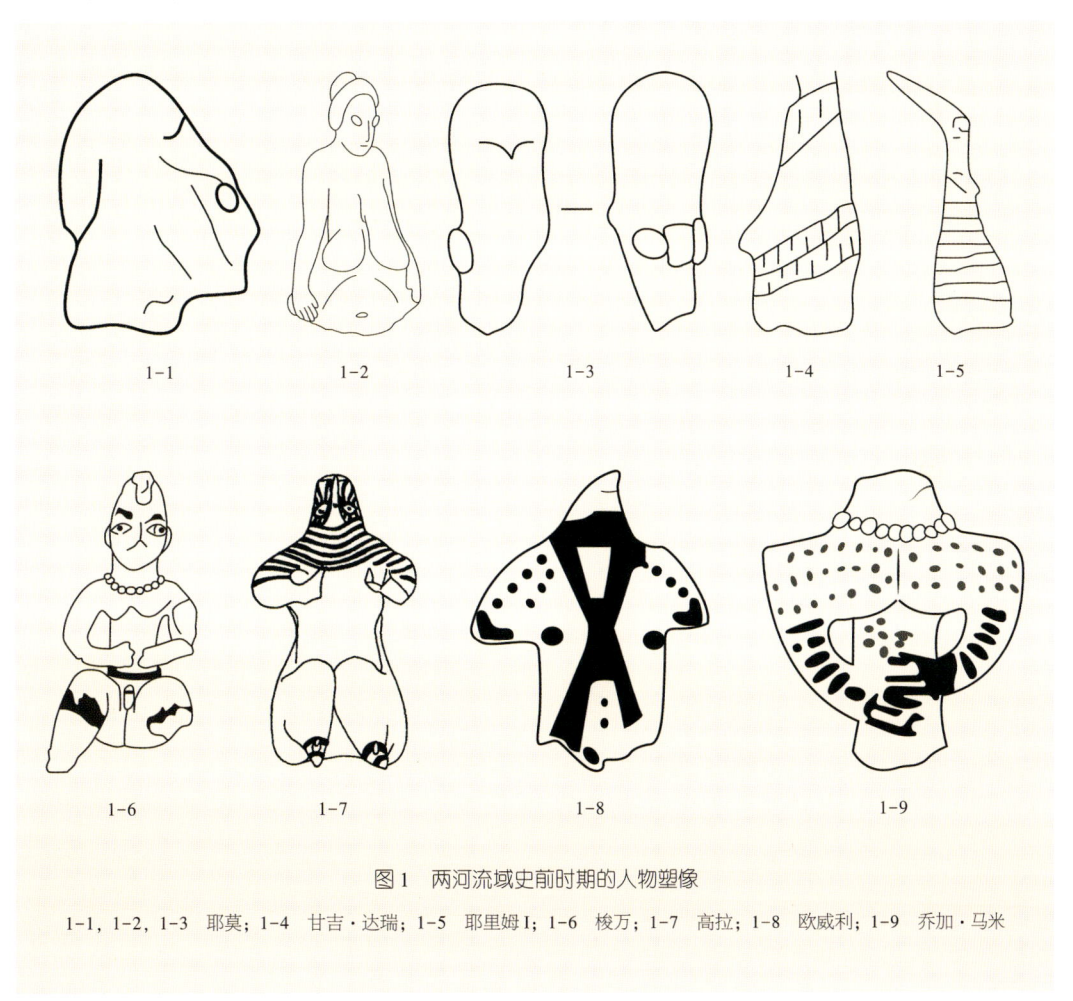

图1 两河流域史前时期的人物塑像

1-1, 1-2, 1-3 耶莫；1-4 甘吉·达瑞；1-5 耶里姆 I；1-6 梭万；1-7 高拉；1-8 欧威利；1-9 乔加·马米

---

1　Dales, G. F., *Mesopotamia and Related Female Figurines: their chronology, diffusion and cultural function*, University of Pennsylvania, 1960, p.127.

（6）手镯。梭万土丘出土的人物塑像，其手腕横向刻画线条表示人物佩戴的手镯。

（7）鞋。哈拉夫时期的人物塑像的脚部会贴附泥条表示鞋。

（8）服饰。人物塑像上可以看到服饰的迹象。耶莫遗址出土的站姿人物塑像，有的全身布满了戳印的圆点，有的在底部刻画一圈竖线条表示服饰。这种表现方式如同刻画竖线条的饼状陶筹，用来表示衣物。[1] 带有戳印圆点纹饰的人物塑像也见于哈吉·菲鲁兹遗址（Hajji Furiz）。人们用彩绘线条和贴附黏土球的方式表示服饰。耶里姆Ⅰ土丘（Tepe Yarim Ⅰ）出土的人物塑像的身体上刻画数道平行的条纹（图1-5）。梭万土丘出土的1件女性塑像，整个身体用圆形黏土颗粒装饰。乔加·马米出土的人物塑像，彩绘线条和波点纹饰遍布全身（图1-9）。从西马什（Shimashki）到埃兰中期，妇女也穿着精致的、有时点缀着圆点图案的衬衫，其中带点装饰的衣服似乎专属埃兰人。[2]

前陶新石器时代以来，两河流域的遗址中出土了大量的纺织品。纺织品的证据表明史前人类具有了制作胸带、腰带和衣物等身体装饰物的技术。史前时期的纺织品很难在遗址中保存下来，考古学家在可延展性材料（黏土、石膏、沥青）上发现了它们的残留印记。最早的纺织品是由植物纤维制成的，其中最重要的植物是亚麻。约公元前10千纪末，人们开始种植亚麻。亚麻纺织品的使用一直延续至公元前1千纪末期。考古学家在公元前10千纪末的沙尼达尔（Shanidar）洞穴（伊拉克库尔德斯坦）中发现了编织的席子和篮子痕迹；在耶莫遗址中也发现了织物和篮子的痕迹。加泰土丘（Çatal Höyük）出土了大量的编织物和纺织品残留物。[3] 在墓葬中发现的纺织品碎片可能是在家庭环境里专门为死者制作的布条、覆盖物或裹尸布。

纺轮在原始哈苏纳时期首次出现，在哈苏纳、萨马拉和哈拉夫时期持续使用。公元前7千纪，萨比·阿比亚土丘（Tell Sabi Abyad）出土的纺轮的数量明显增加（图2-1）。[4] 纺轮成为新的纺纱技术标志，预示着人们使用动物纤维制作衣物。约公元前5千纪，绵羊养殖成为欧贝德社会的一个特色，使用羊毛制作衣物变得普遍起来。

---

[1] Schmandt-Besserat, D., *Tokens and Writing: The Cognitive Development*, 2013, pp. 145-154. (https://sites.utexas.edu/)

[2] Daems, A., *Women of Elam*, *The Elamite World*, London: Routledge, 2018, pp. 763-780.

[3] Helbaek, H., "Textiles from Catal Huyuk", *Archaeology* 1, 1963, pp. 39-46.

[4] Sudo, H., "The Development of Wool Exploitation in Ubaid Period Settlements of North Mesopotamia", in: Carter, R. A. and Philip, G. (eds.), *Beyond the Ubaid: transformation and integration in the late prehistoric societies of the middle east*, The Oriental Institute of the University of Chicago, 2006, pp. 169-179.

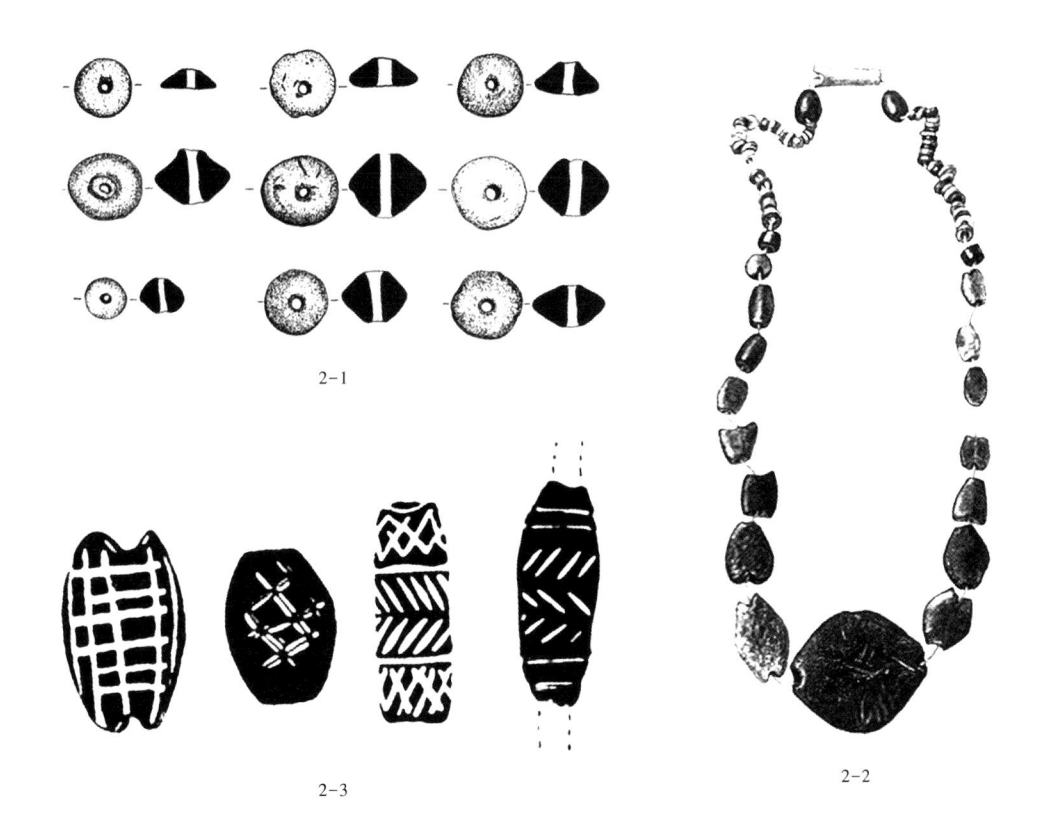

图 2 两河流域史前时期的纺织工具和装饰品

2-1 萨比·阿比亚出土的纺轮；2-2 耶里姆 I 出土的珠饰；2-3 高拉出土的珠饰

两河流域出土的装饰品的年代也很早，并且数量众多、种类丰富。前陶新石器时代的卡里姆·沙希尔（Karim Shahir）出土了珠子、吊饰和手镯。哈苏纳时期的索托土丘（Tell Sotto）出土了石制珠子和手镯等实物。[1] 哈苏纳（Hassunah）、耶里姆 I、萨马拉（Samarra）、马塔拉（Matarrah）等遗址也出土了珠子（图 2-2）。萨马拉的墓葬中出土了非常多的珠子，它们用于制作项链或衣服上的装饰品。萨马拉墓葬中随葬的雪花石雕像上就佩戴串珠项链。[2] 哈拉夫时期的多姆兹土丘（Domuztepe）出土了大量的装饰品，其中包括大量的珠子、吊坠和印章。在人物塑像的颈部、肩部、腰部也有珠子组成的串

---

1 Bader, N. O., "The Early Agricultural Settlement of Tell Sotto", in: Yoffee, N. and Clark, J. J. (eds.), *Early Stages in the Evolution of Mesopotamian Civilization: Soviet Excavations in Northern Iraq*, The University of Arizona Press, 1993, pp. 41-54.

2 Breniquet, C., "Rapport sur deux campagnes de fouilles à Tell es-Sawwan, 1988-1989", *Mesopotamia* 27, 1992, pp. 5-30.

饰。项链可能是由许多不同品种和质量的原材料制成的，如陶、滑石、绿松石和玛瑙等。阿尔帕契亚土丘出土了菱形黑曜石珠子、带有红彩的玛瑙贝组成的项链。[1] 加泰土丘的一座年轻人的墓葬中随葬了一串蓝色石头制作的珠子。不同材质的装饰品可能表示了佩戴者的不同身份和等级或者有特殊的含义。如孩童，通常是男孩佩戴蓝色的珠子。在近东，蓝色的珠子被认为可以抵御邪恶之眼。墓葬中的珠子可能为死去的人提供保护。珠子和吊坠的装饰功能多样，除了通常穿在绳子上作为串珠项链外，也曾用作头发装饰或缝在衣服上。伊朗民族学资料显示女孩在辫子上装饰蓝色的珠子或贝壳。[2] 在现代土耳其的村落和博物馆中，我们仍能够看到土耳其民族服饰的装扮，大量的服饰边缘装饰着一串串珠子，[3] 珠子还可以用来制作腰带。

虽然在两河流域欧贝德时期的人物塑像上项链并不常见，但在遗址中仍出土了大量的珠子。高拉土丘的墓葬出土了几十至数万枚不等的珠子（图2-3）。它们装饰着人体每个部位——头部、颈部、手、手腕、腰、膝盖和脚踝。在乌鲁克时期（公元前4000—前3100年），珠子也用作项链或手镯。在乌尔第三王朝（公元前2112—前2004年）和古巴比伦时期（公元前2003—前1595年），项链再次出现在人物塑像上。项链通过带有刻画纹饰的黏土条来表现。阿卡德时期（公元前2334—前2154年），项链在两河流域的人物雕像上变得日趋重要，人物周纪像往往佩戴2—3条项链。阿卡德语和苏美尔语词汇d/tudittu指的就是一种佩戴在女性胸前的装饰品，即两河流域常见的青金石项链和宝石项链。这些项链也具有护身符的作用。[4]

## 二 人物塑像上的特殊身体改造：颅骨变形和文身

两河流域的人物塑像常见颅骨拉长的现象。耶里姆I土丘出土的一件人物塑像有拉长的锥形头部（图1-5）。松戈尔土丘（Tell Songor A）出土的陶人头，脑后方也被拉长。南部欧贝德时期的遗址，如埃利都（Eridu）、乌鲁克（Uruk）、乌尔等遗址出土的人物塑像上也都表现了拉长的头骨。颅骨变形在公元前5千纪最为普

---

1　Goff, B. L., *Symbols of Prehistoric Mesopotamia*, Yale University Press, 1963, pp. 18-22.

2　Watson, P. J., *Archaeological Ethnography in Western Iran*, The University of Arizona Press, 1979, p. 232.

3　Belcher, E. H., "Halaf Bead, Pendant and Seal 'Workshops' at Domuztepe: Technological and Reductive Strategies, in: Healey", E. et al. (eds). *The State of the Stone: Terminologies, Continuities and Contexts in Near Eastern Lithics*, Berlin: ex oriente, 2011, pp. 135-143.

4　Dales, G. F., *Mesopotamia and Related Female Figurines: their chronology, diffusion and cultural function*, University of Pennsylvania, 1960, p. 127.

遍，与欧贝德文化一起广泛传播。[1]

拉长的后脑是一种颅骨变形行为。这种行为在近东史前时期的墓葬中得到了很好的证实，最早的例子可以追溯至沙尼达尔的尼安德特人遗址。[2] 在伊拉克的阿尔帕契亚土丘、泰鲁勒·沓拉沓特遗址（Tell eth Thalathat）、伊朗的甘吉·达瑞、阿里·库什（Ali Kosh）、乔加·塞菲德（Choga Sefid）和乔加·米什（Choga Mish）也有类似的证据。[3] 欧威利、埃利都和阿尔帕契亚土丘的欧贝德时期的墓葬也出土了拉长的头骨，这些头骨的性别既有男性也有女性。如甘吉·达瑞出土的14件变形的头骨中，有一名为女性，两名为男性，有三名可能是女性，有五名可能是男性，还有三名性别是不确定的。人们一般在婴儿时期（1—2岁）就开始用绷带或篮板缠绕在头部来改变头部的形状。[4] 新生儿的头骨由于具有很好的可塑性，因此很容易通过施加压力的方式对头部造成持久性的改变。人物塑像的扁平被拉长的后脑可能是为了突出这种变形头骨的形状。松戈尔土丘出土的人物塑像头部黑彩绘出的条带可能反映了用绷带修整头骨时的情形。

颅骨变形在现代依然存在。20世纪70年代，基塞伊（Kiszely, I.）在伊拉克的杰贝尔辛贾尔（Jebel Sinjar）附近的巴沙利（Bahsany）和巴什卡（Bashiqa）村发现那里的人们会有意改造颅骨。[5] 索列基（Solecki, R.）观察到沙尼达尔地区库尔德人的头部有捆绑的痕迹。[6] 民族学资料还显示，南美印第安人仍存在颅骨变形实践，[7] 土耳其尤如克（Yuruk）社区的游牧群体中颅骨变形盛行。[8]

颅骨变形在很多文化情境中通常暗含着高等级和身份。在19世纪，有意的头骨变形与社会地位和等级相关，例如在北

---

1　Lorentz, K. O., "Ubaid Headshaping: Negotiations of Identity Through Physical Appearance?", in: Carter, R. A. and Philip, G. (eds.), *Beyond the Ubaid: transformation and integration in the late prehistoric societies of the middle east*, The Oriental Institute of the University of Chicago, 2006, pp. 125-148.

2　Trinkaus, E., "Artificial Cranial Deformation in the Shanidar 1 and 5 Neandertals", *Current Anthropology* 23, 1982, pp. 198-199.

3　Weeks, L. R., "The Development and Expansion of A Neolithic Way of Life", in: Potts, D. T. (eds.), *The Oxford Handbook of Ancient Iran*, Oxford University Press, 2013, pp. 49-78.

4　Croucher, K., *Death and Dying in the Neolithic Near East*, Oxford University Press, 2012, pp. 93-99.

5　Kiszely, I., *The Origins of Artificial Cranial Formation in Eurasia from the Sixth Millennium B.C. to the Seventh Century A.D.*, BAR Int. Series (Supplementary), 1978, p. 41.

6　Meiklejohn, C. et al., "Artificial Cranial Deformation in the Proto-Neolithic and Neolithic Near East and its Possible Origin: Evidence from Four Sites", *Paléorient* 2, 1992, pp. 83-97.

7　Torres-Rouff, C., "Cranial Vault Modification and Ethnicity in Middle Horizon San Pedro de Atacama", Chile, *Current Anthropology* 43, 2002, pp. 163-71.

8　Gungor, K., *Cenubi Anadolu Yuruklerinin Ethno-Anthropolojik Tetkiki*, Ankara: DTCF Yayinlari, 1941.

美的奇努克人（Chinook）中，部落首领的孩子接受了颅骨变形改造。[1] 在南美的许多颅骨变形的例子中，变形的颅骨可以作为种族标记。公元15世纪和16世纪安第斯人变形的颅骨作为群体归属的有意识的、公开的符号象征，具有一种民族标识和身份记忆的作用。[2] 颅骨变形导致颅骨被拉长，这有一种很好的视觉效果，从很远处就可以看见，在人群中也很显眼。这种高度视觉化的指示会给所有者以及其他人留下差异感和很深刻的印象，这有助于构建和反映身份。

头骨的这种改变是在婴孩时期开始实施的，这一行为一旦实施是不可逆的，是永久性的身体标志。而且这一行为不是个人自己的选择，通常是父母或某个社群人员的选择。史前时期并不是所有的人都有拉长的头颅，也不是所有的人物塑像都表现出了拉长的头部。这表明拉长的头部是选择性行为。人物塑像一方面展现了现实生活中人们的外貌特征，承载着当时的历史记忆；另一方面，人物塑像融入了人类更合意更理想化的身体特征，构建和反映出了人类理想的身体形状。墓葬出土的拉长变形的头骨、人物塑像以及一些彩陶上的彩绘人物的证据都暗示了头骨形状的重要性。

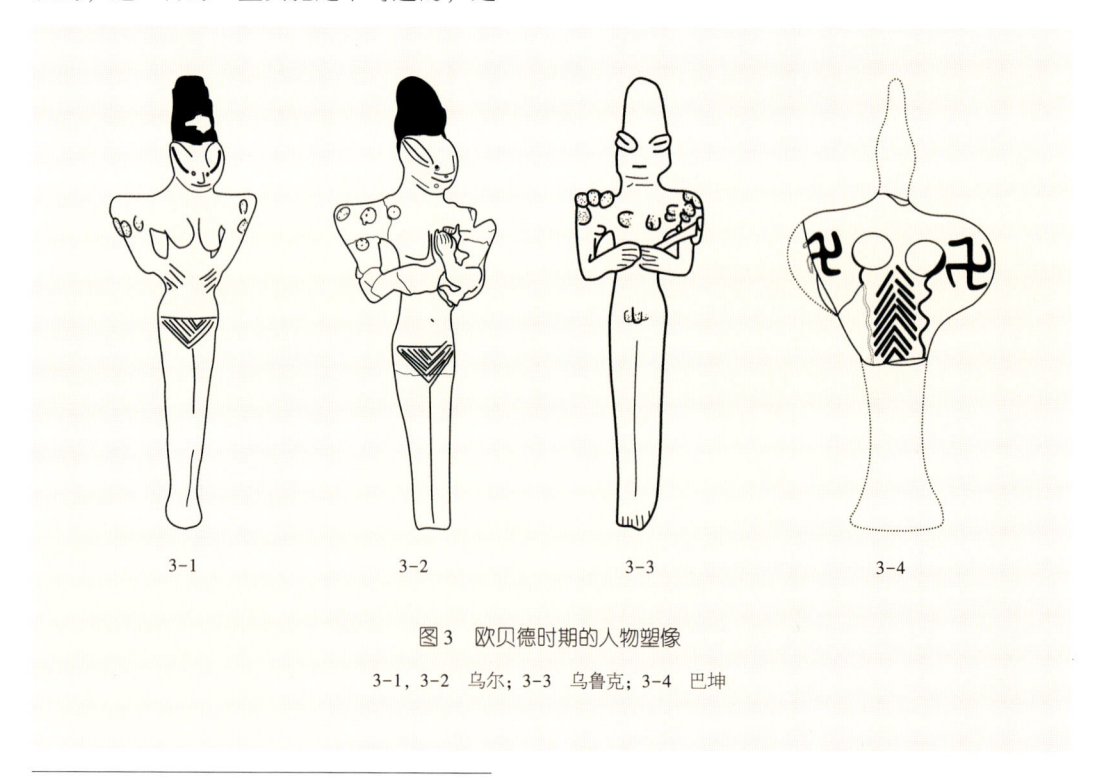

图3 欧贝德时期的人物塑像

3-1、3-2 乌尔；3-3 乌鲁克；3-4 巴坤

---

1　Bronfin, D. R., "Misshappen Heads in Babies: Position or Pathology?", *The Ochsner Journal* 3, 2001, pp.191-193.

2　Hoshower, L. M. et al., "Artificial cranial deformation at the Omo M10 site, a Tiwanaku complex from the Moquegua Valley", Peru, *Latin American Antiquity* 2, 1995, pp.145-164.

除了颅骨变形，两河流域的人们对身体改造行为还有文身。在两河流域南部的乌尔、埃利都、乌鲁克等遗址出土的人物塑像的宽肩上贴附了数个圆形黏土颗粒（图3-1、图3-2、图3-3）。这种装饰最早见于萨马拉时期和哈拉夫时期的人物塑像上，在欧贝德时期普遍出现。有些学者认为它们是蛇的鳞片，有人认为是装饰肩部的"搭扣"[1]。有人认为它们更像是裸露在肩膀上而不是依附在服饰上的物品，更可能是身体彩绘、人为的疤痕或文身。[2] 哈拉夫时期和欧贝德时期的人物塑像上还彩绘一些特殊符号，如卍字符和十字符，这些符号位于人物的胸部和肩部。阿尔帕契亚土丘出土的1件人物塑像，肩膀上有十字形图案。伊朗的巴坤土丘（Tall-i Bakun）出土的3件人物塑像上装饰了卍字形纹饰（图3-4）。

"文身"（tattoo）源于塔希提语"tatatau"，用于描述在皮肤上做永久标记的实践。"tatatau"是波利尼西亚文身的一种传统形式。波利尼西亚的原住民用骨刺或墨水在皮肤上制作图案，通过文身来表现个人身份、社会地位和宗教信仰。[3] 欧贝德时期贴附在人物塑像上的黏土块或黑色斑点表示的是文身，如同现代叙利亚、伊朗的阿拉伯部落成员身体上的疤痕。文身是永久的印记和身体装饰，和传递力量以及克服痛苦的能力有关。同样部位的文身和疤痕反映了与某一群体永久稳固的联系。[4] 这种彩绘或刻画留下的痕迹是身份建构的一种方式，使得拥有者脱颖而出。它们属于某个特殊的群体，体现了一种归属感。文身和服饰也从侧面反映了某种群体认同。人们在参加某种仪式时会彩绘身体或穿着特定的服装，某些文身或服装仅见于特定场合或仪式。在原始启蒙仪式中或在生命的某一阶段（尤其是在成年期），人们会在身体上做标记来加强仪式记忆。在这些仪式中的身体标记通常是为了成为永久的而不是短暂的印记。例如，努尔人（Nuer）不仅用颜料或衣服来标记成人仪式，而且会在身体上创造一个永久的疤痕。这个疤痕不是个人的或特殊的，而是用来象征一个人已经成为社会群体的一员。[5] 文身也可以用来模仿衣服，当人们普遍穿着衣物时，文身便转移到了服饰上。文身一方面可以像衣服一样起到保护作用；另一方面还具有精神功

---

1　Stronach, D., "The Development of the Fibulas in the Near East", *Iraq* 2, 1959, pp. 181-206.

2　Daems, A., "Snake in the Grass: Reassessing the Ever Intriguing Ophidian Figurines", in: Carter, R. A. and Philip, G. (eds.), *Beyond the Ubaid: transformation and integration in the late prehistoric societies of the middle east*, Chicago: University of Chicago, 2006, pp. 149-162.

3　Anonymity, The Origin of Tattooing, *The Journal of the Polynesian Society* 4 (1911): 167-169.

4　Bednarik, R. G., "Towards a Better Understanding of the Origins of Body Decoration", *Anthropologie* 33, 1995, pp. 201-211.

5　Polhemus, T., *Social Aspects of Human Body: A Reader of Key Texts*, New York: Penguin Books, 1978, p. 151.

能。如 V 形纹是旧石器时代以来常见的刻画纹饰，在新石器时代它和 M 形纹频频出现在陶器和祭祀器皿上。金布塔斯（Gimbutas，M.）认为 V 形纹和 M 形纹表示乳液和水，是生命和女神的象征符号。[1] 另一种卍字形符号通常位于人物臂膀或者乳房下方。它们还见于公元前 4000 年萨马拉和苏萨专门用于丧葬的陶器上，暗示着这一符号和死亡仪式相联系。这种符号延续时间较长，之后在公元前 3200 年乌尔的印章以及波斯波利斯的陶器上也有发现。它们的分布范围较广，远达塞浦路斯、希腊和东南欧，这些地区出土的人形陶器上也彩绘卍字形符号。在贝奥提亚（Boestia），公元前 700 年的双耳彩绘陶器上绘有生育和月亮女神伊什塔尔（Ishtar）、狗、牛头和鸟等形象，这些人物和动物旁描绘了许多卍字形符号。[2]

## 三 史前时期人类装饰自身的原因

人类装饰自身有物理、心理和社会三个层面的原因。物理层面的原因主要体现在对身体的保护，如服饰可以应对寒冷干燥的气候、蚊虫的叮咬等。心理层面的原因是装饰具有展示和审美功能，部分装饰品还具有驱除恶灵、保佑平安的功能。其他心理因素还包括羞耻感、炫耀感。如对性器官、第二性特征的遮蔽。社会层面的原因，一是技术的革新为制作装饰品和服饰提供了原料和工具；二是装饰反映了文化或社会规范，诸如性别、身份地位、权力关系和社会结构。

史前时期的人类通过一系列行为来应对寒冷干燥的冰期气候带来的挑战，他们学会了如何控制火；为了躲避风寒，他们搬进了山洞或建造房屋；他们还发明了衣服。一般来说，服饰具有防寒、防晒、防擦伤的功能。在旧石器时代晚期，狩猎采集者会用植物和动物皮毛制作衣服。在旧石器时代的遗址中也出土了用于剥离动物皮的刮刀和制作衣物的穿刺工具，如锥和针。格拉维特文化时期，人们使用植物纤维制作了编织物，如绳索、席垫和篮子。服饰还具有审美和个性表达的功能。旧石器时代和前陶新石器时代的女性雕塑像大多展现的是人体的美感，突出女性丰满的乳房和肥硕的臀部。人物雕塑像上的胸带和腰带可能只是一种身体的装饰，而不是为了保护或遮蔽身体的某些部位。腰带可能具有悬挂其他实用物品的功能。这些人物雕塑像上表现的一些服饰并没有起到遮蔽身体的作用，也没有用于抵御寒冷，它们更具装饰效果。前陶新石器时代人物塑像的头饰和腰带仍保留了旧石器时代的细节特征。遗址和墓葬出土的实物反映出这

---

1　Gimbutas, M., *The Language of the Goddess: Unearthing the Hidden Symbols of Western Civilization*, Thames and Hudson, 1989, pp. 3-21.

2　Loewenstein, J. P., "The Swastika: Its History and Meaning", *Man* 41, 1941, pp. 49-55.

一时期的社会仍是平等的，不见贫富分化的证据。所以装饰多是人类审美和个性的表达。

有陶新石器时代，随着人类对动植物驯化经验的积累，尤其是二级产品——羊毛的开发和利用，使得人们获取了更多的制衣材料。与此同时，遗址中出土的大量纺织工具表明纺织技术得到了发展，这为制作衣物创造了条件。两河流域北部在前哈拉夫时期发生了气候突变事件，即8.2千纪事件（8.2ka BP event），它造成了干旱和寒冷的天气，并持续了200年（公元前6200—前6000年）。这一事件可能对人们的穿衣习惯产生了一定的影响。气候变冷促使人们制作衣物保暖。以北部萨比·阿比亚丘为例，该土丘经历了8.2千纪事件。大约在公元前6225年，居住在萨比·阿比亚丘的人们对动物的开发从以肉类为主转向获取肉类、牛奶和动物纤维。[1] 前哈拉夫时期纺锤的大量出土暗示着人们对羊毛纺织的重视。在8.2千纪事件后，人们强化二级产品生产的趋势更加明显，对动物开发利用的转变可能是人们为了适应更干旱的条件采取了新的生存策略。8.2千纪事件引起了当地环境的恶化，导致了人们强化奶制品和动物纤维等二级产品的使用。人物塑像上服饰表现的增多也表明人们选择穿衣来御寒。通过观察有陶新石器时代两河流域人物塑像上的装饰，我们发现公元前7千纪以来，装饰的种类较前陶新石器时代大大增加了，人物塑像上的装饰也日趋丰富。羊毛在两河流域南部服饰中发挥着重要的作用。在公元前5千纪后，从绵羊和山羊身上开发次级产品变得越来越重要。考古学家在乌鲁克晚期遗址中发现了大量的产羊毛的羊的证据。[2] 乌鲁克的楔形文献中也有关于羊毛的记载。羊毛纺织品可能是公元前4千纪乌鲁克扩张期间从两河流域南部向北方出口的一种重要产品。公元前2千纪的楔形文字也记载了毛织品，它们是两河流域向更北部地区的重要出口物品。乌鲁克晚期，羊毛衣服是奢侈品，服饰是威望商品或地位的象征。

装饰体现了社会性。装饰品所用的原材料的相对价值反映了社会的等级或分层。不同的原材料可以用来区分个人的经济地位、社会礼仪和从属关系。部分装饰品还加强了重要的信仰体系和社会秩序。[3] 在两河流域，我们可以看到不同的原材料制造的装饰品，比如珠子的材质有陶、贝壳、滑石、绿松石、玛瑙等。装饰品的原材料和技术工艺反映了两河流域社

---

1　Rooijakkers, T., "Spinning Animal Fibres at Late Neolithic Tell Sabi Abyad, Syria?", *Paléorient* 2, 2012, pp. 93-109.

2　McCorriston, J., "The Fiber Revolution: Textile Extensification, Alienation, and Social Stratification in the Ancient Mesopotamia", *Current Anthropology* 38, 1997, pp. 517-549.

3　Kenoyer, J. M., "Ornament Styles of the Indus Valley Tradition: Evidence from Recent Excavations at Harappa, Pakistan", *Paléorient* 2, 1991, pp. 79-98.

会中的社会等级甚至阶层划分。这种等级划分可能既适用于佩戴这些饰品的个人，也适用于制造它们的工匠。服饰还与宗教归属相联系。亚麻布料在后期的仪式和社会中发挥了重要作用，特别是在宗教圈。它的生产和流通可能受到了精英阶层的控制。从羊毛作坊的记录中可以清楚地看出，亚麻布料的价格更高，因为生产麻需要更多的水和时间。古代苏美尔的经济文献，亚麻织品比羊毛织品稀少，亚麻布是国王和神祇穿戴的奢侈品。[1]

男女性别差异也可以通过不同的装饰种类反映出来，如女性着长裙、佩戴多条项链和胸带，三角符号也和女性有关。人物塑像上还表现出了人在社会构建中的性别角色，如女性哺育孩童（图3-2），男性手持权杖（图3-3）。装饰也是身份的象征。在欧贝德时期，标示欧贝德身份的有变形颅骨、装饰品、文身。[2] 欧贝德时期的典型装饰品，如唇装和耳饰，出土于两河流域北部至波斯湾的许多欧贝德遗址中，如欧威利、欧贝德、阿巴达（Tell Abada）、高拉土丘等。但它们在大多数哈拉夫时期的遗址中几乎不见。变形的颅骨和文身在社会认同和人生阶段体验的构建中发挥重要作用。尤其是颅骨变形是一种需要大量投入和长期计划参与的做法，暗示着某类社会群体的身份信息。文身象征着一个人已经成为社会群体、文化集体、社会主体的一员。乌鲁克时期，随着城市的发展，社会规范的加强，不同性别和身份的人在服饰穿着上的差异更加显著。乌鲁克时期的印章图案描绘了许多生产劳动场景，男性的工人和仆人描绘成赤身裸体，而地位最高的男性则着裙。从乌鲁克晚期开始，战俘也都是裸体的。乌鲁克晚期，对人类和神来说，衣服都是奢侈品，是威望商品或地位的象征——对人类和神来说都是如此。它们是城市化进程中"人类驯化"的一部分。[3]

## 四　结语

两河流域新石器时代的人物塑像的装饰大致经历了两个主要的发展阶段：一是旧石器时代晚期至前陶新石器时代，人物塑像总体是裸露的，并且突出女性的身体装饰。除了表现项链、腰带和手镯等个人装饰品，鲜有全身衣着的体现。头饰、胸带和腰带更多体现的是史前人类的个人喜好和审美意识。二是有陶新石器时代至铜

---

[1] Christopher, E., "Dynamics of trade in the ancient Mesopotamian 'world system'", *American Anthropologist* 94, 1992, pp. 118-139.

[2] Stein, G. J. and Ozbal, R. A., "Tale of Two oikumenai: Variation in the Expansionary Dynamics of 'Ubaid and Uruk Mesopotamia'.", in: Stone, E. C. (eds.), *Settlement and Society: Essays Dedicated to Robert McCormick Adams*, Chicago: The Oriental Institute, 2007, pp. 329-342.

[3] Algaze, G., "Initial Social Complexity in Southwestern Asia: The Mesopotamian Advantage", *Current Anthropology* 2, 2001, pp. 199-233.

石并用时期，人物塑像上的彩绘线条和黏土块表现了项链、胸带、服饰和文身。这些装饰体现了性别差异和社会身份。

人物塑像上的部分装饰，如项链、手镯等能够和遗址、墓葬出土的装饰品相对应。特殊的装饰，如颅骨变形和文身也能够在墓葬出土的变形的颅骨以及民族学材料中找到相应的证据。这表明人物塑像是现实生活中人类的缩影。个人装饰也融入了人们的日常实践中，从裸体到着装是人们为了适应气候变化而采取的生存策略，装饰的实用功能逐渐增强。随着城市文明的发展和社会规范的加强，装饰不仅展现了不同性别和不同社会群体之间的差异，而且也是特定仪式场合下特殊要求的结果。

我们对待身体的方式向周围人传递了各种信息。纵观人类身体装饰的发展，我们可以看到人们对自身的认识是不断进步和深化的。无论是对环境气候的适应还是社会规范，对人体自身改变的方式更加多样化。人们通过各种方式修饰自己的身体，而身体也逐渐成为一种重要的社会判断标尺，承载个人身份和地位的象征。手镯、项链等个人装饰品一方面具有个人审美倾向；另一方面，这些装饰品的材质和技术又进一步反映了佩戴者的社会身份，这些身份是由财富、地位、性别和社会关系构成的。特殊的装饰，如颅骨变形和文身则展现出了一种社会文化特质和社会群体认同，它们是某个社会群体和文化群体的符号，在社会复杂化中发挥着重要作用。

# 二

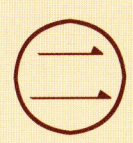

## 器物研究

# 浅析青铜盂的自名、形制和功能

■ 李金鑫（北京大学考古文博学院）

## 一 问题与缘起

目前发现的自名为"盂"的青铜器已有二十余件，关于其功能，各家在著录时，多称为水器，[1] 或称为食器，[2] 或两者兼有，以朱凤瀚先生的说法最为明确，体量较大的盂为水器，体量较小的盂功能同簋，为食器。[3] 历史文献中，同样也有水器和食器两种说法。[4] 然而青铜器中自名为"盂"者，其形制种类颇多，不止两类，且青铜盂的使用时间为商代晚期至于春秋战国之际，其间形制、功能如何演变则有所交代不清。陈芳妹先生曾对盂和簋的形制、功能差异进行过总结，指明商代和西周的盂多为水器，西周早期开始有一些诸如匽侯盂一类的"较小的盂"为食器。但对西周中期及以后的盂着墨甚少，对盂的形制、功能的区分及演变探讨还较为粗略。[5]

青铜器的自名体现了古人对于铜器的分类思想，有自名的青铜盂是探讨其形制和功能的基础和主要依据。因此，本文借助吴镇烽先生的《铭图》，[6] 搜集有自名为"盂"的青铜器，梳理其形制和铭文特征，再结合无自名的青铜盂[7]综合对比，联系历史文献，并考察青铜盂的考古

---

[1] 容庚：《商周彝器通考》，载莞城图书馆编《容庚学术全集》第七册，中华书局，2011，第472—474页。

[2] 马承源：《中国青铜器》，上海古籍出版社，1991，第163—165页。

[3] 朱凤瀚：《中国青铜器综论》，上海古籍出版社，2009，第307—310页。

[4] 同上注。

[5] 陈芳妹：《簋与盂——簋与其他粢盛器的关系研究之一》，（台北）《故宫学术季刊》1983年第2期。

[6] 吴镇烽：《商周青铜器铭文暨图像集成》，上海古籍出版社，2012；吴镇烽：《商周青铜器铭文暨图像集成续编》，上海古籍出版社，2016；吴镇烽：《商周青铜器铭文暨图像集成三编》，上海古籍出版社，2020。

[7] 这里所列的无自名盂仅有Aa型盂和Ab型盂，原因是这两种盂除自名为"盂"外，再无其他自名，因此可推定其名称为盂。

出土背景，如墓葬、窖藏等，明确青铜盂的形制、功能及演变过程。

## 二 青铜盂的形制分析

形制分析是功能判断的基础条件。我们搜集到自名为"盂"的青铜器 24 件，[1] 其年代为商代晚期至春秋晚期，并搜集形制相同，无自名类盂数件，根据器底形状、体量大小、口部形态等特征划分为四型。

A 型：圈足盂，大敞口，卷沿弧腹。根据体量大小和腹部形态可分为两亚型：

Aa 型：体量大，器感厚重，器腹花纹满饰。器高均在 40cm 左右，口径在 50cm 以上，重量 35kg 左右，腹部较直且深，多有两个附耳（图2）。

| 年代\类型 | A 型 Aa 型 | A 型 Ab 型 | B 型 | C 型 | D 型 |
|---|---|---|---|---|---|
| 商代晚期 | 1. 亚长盂 | 2. 寝小室盂* | | | |
| 西周早期 | 3. 泳盂 | 4. 微盂 | | | |
| 西周中期 | 5. 师永盂* | 6. 上博伯盂* | 7. 虢叔盂* | | |
| 西周晚期 | 8. 天盂* | | 9. 善夫吉父盂* | | |

---

1 不计入异形自名盂及各家著录中无图像（线图或照片）的盂。

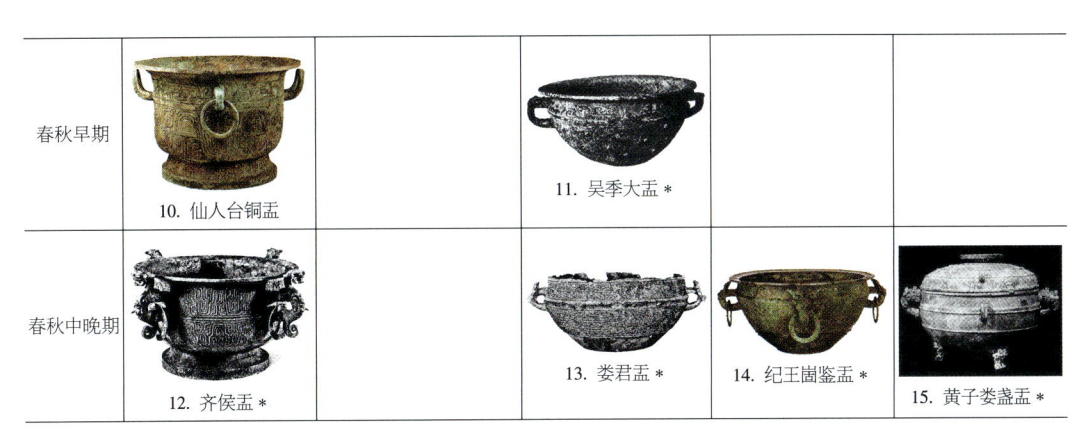

浅析青铜盂的自名、形制和功能　071

| 春秋早期 | 10. 仙人台铜盂 | 11. 吴季大盂* | | |
|---|---|---|---|---|
| 春秋中晚期 | 12. 齐侯盂* | 13. 娄君盂* | 14. 纪王崮鉴盂* | 15. 黄子娄盏盂* |

图 1　青铜盂的类型

注：带"＊"器物，自名为"盂"，下同。

| 其他Aa型盂 | 1. 好盂（商代晚期） | 2. 王盂残底*（西周早期） | 3. 故宫伯盂*（西周中期） | 4. 遹盂*（西周晚期） |
|---|---|---|---|---|
| | 5. 刘家村环带纹盂（西周晚期） | 6. 齐家村环带纹盂（西周晚期） | 7. 新旺村铜盂（西周晚期） | 8. 河崖头村盂（春秋中晚期） |

图 2　其他 Aa 型盂

　　商代晚期盂腹下部较弧，盂口沿两侧有半环形的小耳，腹部前后有附耳（图1-1）。类似的盂见于妇好墓（图2-1）。

　　西周早期盂耳变为附耳，此后一直承续，从西周早期到西周晚期附耳逐渐增高，从低于口沿发展为高于口沿。盂正面或有兽首形装饰，西周晚期时正面流行衔环饰。春秋中晚期的齐侯盂腹外装饰爬龙形附耳（图1-12）。

　　Ab 型：体量小，器高多在 24—30cm，口径在35—40cm。[1] 器腹较Aa型浅，下腹部较弧而不直，均有附耳（图3）。

商代晚期的盂附耳较低，西周早期到西周中期腹耳逐渐升高，商代和西周早期的盂腹部满饰，西周中期多条带状纹饰。西周中期以后，此类盂不再出现。

在Aa型和Ab型盂之间，还存在一种体量上中间形态的盂。目前见有一件霸伯盂（图3-9），自名为"盂"，出土于大河口墓地，其高度为34cm，口径38—39cm。深直腹，与Aa型盂一致，盂底为三足，不见于其他形态的盂。整体上与Aa型盂更为接近。

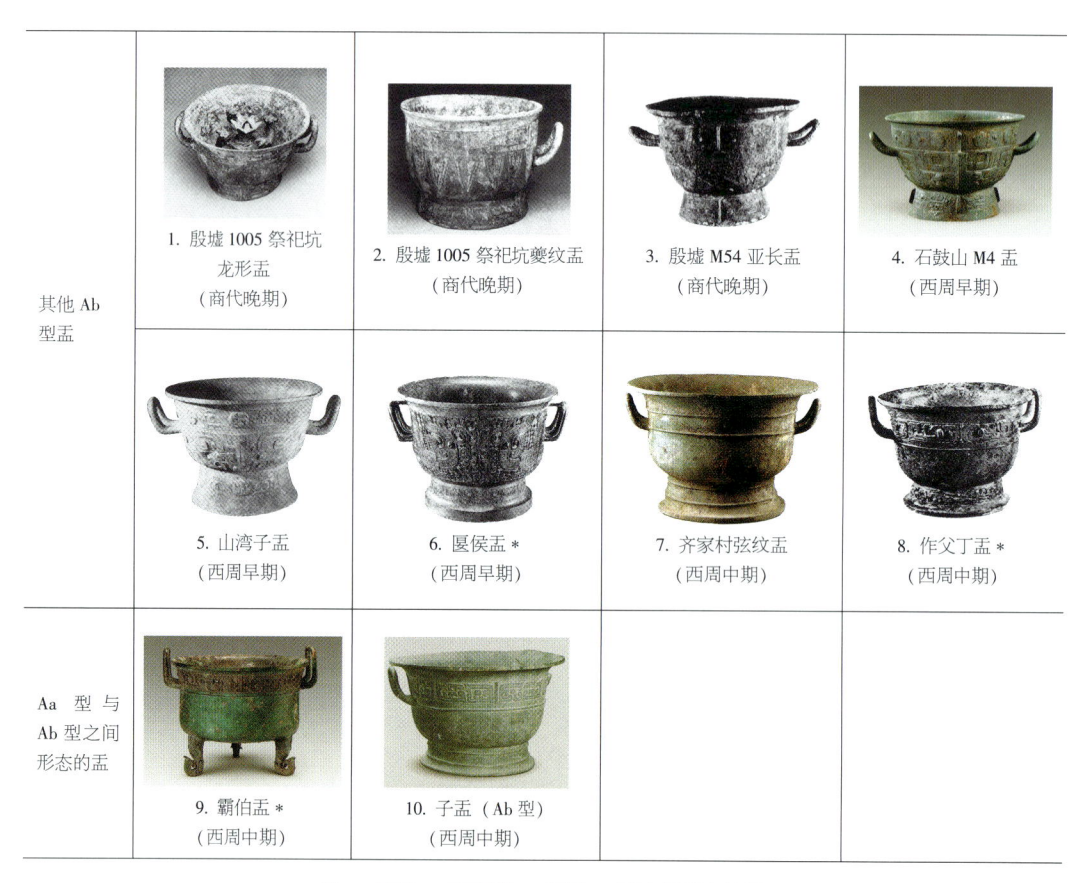

| | | | | |
|---|---|---|---|---|
| 其他Ab型盂 | 1. 殷墟1005祭祀坑龙形盂（商代晚期） | 2. 殷墟1005祭祀坑夔纹盂（商代晚期） | 3. 殷墟M54亚长盂（商代晚期） | 4. 石鼓山M4盂（西周早期） |
| | 5. 山湾子盂（西周早期） | 6. 匽侯盂*（西周早期） | 7. 齐家村弦纹盂（西周中期） | 8. 作父丁盂*（西周中期） |
| Aa型与Ab型之间形态的盂 | 9. 霸伯盂*（西周中期） | 10. 子盂（Ab型）（西周中期） | | |

图3 其他Ab型盂和Aa型与Ab型之间形态的盂

---

[1] Ab型盂的体量尺寸需要说明两点。其一，寝小室盂的带盖高度为42.2cm，器高为27.8cm，口径40.3cm，不能以通高为计算标准。其二，殷墟1005祭祀坑中的3件Ab型盂的体量，比常见的Ab型盂小，其中龙形盂高14.2—15.7cm，附耳盂高18.9cm，与殷墟晚期簋的体量相近，但从形制和出土背景的角度考虑，其应为水器盂而不是簋。这3件盂实际上可以成立一个亚型，表明商代晚期的盂根据体量和形制可分为三种，但考虑到类型不宜过多，且其仅存在于商代，没有延续下来，因此归并在Ab型盂中介绍。

B型：平底盆形盂，敞口，折沿，上腹部有两个相对的半环形耳或环耳，下腹部斜直，整体呈盆形，部分折肩。体量较小，一般高20cm左右，口径30—35cm（图4）。

盆形盂出现于西周中期，一直流行到春秋晚期，形制十分固定，其年代的特征主要表现在纹饰方面，西周中期为斜对角夔纹，西周晚期为重环纹，春秋时期为蟠龙、蟠螭纹。B型盂与Ab型盂具有年代上的替代关系。

C型：平底鉴形盂。通常自名为鉴。直口，折沿，腹部多有辅首衔环类装饰，与同时期的铜鉴形制相同。体量较大，器高40cm左右，口径50cm以上，与Aa型盂体量基本相同。出现于春秋中晚期（图5）。

D型：盏形盂。[1] 通常自名为盏、敦等。均有盖和三足，足或为蹄足，或为环形足。体量较小，器高一般20cm左右，口径20cm左右。D型盂出现和流行的时间为春秋中晚期（图6）。

| 其他B型盂 | 1. 伯索史盂*（西周晚期） | 2. 丹叔番盂*（西周晚期） |

图4　其他B型盂

| 其他C型盂 | 听盂*（春秋晚期） |

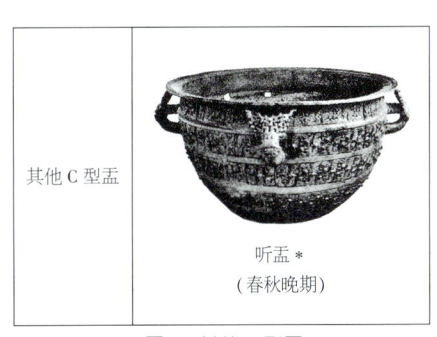

图5　其他C型盂

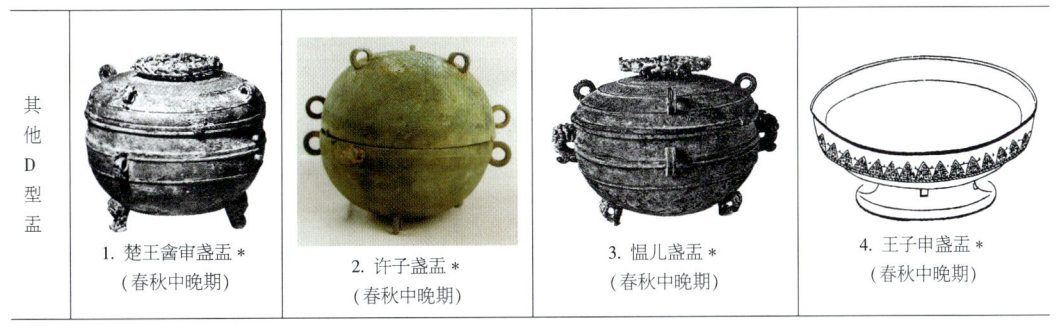

| 其他D型盂 | 1. 楚王酓审盏盂*（春秋中晚期） | 2. 许子盏盂*（春秋中晚期） | 3. 愠儿盏盂*（春秋中晚期） | 4. 王子申盏盂*（春秋中晚期） |

图6　其他D型盂

---

[1] 关于D型盂的自名，以往多释读为盂，目前有学者释读为䀇。然其上部所从，是为皿字，容庚《金文编》定为䀇，并认为与盂字相同。王人聪从字形角度论证该字为盂的异体，酓审盂等器中的铭文可定读为䀇，是盂字的繁化。黄锦前对此有进一步申论。是说可从。参看王人聪《楚王酓审盏盂馀释》，《江汉考古》1992年第2期；黄锦前《说"盏盂"——兼论楚系盏盂的形态与功能》，载湖南省文物考古研究所编《湖南考古辑刊（第11集）》，科学出版社，2015，第260—279页。

除上述五种比较普遍的自名盂外，还有一些形制较为特殊的器型也自名为盂，比如春秋早期的曹门湾出土的簠自名宝盂，[1] 春秋中期的諆子盆自名行盂，[2] 春秋晚期的黄仲酉壶自名行盂[3]等。这些器物均自名为"盂"，它们如同 C 型盂和 D 型盂一样，具有更为常见的自名，即盆、壶等，但是相较于 C 型盂和 D 型盂而言，其数量较少，一般只有 1 件，可见这些器型自名为盂不是一种普遍的现象，因此我们暂不对它们进行更细致的分类，而暂将其统称为异形自名盂。

## 三　不同形制青铜盂的功能考察

### （一）Aa 型盂的功能及演变

晚商时期的 Aa 型盂，有铭盂的铭文仅为族徽和人名，如"亚长""好"等，没有注明器物的自名和功能。出土背景明确的器物均出土于墓葬，亚长盂出土于殷墟 M54，与铜甗、铜尊、铜斝等器物摆放于墓葬南侧，[4] 好盂出土于殷墟 M5 妇好墓，与大圆鼎、铜甗、方鼎等器物摆放在墓葬北侧。[5] 这种大型盂在墓葬中只随葬一件，具有唯一性。从摆放组合来看，与甗、圆鼎等炊煮器关系密切，其功能或为食器，或为水器，难以遽断。晚商时期 Aa 型盂多与 Ab 型盂同出，两者多置于一处，如殷墟 M54。两者器类相同，置器位置相同，因此功能应当相近，Ab 型盂功能为水器（详见下文），因此 Aa 型盂是水器的可能性较大。

西周至春秋时期的 Aa 型盂，多自名为盂，其功能为水器。原因有三：

其一，出土背景方面，Aa 型盂的置器位置、组合、数量均与水器相同。Aa 型盂，有明确出土背景的可分为两类，一类是出土自窖藏，如遹盂、杨家村天盂、刘家环带纹盂、齐家环带纹盂等；另一类是出土自墓葬，如仙人台 M6 随葬铜盂 1 件。

遹盂（图 2-4）出自长安县（今西安市长安区）的一座窖藏内，同出的器物有一件匜，出土时匜放置于盂腹中，表明二者具有组合关系，其功能应当相近，均为水器。[6]

天盂（图 1-8）出土于杨家村青铜器

---

1　武汉大学历史学院、湖北省文物考古研究所、湖北荆州文物保护中心、枣阳市博物馆考古队：《湖北枣阳郭家庙墓地曹门湾墓区（2015）M43 发掘简报》，《江汉考古》2016 年第 5 期。

2　信阳地区文管会、潢川县文化馆：《河南潢川县发现黄国和蔡国铜器》，《文物》1980 年第 1 期。

3　湖北省文物考古研究所、随州市曾都区考古队、随州市博物馆：《湖北随州义地岗墓地曾国墓 1994 年发掘简报》，《文物》2008 年第 2 期。

4　中国社会科学院考古研究所安阳工作队：《河南安阳市花园庄 54 号商代墓葬》，《考古》2004 年第 1 期。

5　中国社会科学院考古研究所安阳工作队：《安阳殷墟五号墓的发掘》，《考古学报》1977 年第 2 期。

6　陕西省博物馆：《陕西长安沣西出土的遹盂》，《考古》1977 年第 1 期。

窖藏，[1] 窖藏内共出土青铜器 27 件，其中鼎 12 件，鬲 9 件，方壶 2 件，盘、盉、匜、盂各 1 件。炊煮器鼎、鬲均为多件，酒器为 2 件，只有盘、盉、匜三类水器为 1 件，不同器类的水器均单件随葬在西周时期是一种器用制度，盂的数量与水器相同，因此其功能为水器。置器位置上，盂位于窖藏的中间，其腹部置有盉 1 件，盘和匜分别在盂的两侧紧贴盂放置，鼎则围绕盘盂而摆放，铜壶、铜鬲单独成群放置（图 7）。因此盂的置放位置明显与盘、盉、匜等相关，同样可证明其为水器。

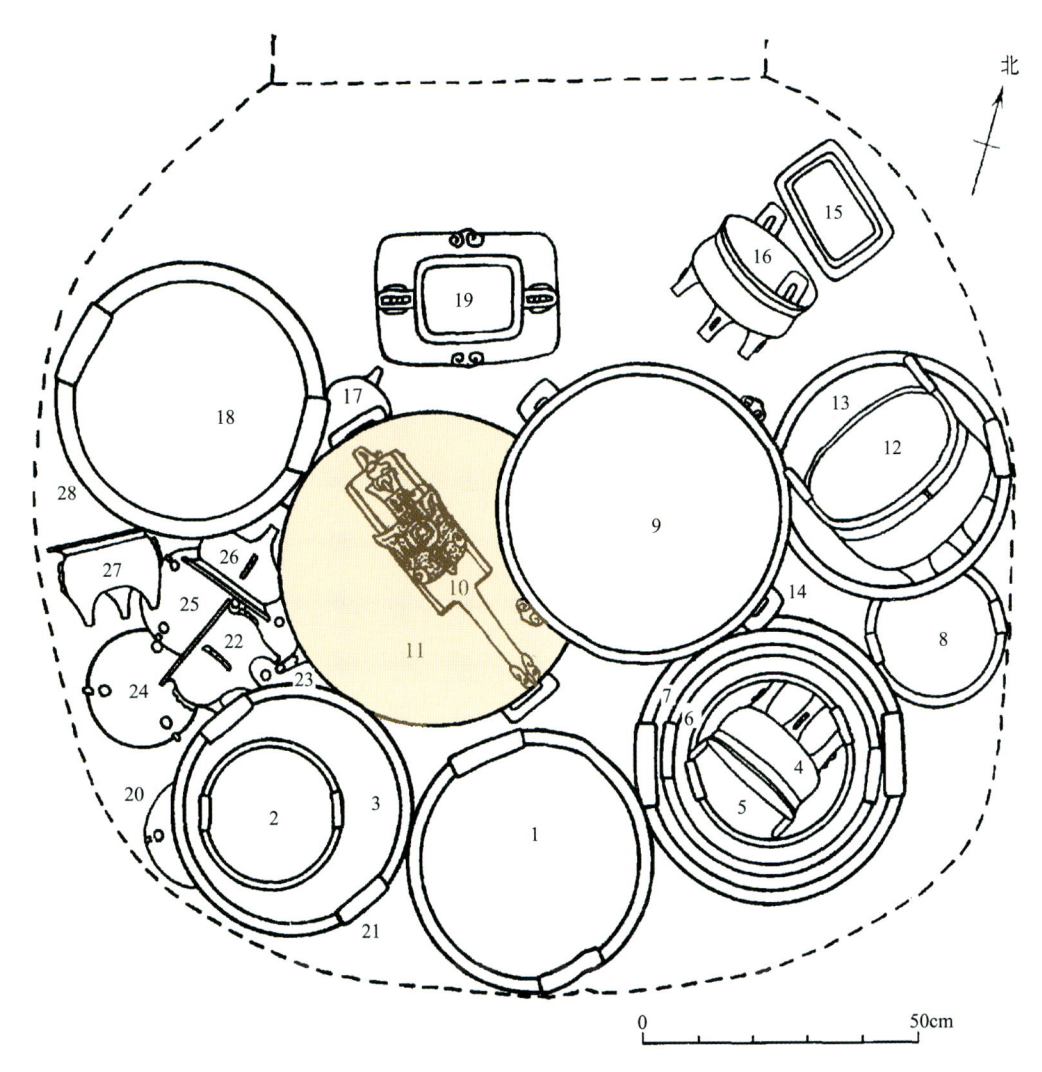

1—8、12、13、16、18.铜鼎　9.铜盘　10.铜盉　11.铜盂　14、15、19.铜壶、盖　17.铜匜　20—28.铜鬲

图 7　杨家村窖藏铜器分布（图中浅黄色器为 Aa 型盂）

---

1　杨家村联合考古队：《陕西眉县杨家村西周青铜器窖藏发掘简报》，《文物》2003 年第 6 期。

076　器物研究

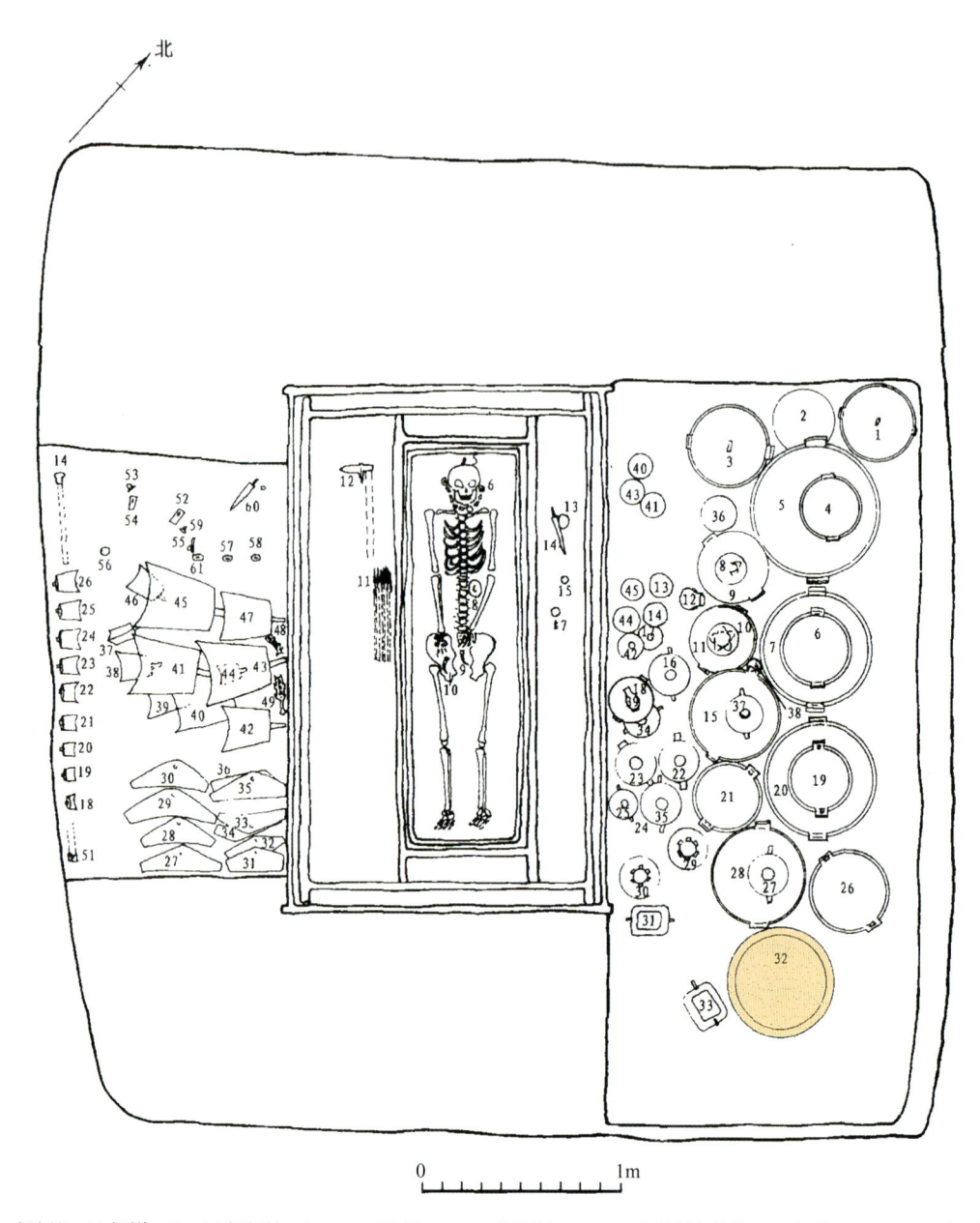

南边箱：14. 铜镈　18—26. 铜钮钟　27—36. 石编磬　37—47. 铜甬钟　48、49. 铜编钟架饰件　51. 铜箍　52、54、59. 铜合页　53、55、57、58、61. 铜扣　56. 铜环　60. 铜剑
椁　室：5. 玉珠　6. 玉项饰　8. 玉璧　9、10. 琥形玉璜　11. 铜镞　12. 铜戈　13、15、17. 铜泡　14. 铜剑
北边箱：1—7、9、11、15、19—21、26、28. 铜鼎　8、10. 铜豆　12. 扁壶　13、14、44、45. 簋形豆　16、22—25、27、34、37. 铜簋　17、42. 陶罐　18. 铜盘　29、30. 铜圆壶　31、33. 铜方壶　35、38. 铜罐　36、40、41、43. 陶豆　39. 铜匜

图 8　仙人台 M6 随葬品分布（图中浅黄色器为 Aa 型盂）

　　仙人台 M6 的随葬品具有明显的置放和用器制度，墓主棺椁居中，墓主两侧有器物箱，南侧器物箱内整齐置放编钟和石磬等乐器，北侧边箱为炊煮、盛食和水器

（图8）。[1] 15件铜鼎分两排整齐排列于器物箱的北侧，铜盂1件（图1-10）单置于鼎群的东侧，明确表明其与鼎群不同，具有独特的功能。鼎群内及南侧有铜豆2件、铜簋8件、铜圆壶2件、铜方壶2件、铜罐2件、铜扁壶1件、铜盘1件和铜匜1件，整个器物箱中炊煮器、食器均为2件或多件，而仅有盘、匜、扁壶等水器为1件，盂的件数也为1件，表明盂的功能与盘匜相类，而与鼎簋不同，因此其功能为水器。至于盘匜不与盂摆放于同一处主要是两者体量差异过大，盂的体量与鼎相当，而盘与簋相近，因此盘匜与簋一同置放，而将盂置放于鼎群的外侧。

其二，王盂自名为水器（图2-2、图9）。王盂的铭文为"王作莽京中寝🔲盂"。裘锡圭先生将"🔲"字释为"埽"，表示"用帚和水洒扫室屋或庭院"的意思，"🔲"字所从的小点，"象洒扫时用的水"，该盂"应是用来盛洒扫中寝所需之水的器物"[2]，是说良确。

其三，Aa型铜盂上所铸铭文类型包括记功类铭文，与文献对应也可证明其为水器。铜盂上的铭文可分两种，一种是仅有作器铭文或"作器+祝嘏"的铭文，如匽侯盂为"匽侯作饌盂"（图10-5），上博伯盂为"伯作宝盂"（图10-6），作父丁盂为"囗作父丁盂，其万年永宝，永享于公"等。另一种为"叙事+作器+祝

嘏"的铭文，如师永盂铭文为"赐田事+作器+祝嘏"（图10-4），遹盂为"选寮女寮奚事+作器+祝嘏"（图10-3），齐侯盂为"作器+媵女+祝嘏"等。

图9 王盂铭文

通过梳理发现，"叙事+作器+祝嘏"类的长铭文仅见于Aa型盂，不见于其他类型的盂，这种铭文出现于西周中期，延续至春秋中晚期。"作器+祝嘏"类的铭

---

[1] 山东大学考古系：《山东长清县仙人台周代墓地》，《考古》1998年第9期。
[2] 裘锡圭：《释"埽"》，载《裘锡圭学术文集·甲骨文卷》，复旦大学出版社，2012，第552—565页。

文则在各种类型的盂上都可以见到，流行时代为西周早期至春秋晚期。

《墨子·兼爱下》言："何知先圣六王之亲行之也？子墨子曰：'吾非与之并世同时，亲闻其声，见其色也。以其所书于竹帛，镂于金石，琢于盘盂，传遗后世子孙者知之。'"《吕氏春秋·慎势》："功名著乎盘盂，铭篆著乎壶鉴。"文献中提到的盘盂，均提到其上铭文为记功之辞，即"记事+作器+祝嘏"类的铭文，因此文献中提到的记功之盂即为 Aa 型盂，其上有赐田、选寮、嫁女联姻等记功之辞。文献中盘、盂连用，表明二者功能相近，盘为水器，Aa 型盂同样为水器。介于 Aa 型和 Ab 型之间的霸伯盂，形态更为接近 Aa 型盂，且其铭文为记功册命类的长铭，因此功能与 Aa 型相同，为水器。

| | "作器+祝嘏"类 | "记事+作器+祝嘏"类 |
|---|---|---|
| Aa 型盂 | 1. 故宫伯盂　2. 天盂 | 3. 遹盂　4. 师永盂 |
| Ab 型盂 | 5. 匽侯盂　6. 上博伯盂 | 无 |

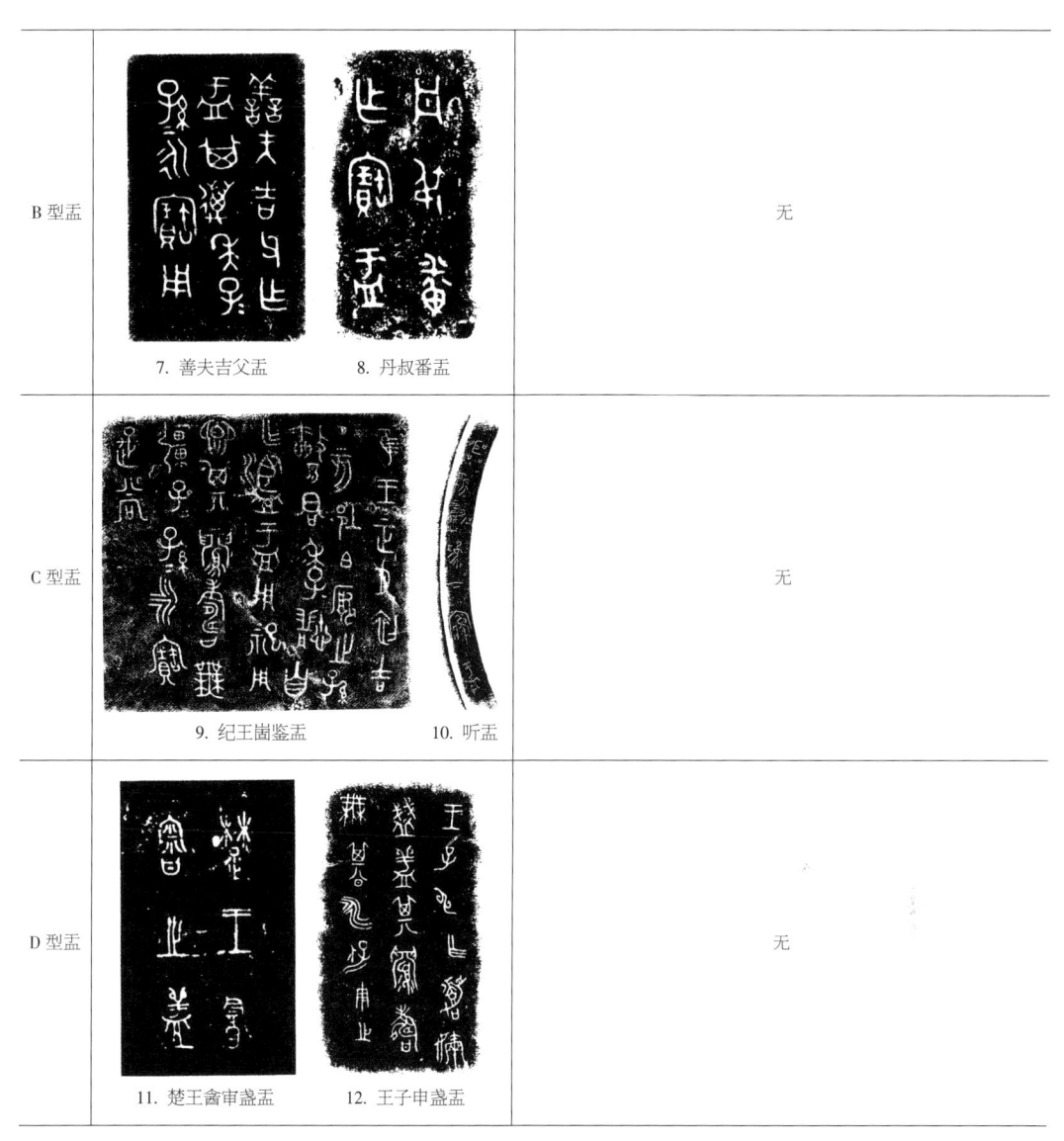

| | | |
|---|---|---|
| B 型盂 | 7. 善夫吉父盂　　8. 丹叔番盂 | 无 |
| C 型盂 | 9. 纪王崗鉴盂　　10. 听盂 | 无 |
| D 型盂 | 11. 楚王酓审盏盂　12. 王子申盏盂 | 无 |

图 10　铜盂铭文的两种类型

## （二）Ab 型盂的功能及演变

晚商时期的 Ab 型盂，有商王陵 1400 东墓道出土的一件自名为"寝小室盂"（图 1-2）的器物，明确其器名为盂。从出土背景来看，"寝小室盂"出土时与铜盘、大铜勺等水器及陶磒等洗浴用品放置在一起，证明其功能为水器。[1] 殷墟祭祀

---

1　梁思永、高去寻:《侯家庄: 第九本, 第 1129、1400、1443 号大墓》，"中研院"历史语言研究所，1996，第 52—57 页。

坑 1050 中出土有两件形制相同的 Ab 型盂（图 3-1），盂腹内有一花型管状柱，柱上延伸出四个环绕的龙首，盂腹的这种形制表明其不便于盛装和舀取饭食，难以承担食器的功能。该祭祀坑还出土有 1 件夔纹盂（图 3-2），出土时该盂腹内套置 1 件龙首盂，可见两者的功能相近，亦可证明商代的 Ab 型盂的功能为水器。

西周中期的 Ab 型盂的功能为食器，原因有二：

其一，与 Ab 型盂器型相同的器物数量较多，有铭文者多自名为簋（图 11），如西周中期周原刘家村发现伯簋铭文为"伯作宝簋"，仲簋为"仲作宝簋"，叔簋为"叔作宝簋"，伯戓簋为"伯戓作旅簋"等。簋的功能明确为盛食、盛饭器，Ab 型盂与附耳簋的形制相同，表明二者功能相近，即 Ab 型盂亦为盛食、盛饭器。自名为簋的器物体量多较 Ab 型的盂小，其高一般 14—20cm，口径 20—30cm。可见体量大小的差别，是区分 Ab 型盂与附耳簋最主要的标准。

其二，有一件特殊的器物滋簋（图 12），形制与 Ab 型盂相近，自名为"盂簋"，属于功能相近器物自名联用的例证，更能证明 Ab 型盂为食器。

1. 刘家村伯簋及铭文

2. 仲簋及铭文

3. 叔簋及铭文

4. 伯戓簋及铭文

图 11　与 Ab 型盂器型相同的簋

图 12　滋盨及铭文　　　　　　　图 13　晋侯墓地 M114 出土铜盂
（笔者拍摄）

西周早期的 Ab 型盂，其功能既有水器，又有食器。西周早期偏晚阶段是 Ab 型盂的功能从水器转为食器的转变期。部分西周早期的 Ab 型盂为水器，延续了商代晚期的特点，原因有二：

一是西周早期的微盂（图 1-4），器型整体较高，附耳较低，口部饰兽面纹，腹部饰蕉叶纹，圈足饰夔龙纹，是商末周初的纹饰特征。陈芳妹先生指出，微盂底部饰有卷龙纹，这种纹饰主要装饰在水器的底部，与盘底相同，是盂为水器的表征。[1]

二是近期在北京大学赛克勒博物馆举办的《吉金耀河东》展览里，展出了晋侯墓地 M114 出土的一件盂（图 13），该盂形制为 Ab 型。M114 中随葬器物的年代多为西周早期偏晚，盂的年代与此相同。晋侯墓地中，凡是出土盂的墓葬，一座墓葬只出土 1 件，如 M33 和 M91，资料均未发表，[2] 其随葬特点与水器相同，而与食器不同。

西周早期的 Ab 型盂中，有一件匽侯盂为例外（图 3-6），其铭文为"匽侯作饙盂"，明确指出其食器的功能。匽侯盂的器耳已经升高，虽未超过器口，但是较西周早期盂的器耳高，较西周中期盂的器耳低，因此其年代应该在西周早期偏晚。可见，西周早期偏晚的 Ab 型铜盂既有 M114 中的水器，又有匽侯盂一类的食器。西周早期偏早及以前的 Ab 型盂为水器，西周中期的 Ab 型盂为食器，因此西周早期偏晚或为 Ab 型盂的功能转变期。

## （三）B 型盂的功能及演变

B 型盂的功能为食器。春秋早期的吴

---

1　转引自朱凤瀚《中国青铜器综论》，第 308 页。
2　晋侯墓地中 M33 和 M91 年代相近，为西周中期偏晚至西周晚期。两墓各出土铜方壶、铜盂 1 件，方壶、铜盂形制均相同，方壶铭文也相同，均为晋侯僰马所作。第二次晋侯墓地发掘的简报介绍该墓发现的铜盂为大铜盂，其形制应为 Aa 型盂。

季大盉（图1-11）铭文为"吴（虞）季大作其飤盉，子孙永宝用"。春秋中晚期的娄君盉（图1-13）铭文为："唯正初吉，娄君伯□自作馐盉，用祈眉寿无疆，子子孙孙，永宝是尚。"均指明B型盉的功能为食器。西周时期的B型盉的功能目前无明确的证据，其形制、大小基本与春秋时期的B型盉相同，推测其功能亦应相同。

### （四）C型盉的功能及演变

C型盉功能为水器。纪王崮1号墓出土的C型盉（图1-14）自名为"滥盉"，盉前修饰语从水从监，表明其功能与水器相关。其次，C型盉的形制与同时期鉴的形制完全相同，鉴的功能明确为水器，C型盉的功能相同，是为水器。

### （五）D型盉的功能及演变

D型盉的功能为食器。与D型盉同形制的器物多自名为"盏"和"敦"，其自名多为"飤盏""馈盏""馐盉""膳敦"等，其功能明确为食器，如春秋晚期的襄王孙盏铭文为"襄王孙□妳择其吉金自作飤盏"，春秋晚期的工尹坡盏铭文为"工尹坡之馐盏"，春秋晚期的归父敦铭文为"鲁子仲之子归父，为其膳敦"等。D型盉形制与盏、敦相同，同时自名又为盏盉，因此其功能应当与盏、敦相同，为食器。

综上分析，商代晚期的Ab型盉为水器，Aa型盉大概率也为水器。西周至春秋晚期的Aa型盉为水器，西周早期偏早的Ab型盉为水器，西周早期偏晚为Ab型盉的功能转变期，食器和水器兼有，西周中期的Ab型盉为食器，B型和D型盉为食器，C型盉为水器。

## 四　青铜盉形制及功能演变的原因蠡测

图1可见，盉的形制和功能发生了三次比较明显的变化。

第一次变化是西周早期偏晚时期。Ab型盉的功能发生了转变。商代和西周早期偏早的盉包括Aa型和Ab型盉两种，功能应均为水器。西周早期偏晚盉的类型与前期相同，Aa型盉的功能为水器，Ab型盉的功能则水器、食器兼有。西周早期偏晚为Ab型盉的功能转变期，此后其功能仅为食器。

第二次变化在西周中期。西周中期时，出现了B型盉，Ab型盉和B型盉并存，两者功能相同，均为食器。西周中期以后，Ab型盉消失，B型盉取代了Ab型盉。

第三次是春秋中晚期。盉的类型出现了多样化的特点。这种特征在春秋早期已经出现，春秋早期的盉除了包括Aa型和B型盉，还出现了一些异形自名盉，如曹门湾出现的簋自名为盉等。春秋中晚期时，类型多样化的特征最为明显。春秋中晚期盉的类型包括Aa型、B型、C型、D型和异形自名盉等，Aa型和B型盉的功能没有发生改变，新出现的C型盉为水器。D 型盂为食器。

　　盂的第一次和第二次变化的原因都与器物的形制及功能相近而混同有关。多位学者对盂、簋、盆的关系有所论述。[1] Ab 型盂在体量上与簋相近，且形制相近，均为敞口、弧腹、圈足，唯有器耳差异较大，西周早期以前，Ab 型盂为附耳，簋为半环耳。西周早期时，簋亦有附耳者，形制逐步雷同，因此在西周早期偏晚时，簋与盂因形制相近而逐步同化，产生了作为食器的 Ab 型盂。西周晚期时，敞口簋几近消亡，代之而起的是西周晚期十分流行的敛口簋，Ab 型盂与部分敞口簋形制相同，因此也一同消亡。西周中期开始新出现的一种食器是盆，与 B 型盂的形制基本相同，唯有器盖和颈部有所差异，盆多有盖，多折沿，盂无盖，多卷沿。因此在西周中期时，因盆与盂的功能相同而产生了 B 型盂。西周晚期时，盂的类型变成了 Aa 型盂和 B 型盂两种，B 型盂取代了 Ab 型盂，这两种类型一直延续到了春秋晚期。

　　盂的第三次变化我们认为与空间地域特征紧密相关。商代晚期的 Aa 型盂和 Ab 型盂仅见于河南安阳殷墟遗址，即晚商时期的都城中。

　　西周时期的 Aa 型盂出土地点明确的均出自陕西省，主要是在岐山县与扶风县交界的周原遗址，丰镐遗址也有出土，此外还见于眉县、蓝田县等地，均位于都城附近。霸伯盂出土于山西翼城县。Ab 型盂发现于辽宁喀左县、陕西永寿县、山西曲沃县等。B 型盂中，善夫吉父盂（图 1-9），见于陕西扶风县，虢地在陕西和河南境内，虢叔盂（图 1-7）大概率出自该地。因此，西周时期的盂分布于王都和各诸侯国都城附近，尤其集中于王都附近。各国所出之盂的自名、形制均完全相同，呈现出统一的局面，没有地域性特征。Aa 型盂仅见于王都附近，在诸侯国内没有发现，具有一定的高等级特征。

　　春秋时期，Aa 型盂数量发现很少，有两件分别出土于山东淄博市河崖头村（图 2-8）和济南市仙人台遗址（图 1-10），还有一件齐侯盂出土于河南孟津或洛阳，但是铸造地明确为山东齐地。因此 Aa 型盂在春秋时期仅见于海岱文化区，不见于其他诸侯国。

　　春秋时期的 B 型盂没有明确的地域特征。娄君盂出自河南项城县，吴（虞）季大盂出土地不明，可能与山西的虞国故城相关。

　　春秋中晚期的 C 型盂，仅发现 2 件，均出土于山东省，纪王崮盂出自沂水县，听盂出自海阳县（图 5）。但是这两件器物都为外来器物，不属于海岱文化区。纪王崮盂的器主自称为"邛（江）伯"之孙，属淮水流域的江国。听盂的发掘者认为铭文中的"为"指"妫"姓，该盂来

---

1　陈芳妹：《簋与盂——簋与其他粱盛器的关系研究之一》，(台北)《故宫学术季刊》1983 年第 2 期。海宁：《试论青铜盆、盂、敦的关系》，硕士学位论文，西北大学，2005。

自淮水流域的陈国，[1] 其说甚是。可见，将鉴自名为盂亦是河南省东南、安徽省西北部的淮水中游地区仅见的特色。

春秋中晚期的 D 型盏形盂，楚王酓审盏盂（图6-1），王子申盏盂（图6-4）均为明确的楚国器，愠儿盏盂（图6-3），出土于湖南岳阳市，属楚国地域。许子盏盂（图6-2）出土于河南南阳市，黄子娄盏盂为黄国器，黄国故城位于河南信阳市，其分布地域均与楚国接近。黄国、许国均属楚文化影响的区域。D 型盂一类的器物，除自名为盂之外，在楚地多自名为盏，在楚文化分布区以外自名为敦，也可佐证将盏称为盂，主要是楚文化区域的特色。

综上可见，商代晚期和西周时期的盂集中出土于王都和诸侯国都附近，各诸侯国对于"盂"这一概念的内涵没有分歧，体现了整个国家文化面貌的统一。自春秋始，春秋中晚期为甚，各诸侯国形成对"盂"的概念的地方化理解，导致自名"盂"的器型、功能的多样化和地域化。海岱文化区延续西周晚期以来的 Aa 型盂。淮水中游区域在春秋中晚期新出现 C 型鉴盂。楚国以盏为盂，即 D 型盂，并影响到了周边的许国、黄国等区域。在曾国、黄国等国内异形自名盂也较为流行。

器名与所指对象的明确对应，是语言交流、区域贸易，乃至政令通达的重要条件。但是在春秋中晚期，这种对应关系已经完全地域化，不再是商代和西周那种全国一致的局面了。商代晚期和西周时期诸侯听命于王室，王室对于域内诸地均有管辖权，其国家结构是以王室为中心的有机结合。东周时期国家结构名存实亡，周天子成为名义上的共主，天子政令不达侯国，这一时期的国家结构实际上变成了各个独立诸侯国的拼合。盂的名实对应关系的变化，实际上就是商代和西周至东周时期国家结构变化的缩影。

东汉许慎在《说文解字·序》中提到战国时期各国形成了"田畴异亩，车涂异轨，律令异法，衣冠异制，言语异声，文字异形"的情形。那么，春秋中晚期时各国出现的形制各具特色的"盂"，应该就是这种国别差异的前景和铺垫了。

## 五　结语

青铜盂的功能，大者为水器，小者为食器的说法大体不误，但这只是一个笼统的概括。上文分析可见，自名的盂可以分成五种不同的类型，各类型的盂的功能或为食器，或为水器。盂的自名、形制和功能，也是在不断演变的，其关系是一个动态的过程。

从不同的角度考察铜器会得出不同的结论，"同名异器"和"同器异名"即两

---

1　马良民、林仙庭：《海阳嘴子前春秋墓试析》，《考古》1996 年第 9 期。

种不同的角度。我们从"同名异器"的角度，探讨了"盂"这个概念所指对象的变化过程，包括其形制和功能的变化。如果以器物的形制为基础，进而探讨器名相异的问题，则是另一种角度了。

器名（概念）与所指对象（实物）的对应关系，即名实问题，是导致铜器自名、器形和功能关系错杂繁复的根本原因。名与实的对应关系，受到时代、地域、语言、族群、国家实力等不同因素的影响而不断变化，因此梳理名实关系的演变过程，对厘清三者的关系具有一定的帮助。

### 附：图片出处

图1-1，1-2，1-3，1-4，1-5，1-6，1-7，1-9，1-12，1-13；图2-2，2-3，2-4；图3-3，3-6，3-8；图4-1，4-2；图5；图6-1，6-3，6-4；图9；图10-1，10-2，10-3，10-4，10-5，10-6，10-7，10-8，10-10，10-11，10-12：吴镇烽：《商周青铜器铭文暨图像集成（13）》，上海古籍出版社，2012，第316、324、332、429—432、435—436、438—442、444—445、447—451、453、455—456、459—460页。

图1-11，1-15：吴镇烽：《商周青铜器铭文暨图像集成续编（2）》，上海古籍出版社，2016，第292、314页。

图1-8：杨家村联合考古队：《陕西眉县杨家村西周青铜器窖藏发掘简报》，《文物》2003年第6期，图七。

图1-10，1-14；图10-9：李伯谦、刘绪主编：《中国出土青铜器全集（06）山东·下》，科学出版社、龙门书局，2018，第335—336页。

图2-1：中国社会科学院考古研究所：《中国考古文物之美——殷墟地下瑰宝，河南安阳妇好墓》，文物出版社，1994，第11页。

图2-5，2-6；图3-7：曹玮主编：《周原出土青铜器》，巴蜀书社，2005，第14、48、2213页。

图2-7：西安市文物管理处：《陕西长安新旺村、马王村出土的西周铜器》，《考古》1974年第1期，图版壹—2。

图2-8：齐国故城遗址博物馆编：《齐国故城遗址博物馆馆藏青铜器精品》，文物出版社，2015，第28页。

图3-1，3-2：梁思永、高去寻：《侯家庄：第十本，小墓分述之一》，"中研院"历史语言研究所，2001，图版陆、图版捌。

图3-4：陕西省考古研究院、宝鸡市考古研究所、宝鸡市渭滨区博物馆：《陕西宝鸡石鼓山商周墓地M4发掘简报》，《文物》2016年第1期，图三二。

图3-5：喀左县文化馆、朝阳地区博物馆、辽宁省博物馆：《辽宁省喀左县山湾子出土殷周青铜器》，《文物》1977年第12期，图版贰—1。

图3-9：山西省考古研究所等：《山西翼城大河口西周墓地1017号墓发掘》，《考古学报》，2018年第1期，图版贰拾贰—2。

图3-10：张天恩主编：《陕西金文集

成（5）》，陕西新华出版传媒集团，三秦出版社，2016，第233页。

图6-2：林丽霞、王凤剑：《南阳市近年出土的四件春秋有铭铜器》，《中原文物》2006年第5期，封三：2。

图7：杨家村联合考古队：《陕西眉县杨家村西周青铜器窖藏发掘简报》，《文物》2003年第6期，图四。

图8：山东大学考古系：《山东长清县仙人台周代墓地》，《考古》1998年第9期，图一〇。

图11-1，11-2，11-3：吴镇烽：《商周青铜器铭文暨图像集成（8）》，上海古籍出版社，2012，第386、388—389页。

图11-4；图12：吴镇烽：《商周青铜器铭文暨图像集成（9）》，上海古籍出版社，2012，第3、444页。

图13：笔者拍摄。

# 随州叶家山 M126 新出麻于尊、卣考释

吴毅强　韩文博（四川大学历史文化学院）

2013 年随州叶家山发掘一组西周早期曾国墓地，其中出土大量青铜礼器，对研究西周政治制度、文化及家族形态等具有重要价值。2021 年公布了该墓地 126 号墓葬（M126）材料，其中出土青铜礼器 15 件，尤其值得注意的是一组同一人所做的"麻于"尊（M126：7）、卣（M126：10），二器同铭，铭文作："麻于肇畜马，毅侪（赍），用乍（作）父戊宝彝。虘册。"所记"畜马"一事为金文首见，铭末族徽"虘册"多见于商器，可知"麻于"尊、卣乃殷人之器。简报整理者对这两件尊、卣的年代及铭文未作过多讨论。笔者拜读后，对这两件器物的年代、铭文释读、性质等问题有不同的看法。故拟就尊、卣的年代及铭文作一考证，以期为准确认识铭文所载史事提供参考。

## 一　麻于尊、卣的出土及年代

M126 是叶家山曾国墓地中的一座贵族墓葬，竖穴土坑墓，墓室面积约 11m²，葬具为一棺一椁，出土青铜礼器、兵器及车马器共 195 件，其中编号为 M126：7、M126：10 的一组尊、卣为同一人所作，器主"麻于"，为金文首见。关于 M126 的年代，发掘者据墓中的铜器、车马器及陶器等推定为"康王后期"[1]。值得注意的是，由于 M126 出土器物所载之族徽多达六种，且青铜礼器之年代有早至殷墟四期者，故而似有必要对"麻于"尊、卣的年代和性质作一考察，以期对准确认识铭文所载史事及墓主身份有所帮助。

---

\* 本成果得到国家社科基金一般项目"清代民国学者商周金文拓本题跋研究"（项目编号：21BZS045）和国家社科基金西部项目"甲骨文商王行迹考辨与谱系研究"（项目编号：20XZS009）资助。

1　湖北省文物考古研究所、随州市博物馆：《湖北随州叶家山西周墓地 M126 号墓的发掘》，《考古学报》2021 年第 4 期。

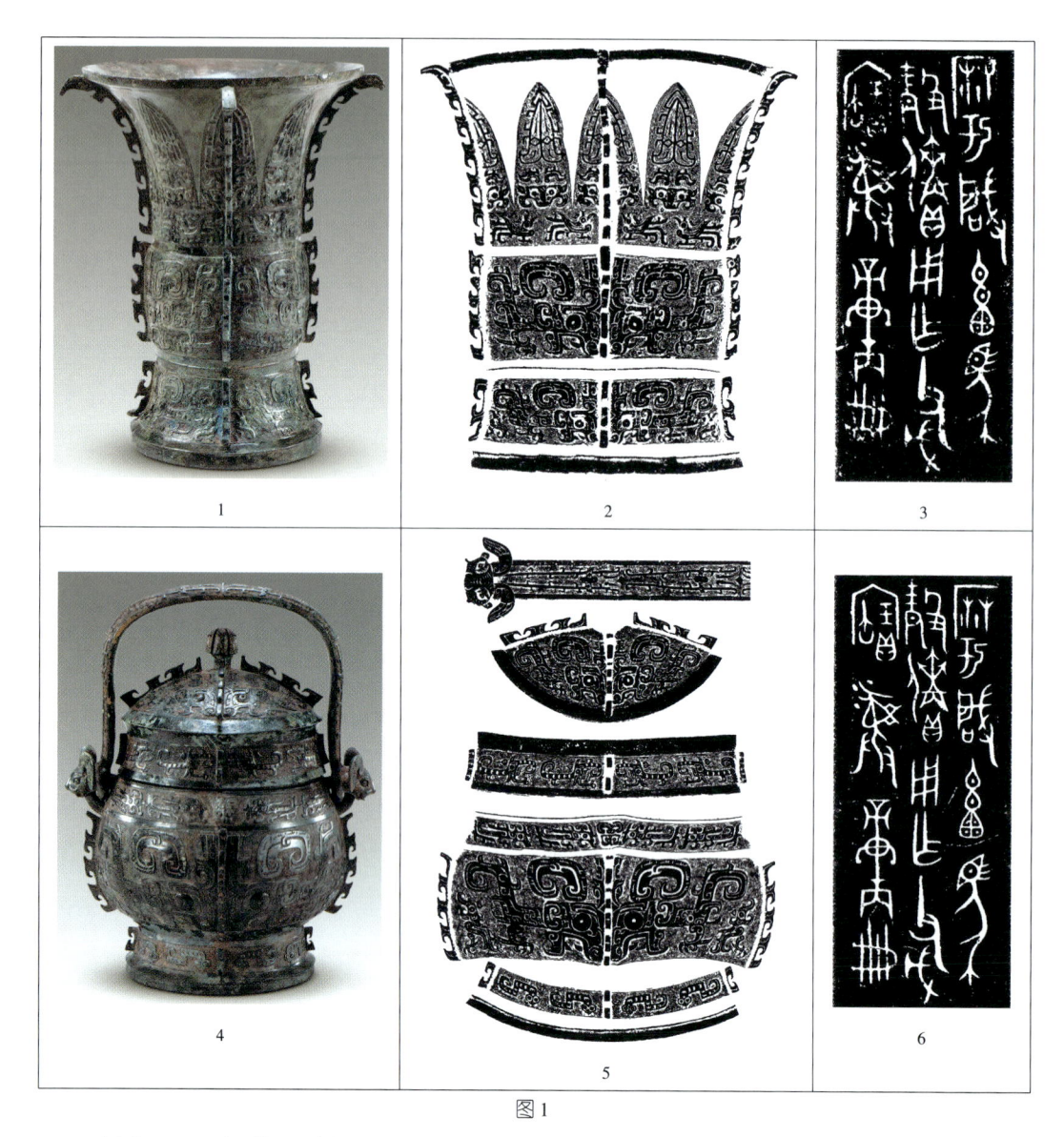

图1

1. 叶家山 M126：7 麻于尊；2. 叶家山 M126：7 麻于尊纹饰；3. 叶家山 M126：7 麻于尊铭文；4. 叶家山 M126：10 麻于卣；5. 叶家山 M126：10 麻于卣纹饰；6. 叶家山 M126：10 麻于卣器铭

　　麻于尊（图1-1），通高 28.4 厘米、口径 21.4 厘米、腹深 23.6 厘米、足径 15.4 厘米、足高 6.1 厘米，重 4230 克。[1] 器形为喇叭口、方唇、竖长颈、高圈足外

---

[1] 湖北省文物考古研究所、随州市博物馆：《湖北随州叶家山西周墓地 M126 号墓的发掘》，《考古学报》2021 年第 4 期。

撇，切地处下折呈阶状，通体装饰扉棱，显得十分华丽。纹饰方面，颈上部饰蕉叶纹，下部饰分尾小鸟纹，腹及圈足均饰连体兽面纹（图1-2）。器内底铸铭15字（图1-3），见上文。

麻于卣（图1-4），通高32.8厘米、盖长径20.1厘米、短径16.5厘米、器口长径16.5厘米、短径12.8厘米、腹深21厘米、圈足长径18.6厘米、短径15.6厘米、圈足高4.6厘米、重7940克。[1] 器形为花苞形捉手，穹形盖，口沿下折束腰、直口，短颈，颈左右有一对半环钮套接兽首扁提梁，前后各增饰一浮雕牺首，圆鼓腹，高圈足，下有足缘。纹饰方面，提梁饰变体蝉纹，盖面及腹部饰内卷角连体兽面纹，盖缘及颈部饰夔纹，圈足饰蛇纹（图1-5）。器、盖同铭，各15字（图1-6），见上文。

从铭文及纹饰组合可知，麻于尊、卣为同时所铸的一组器物。这种尊、卣组合形式在商至西周时期十分常见，往往为同一批次铸造，年代相同。为避免重复，本文主要就"麻于卣"的年代作一考察，

卣的年代一旦确定，尊的年代则不辩自明。

麻于卣属典型的商式卣，腹身与口、足之横截面呈扁圆形，最大腹径在腹中部，即朱凤瀚先生所划分之E型，[2] 亦即彭裕商先生所划A型I式，[3] 笔者亦曾对西周青铜卣进行了类型划分，属我们所划之D型。[4] 现主要从类型与纹饰两方面就其年代考察如下。

（一）器物类型所见之年代

罐形卣是商代青铜卣的主流形制，西周早期的同类卣皆由此而来。从目前所见材料可知，此类型的卣至少可以上溯至殷墟二期，有周一代则主要见于西周早期。与麻于卣近似的器物，考古发掘出土品主要有76扶风庄白H1：42商卣[5]（图2-1）、99郑州洼刘M1：7、8陆卣[6]（图2-2），传世器有"作宝尊彝卣"（《铭图》12971，图2-3）、"见卣"（《铭图》13065，图2-4）、"■卣"（《铭图》13170，图2-5）、"伯懷卣"（《铭图》13211，图2-6）等。

---

1　湖北省文物考古研究所、随州市博物馆：《湖北随州叶家山西周墓地M126号墓的发掘》，《考古学报》2021年第4期。
2　朱凤瀚：《中国青铜器综论》，上海古籍出版社，2009，第201页。
3　彭裕商：《西周青铜器年代综合研究》，巴蜀书社，2003，第187—188页。
4　韩文博：《西周青铜酒器研究》，博士学位论文，四川大学，2019，第130页。
5　陕西周原考古队：《陕西扶风庄白一号西周青铜器窖藏发掘简报》，《文物》1978年第3期。
6　郑州市文物考古研究所：《郑州洼刘西周贵族墓出土青铜器》，《中原文物》2001年第2期。

图 2

1. 76 扶风庄白 H1：42 商卣；2. 99 郑州洼刘 M1：7、8 陆卣；3. 作宝尊彝卣；4. 见卣；5. ▇卣；6. 伯懐卣

　　76 扶风庄白 H1：42 商卣的年代，发掘简报定为"商末周初"，并指出"尊、卣二器应是剌祖从微地带来的"[1]。彭裕商先生认为"微氏家族铜器窖藏出的商卣，纹饰和字体也较早，应为周初成康时物"[2]。99 郑州洼刘 M1 的年代，发掘简报定为西周早期，并指出"卣、簋、尊、罍等都和商代的器形相近，但花冠龙、四瓣花纹，尤其是卣与尊的出戟扉棱更具西周早期风格"[3]。上述传世诸器，吴镇烽先生皆定为西周早期。

　　综上，从与出土及传世诸器的形制对比可知，麻于卣的年代应在商代末期至西

---

[1] 宝鸡市周原博物馆：《庄白西周青铜器窖藏考古发掘报告》，科学出版社，2016，第 12 页，表一。

[2] 彭裕商：《西周青铜器年代综合研究》，第 188 页。

[3] 郑州市文物考古研究所：《郑州洼刘西周贵族墓出土青铜器》，《中原文物》2001 年第 2 期。

周初期。

## （二）装饰纹饰所见之年代

麻于卣器身布满花纹，是研究其年代的重要依据。麻于卣主体纹饰为内卷角连体兽面纹，属王世民等先生所划分之Ⅲ9式，这种连体兽面纹上承殷墟一期的Ⅲ8式兽面纹，在殷墟二期成为比较流行的纹饰。[1] 现将考古出土及传世器物中，与麻于卣所饰兽面纹近似者一一排列比较（图3）。

图3
1. 小屯M238：R2065卣腹部纹饰；2. 小屯M238：R2074壶腹部纹饰；3. 76殷墟M5：789司母辛鼎腹部；4. 77琉璃河M253：12堇鼎腹部；5. 77琉璃河M251：19兽面纹鼎颈部；6. 76扶风庄白H1：24作册旂方彝腹部；7. 戈箙卣腹部；8. 弔𡚽方彝腹部

---

1　王世民、陈公柔、张长寿：《西周青铜器分期断代研究》，文物出版社，1999，第235页。

考古发掘品中，此种连体兽面纹主要装饰在卣、壶、鼎、角及方彝之腹部，如小屯 M238：R2065 卣腹部[1]（图 3-1）、小屯 M238：R2074 壶腹部[2]（图 3-2）、76 殷墟 M5：789 司母辛鼎腹部（图 3-3）、河南莽张 M11：14 圆鼎腹部[3]、河南温县小南张商代墓方鼎腹部[4]、殷墟花园庄东地 M54：240 圆鼎腹部[5]、77 琉璃河 M253：12 堇鼎腹部[6]（图 3-4）、77 琉璃河 M251：19 兽面纹鼎颈部[7]（图 3-5）、76 扶风庄白 H1：24 作册旂方彝腹部[8]（图 3-6）、86 河南信阳浉河港出土晨角腹部[9]；传世器中，主要见于戈簋卣腹部[10]（图 3-7）、荣子方彝腹部（《铭图》13527）、弔𤏳方彝腹部[11]（图 3-8）、瓯方彝腹部（《铭图》13529）、齐生鲁方彝盖面（《铭图》13543）、矢令方彝腹部（《铭图》13548）等。

由上图 3 可知，麻于卣腹部的纹饰与属于殷墟二期的司母辛鼎、小屯 M238 卣、壶等腹部纹饰相比，背上无"刺"，脚爪更加侈张，与琉璃河 M253 堇鼎、M251 兽面纹鼎及戈簋卣腹部的纹饰更加近似，而要明显早于属于西周早期后段至中期前段的作册旂方彝、矢令方彝、叔𤏳方彝等，后者兽面纹不仅脚呈"张牙舞爪"之势，而且躯干上装饰了花边。布局上，兽面纹左右增置夔纹的做法与小屯 M238 卣壶及戈簋卣相同。戈簋卣的年代为殷墟晚期，琉璃河 M251、M253 之年代属成康时期。综合纹饰的风格及布局可知，麻于卣腹部的兽面纹与戈簋卣腹部之纹饰基本相同，其年代应与戈簋卣近同。

除主体纹饰兽面纹外，麻于卣圈足所饰蛇纹也属于早期风格，此种蛇纹属于高熠所划 Ab 型，流行于殷墟三期至西周早期，西周中期仍可见。[12] 本器所饰蛇纹与臣𦔻方鼎口沿（图 4-1）之蛇纹完全相

---

1. 李济、万家宝：《殷墟出土五十三件青铜容器之研究》，载《李济文集》卷四，上海人民出版社，2006，第 433 页，图 68-2。
2. 李济、万家宝：《殷墟出土五十三件青铜容器之研究》，第 433 页，图 68-3。
3. 李伯谦：《中国出土青铜器全集》（九），科学出版社，2018，第 79 页。
4. 李伯谦：《中国出土青铜器全集》（九），第 88 页。
5. 李伯谦：《中国出土青铜器全集》（九），第 83 页。
6. 北京市文物研究所：《琉璃河西周燕国墓地（1973~1977）》，文物出版社，1995，第 105 页。
7. 北京市文物研究所：《琉璃河西周燕国墓地（1973~1977）》，第 125 页。
8. 曹玮：《周原出土青铜器》卷三，巴蜀书社，2005，第 571 页。
9. 欧谭生：《河南信阳县浉河港出土西周早期铜器群》，《考古》1989 年第 1 期。
10. 上海博物馆青铜器研究组：《商周青铜器文饰》，文物出版社，1984，第 13 页。（本文简称《文饰》）
11. 吴镇烽：《商周青铜器铭文暨图像集成》二四，上海古籍出版社，2012，第 408 页。（本文简称《铭图》）
12. 高熠：《商周青铜器蛇纹研究》，硕士学位论文，陕西师范大学，2018，第 24 页。

同，蛇身上所饰"鳞纹"略晚于灵石旌介村M1:36鼎颈部之纹饰（图4-2），与属于成王初期的何尊上腹部之蛇纹（图4-3）也十分接近，但何尊蛇纹头部的竖向"菱形"装饰已演变为"十"字形，明显早于西周早期的员方鼎腹部之蛇纹（图4-4）。臣𫓧方鼎的年代，上海博物馆青铜器研究组定为"殷墟晚期"[1]，灵石旌介村M1的年代晚于文丁，早于帝辛时期，[2] 当属帝乙时期。可知，麻于卣所饰蛇纹的年代应在殷墟晚期，属于帝辛时期。

麻于卣盖沿所饰夔纹与兽面纹簋口沿之纹饰（图5-1）近似，年代当近同，兽面纹簋的年代，上海博物馆青铜器研究组定为殷墟中期，[3] 可信。然而，麻于卣盖沿之夔纹脚爪分明，身躯尚装饰有鳞纹，故而年代应晚于兽面纹簋。

图4

1. 臣𫓧方鼎口沿（《文饰》第220页）；2. 灵石旌介村M1:36鼎颈部；3. 何尊上腹部（《文饰》第221页）；4. 员方鼎口沿（《文饰》第221页）

---

1　上海博物馆青铜器研究组：《商周青铜器文饰》，第220页。
2　山西省考古研究所：《灵石旌介商墓》，文物出版社，2006，第206页。
3　上海博物馆青铜器研究组：《商周青铜器文饰》，第124页。

图 5

1. 兽面纹簋口沿（《文饰》第 124 页）；2. 龙纹簋口沿（《文饰》第 101 页）；3. 古父己卣口沿（《文饰》第 100 页）；4. 父戊簋口沿（《文饰》第 101 页）

麻于卣颈部所饰几何形夔纹与龙纹簋口沿之纹饰[1]（图 5-2）、古父己卣口沿之纹饰[2]（图 5-3）、父戊簋口沿之纹饰[3]（图 5-4）近似，年代当近同。龙纹簋的年代为西周早期，古父己卣、父戊簋的年代为殷墟晚期。[4] 值得注意的是，较之龙纹簋脚爪侈张舞动之形态，麻于卣夔纹之脚三爪聚拢，与古父己卣近同，故而其年

---

[1] 山西省考古研究所：《灵石旌介商墓》，第 28 页。

[2] 上海博物馆青铜器研究组：《商周青铜器文饰》，第 221 页。

[3] 同上注。

[4] 上海博物馆青铜器研究组：《商周青铜器文饰》，第 100—101 页。

代应与古父己卣近同。

综上，通过对麻于卣所饰兽面纹、蛇纹、夔纹的对比研究可知，这些纹饰多流行于商代晚期，从纹饰中所见较晚的因素来判断，麻于卣的年代应在殷墟末期的帝辛时代。

## 二 麻于尊、卣铭文考释

麻于二器同铭，铭文作："麻于肇畜马，毂侪（赍），用乍（作）父戊宝彝。𠁩册。"

麻于，发掘报告连读，看作人名。从铭文句式结构判断，麻于应是人名，为作器者。

肇，原篆作""（卣内底）、""（卣盖）、""（尊），发掘报告释为"启"，实则应以释"肇"为佳，训为"开始"。

"启"，甲骨文常作""（《合集》13096，宾组），从户从又，象"以手启户"之形。[1] 或作""（《合集》9339，师宾间组），后作""（《合集》36518，黄组）。从商到春秋，"启"字一直是从"又"旁，至春秋晚期开始出现从"攴"的"啟"，如王子启疆尊（《铭图11690》）作""[2]，至战国时期大量流行，如中山王譻鼎（《集成》2840，前314年左右）"啟"作""，遂为后世所沿用。

而古文字中"肇"，一般皆从戈。如甲骨文常作""（《合集》15519，宾组）、""（《合集》29693，无名组）。丁山先生认为象"以戈破户之形"[3]，徐中舒先生认为"疑以戈破户乃破国之始，故引申为凡始"[4]。不过，也有从攴的字形，如""（《合集》21623，子组）、""（《花东》37，子卜辞）、""（《花东》178，子卜辞）。古文字中，戈、攴作为义符皆有击打义，故从戈、从攴属同义偏旁，可互换。如秦王钟的"救"字作""（《集成》37，春秋晚期），从求从攴，而中山王壶则作""（《集成》

1 徐中舒：《甲骨文字典》，四川辞书出版社，1989，第331页。

2 该器最早著录于《周金文存》4补3，随后《贞松堂集古遗文》7.14.3、《三代吉金文存》11.28.4、《金文总集》4807、《商周青铜器铭文暨图像集成》11690等亦著录，但《殷周金文集成》未收该器，似对其真伪存疑。黄锦前先生在其博士论文中已收录该器，称"王子启疆鼎"，并定为春秋晚期前段楚式器。参见黄锦前《楚系铜器铭文研究》，博士学位论文，安徽大学，2009，第17页。笔者赞同其说，从铭文字体结构、风格及内容来看，为真器无疑。可惜的是暂时无法找到器影，留待将来进一步验证。

3 丁山先生说，参见徐中舒《甲骨文字典》，第1358页。

4 徐中舒先生又云："李舟《切韵》：'肇，击也。'又《说文·户部》：'肁，始开也。'皆由肇之初义引申，故肇、肁初为一字。"徐中舒：《甲骨文字典》，第1358页。

9735，战国中期），从求从戈。此外，金文中"敊"字常见字形从攵，但也有从戈的字形，如见于春秋晚期的王孙诰钟（参董莲池《新金文编》，第 391—392 页）。

比较可知，麻于器这种字形的"肇"，承袭自甲骨文，与西周金文常见字形"✦"（历方鼎《集成》2614，西周早期）相比，尚未赘增"聿"旁，[1] 是比较早的字形。这种字形也多见于商末至西周金文（最晚沿用至西周晚期）。如西周早期的✦方彝（《集成》9892）"✦肇飨贾百生"，"肇"作"✦"（《新金文编》第 376 页释为"启"）。西周早期的攸簋（《集成》3906）"肇作諆"，"肇"原篆作"✦"（《新金文编》第 376 页释为"启"）。西周中期的弔丰簋"肇作"，"肇"作"✦""✦"（《新金文编》第 377 页）。西周中期的詠鼎（《集成》2066）"詠肇作旅鼎"，"肇"作"✦"（《集成》、《新金文编》第 376 页皆释为"启"）。西周晚期的虢叔旅钟（《集成》238）"旅敢肇帅型皇考威仪"，"肇"作"✦"，（《新金文编》第 376 页将该字释为"启"，但第 378 页又将该字收入"肇"字下）。

肇字又或省略"口"旁作"✦"，见西周早期的✦卣盖（《考古》1989 年第 1 期第 15 页图 8；《近出》995）："✦肇贾，用作父乙宝尊彝。"以及西周早期的逐鼎（《集成》2375）："逐肇諆作庙叔宝尊彝"，肇字原篆作"✦"（《新金文编》第 375 页收在"启"字下）。吴闿生先生认为"肇諆"即金文常见之"肇其""其肇"[2]。但不论怎么省变，"肇"字皆从戈或从攵，而"啟"字常从又，从攵的"啟"要到春秋晚期才出现，故二字在商至西周时期不混淆。由上分析可知，麻于器此字当释"肇"，训"开始"。

畜马，即畜养马匹。甲骨文中即有"畜马"的记载，如：

1. （1）癸酉……
（2）王畜马，才（在）兹窝，母戊，王受［又］。（《合集》29415）
2. ……畜马，才（在）兹窝，疾，其……（《合补》9296）

《合补》9296 由《合集》29416 与 13841 缀合而成。马在殷周时期非常重要，商王在日常活动中大量使用马匹，多见于卜辞：

---

[1] 从目前掌握的资料看，"肇"字的"聿"旁是西周早期开始赘增的。字形参董莲池《新金文编》，作家出版社，2011，第 377—378 页。《说文》所收"肇"字小篆作"✦"，另有一省体作"✦"，异体作"✦"，从"攵"的字形为后世所承。

[2] 于省吾：《双剑誃吉金文选》序，中华书局，2009，第 3—7 页。

1.（1）庚［戌卜，王曰］贞：
翌……田……

（2）庚戌卜，王曰贞：其凡
爵用。

（3）庚戌卜，王曰贞：其剎
右马。

（4）庚戌卜，王曰贞：其剎
左马。

（5）［庚戌卜］，王［曰贞：其］
剎□［马］。　（《合集》24506）

2. 贞：右马其不……

（《合集》24507）

上引《合集》24506、24507 两片甲骨均为出组田猎卜辞，年代约在祖庚、祖甲时期。此外，西周册命金文中，马匹也是常见的赏赐品。考古发现的商周车马坑，亦多殉马。肇畜马，类似的辞例，传世与出土文献皆习见，如《尚书·康诰》"用肇造我区夏"[1]，《酒诰》"肇国在西土"等。[2] 金文西周早期的 ![字] 卣盖："![字]肇贾，用作父乙宝尊彝。"（《近出》995），齐生鲁方彝（《集成》9896）："齐生鲁肇贾，休多赢。余鲁用作朕文考乙公宝尊彝。"肇贾，一般多解释为"开始进行商贾贸易"，如《尚书·酒诰》"肇牵车牛，远服贾"，孔传："农功既毕，始牵车牛，载其所有，求易所无，远行贾卖"[3]，即可说明。肇畜马，即开始养马。

縠，原篆作"![字]"（卣内底）、"![字]"（卣盖）、"![字]"（尊）。发掘报告隶作"毃"，甚是。"毃"可读为"縠"，依《说文》，縠为珏的或体。《说文》："珏，二玉相合为一珏。"夹簋（《新收》1959，西周中期）："赐玉十又二縠，贝廿朋"，"縠"原篆作"![字]"[4]。从殼、从玉。噩侯鼎（《集成》2810，西周晚期）："王亲赐驭方玉五縠、马三匹"，该铭中"縠"原篆作"![字]"。《新金文编》认为，该字从璧之象文，殼声。[5] 又，卯簋盖（《集成》4327，西周晚期）："赐汝瓒四、璋縠（縠）、宗彝一肆"，"縠"字作"![字]"，则是假"縠"为"縠"。所以，麻于尊、卣铭中，"![字]"当读为"縠"，

---

1　（汉）孔安国传，（唐）孔颖达疏《尚书正义》卷一四《康诰》，（清）阮元校刻《十三经注疏》，中华书局，1980，第203页。

2　（汉）孔安国传，（唐）孔颖达疏《尚书正义》卷一四《酒诰》，第205页。

3　（汉）孔安国传，（唐）孔颖达疏《尚书正义》卷一四《酒诰》，第206页。

4　钟柏生等：《新收殷周青铜器铭文暨器影汇编》，艺文印书馆，2006，第1306页。

5　董莲池：《新金文编》，作家出版社，2011，第55页。

应是省略了下面的"玉"旁。[1]

佾，发掘报告释为"积"，不确。该字原篆作"⬚"（卣内底）、"⬚"（卣盖）、"⬚"（尊），在本铭中应为赏赐之意。该字过去曾见于五年师旋簋、麦方尊、叔夨鼎、殷穀盘等器。五年师旋簋（《集成》4216—4218）："令（命）女（汝）羞追于齐，⬚（赍）女（汝）毌五易（锡）"，该字原篆作"⬚""⬚""⬚""⬚"。《集成》释文隶作"佾"，读为"赍"[2]。与叶家山穀器相比，字形少一贝旁。该字后面接物品，在铭文中也是赏赐之意。麦方尊（《集成》6015）："侯易（赐）者臣二百家，⬚（赍）用王乘车马、金勒、冂（冕）衣、巿、舃，唯归。"叔夨鼎（《新收》915）："王乎（呼）殷毕（厥）士，⬚（赍）叔夨以冂（裳）、衣、车、马、贝卅朋。"

"⬚"字的释读，有齐、齍、赍、爵、觞（唐）等不同意见，但多数学者认为其应表示赏赐之意。李学勤先生认为该字从爵省，齐声，应即"佾"字，读为"赍"，引《说文》："赍，持遣也。"[3] 吴振武先生认为此字可能并无偏旁可供分析，其整体就是"爵"之象形，也就是"爵"字的初文，当"封爵"讲。[4] 总之，该字应如吴振武先生说，是一器物的整体象形字。我们认为，从辞例看，"⬚"确应为表示赏赐之意，当读为"赍"[5]。殷穀盘（《集成》10127、10128，西周中期）有一字"⬚""⬚"，辞例为"⬚孙殷穀作穨盘"，"⬚"在铭文中当表示族氏名。佾读为"赍"，则"穀赍"即"赍穀"，倒装句，王赏赐麻于玉器之类。铭

---

1. 起初，我认为"⬚"也可读为"穀"。《说文》："穀，乳也。从子、殼声。"不过与常见的"穀"字相比，少了"子"旁。如殷穀盘（《集成》10127、10128）作"穀"作"⬚""⬚"，在盘铭中用为人名。这一用法，金文习见，如穀鼎（《集成》1489）、穀作父乙方尊（《集成》5964）等。但结合文义，我认为读"穀"更佳。审稿专家指出："释'穀'意见甚好，但不必先释为'穀'，此字形上实际上也是玉部，左下省略另一玉而已。《说文》认为此字从殳，实际可商，姑且可从之。"
2. 中国社会科学院考古研究所：《殷周金文集成（修订增补本）》第三册，中华书局，2007，第 2419—2423 页。
3. 李学勤：《谈叔夨方鼎及其他》，《文物》2001 年第 10 期。在考证该字时，李先生已提到了麦方尊和五年师旋簋。
4. 饶宗颐等：《曲沃北赵晋侯墓地 M114 出土叔夨方鼎及相关问题研究笔谈》，《文物》2002 年第 5 期。同时吴先生认为释为"爵"也有缺点：一是爵本两柱，然此字从形上看来，似多出一柱。二是尽管"爵某某"这话是很通顺的，但在甲骨文、金文中，目前尚无相同的辞例可供引证。
5. "⬚"字的释读，学者主要有两种意见，一是表赏赐类的动词，一是名词，读为"唐"。陈斯鹏先生认为该字是表示爵类酒器的象形字，是"觞"的象形初文，读为"唐"，谓"⬚叔夨"即"唐叔虞"。该字非"唐"字，晋铜器的"唐"字，如晋公盨作"䣐"，觐公簋作"昜"，所从的基本声符都是"昜"，是借"昜"为"唐"，而此字与"䣐"明显不类。我们赞同李学勤先生的观点，该字应是表示赏赐意思的动词。叔夨鼎诸家意见，可参吴毅强《晋铜器铭文研究》，浙江大学出版社，2018，第 101—103 页。

文可能省去了玉及数量，仅保留了量词。王赏赐臣下玉器，见上引噩侯鼎（《集成》2810）："王亲赐驭方玉五瑴、马三匹。"

要注意的是，金文"积"多假"责"为之，如商代的小臣缶方鼎（《集成》2653）作"[图]"，西周晚期的兮甲盘（《集成》10174）作"[图]"，皆从"朿"。而上引五年师旋簋"败速（绩）"之"速"，原篆作"[图]"，从辵从朿。从五年师旋簋"[图]""[图]"并见可知，将本铭"[图]"释为"积"并不正确。

铭末族徽"[图]册"，一般释为"庚册"，亦见于宰椃角（《集成》9105）"[图]"，为"庚"与"册"的复合族徽。此族徽为殷人家族之标识，学者多已详述其事。[1] 梳理考古发掘资料可知，附有"庚册"族徽之铜器主要出土于河南安阳小屯和河北正定县，且均为商代之物。如安阳殷墟出土7件，时代为殷墟四期。河北正定县新城铺村出土觚、爵各1件，时代为殷墟三、四期。[2] 这与从器形纹饰做出的判断是一致的，说明该器物的年代，应在商代晚期，以帝辛时期为宜。

另外，与"庚册"家族有紧密联系（可能为同一家族）之"庚"族徽主要发现于陕西西安、扶风、宝鸡、岐山、耀县以及河南安阳小屯，另外还有甘肃灵台白草坡和辽宁喀左山湾子。《尚书·洪范》曰"武王既胜殷，邦诸侯，班宗彝，作《分器》"[3]，《史记·周本纪》亦有类似记载，"武王为殷初定未集……封诸侯，班赐宗彝，作分殷之器物"[4]。综合族徽铭文及文献记载，可以认定麻于尊、卣当为武王克商后所分殷人之器，最大可能是分赐给曾国的器物。故而该组器物铸造年代应为商代末期，此与从形制、纹饰等所考见之年代亦相合。

综上所述，从对麻于尊、卣的形制、纹饰及铭文等方面的综合对比研究可知，此两件器物的年代应定在商末的帝辛时期。

---

1 严志斌：《商代青铜器铭文研究》，上海古籍出版社，2013，第278—279页。严志斌先生认为"庚"与"庚"为一字之异，并对该族的居地进行了推定。

2 严志斌：《商代青铜器铭文研究》，第279页。

3 （汉）孔安国传，（唐）孔颖达疏《尚书正义》卷一二《洪范》，第193页。

4 （汉）司马迁：《史记》卷四《周本纪》，中华书局，1982，第126—127页。

# 从骨座到灵座
## ——北魏平城时代墓葬尸柩床座的形成

■ 白炳权（中山大学历史学系）

  魏晋北朝墓葬中的棺椁或骨殖陈设装置作为死者棺具或遗体的承载物，无疑具有重要的丧葬内涵。前贤时彦对此讨论颇多，但相关称谓不一，如棺床、石床、石棺床，等等。[1] 命名上的分歧，导致不同学者仅仅针对某种陈设装置展开讨论，或是混淆盛放棺具和尸骨的两种装置，将其笼统地称作棺床。为了便于统合不同材质的墓葬装置，观察墓葬棺椁和骨殖陈设装置在长时段内的变迁历程，笔者将其统称为"尸柩床座"[2]，再根据是否具有礼仪内涵，分为"骨座"与"灵座"两种床座，[3] 研讨尸柩床座丧葬功能的变迁。

  前贤时彦对尸柩床座关注颇多，仅就笔者关注的北魏平城时代尸柩床座形成问题而言，相关研究大体可以分为两种视角，一是从实际居住情形入手，分析尸柩床座与代人集团居住条件的关系。韦正、王雁卿主张"火炕说"，认为鲜卑居住习俗影响了墓葬床具的形成。[4] 二是丧葬礼

---

1  有关陈设装置命名的争议，参看［日］山本忠尚《囲屏石牀の研究》，载氏著《日中美术考古学研究》，吉川弘文馆，2008，第108—140页。赵超《北朝石床与石屏风——由深圳博物馆"永远的北朝——北朝石刻艺术展"谈起》，载赵超、吴强华主编《永远的北朝：深圳博物馆北朝石刻艺术展》，文物出版社，2016，第5—18页。

2  《礼记》提及尸体接触不同载体时叫法的差异，所谓"在床曰尸，在棺曰柩"，故此，尸柩逐渐成为"尸体"与"棺具"的统称，这也是两汉以降士民有关墓葬陈设认知中的常用词汇。如东汉王充谈及墓中俑具作用时，说道"故作偶人以侍尸柩，多藏食物以歆精魂"。见（清）孙希旦《礼记集解》卷五四《问丧第三五》，王星贤、沈啸寰点校，中华书局，1989，第1350页；黄晖《论衡校释》卷二三，中华书局，1990，第961页。

3  灵座原本指地上丧仪和墓中丧仪设置的"空"床座，用来代替墓主承受祭祀。棺床使得墓主肉身成为受祭对象，故笔者化用这一概念，将其称为灵座。有关中古丧葬灵座概念的讨论，见王宁玲《两晋至唐灵座灵床漫谈》，《文教资料》2012年第34期。"骨座"化用自"骨坐"，原意为尸骨所在之地。《续高僧传》中曾提及释神素坐化后，"肌肉虽尽，骨坐如初"。唐代墓志中有"魂归极乐，骨座邙原"之语。见（唐）道宣《续高僧传》卷一三，郭绍林点校，中华书局，2014，第465页；周绍良主编《唐代墓志汇编》，"乾符009"，上海古籍出版社，1992，第2476—2477页。

4  王雁卿：《山西大同出土的北魏石棺床》，《文物世界》2008年第2期；韦正：《北朝高足围屏床榻的形成》，《文物》2015年第7期。

俗视野下的考察，日本学者向井佑介从墓葬礼仪空间变迁入手，指出魏晋实施薄葬以降，墓中祭祀与尸柩床座联系日益紧密，最终形成墓中神座的丧葬内涵。[1] 林圣智在向井佑介研究基础上，深化了相关讨论，[2] 形成了目前占据主流地位的"灵座说"。Shing Müller（宋馨）另辟蹊径，主张"佛座说"，将北魏墓葬床座的形成归因于佛教造像中的床榻（如涅槃床榻、维摩诘所居床榻）。[3]

总体而言，前贤时彦对北魏尸柩床座的研究颇为深入，但笔者认为尚有未发之覆。首先，前贤时彦过分重视石质葬具，对数量颇为可观的土、木、砖质尸柩床座重视不足；此外，前人研究集中于北魏迁都平城以降，未能全面梳理魏晋至北魏平城时代近三百年的中国北方墓葬尸柩床座演变情况。[4] 故而前人对平城时代尸柩床座何以生成的问题，众说纷纭，莫衷一是，始终无法完整揭示尸柩床座的生成机制。如上述"火炕说"仅仅停留在猜想层面，居住形态究竟如何影响墓葬陈设，还有待更多实证研究。"佛座说"对尸柩床座演进因素的分析过于单一，难以揭示尸柩床座的复杂面貌。"灵床说"同样存在逻辑缺环，丧葬礼仪中的"灵床"如何与尸柩床座进行对接，文本如何与墓葬、礼仪实践产生互动，这些问题均有待研讨。故此，笔者将立足前贤时彦研究成果，首先，统计分析600余座魏晋—十六国时期墓葬材料，从材质、形制、功能入手，研讨魏晋—十六国时期中国北方尸柩床座的"骨座""灵座"二元分化现象；其次，笔者将结合474座平城时代墓葬材料，研讨北魏平城尸柩床座的生成历程、地域来源及其灵座化趋势，进而探究北魏墓葬灵座对魏晋—十六国灵座的沿袭与改造；最后，笔者将结合北魏贵族、百姓居住形态、丧葬礼俗变迁，探寻魏晋—平城时代三百年间，"骨座"向"灵座"不断演进，最终出现全面灵座化发展趋势的内在动因。

## 一 尸柩床座的灵座化趋势

东汉光和四年（181），张奂临终前对家人说道：

但地底冥冥，长无晓期，而复缠

---

[1] 参看［日］向井佑介《墓中の神坐：漢魏晋南北朝の墓室内祭祀》，《東洋史研究》2014年第73卷第1号。

[2] 林圣智以墓葬图像为中心，讨论墓葬图像如何与墓中神坐丧葬观念相互配合。见林圣智《魏晋至北魏平城时期墓葬文化的变迁：图像的观点》，《美术史研究集刊》2016年第41期。

[3] Shing Müller（宋馨），"Funerary Beds and Houses of the Northern Dynasties"（北朝的石床与石室），Shing Müller, Thomas O. Hllmann, Sonja Filip, *Early Medieval North China: Archaeological and Textual Evidence*（从考古与文献看中古早期的中国北方），Wiesbaden: Harrassowitz Verlag, 2019, pp. 427-430.

[4] 此处的中国北方，指曹魏、西晋、十六国、北魏所统治的江淮以北地区。有关北方地区的定义，参见孙小舟《北方地区魏晋十六国墓葬的分区与分期》，《考古学报》1987年第1期。

以纩绵，牢以钉密，为不孝耳。幸有前窆，朝殒夕下，措尸灵床，幅巾而已。[1]

出于薄葬理想，张奂要求直接"措尸灵床"。揆诸史籍，此类"措尸灵床"的丧葬要求在东汉以降并不常见，棺木依旧是主流葬具，只有极少数坚持薄葬理念的士人采用。与此同时，即便是主张薄葬的士人也会坚守"俭不露形"底线，[2] 在尸体下垫放土质或有机物（麻、布等）。

## （一）中原墓葬床座丧葬功能的二元分化

尊敬骨殖是墓葬中陈设尸柩床座的思想根源。问题在于，如果已经购买棺具，又为何配置床座，岂非多此一举？为了解答这一疑惑，笔者统计了汉末魏晋十六国北方地区已经披露详细墓葬材料的677座墓葬，[3] 共计115座墓葬出现尸柩床座（见附表1），占比约为17%。汉末至十六国时期尸柩床座主要分布在中原、西北、辽东三个地区，分为砖、石、土、木四种材质。中原尸柩床座集中于洛阳及其周边和西安地区，共计20座，其中汉末魏晋墓17座（洛阳及其周边），十六国墓3座（西安）。仔细分析墓葬形制与随葬品配置，可以发现，汉末魏晋尸柩床座呈现出微妙的丧葬功能分野。[4] 部分床座并无特殊丧葬内涵，在孝民屯西晋墓M197中，棺木放在土质床座上（图1-1），[5] 床座与棺具、随葬品并无礼仪联系。河南伊川槐庄西晋墓M6为前后室土洞墓（图1-2），后室西部砖砌床座，床座上陈设棺具，随葬品集中于前室，呈现出床座与祭祀空间的分化。[6]

除此之外，部分尸柩床座具有一定礼仪内涵。如河南新安县西晋墓C12M262，坐北朝南，墓室前部东壁开一耳室。墓室北壁靠墙面处等距离南北纵向排列三块青石条，长0.78米，宽0.14米，高0.1米，石条上东西向放置木棺。在木棺与棺座四周南北向放置4块长方形条砖，条砖周围散落帷帐部件。根据条砖位置与帷帐部件尺寸，可以复原出一个长2.6米，宽1.8米的帷帐架座，架设帷帐，构成墓葬

---

[1] （南朝宋）范晔撰，（唐）李贤等注：《后汉书》卷六五《张奂传》，中华书局，1965，第2143页。

[2] "……今故觕为之制。奢不石椁，俭不露形。气绝之后……"（唐）房玄龄等：《晋书》卷五一《皇甫谧传》，中华书局，1962，第1417—1418页。

[3] 材料发表时间截止到2021年12月底。

[4] 汉代已经出现了零散的床座，但数量有限，且缺乏明确丧葬功能。见蒋璐《北方地区汉墓的考古学研究》，浙江大学出版社，2016，第24—39页。

[5] 中国社会科学院考古研究所安阳工作队：《安阳孝民屯晋墓发掘报告》，《考古》1983年第6期。

[6] 河南省文物考古研究所、伊川县文物管理委员会：《河南伊川县槐庄墓地晋唐墓发掘简报》，《华夏考古》2005年第3期。

祭祀空间。[1] 为了便于直观观察，笔者用不同色块表示 C12M262 空间配置（图2）。从图2中可以看到，墓葬埋葬空间与祭祀空间重合，这是魏晋以降单室墓逐步发达后的产物，韦正、李梅田对此讨论颇详，此不赘述。[2] 值得进一步讨论的是，使用尸柩床座在魏晋尚属小众行为，且使用者家庭大多属于中等以上的社会阶层，煞费苦心的营构，必然有其内在动机。笔者进而注意到，西晋墓 C12M262 三块青石条砖构成的木棺床座长 1.98 米，宽 0.78 米，与东汉大床尺寸相近，[3] 再与帷帐空间相配合（帷帐空间长 2.6 米，宽 1.8 米），便与东汉家居"大床+帷帐"形式基本一致。显然，墓葬营建者有意借助石块抬高棺具，再将棺具与帷帐、墓室石门相组合，将东汉以降床足、榻足增高的形制演变趋势投射到墓葬中，再现了士民日常生活中的床榻施帐，坐卧起居情景。[4]

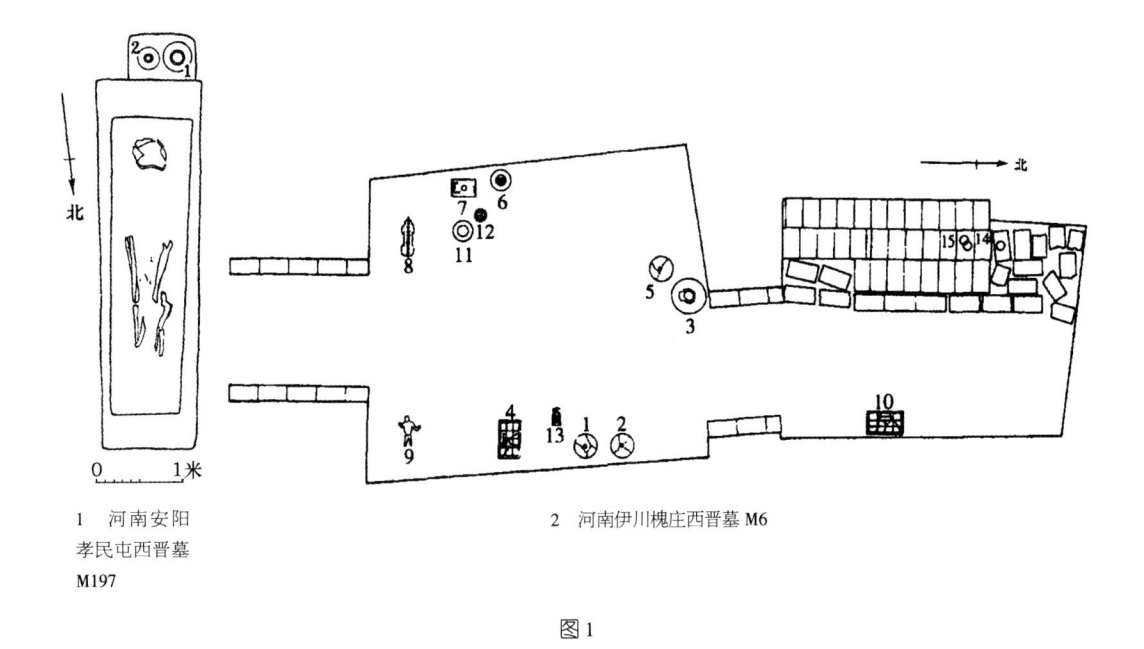

1　河南安阳孝民屯西晋墓 M197　　2　河南伊川槐庄西晋墓 M6

图1

---

1　洛阳市文物工作队：《河南新安西晋墓（C12M262）发掘简报》，《文物》2004 年第 11 期。

2　韦正：《论北朝晚期墓葬壁画布局的形成》，收入氏著《将毋同：魏晋南北朝图像与历史》，上海古籍出版社，2019，第 185—230 页；李梅田：《葬之以礼：魏晋南北朝丧葬礼俗与文化变迁》，上海古籍出版社，2021，第 111—146 页。

3　"床三尺五曰榻板，独坐曰枰，八尺曰床"，八尺约为今日的 192 厘米。见王先谦《释名疏证补》卷六，龚抗云整理，湖南大学出版社，2019，第 267 页。尺寸换算，参考刘敦桢主编《中国古代建筑史（第二版）》，中国建筑工业出版社，1984，第 421 页。

4　东汉以降，床足与榻足逐渐升高。见崔永雪《中国家具史——坐具篇（增订新版）》，明文书局，1989，第 54—58 页。

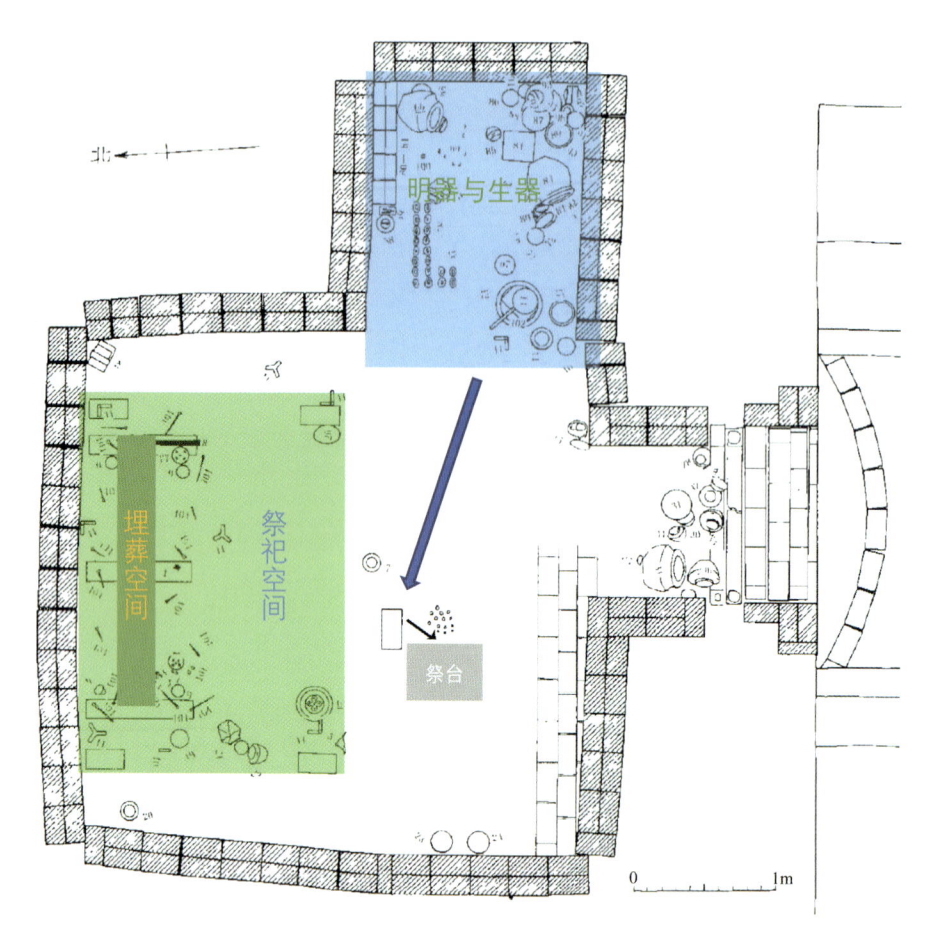

图 2　河南新安县西晋墓 C12M262 平面图

　　西晋墓 C12M262 中另一个细节也值得进一步讨论，在帷帐架座南面，东西向横置一长方形祭台，这一祭台与床榻、帷帐构成统一祭祀空间。[1] 抬高后的棺具与帷帐、祭台之间的关系酷似丧仪程序中的"灵床"。春秋战国以降，相关丧礼程序中，"床"扮演了重要角色。直至大殓入棺之前，尸体一直处于不同床具之上，所谓"含一床，袭一床，迁尸于堂又一床，皆有枕席，君、大夫、士一也"[2]。在遗体入棺前有两个关键步骤，一是小殓，二是大殓。小殓即为死者清洁身体，用各种服饰或有机织物包裹遗体，"迁尸于床，幠用敛衾，去死衣"[3]，此后，丧家主祭之人

---

[1] 初步讨论，见李梅田、赵冬《帷帐居神——墓室空间内的帷帐及其礼仪功能》，《江汉考古》2021 年第 3 期。

[2] （清）孙希旦：《礼记集解》卷四三《丧大记第二二》，第 1154 页。有关这些丧礼程序在汉代的实际执行情况，见杨树达《汉代婚丧礼俗考》，江西教育出版社，2018，第 42—61 页。

[3] （清）孙希旦：《礼记集解》卷四三《丧大记第二二》，第 1148 页。

"奠脯醢醴酒，升自阼阶，奠于尸东"[1]。小殓一般在正寝内进行，大殓则移动尸体到厅堂之中，将尸体放置到棺具中，再放置到床具上。大殓与殡棺仪式相继进行，此后再次实行祭奠与哭哀活动，主客站位与小殓仪式略有差异，但尸体的东侧（死者的右手边）总是尊者之位。[2] 为了直观体现新安县西晋墓 C12M262 祭祀空间，笔者制作了复原图（图 3）。正如图中所示，当丧家在墓中实行祭祀之时，棺床、帷帐与祭台，共同还原了地面丧仪"床榻祭祀"的空间场景。丧礼程序位次设计也出现在部分架设棺床的魏晋墓葬中，墓葬棺床无论位于墓室何方，象征墓中祭祀的随葬品总是位于死者骨殖的东侧，如太原路西晋墓和新安晋墓 C12M262（图 4-1、图 4-2），[3] 墓葬营建者通过棺床与随葬品的位次设计，复刻了丧礼仪式场景。

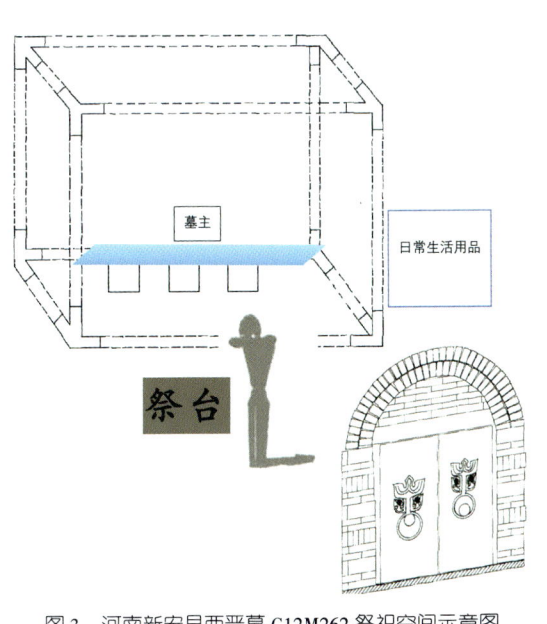

图 3　河南新安县西晋墓 C12M262 祭祀空间示意图

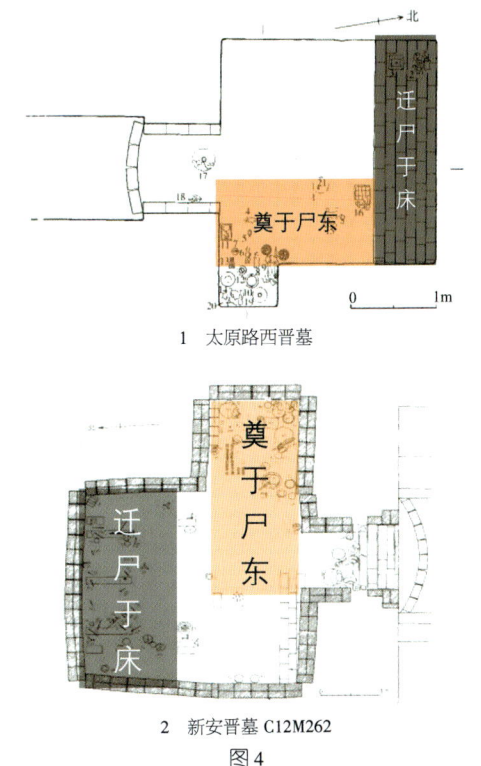

1　太原路西晋墓

2　新安晋墓 C12M262

图 4

---

1　杨天宇：《仪礼译注》卷一二《士丧礼》，上海古籍出版社，2004，第 344 页。
2　有关丧仪站位的讨论，见范志军《汉代丧礼研究》，博士学位论文，郑州大学，2006，第 150—155 页。关于"奠于尸东"，孙希旦认为："凡奠于尸者，必于其右，象生人以右手食也。"见（清）孙希旦《礼记集解》卷九《檀弓上第三之三》，第 223 页。
3　洛阳市第二文物工作队：《洛阳太原路西晋墓发掘简报》，《文物》2006 年第 12 期。洛阳市文物工作队：《河南新安县晋墓发掘简报》，《华夏考古》1998 年第 1 期。

十六国墓葬尸柩床座同样出现"骨座""灵座"的二元分化现象。如咸阳文林小区 M113（前秦）为砖构单室墓，坐北朝南，室内共计 3 具木棺，2 具位于墓室北侧，一具位于墓室西侧，西侧棺具下有砖垫 5 块。[1] 西安香积寺 M3 为前后室土洞墓（西晋末—前秦），坐北朝南，后室东侧棺具下有绳纹垫砖 8 块（图 5-1、图 5-2）。[2] 此种棺垫仅仅发挥承托棺具作用，属于"骨座"。此类骨座在关中十六国墓群中的形式、功能颇为相近（咸阳文林小区墓群、西安南郊墓群、西安香积寺墓群），显然是一种传承有序的墓葬营建设计。魏晋中原墓葬"灵座"传统仅见于内蒙古乌审旗郭家梁大夏国田㬎墓（420 年）。该墓坐北朝南，在墓室北壁砖砌床座，床座上放置木棺。砖床前有成套漆盘，陶罐等明器，应为墓中祭祀空间（图 5-3）。此类床座墓例仅此一例，透露出十六国墓葬"灵座"传统的衰落。

1　前秦咸阳文林 M133

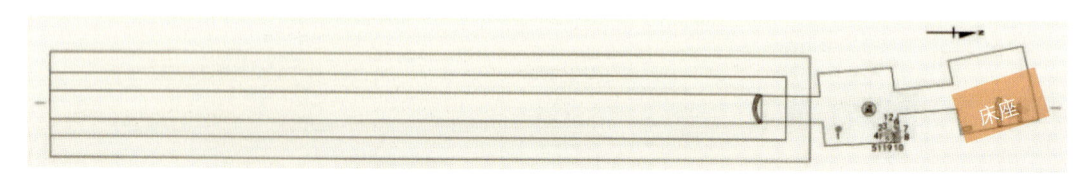

2　前秦西安香积寺 M3

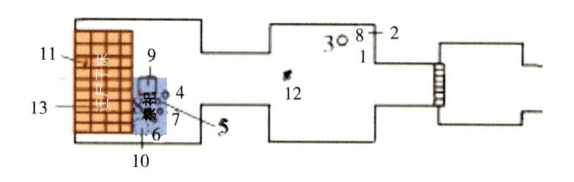

3　大夏田㬎墓（420）

图 5

---

1　咸阳市文物考古研究所编著：《咸阳十六国墓》，文物出版社，2006，第 37 页。

2　西安市文物保护考古研究院：《西安香积寺十六国墓地发掘简报》，《中原文物》2021 年第 1 期。

简而言之，魏晋之际墓葬单室化演变为墓葬陈设变革提供了空间基础；日常家居床榻逐步升高为尸柩床座发展提供了现实依据；下葬后的帷帐祭祀成为"尸柩床座+帷帐"组合的直接来源；丧仪程序中的床榻功能为墓葬营建者提供了礼仪根据。在四种不同条件的交错之下，方才催生了汉末魏晋十六国中原地区形态各异的尸柩床座。

## （二）辽东墓葬灵座与尸解升仙

辽东汉末魏晋墓葬尸柩床座总计 30 例，墓葬尸柩床座分化为"床座+棺具"和"床座+骨殖"两种形态，前者共计 6 例，属于骨座；后者共计 24 例，属于灵座。上文提及，若非极度贫穷，一般士民均会陈设棺具，坚守"俭不露形"的底线。而在辽东墓葬中，此类直接将遗体陈设在灵座上的设计高达 24 例，且集中于富民和中上层官僚，前贤时彦对此往往一笔带过，未做细致研讨。[1] 笔者注意到，在部分灵座设计中，石床与石灰枕形成固定组合。为了进一步讨论，笔者制作了表 1。

| 表 1 | | 汉末魏晋辽东墓葬石床与石枕组合 | | |
|---|---|---|---|---|
| 时间 | 地区 | 墓葬 | 枕具与葬具 | 来源 |
| 东汉晚期 | 辽阳 | 河东新城壁画墓 | 石灰枕 2+无棺 | 《东北史地》2016 年第 1 期 |
| 汉魏之际 | 辽阳 | 三道壕 3 号墓 | 石灰枕 1+无棺 | 《考古》1980 年第 1 期 |
| 汉魏之际 | 辽阳 | 南环街壁画墓 | 石灰枕 3+无棺 | 《北方文物》1998 年第 3 期 |
| 魏晋之际 | 辽阳 | 太子河 8 号墓 | 石灰枕+木棺 | 《考古学集刊》2018 年 |
| 西晋 | 辽阳 | 三道壕 1 号墓 | 石灰枕 1+无棺 | 《文物参考资料》1955 年第 12 期 |

---

[1] 此前对辽东墓葬的研究，绝大多数集中于壁画墓的研讨，对此种特殊葬俗重视不足。有关汉魏—十六国辽东墓葬壁画的研究，见刘未《辽阳汉魏晋壁画墓研究》，教育部人文社会科学重点研究基地吉林大学边疆考古研究中心编：《边疆考古研究》第 2 辑，科学出版社，2003，第 232—256 页；孙力楠：《东北地区公元 2—6 世纪墓葬壁画研究》，博士学位论文，吉林大学，2008；李林：《石室丹青：辽东汉魏墓室壁画研究》，博士学位论文，中央美术学院，2011。

根据表1，"石床+石枕尸"通常伴随着棺具的消失。文化水平较高且颇有余财的墓主及丧家，为何会一反常态，选择将骨殖暴露于石床之上呢？笔者认为，这或许与两汉以降石床、石枕所具有的特殊文化内涵有关。倪润安曾从石灰材质与尸体不朽的关联入手，阐发平城石灰枕葬俗的内在意涵。[1] 倪润安过分重视石灰枕材质的防潮、辟虫作用，实则"石灰"与制作"石灰枕"的"石垩（矿石）"是一种材质的两种形态，梁代陶弘景已经十分熟悉两种形态的转变过程，"今近山生石，青白色，作灶烧竟，以水沃之，则热蒸而解末矣……世名石垩。古今多以构冢……"[2]，当石灰用于棺底铺设时，多为粉末状；用作枕具时，则具备岩石矿物特性，"石枕"特征更为突出。倪润安没有注意到"石床与石枕"组合模式的特定意义，反而遮蔽了"石灰枕"更深层次的丧葬内涵。石床与石枕屡见于汉代以降各类文献中。东汉末年成书的《东观汉记》记载：

> 西海有胜山……芡之隐处有一岩穴如窗牖，中有石床，可寝处。[3]

可见最迟到东汉末年，在时人心中"石床"与"隐士居所"的联系已然建立。这种联系还见于西汉末年的《列仙传》中（成书年代争讼不一，笔者采信李剑国说法），[4] 且更近一步将"石床"与汉代"行气练形"的修道行为相结合：[5]

> 邛疏者，周封史也。能行气练形，煮石髓而服之，谓之石钟乳。至数百年，往来入太室山中，有卧石床枕焉。[6]

邛疏数百年而不死，是当时士民眼中的仙人。作为仙人，他日常居住在山林中，坐卧皆为石具。可见，至迟到东汉时期，石床已经逐渐成为士民眼中隐士、仙人山林居住的坐卧具。此外，《西京杂记》中提到几起盗墓事件，展现了更为完整的"石床+石枕"组合模式：

---

1. 倪润安：《北魏平城灰枕葬俗考》，Shing Müller, Thomas O. Hllmann, Sonja Filip, *Early Medieval North China: Archaeological and Textual Evidence*（从考古与文献看中古早期的中国北方），Wiesbaden: Harrassowitz Verlag, 2019, pp. 341—362。
2. （梁）陶弘景编：《本草经集注（辑校本）》卷二《玉石》，尚志钧、尚元胜辑校，人民卫生出版社，1994，第180页。
3. （东汉）刘珍等：《东观汉记》卷五《地理志》，吴树平校注，中华书局，2008，第178页。
4. 李剑国：《唐前志怪小说史（修订本）》，天津教育出版社，2005，第167—178页。
5. 有关汉代修道行为和神仙道的发展，参见［日］小林正美《中国的道教》，王皓月译，齐鲁书社，2010，第15—49页。
6. （西汉）刘向：《列仙传》卷上，李剑雄译注，贵州人民出版社，1999，第34页。

>  魏襄王冢，皆以文石为椁，高八尺许，广狭容四十人。以手扪椁，滑液如新。中有石床、石屏风……哀王冢，以铁灌其上……初至一户，无扃钥。石床方四尺，床上有石几……开钥得石床，方七尺。石屏风、铜帐钩一具，或在床上，或在地下，似是帐麋朽，而铜钩堕落。床上石枕一枚……
>
>  魏王子且渠冢……但有石床，广六尺，长一丈，石屏风，床下悉是云母。床上两尸，一男一女，皆年三十许，俱东首，裸卧无衣衾，肌肤颜色如生人……[1]

广川王发掘了战国古冢，根据前人研究与考古发掘，尸柩床座不见于战国大墓，这段记载极有可能受到了魏晋六朝初期墓葬尸柩床座陈设的影响，[2] 是一起想象的盗墓事件，也可能是当事人将魏晋墓误认作战国墓。无论如何，可以借此管窥时人生死观之一角，即汉末魏晋以降，时人心中石床、石枕具有保护尸体不朽，使骨殖"肌肤颜色如生人"的功能。这一功能脱胎于汉代死而复生"尸解"思想，所谓"人死，必视其形。如生人，皆尸解也"[3]。换言之，石床和石枕犹如汉代诸侯王所用玉石，成为促进遗体转化成仙的重要介质。

要建立起石床、石枕和"尸解"思想的联系，还需要解决一个问题，即此种行为为何偏偏在汉末以降出现在辽东地区？笔者注意到，辽东与山东半岛水道交通便利，从辽东半岛滨海郡县出发，南渡渤海海峡或沿黄海海岸，便可前往东莱郡和齐郡。[4] 汉魏之际，天下丧乱，不少山东士民通过海道迁往辽东，李林称之为"浮海移民"[5]。值得注意的是，在辽东半岛滨海——东莱、齐郡交通线上的东莱郡颇为特殊，当地神仙思想极为浓厚。东莱郡内有东莱山，[6] 是汉代著名的仙山之一，汉武帝时，还曾围绕东莱山兴起过一阵寻仙浪潮。[7] 此后，山东士人习道、山居之风颇盛，且在往来辽东、山东半岛的

---

1 （晋）葛洪：《西京杂记》卷六，周天游校注，三秦出版社，2006，第258—260页。
2 有关战国墓葬形制，见刘振东《冥界的秩序——中国古代墓葬制度概论》，文物出版社，2015，第38—62页。
3 [日]吉川忠夫等编：《真诰校注》卷四《运象篇第四》，朱越利译，中国社会科学出版社，2006，第158页。
4 王绵厚、朴文英：《中国东北与东北亚古代交通史》，辽宁人民出版社，2016，第130—135页。
5 李林：《石室丹青：辽东汉魏墓室壁画研究》，博士学位论文，中央美术学院，2011，第107—110页。
6 《汉书·地理志》记载，青州东莱郡下黄县境内"有莱山松林莱君祠"。见（汉）班固撰，（唐）颜师古注《汉书》卷二八上《地理志上》，中华书局，1962，第1585页。
7 （汉）司马迁：《史记》卷一二《孝武本纪》，中华书局，2014，第474—475页。

士民中颇为常见。[1] 如西汉末年逢萌曾携家眷客居辽东，在光武帝即位后，逢萌返回山东半岛，在琅琊崂山"养志修道"[2]。东汉后期，北海公沙穆亦曾"居建成山中，依林阻为室，独宿无侣……后遂隐居东莱山，学者自远而至"[3]，公沙穆晚年曾任辽东属国都尉，同样往返于辽东、山东之间。故此，汉魏之际，原先居住于山东半岛，特别是东莱等地的士民，具有浓厚的神仙信仰，随着这些士民流入辽东，神仙信仰随即渗入辽东地区墓葬文化中，进而成为辽东中上层士民使用石床、石枕的思想渊源。

晋末至十六国时期，辽东墓葬尸柩床座几乎销声匿迹。目前所见十六国墓葬尸柩床座仅有两例，均为魏晋中原墓葬中已经出现的"床座+棺木+帷帐"配置模式，属于发挥祭祀功能的"灵座"类型，与此前的石床灵座迥然相异。如辽宁北票北燕墓 M2，木棺下有井字形板灰痕迹，原先应存在木质棺垫，同时，石椁中出土铁四通管 4 件，墓中棺木前原先应架设帷帐。[4] 原先在襄平（辽阳）颇为流行的"石床灵座"不再出现，这与晋末辽东丧乱，继之而起的慕容氏将政治中心迁往龙城（今辽宁朝阳）关系颇深，[5] 战乱与政治中心的迁徙打破了辽东固有的文化传统，具有尸解色彩的石床灵座也逐渐归于沉寂。

## （三）西北墓葬灵座地域传统的形成

西北地区（河西及吐鲁番地区）尸柩床座呈现出材质与功能的双重分野，从材质上看，砖质（占比 19%）与木质床座（占比 31.5%）是西北地区两种主要床座材质。从床座功能上看，尸柩床座同样出现"骨座""灵座"的分化，值得注意的是，西北砖质、木质灵座均与中原墓葬灵座关系密切。如咸熙二年（265）酒泉丰乐三坝湾墓 M1，该墓为前后室土洞墓，坐西朝东，墓室前部放置随葬品，后室东西向并列人骨两具，北侧为男性（焦兴胜），南侧为女性（李子英）。根据文字材料与骨殖遗存状况，简报断定焦兴胜早亡，在李子英于咸熙二年（265）死亡后合葬于此。[6] 李子英身下仅用木板、苇席陈设，没有棺具，颇为简陋。焦兴胜所用的葬具较为精致，收敛骨殖的木棺南、北端东西向各放置一长 2.2 米、宽 0.14 米、厚 0.1 米的枕木，棺木与尸柩

---

[1] 有关汉末魏晋山东士人的道教信仰情况，见赵芃《山东道教史（上）》，中国社会科学出版社，2015，第 60—163 页。

[2] （南朝宋）范晔撰，（唐）李贤等注：《后汉书》卷八三《逢萌传》，第 2759—2760 页。

[3] （南朝宋）范晔撰，（唐）李贤等注：《后汉书》卷八二下《公沙穆传》，第 2730 页。

[4] 辽宁省博物馆编著：《北燕冯素弗墓》，文物出版社，2015，第 82—84 页。

[5] 有关慕容氏迁徙各族百姓前往龙城的讨论，见田立坤《龙城新考》，《边疆考古研究》2012 年第 2 辑。

[6] 甘肃省文物考古研究所：《甘肃酒泉丰乐三坝湾魏晋墓 2013 年发掘简报》，《考古与文物》2020 年第 1 期。

床座前端，架设丝质铭旌（图6）。借助铭旌，尸柩床座与墓中祭祀紧密结合，北宋司马光对此论述颇详，"掌事者设席于羡道南，轝夫置柩于席上北，乃退，掌事者陈明器、下帐、上服、苞、筲、醴醢、酒，用饭床，于圹东南北上，铭旌施于柩上，宾客送至墓者，皆拜辞先归"[1]，故此，尸柩床座由普通的"骨座"转换成具有礼仪功能的"灵座"。考虑到该墓男、女墓主葬具的巨大差异，笔者推测，丧家财力较为有限，故而集中资金将丈夫的骸骨迁葬于此，使用相对隆重的棺木与铭旌，与妻子所用的寒酸葬具形成了鲜明对比。由此，尸柩床座必然出自丧家精心考量。笔者进而注意到，居住在"酒泉乐涫南乡朋里"的焦兴胜及其家庭，[2] 应是酒泉郡乐涫县城附近一户薄有资产的富民。当这户家庭营建墓葬之时，正是曹魏—西晋政权转换之际，此时酒泉等地经过曹魏的治理，与中原关系颇为密切。[3] 故而，将尸柩床座与铭旌等墓中祭祀陈设相结合，极有可能受到中原尸柩床座的影响。当然，在具体形制上，酒泉郡的普通小民无法得知中原尸柩床座设计，但是，尸柩床座背后共通的"灵座"内涵，可以通过士人、商贾的流动传入河西地区，进而渗入当地士民墓葬营建中。

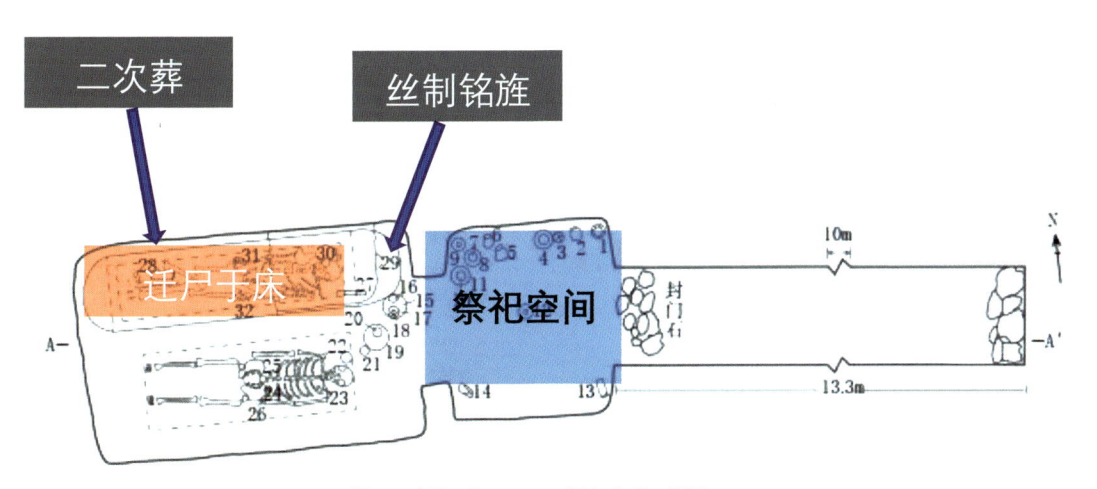

图6 咸熙二年（265）酒泉丰乐三坝湾 M1

---

[1] （北宋）司马光：《司马氏书仪》卷八《丧仪四》，中华书局，1985，第90页。

[2] 见咸熙二年（265）酒泉丰乐三坝湾 M1 出土的墓券，甘肃省文物考古研究所：《甘肃酒泉丰乐三坝湾魏晋墓 2013 年发掘简报》，第30页。

[3] 有关曹魏对酒泉等地的治理与开发，见齐陈骏、尤成民《略述三国时期曹魏对河西的经营》，《兰州大学学报》1987年第3期。

西晋早期甘肃敦煌佛爷庙湾 M37 中的灵座（图 7）与中原灵座的关系更为紧密。该墓为敦煌本地豪族营建的家族墓，墓葬随葬器与西晋贺循丧仪所记明器品类大体相符。[1] 再结合东汉后期—西晋前期敦煌豪族由武入文，由在地豪族转变为文化大族的变迁历程，[2] 不难想见，正是游学于敦煌与河洛的士人传入此种丧仪器物。与这种丧仪明器搭配的尸柩床座、帷帐、铭旌也见于同一时期的中原墓葬。此后，大约在前凉中期，于嘉峪关、酒泉之间的戈壁滩上营建的丁家闸 M1 墓室后壁砖砌高约 0.12 米的棺床，根据墓葬中遗存的铜帐钩可以判断，原先棺床前架设了帷帐，棺床由此与帷帐陈设相结合，从"骨座"转变为"灵座"。

除了源自中原的砖砌灵座外，西北地区还有不少木质灵座，如西晋元康六年（296）的敦煌祁家湾 M210 坐东朝西（图 8），在墓室北壁放置木板尸床，尸床两头各置 2 块条砖，墓主躺在木板之上，颈部有泥枕，上罩木尸罩。此类尸柩床座往往与头枕、脚踏相结合，呈现出"夯土、泥砂+木板+苇席+枕头、脚踏"组合，使得墓室尸床近似现实的木质床榻枕具。敦煌祁家湾 M210 尸床右侧的 0.18×0.78 米的苇席更透露出墓中"苇席+尸床"的祭祀组合模式，此类组合在文献中也不乏记载，如《通典》中记载，下葬之时"司几筵设苇席，右素几。其樟席用萑，黼纯"[3]。敦煌以西吐鲁番地区的墓葬中，尸柩床座与现实床榻的相似性更为明显，如吐鲁番交河故城 M7（魏晋之际）墓室内设有榫卯结构的木质尸床，以圆木构制。从墓室底部四角残留的 4 个圆形凹坑判断，存在四个支脚。没有木棺，尸体直接放在木质床座上。[4] 因此，笔者认为，在营建墓葬之时，营建者应该参考了现实床榻形制，并将此类床座与墓中利用苇席等设施展开的祭祀仪式相结合。根据上述讨论，我们可以就此总结西北尸柩床座的生成模式，一方面，源自中原的砖砌"灵座"在河洛—武威、酒泉—敦煌之间传播，渗入西北本土墓葬；另一方面，受到日常木质家具与床榻祭祀仪式的影响，西北地区的灵座更接近木质家具，形成了西北地区独特的木质灵座地域传统。

综上所述，随着单室墓的发展，埋葬空间与祭祀空间进一步整合，魏晋中原地区率先出现尸柩床座灵座化趋势。此后，由于晋末丧乱，士人流徙，灵座化演进在中原地区一度中断，反而在西北和辽东地区，结合各自地域文化特色，发展出石质灵座（东北）、木质灵座（西北）地域传统。

---

1　考古报告执笔者已经指出这一点，见戴春阳主编《敦煌佛爷庙湾西晋画像砖墓》，文物出版社，1998，第 104 页。

2　关于敦煌大族的转型研究，参看冯培红《汉晋敦煌大族略论》，《敦煌学辑刊》2005 年第 2 期。

3　（唐）杜佑：《通典》卷八六《凶礼八》，王文锦等点校，中华书局，1988，第 2341 页。

4　新疆文物考古研究所：《1996 年新疆吐鲁番交河故城沟西墓地汉晋墓葬发掘简报》，《考古》1997 年第 9 期。

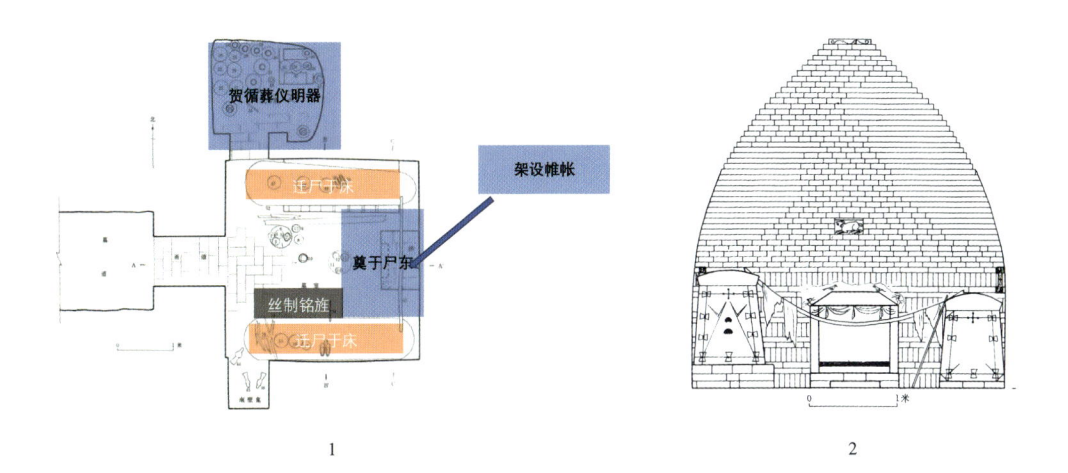

图 7　敦煌佛爷庙湾 M37（西晋早期）

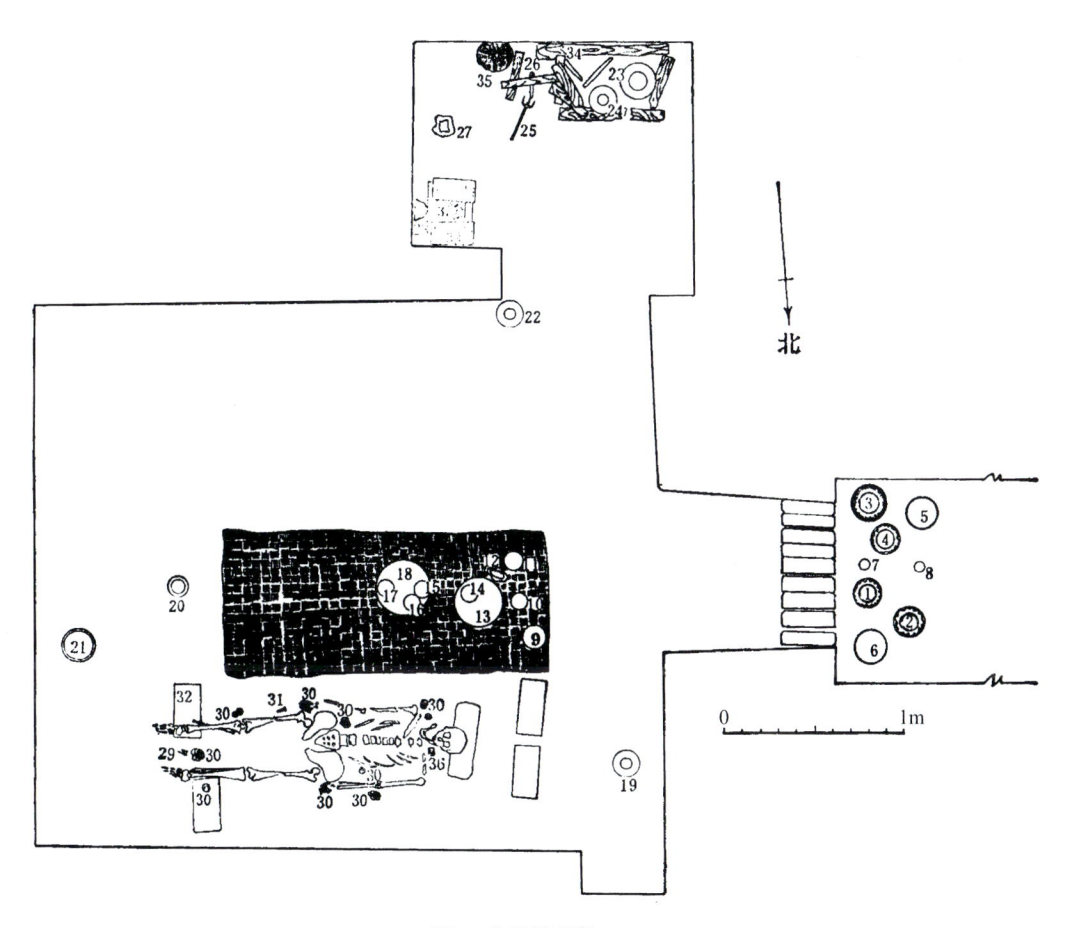

图 8　敦煌祁家湾 M210

## 二 地域传统的交错与灵座化的极盛

随着北魏统一华北并实行大规模徙民政策，平城逐渐成为人口近百万的超大型"移民都市"[1]，鲜卑旧俗、十六国地域传统、魏晋文化等诸多文化因素在此交错，催生了不同材质与功能的尸柩床座。根据笔者统计，北魏平城共计52例尸柩床座，19例石质，14例木质，4例土质，15例砖质，石、木、砖材质的尸柩床座所占比例大致相近，土质最少（见附表2）。

### （一）中原墓葬床座传统的赓续

无论平城时代的尸柩床座拥有何等繁复的纹饰或形制，三种主要材质木、石、砖，两种基本样式床榻、棺垫，在魏晋—十六国墓葬中均能找到原型。如砖质床座较早出现在大同金属镁厂北魏墓M7中（3期），[2] 床座在墓室后部，呈梯形，占整个墓室的1/3—1/2，其上放置木棺（图9）。[3] 宋馨认为北魏棺床、尸床源自西北地区砖质棺床，这一看法诚有卓识，[4] 但笔者认为仍有讨论余地。上文提到河西砖床受到中原砖床与墓中祭祀礼仪影响，其源头是中原传统。笔者还注意到，大夏国田𤣱墓中砖质床座与平城时代初期砖质床座关系颇深。田𤣱墓出土墓志一方，志文如下：

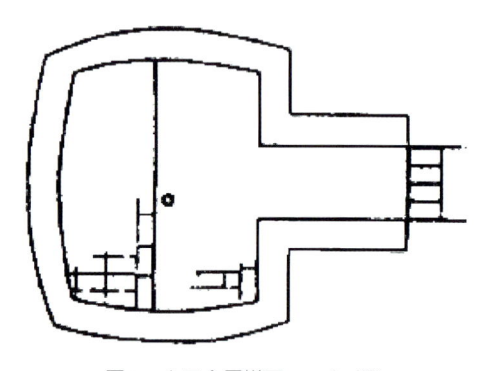

图9 大同金属镁厂M7（3期）

---

1. 有关北魏平城都城建制与民族迁徙、政教改革的互动，参看［日］冈田和一郎《同时代人のみた北魏平城》，载［日］窪添庆文主编《魏晋南北朝史のいま》，勉诚出版，2017，第184—193页。

2. 笔者参照目前资料较为集中且完备的大同南郊墓分期以及相关学者的分期研究，将具有尸柩床座装置的墓葬和平城地区零散的石质床座，共计72例，纳入统一分期框架，将其分为四期。第一期为北魏定都盛乐到迁都平城之前；第二期为北魏迁都平城至太武帝统一华北（公元4世纪末至公元5世纪40年代初）；第三期为太武帝统一华北至太和初年，其中又以文成帝为界分为两期，前半期为华北统一至文成帝登基，大约在公元5世纪40年代到50年代（3.1期），后半期在公元5世纪50年代初到70年代中叶（文成帝上台到太和初年，3.2期）。第四期为太和初年至北魏迁洛前后。相关分期研究，见韦正《大同南郊北魏墓群研究》，《考古》2011年第6期；李梅田《魏晋北朝墓葬的考古学研究》，商务印书馆，2009，第78—92页。

3. 韩生存、曹承明、胡平：《大同城南金属镁厂北魏墓群》，《北朝研究》1996年第1期。

4. Shing Müller（宋馨），"Funerary Beds and Houses of the Northern Dynasties"（北朝的石床与石室），Shing Müller, Thomas O. Hllmann, Sonja Filip, *Early Medieval North China: Archaeological and Textual Evidence*（从考古与文献看中古早期的中国北方），pp. 413-416.

唯大夏二年岁庚申正月丙戌朔廿八日癸丑｜故建威将军散骑侍郎｜<u>凉州都督护光烈将军</u>｜<u>北地尹将作大匠凉州</u>｜刺史武威田玘之铭（下划线为笔者所加）。[1]

田玘曾任赫连夏朝廷"将作大匠"一职，西晋时"掌土木之役"，北魏承袭，职事大体相近。[2] 田玘任将作大匠，掌握赫连夏中央公共工程的运行，其中包括丧葬营建事业。田玘及其丧家在墓中设置砖质床座，表明赫连夏中央工匠作坊对此类墓葬设施并不陌生。当然，选择此种墓葬设置有可能受到田玘出身河西的地域文化因素影响，表明十六国中后期河西出身士民或许青睐砖质床座。不过，正如上文所言，十六国关中墓葬依旧可见源自魏晋中原墓葬"青砖棺垫"，表明魏晋中原床座传统在中原不绝如缕，故而田玘墓的砖质床座更有可能是河西新制与中原旧制的杂糅与再造。随着始光四年（427）统万城破，大批百姓、士人被迁入平城，"车驾入城，房昌群弟及其诸母、姊妹、妻妾、宫人万数……擒昌尚书王买、薛超等及司马德宗将毛修之、秦雍人士数千人……"[3]，为统万宫廷服务的工匠集团也就此迁入平城，成为平城砖床工艺的直接来源。

## （二）西北墓葬灵座传统与河西移民

至于平城墓葬中的木质尸柩床座，从本文统计材料来看，几乎所有魏晋—十六国木质床座均出现在西北地区。从形态上看，西北木质床座较为简陋，但基本形制与平城墓葬木榻、木棺床较为接近，可以视作平城墓葬木榻、木棺床的原始形态。如敦煌祁家湾 M323（前凉中期）为单室土洞墓，坐西朝东，墓室北壁用泥砂筑成尸床，尸床上方用 2—3 厘米宽的木条隔成菱形，是木床或木榻的一种原始形式。[4] 与此同时，敦煌祁家湾 M212、M202、M310 等墓葬中均出现木板承尸（柩）现象，祁家湾 M212 木板下有砖垫，宛若现实居所中的木板床。此后，随着北魏经略凉州地区，大量凉州百姓被迁入平城"（439 年）冬十月辛酉，车驾东还，徙凉州民三万余家于京师"[5]，木质灵座传统随之传入平城。平城出现木质床座的墓葬墓主及其家族，大多与河西关系密切。如太和元年（477）北魏贾宝墓，坐北朝南，墓室中部置一木堂，堂内置木榻，直接陈尸木榻。[6] 墓主贾宝，凉州武

---

1 内蒙古自治区文物考古研究所等：《内蒙古乌审旗郭家梁大夏国田玘墓》，《文物》2011 年第 3 期。
2 （唐）李林甫等：《唐六典》卷二三，陈仲夫点校，中华书局，2014，第 593—594 页。
3 （北齐）魏收：《魏书》卷四《世祖太武帝纪上》，中华书局，1972，第 72—73 页。
4 甘肃省文物考古研究所：《敦煌祁家湾——西晋十六国墓葬发掘报告》，文物出版社，1994，第 42—43 页。
5 （北齐）魏收：《魏书》卷四《世祖太武帝纪上》，第 90 页。
6 大同市考古研究所：《山西大同北魏贾宝墓发掘简报》，《文物》2021 年第 4 期。

威郡姑臧县人。贾宝葬具颇为精致，随葬品种类丰富，应属迁往平城的武威贾氏之一。[1] 贾宝墓不止传承了西北地区流行的木质灵座传统，还使用了多见于西北地区的木质俑具，如丁家闸M1（前凉中期）墓门两侧及两耳室外出土20余个木武士俑，[2] 彩绘，头戴高盔，身着缀长方形甲片的铠甲，腰束红带，下着战裙。贾宝墓墓门两侧同样放置两个木镇墓俑，头戴兜鍪，身躯部分残损，身带彩绘，形制与彩绘方式与前凉丁家闸M1较为相近。除贾宝墓外，雁北师院墓群同样出现了若干木质葬具，如雁北师院M9、M19、M24、M1、M52（3.2期）。[3] 雁北师院M9、M19、M1、M52均采用木质床座，M24采用木质圆木两根作为木棺棺垫，这种木质棺垫同样见于若干河西魏晋—十六国墓葬[如咸熙二年（265）酒泉丰乐M1]。[4] 雁北师院M5为太和元年（477）宋绍祖墓，墓中出土砖铭，其文曰"大代太和元年岁次丁巳幽州刺史敦煌公敦煌郡宋绍祖之枢"。[5] 张庆捷、刘俊喜等人考证宋绍祖为敦煌宋氏族人，北魏平凉州时迁入平城。[6] 考虑到雁北师院墓群诸墓排列有序，不存在打破现象，这一墓地应属敦煌宋氏家族墓区。正因如此，雁北师院墓群中方才较多使用源自西北墓葬传统的木质床座。当然，木质床座传入平城后并非一成不变，部分木质床座配合源自辽东的石灰枕使用，如雁北师院墓M9，显示出不同地域传统在床座生成过程中的层累与杂糅。

## （三）灵座化的极盛与佛教因素的渗入

有关平城石质床座，学界讨论颇多，形成了颇为一致的意见，即平城石床一方面吸收了辽东石床、石枕葬俗；另一方面改造了汉族传统石祠堂形制，具有身份等级标志性。[7] 但此前研究未能注意到，平城尸枢床座出现全面灵座化演变趋势，在52例尸枢床座中，34例床座没有棺木（占比65%），剩余18例床座也大多与墓中祭祀关系密切，由此可见，魏晋以降灵座化演变在平城时代达到一个高潮。值得

---

[1] 有关中古武威贾氏的发展情况，见李俊恒《魏晋南北朝时期的武威贾氏》，《史学月刊》2008年第7期。

[2] 甘肃省博物馆：《酒泉、嘉峪关晋墓的发掘》，《文物》1979年第6期。

[3] 大同市考古研究所编：《大同雁北师院北魏墓群》，文物出版社，2008，第5—40页。

[4] 甘肃省文物考古研究所：《甘肃酒泉丰乐三坝湾魏晋墓2013年发掘简报》，《考古与文物》2020年第1期。

[5] 山西省考古研究所、大同市考古研究所：《大同市北魏宋绍祖墓发掘简报》，《文物》2001年第7期。

[6] 张庆捷、刘俊喜：《北魏宋绍祖墓两处铭记析》，《文物》2001年第7期。

[7] 参看林圣智《北魏平城时期的葬具》，载巫鸿、朱青生、郑岩主编《古代墓葬美术研究》第二辑，湖南美术出版社，2013，第191—213页；林圣智《图像与装饰：北朝墓葬的生死表象》，台湾大学出版社中心，2019，第140—156页。Xu Jin, *Engraving Identities in Stone: Stone Mortuary Equipment of the Northern Dynasties (386-581 CE)*, Ph.d, diss, University of Chicago, 2017, pp. 37-86。

进一步讨论的是，在魏晋—十六国已经出现配合墓葬祭祀的灵座基础上，平城墓葬灵座出现两种新功能，一是利用床座图像发挥镇墓辟邪功能；二是借助床座，达到往生佛国的目的。前辈学人对灵座镇墓辟邪功能讨论颇详，此不赘述。[1] 需要进一步讨论的是灵座与佛教往生思想的关系。根据笔者统计，52 例平城床座中，18 例石床出现天人、忍冬等佛教图像，10 例砖质床座与佛教往生思想关系密切，占比高达 53.8%。学界对此早有关注，不少学人都注意到床座与佛教往生思想的联系，[2] 但均未做深究。仅见宋馨将平城墓葬中的石床与北朝石窟、造像碑中维摩诘图等佛教图像中的床榻造型相勾连，将石床视作对佛教图像各式床榻的模仿，具有佛教往生意涵。[3] 宋馨此论诚有卓识，但尚有不少未发之覆。若如宋馨所言，床座源自佛陀涅槃图或维摩诘图，那么床座的设计意图究竟是什么？是为了将墓主打造成佛陀或维摩诘吗？此种联系未免浮于表面，故此，笔者将进一步梳理灵座丧葬功能变迁与平城居民佛教往生观发展的内在联系。

有几则材料历来不受重视，却对理解灵座往生功能颇为关键。太和年间出现 4 例仿制佛教须弥座的砖质床座，笔者选取 3 例较为典型的床座，制作了示意图如图 10。

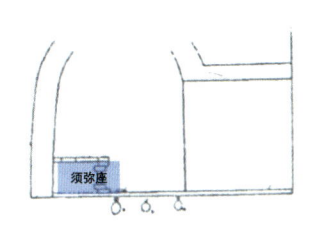

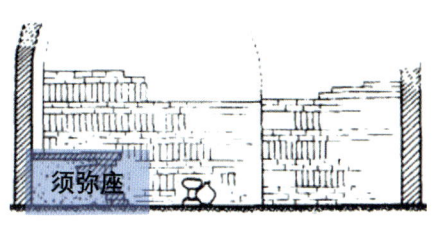

1　大同金属镁厂 M7（3 期）　　2　迎宾大道 M78（3.2 期）　　3　大同二电厂 M11（4 期）

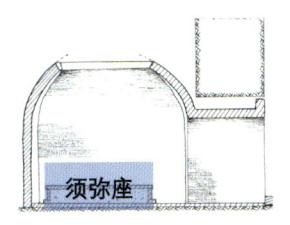

图 10　仿制佛教须弥座的砖质床座

---

[1] 参看林圣智《北魏平城时期的葬具》，载巫鸿、朱青生、郑岩主编《古代墓葬美术研究》第二辑，第 191—213 页。

[2] 王音：《北朝墓葬图像中的佛教因素初探》，文化遗产研究与保护技术教育部重点实验室等编：《西部考古》第 14 辑，三秦出版社，2017，第 178—195 页。[韩] 金镇顺：《南北朝时期墓葬美术中的佛教影响》，杨泓先生八秩华诞纪念文集编委会编：《考古、艺术与历史：杨泓先生八秩华诞纪念文集》，文物出版社，2018，第 185—207 页。

[3] Shing Müller（宋馨），"Funerary Beds and Houses of the Northern Dynasties"（北朝的石床与石室），Shing Müller, Thomas O. Hllmann, Sonja Filip, *Early Medieval North China: Archaeological and Textual Evidence*（从考古与文献看中古早期的中国北方），pp. 427-430.

从图 10 中可以看到，床座形制大体相近，上下部位凸出、中部凹进，素面无纹，与云冈石窟第 6 窟、第 9 窟（平城时代晚期）浮雕塔下须弥座大体相近。[1] 毫无疑问，这些床座源自石窟、造像碑等须弥座图像。但是，墓葬床座并非简单照搬石窟、造像碑须弥床座，因为石窟、造像碑须弥床座都出现在佛、菩萨座下或佛塔下，直接复刻此等床座无法与丧葬环境兼容，中间必然经过转换环节。这些须弥座上的墓主均无棺具，肉身被置于须弥座上。此等设计令笔者注意到北朝佛典曾记载一切众生得享佛国床座的记载，如北凉昙无谶所译《大般涅槃经》记载：

> 菩萨摩诃萨于慈心中施床敷时，应作是愿：我今所施，悉与一切众生共之，以是因缘，令诸众生得天中天所卧之床，得大智慧，坐四禅处；卧于菩萨所卧之床，不卧声闻、辟支佛床，离卧恶床。愿诸众生得安乐卧，离生死床，成大涅槃师子卧床。愿诸众生坐此床已……[2]

此处提及欲修善业，须发宏愿，让一切众生得享佛国床座，得以解脱。《大般涅槃经》自昙无谶译出后，传入平城，传承不断，[3] 太平真君三年（442）一月十八日"单宦在台"的永昌王常侍定州常山鲍纂为"为父前井邢令、亡母王造兹石浮图、大涅槃经一部"[4]，考虑到太平真君二年（442）九月十九日永昌王拓跋健去世，其子拓跋仁袭爵，应在平城处理丧事，[5] 鲍纂此时应在平城延请工匠制作这一石塔，并延请写手或亲自抄写大涅槃经。故此，《大涅槃经》应早在太武帝时代就已经在平城中上层居民中流传。因此，佛国床座与超脱生死、往生佛国的联系应为平城信徒所熟知。此外，北凉昙无谶所译《悲华经》在叙述净土成佛之誓愿时提到：

> 愿我国土有七宝楼，其宝楼中敷七宝床，茵蓐丹枕细滑柔软犹如天衣。众生处此宝楼床榻皆悉欢乐……其国多有金多罗树，种种华果妙香具足，上妙宝衣、种种宝盖、真珠璎珞而以庄严……[6]

可见一切众生享受茵蓐床榻是佛国的

---

1　有关云冈石窟须弥座形制的研究，见刘令贵《丝路文化适应下佛塔须弥座图像演变研究》，《五台山研究》2020 年第 2 期。

2　（北凉）昙无谶：《大般涅槃经》卷一五《梵行品第八之一》，CBETA，T12，NO. 374，p. 455，c13-19.

3　圣凯：《〈大般涅槃经〉在北朝隋唐时期的传播与影响》，《中国佛学》2011 年第 31 期。

4　金申：《中国历代纪年佛像图典》，文物出版社，1994，第 436 页。

5　（北齐）魏收：《魏书》卷一七《永昌王健附子仁传》，第 415 页。

6　（北凉）昙无谶：《悲华经》卷四《诸菩萨本授记品第四之二》，CBETA，T03，NO. 157，p. 194，c13-19.

一个重要组成部分，这种对于佛国世界的想象随着北魏平定凉州逐渐传入平城，进入平城居民认知世界中。恰好在文成帝复佛以降，北魏造像记中开始频繁出现表达死后"与佛相见"愿景的文字。笔者根据邵正坤、仓本尚德等人辑录的造像记文本，[1] 分析了文成帝至太和迁都前后的 70 则造像记的文本内容，发现其中出现"上升天上（佛国）"或"直遇诸佛"类似愿景的造像记共计 30 则，且在太和年间迅速增加。较为典型的文本有太和四年（480）四月二十日赵明造像记：

太和四年四月廿日，下博人赵明，为亡儿越宝造多宝佛，<u>愿亡儿上生天上，常与佛会</u>。[2]

可见在太和前后，死后往生佛国、常与佛会已经成为一部分人的死后期盼。其中制作于平城的造像记有延兴二年（472）《黄某相造像记》，黄氏为南部尚书黄卢头之子，[3] 属于平城居民中的上层士民，造像记中同样说道：

愿亡父楷是诚口，永离苦难，<u>（值）遇诸佛，深解实相，普及众生，既悟道果</u>。[4]

由此可见，在太和前后的平城地区，往生佛国已然成为一部分中上层佛教信徒的死后愿景。至此，我们可以借助上述佛典和造像记来反观平城墓葬中出现的须弥式尸柩床座，一方面，平城居民有着往生佛国，与佛相会的期盼；另一方面，平城居民想象中的佛国，一切众生享受者华茵美褥，解脱生死，两相结合之下催生出了砖砌须弥式尸柩床座。当墓主肉身陈设于须弥砖座之上，便可在死后借助砖座直达佛国世界，完成墓主或丧家"上升天上，常与佛会"的美好期盼。只不过须弥座终究是属于佛陀、菩萨使用的宝座，将其直接移入墓葬略显不妥，也不符合墓主普通信众的身份。考虑到出现砖砌床座的墓葬较为简陋，随葬品极少，故而笔者认为，这种砖砌须弥床座可以视作一些信徒的大胆改造，这些信徒往往粗通佛理或文化水平不高。更具文化修养的信徒，一般在石床上采用佛教装饰性图像表达往生佛国的期盼。[5] 文成帝复佛以降，大量与佛

---

1　邵正坤：《北朝纪年造像记汇编》，吉林人民出版社，2014；[日]仓本尚德：《北朝佛教造像铭研究》，法藏馆，2016。

2　邵正坤：《北朝纪年造像记汇编》，第 9 页。

3　学界对北魏平城时代的南北尚书制度研究颇多，大多认为南北尚书在平城办公，故而黄氏及其家族应居住在平城。相关学术史梳理，见刘东升《北魏南北尚书制度考》，《北方论丛》2017 年第 1 期。

4　邵正坤：《北朝纪年造像记汇编》，第 6 页。

5　有关北魏平城时代石床图像系统的演变，白炳权在硕士论文《北魏墓葬门卫图像研究》中已经进行了细致辨析，此不赘述。白炳权：《北魏墓葬门卫图像研究》，硕士学位论文，上海师范大学，2021，第 87—99 页。

教相关的图像出现在石床上,其中最具代表性的莫过于太和八年(484)的司马金龙石床。大量出现石床葬具的墓葬使用石床陈尸葬俗,这意味着上述肉身坐于佛座,想象着死后借助佛座与佛座图像往生佛国的内在逻辑得以延续,从而将墓葬陈尸之所打造成帮助死者往生的神圣空间。

通过上文的研讨,我们得以了解平城时代砖、木、石三种材质尸柩床座与魏晋—十六国不同地域丧葬传统的内在联系。三种材质的床座与辽东、中原、河西三个地域传统关系颇深,或是直接来源于某一地域传统,或是表现出不同地域传统的交错。与此同时,平城时代尸柩床座中的灵座数量激增,出现全面灵座化发展趋势,并在传统墓葬祭祀功能之外,发展出镇墓辟邪和往生佛国的丧葬功能。

## 三　居丧礼俗之变与尸柩床座

平城时代尸柩床座的大量出现迟至文成帝继位以降,即公元5世纪50年代以后。如果说,平城时代的尸柩床座是不同地域文化荟萃后的结果,又要如何解释20余年间,几乎一代人的时间里,墓葬中尚未发展出尸柩床座的现象。就此而言,笔者认为,地域文化荟萃于平城,仅为平城居民选择墓葬陈设提供了诸多可能性,是一种充分条件而非必要条件,推动平城居民使用尸柩床座装置的外在动力,恐怕还需要进一步探讨。因此,笔者将结合平城民居、丧礼俗变迁历程,探究推动平城墓葬尸柩床座生成的必要条件。

### (一) 宅邸相尚之风与尸柩床座的运用

鲜卑、匈奴等游牧民族在占据中原之前,普遍采用牛、马车转移穹庐,迁徙居住,江上波夫、内田吟风对此讨论颇详。[1] 无论在匈奴还是鲜卑、乌桓部落中,从事农业和定居生活都并非主流生活方式。[2] 如此一来,鲜卑、乌桓、匈奴日常生活中的家具便极为有限,《后汉书》记载乌桓族人"父子男女,相对踞蹲"[3],想来缺乏汉人生活中多样的低矮坐具(如矮榻)。此外,帷帐中居住时,使用的多为毡褥而非汉式床榻,东汉初年杜笃在《边论》中说道"匈奴请降,毷氀毼褥、帐幔、毡裘,积如丘山"[4],从中可以窥见,匈奴人穹庐生活时"毷氀毼褥"

---

[1] [日] 江上波夫:《江上波夫文化史論集 3 匈奴の社會と文化》,山川出版社,1999,第143—174页。[日] 内田吟風:《北アジア史研究》,同朋舎,1975,第1—94页。

[2] 有关匈奴城市居住的情况,见クラーディン N. N 等《テレルジーン・ドルボルジン城址の発掘と匈奴の都市化研究の若干の成果》,大谷育惠译,《金大考古》2020年第77卷,第89—101页。有关鲜卑、乌桓居住情况的讨论,见[日] 内田吟風《北アジア史研究》,第1—94页。

[3] (晋) 陈寿:《三国志》卷三〇《乌桓鲜卑东夷传》,中华书局,1959,第832页。

[4] 见《太平御览》引杜笃《边论》。(宋) 李昉等:《太平御览》卷七〇八,中华书局,1960,第3157页。

"帐幔毡袭"是主要室内家具。[1] "帷帐+毡褥"的居住情形，在嘉峪关 M3 号墓（西晋）前室北壁东侧壁画中得到了直观表现（图11）。[2]

此种家居情形在迁都平城初期依旧存在，若仔细对照《魏书》和《南齐书》相关记载，其中差异值得玩味：

（天兴元年，398年）秋七月，迁都平城，<u>始营宫室</u>，建宗庙，立社稷。（《魏书》）[3]

什翼珪始都平城，犹逐水草，<u>无城郭</u>，木末（明元帝）始土著居处。（《南齐书》）[4]

《魏书》只提到了北魏皇室所居宫室的建筑情况，对其余贵族和平民的居住情况未置一词。实则正如《南齐书》所言，北魏当时没有兴建外郭城，其宫室范围也仅仅局限于"不到1公里见方的城垣范围内"[5]，绝大多数平城居民依旧过着穹庐居住的生活。

直至道武帝天赐三年（406）六月，随着平城人口日益增加，北魏朝廷才开始考虑解决平城居民住房问题，此事分见于《魏书》本纪与天象志：

图11 嘉峪关 M3 穹庐

---

1 从文献中推测的匈奴实际居住情况，可以从匈奴城址的考察中得到印证，见［苏］C. И. 鲁金科《匈奴文化与诺彦乌拉巨冢》，孙危译，中华书局，2012，第34—35页。
2 甘肃省文物队、甘肃省博物馆等编：《嘉峪关壁画墓发掘报告》，文物出版社，1985，第99页。
3 （北齐）魏收：《魏书》卷二《太祖道武帝纪》，第33页。
4 （梁）萧子显：《南齐书》卷五七《魏虏传》，中华书局，1972，第984页。
5 有关北魏迁都初期的城市建设，见段智钧、赵娜冬《北魏平城辽金西京城市建筑史纲》，中国建筑工业出版社，2011，第43—52页。

发八部五百里内男丁筑灅南宫，门阙高十余丈；引沟穿池，广苑囿；规立外城，方二十里，分置市里，经涂洞达。三十日罢。[1]

发八部人，自五百里内缮修都城，魏于是始有邑居之制度。[2]

结合两份略有差异的记载，不难看出此时所谓"邑居"之制较为粗略，仅仅从规划上考虑了平城居民的居址问题，却没有下足工夫（三十日罢）营建足够的建筑物。直至明元帝常泰七年（422）九月，方才真正"筑平城外郭，周回三十二里"[3]。太武帝统一华北后，平城城市景观又迎来了一次变革，《南齐书》记载"佛狸（太武帝）破梁州、黄龙，徙其居民，大筑郭邑"[4]。《南齐书》仅仅述及太武帝统一华北后平城居室数量的剧增，实际上，当时平城还出现了宅邸日趋华美的趋势。太武帝为了方便临幸卢鲁元的宅邸，赏赐卢鲁元北魏宫城城南的豪宅一座，"乃赐甲第于宫门南。衣食车马，皆乘舆之副"[5]，同样被赏赐宫城南侧豪宅的还有屈垣，[6] 可见当时宫城城南形成了北魏贵族的豪族居住区。值得注意的是，卢鲁元原姓豆卢氏，"曾祖副鸠，仕慕容垂为尚书令、临泽公"[7]，应为慕容鲜卑族裔。[8] 屈垣本姓屈突氏，是属库莫奚族裔。[9] 太武帝统一华北以降，上层胡人贵族住所之奢华，于此可见一斑。也正是在上层胡人贵族逐渐接受汉式宅邸之时，尉迟定州及其家族在太安三年（457）营建的墓葬中使用了仿造现实木构建筑的石室、石床。此后，到孝文帝时期，宅邸相尚之风日炽，成为不少平城居民追捧的潮流，如冯太后曾赐给阉官张祐宫城城南的一处豪宅"太后嘉其忠诚，为造甲宅"，时人目睹此景莫不歆羡，"备威仪于宫城之南，观者以为荣"[10]。对华美宅邸的热捧在太和年间一度达到高潮，引发朝臣非议，如太和十一年（487）韩麒麟上奏道：

---

1 （北齐）魏收：《魏书》卷二《太祖道武帝纪》，第42—43页。
2 （北齐）魏收：《魏书》卷一〇五之三《天象志三》，第2392页。
3 （北齐）魏收：《魏书》卷三《太宗明元帝纪》，第62页。
4 （梁）萧子显：《南齐书》卷五七《魏虏传》，第984页。
5 （北齐）魏收：《魏书》卷三四《卢鲁元传》，第801页。
6 "与襄城公卢鲁元俱赐甲第，世祖数临幸。"（北齐）魏收：《魏书》卷三三《屈垣传》，第777页。
7 （北齐）魏收：《魏书》卷三四《卢鲁元传》，第801页。
8 有关卢氏姓氏源流的考证，见姚薇元《北朝胡姓考》，中华书局，1962，第95—100页。
9 有关屈氏姓氏源流的考证，见姚薇元《北朝胡姓考》，第137—142页。
10 （北齐）魏收：《魏书》卷九四《张祐传》，第2020—2021页。

自承平日久，丰穰积年，竞相矜夸，遂成侈俗。<u>车服第宅，奢僭无限</u>；丧葬婚娶，为费实多……[1]

可见，太和年间对"车服第宅"的追逐，已经成为各个社会阶层的潮流，许多缺乏身份地位，但却颇有余财之人，也不惜僭越逾制。以至于韩显宗在迁洛之初便说道"顷来北都富室，竞以第宅相尚"。[2] 在"第宅相尚"的时代风潮之下，平城街道的建筑景观为之一变，如此一来，我们便能理解为何在文成—太和以降，源自河西木质灵座传统的平城木质床座衍生出"床座+木屋"的新形态。如大同二电厂 M31（4 期），坐北朝南，墓室中部设木构屋宇式椁室，外接前廊。椁室已塌，板木、方木痕迹杂乱散置于整个墓室。值得注意的一个细节是木室内部床前的脚踏设计（图12），室内床前以条砖砌踏台，意味着墓主死后可以继续在这间木室内生活，利用脚踏起居。[3] 床前放置的脚踏能在文献中找到对应记载，这种长条状脚踏应称作"榻登"，"施大床之前小榻之上，所以登床也"[4]。此外，考虑到同一墓群中 M16 出土了一方砖志，志文记载墓主为"屈突隆业"，再加上 M31 中的漆盘上放置羊肋骨，属于胡族殉牲葬俗，综合这些证据，基本可以确定 M31 的墓主为屈突氏家族成员，且身份不低。上文已经提及，同出屈突氏的屈垣被太武帝宠幸，赐予甲第。无论屈突隆业或同属屈突氏中上层成员的 M31 墓主是否与屈垣属于同一支系，可以确定的是，屈突氏家族成员早已开始享受汉式宅邸。墓葬材料与文献记载就此得以吻合，为我们展现了屈突氏家族成员享受华宅美第，并将其放入墓中的历程。

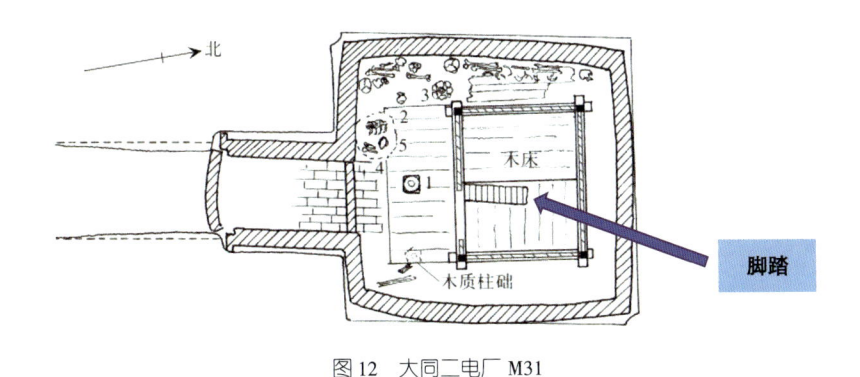

图 12　大同二电厂 M31

---

1　（北齐）魏收：《魏书》卷六〇《韩麒麟传》，第 1333 页。

2　（北齐）魏收：《魏书》卷六〇《韩显宗传》，第 1338 页。

3　大同市考古研究所：《山西大同二电厂北魏墓群发掘简报》，《文物》2019 年第 8 期。

4　王先谦：《释名疏证补》卷六，第 269 页。

图13　七里村M36

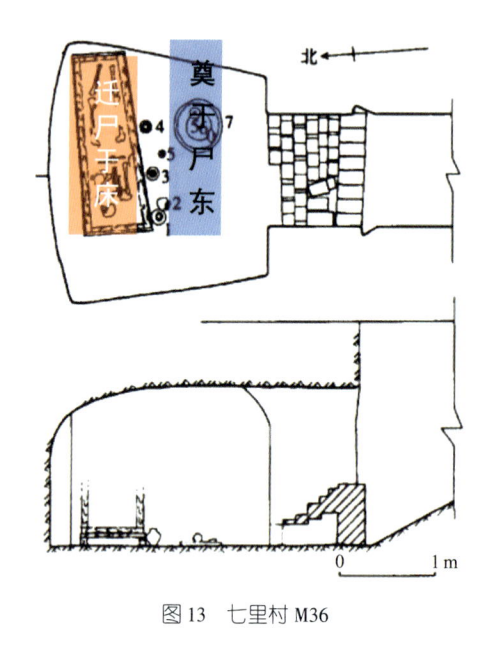

## （二）丧葬礼俗之变与尸柩床座的嬗变

通过上述讨论，可以确定，并非鲜卑族在东北火炕习俗影响尸柩床座的设计，而是北魏臣民居住习俗变迁，推动了尸柩床座的生成与发展。北魏迁都平城以降，随着平城城市建设的推进，穹庐居住习俗逐渐衰减，汉式土木建筑逐步增加，邑居逐渐成为胡族居民的主要居住方式。文成—太和以降，宅第相尚之风渐盛，由此成为平城墓葬中石质、木质屋宇、尸柩床座的现实来源。可是，宅第相尚之风历代皆有，为何独在平城地区率先出现陈尸于床，不加棺具的葬俗。笔者认为，从居住礼俗变化入手，仅仅揭示了平城尸柩床座变动的某一面向，要全面阐释平城尸柩床座的生成与发展，还需要下潜到平城居民丧葬礼俗变迁之中。

对于平城时代尸柩床座和丧葬礼俗之间的关系，前辈学人已经进行了大量讨论，相关研究均从"架设帷帐——墓中祭祀"这一论点出发，讨论尸柩床座与墓中祭祀的关联。[1] 这些研究固然揭示了尸柩床座的一部分丧葬职能，却也遗留了不少问题，尸柩床座与墓中祭祀的关系早在魏晋时期已经出现，为何平城时代突然出现陈尸于床，不加棺具的葬俗？不使用帷帐的尸柩床座如何发挥丧葬职能？使用帷帐和不使用帷帐的尸柩床座有无身份、社会等级分野？对于这些问题，恐怕不能笼统地用墓中祭祀的说法加以回答。通过笔者对52例尸柩床座的统计，根据有无帷帐设施，可以将平城尸柩床座分为"单一床座"和"帷帐+床座"两种。前者共计46例，后者共计6例。尽管单一床座没有帷帐陈设，但细究墓葬空间分布，绝大多数单一床座依旧同墓中祭祀设施紧密结合。在这46例床座中，遵循"迁尸于床，奠于尸东"丧礼空间布局的墓例共计10例，如大同七里村M36（3.2期），将漆盘、耳杯等祭祀陈设放置在棺床东侧（图13）。[2] 正如上文所言，魏晋之际尸柩床座受到当时地面床榻、丧礼中床榻设施运用等因素的多重影响。笔者推测，文成—太和以降，墓葬中这些遵循传统丧礼"奠于尸东"理念的尸柩床座生成逻辑与此相近。与魏晋—十六国墓葬尸

---

[1] 相关研究大体承袭向井佑介、林圣智研究理路，最新的研究见李梅田《帷帐居神——墓室空间内的帷帐及其礼仪功能》，《江汉考古》2021年第3期。

[2] 大同市考古研究所：《山西大同七里村北魏墓群发掘简报》，《文物》2006年第10期。

柩床座不同的是，部分平城居民直接将尸体放置在床座上，完全背离了传统汉人习俗中"俭不露形"的原则。这种行为并不少见，显然是有意为之。笔者注意到，这种葬俗反而让骨骸更贴近地面丧礼中尸骨所处状态，如大同沙岭新村 M22（4期），坐北朝南，在墓室北侧砖砌尸床，长 3 米，宽 1.12 米，高 0.5 米，砖床下装饰有壸门。[1] 此外，尸骨脚下立顺砖一块，顺砖后放置横砖两块（图 14-1）。尸床样式与高度与现实床榻大致相近，尸骨脚下的砖块设置颇为古怪，考虑到形制、砖块和尸骨的关系，这些砖块应该模仿自丧礼中的"缀足"设施，《礼记》中已经提到"缀足用燕几"，[2] 即用相关器具调整尸骨脚部肌肉（图 14-2）。[3] 涂宗呈对此进行了初步考证，基本厘清了缀足形制，[4] 参照涂宗呈研究，缀足的形制与作用和大同沙岭新村 M22 的砖垫基本一致。在骨骸和缀足的东侧正中，墓葬营建者放置了一张低矮狭小的石桌，这一石桌应该模仿自现实葬礼中的祭台。如此一来，大同沙岭新村 M22 的丧家就在墓室中完美复刻了地面丧礼祭奠场景。我们还需要解答一个问题，即模仿中原传统丧礼的同时，鲜卑族等胡族群体为何放弃棺具，直接陈尸。日本学者向井佑介认为，因为北魏鲜卑族不易理解肉体与灵魂分离观念，故将祭祀对象设定为骨骸，而非另外设置一个神坐。[5] 向井佑介的看法有待商榷，实际上，早在东汉末年，鲜卑族就已经出现"魂归赤山"的传统，[6] 应该不难理解灵魂—肉体二元分离论。故此，笔者认为，与其说是鲜卑族文化水平较低无法认知灵魂—肉体二元分离现象，不如说是鲜卑族等胡族在接受中原传统丧礼时有意为之，"主动误取"了丧礼中陈尸于室、堂，设奠行为的场景，[7] 将其复刻到墓葬中，再加上没有文化和礼仪包袱的束缚。许多鲜卑人或其他胡族人可以大胆舍弃木棺，最终形成了今日所见陈尸于砖床、石床、木床的葬俗。中原传统丧礼在北魏平城时代运用之时出现的"胡风国俗，杂相揉乱"现象在剩下的 36 例"单一床座"中更为明显，[8] 剩余 36 例床座或是继承鲜卑族的棺前、尸首祭祀传统（部分存在殉牲），或是将随葬品设置在耳室内，显示出"陈尸于床"丧礼转移到墓葬中出现的各种变异情形。

---

1 大同市考古研究所：《山西大同沙岭新村北魏墓地发掘简报》，《文物》2014 年第 4 期。

2 （清）孙希旦：《礼记集解》卷四三《丧大记第二十二》，第 1148 页。

3 相关考证与复原，见［日］川原寿市《儀禮釋攷》第九册，同朋舍，1979，第 19 页。

4 涂宗呈：《神魂、尸骸与塚墓——唐代两京的死亡场景与丧葬文化》，博士学位论文，台湾大学，2012，第 68 页。

5 ［日］向井佑介：《墓中の神坐：漢魏晋南北の墓室內祭祀》，第 28 页。

6 对鲜卑早期葬俗比较全面的讨论，参看范兆飞《北魏鲜卑丧葬习俗考论》，《学术月刊》2013 年第 9 期。

7 主动误取是指继承传统与改造传统过程中，人们基于自身文化背景、实际需求所产生的主动误解。有关讨论，见朱青生《将军门神起源研究：论误解与成形》，北京大学出版社，1998，第 40—44 页。

8 （梁）萧子显：《南齐书》卷五七《魏虏传》，第 990 页。

1　大同沙岭新村 M22 空间关系　　　　　　　　2　川原寿市所作"缀足"复原图

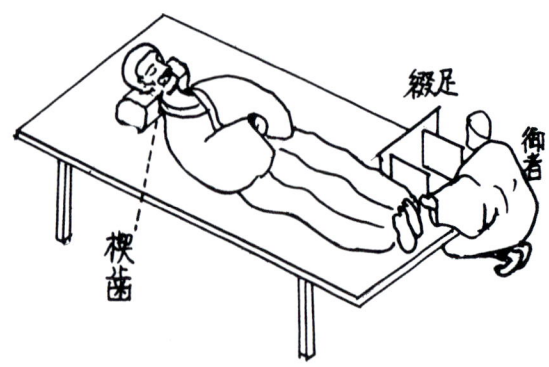

图 14　"缀足"实例与示意

剩余 6 例使用"帷帐+床座"设置的墓葬墓主身份地位较高。如司马金龙无疑是北魏最高统治集团成员，剩余 5 例墓葬缺乏墓主身份信息，从随葬品和墓葬形制入手加以考量，身份地位均较高。这种"帷帐+床座"与身份等级的对应关系早在太延元年（435）沙岭壁画墓中就有所体现。沙岭壁画墓墓主出身破多罗部，却在墓室正壁模仿汉人贵族、官员端坐画像，[1] 制作了墓主夫妇并坐图。Zhang Fan 认为，这是鲜卑贵族挪用中原社会精英认知的一种产物。[2] 北魏胡汉贵族使用帷帐、床座标志自身社会身份，应与上文所述北魏平城居民居住方式的转变有着内在联系，随着居住方式的变化，日常家居帷帐再次成为高门大族彰显社会身份的家居陈设，这一点，从迁洛前后元顺"下帷读书"的记载中可见一斑。迁洛前后，"于时四方无事，国富民康，豪贵子弟，率以朋游为乐，而顺下帷读书，笃志爱古"[3]。元顺下帷读书是为了隔绝内外，专心攻读，却也在无意间透露出，帷帐已然成为北魏贵族家居常备陈设。此外，高允弥留之际，北魏宫廷赐下各式床帐家居，"及床帐、衣服、茵被、几杖，罗列于庭"[4]，透露出这些床帐陈设在日常家居核心地位。这种赐予臣子床帐的行为从西汉开始便连绵不绝，可见床帐器具与社

---

1　郑岩：《墓主画像研究》，载氏著《逝者的面具：汉唐墓葬艺术研究》，北京大学出版社，2013，第 168—194 页。

2　Zhang, Fan, *Cultural Encounters: Ethnic Complexity and Material Expression in Fifth-Century Pingcheng, China*, New York University, Pro Quest Dissertations Publishing, 2018, pp. 76-91.

3　（北齐）魏收：《魏书》卷一九中《元顺传》，第 481 页。

4　（北齐）魏收：《魏书》卷四八《高允传》，第 1090 页。

会身份的勾连渊源甚早。[1] 在冯太后丧礼操办之时，也可见到帷帐的身影。"其幽房大小，棺椁质约，不设明器。至于素帐、缦茵、瓷瓦之物，亦皆不置。"[2] 上述文本将不置"素帐"作为冯太后薄葬的证明，可以反证平城时代后期胡汉贵族丧葬程序中素帐、缦茵已经成为常见之物。由此反观平城时代尸柩床座与帷帐的搭配，不难看出，中上层胡汉贵族、官僚在营建尸柩床座之时，在墓葬中复刻"陈尸于床"丧礼环节之时，有意利用帷帐陈设，凸显其身份地位，尸柩床座就此成为墓中祭祀、复刻丧仪与凸显社会身份三种丧葬意图的交错之处。

总而言之，随着平城都邑建设的推进，毡房居住的方式逐渐被室屋居住所取代，中上层胡汉贵族中更是逐步兴起"宅第相尚"的潮流，在太和年间一度达到高潮，引发朝廷议论。也正是在文成—太和之际，胡汉贵族墓葬中不约而同地出现了模仿现实居室的木质、石质葬具和木、石床榻。与此同时，平城居民丧葬礼俗的变动为北魏墓葬灵座的发展提供了礼仪根据。中下层平城胡汉居民在墓葬中有意复刻中原传统丧礼中围绕骨殖、床榻展开的一系列祭奠仪式，从而催生了具有祭祀礼仪功能的灵座。平城居民丧葬礼俗的变动为丧家大胆引入佛教因素、增加灵座往生功能提供了理论基础，使灵座成为佛教往生思想与丧葬祭祀的连接点，从而推动了平城床座的全面灵座化发展。

## 结语　尸柩床座的三百年变迁史

魏晋—十六国时期，中国北方墓葬尸柩床座一方面继承两汉尸柩床座的形制和功能；另一方面，受到曹魏薄葬政策、日常居丧礼俗变迁的多重影响，产生了影响深远的功能变动，分化成仅具陈尸功能的"骨座"和具有礼仪、宗教功能的"灵座"。魏晋薄葬之风渐盛，墓葬趋于单室化，尸柩床座与祭祀空间的关系日益密切。与此同时，日常家居床榻逐步升高，为尸柩床座形制的变动提供了现实根据。日常生活与死后祭祀场景中的床帐架设记载反复出现在魏晋以降笔记小说、诗文作品中，成为士民死后世界想象的蓝本。死后在家居空间内实行的一系列丧仪和方位顺序为墓葬营建者设计尸柩床座提供了礼仪依据。四种因素交错之下，墓主、丧家与工匠团体选择与拼接、制造了魏晋中原墓葬中形形色色的"骨座"与"灵座"装置。与此同时，"灵座"数量渐增，出现了墓葬床座的"灵座化"趋势。此后，由于晋末丧乱，人士流徙，灵座化演进在

---

[1] 相关讨论，见扬之水《说帷幄》，《中国文化》2002年第1期；赵琳：《魏晋南北朝室内环境艺术研究》，东南大学出版社，2005，第68—110页。

[2] （北齐）魏收：《魏书》卷一三《文成文明皇后冯氏传》，第330页。

中原地区一度中断，反而在西北和东北地区发展出各具地域特色的灵座样式。辽东墓葬中发展出具有保存尸体不朽、辅助墓主尸解升仙功能的石质灵座传统；河西墓葬中出现根植于现实床榻，并与墓中祭祀相结合，具有墓葬祭祀功能的木质灵座传统。

北魏统一华北以降，各地墓葬传统荟萃于平城。平城地区出现的砖、木、石三种材质尸柩床座与魏晋十六国地域丧葬传统存在内在联系，或是直接来源于某一地域传统，或是表现出不同地域传统的交错。与此同时，平城尸柩床座中的灵座数量激增，出现全面灵座化发展趋势。并在传统墓葬祭祀功能之外，发展出镇墓辟邪和往生佛国的丧葬功能。平城灵座化的极盛根源于平城居民居住条件的改善和丧葬礼俗的变迁，是墓葬中选用尸柩床座的必要条件和现实根基。在此基础上，不同地域传统派生的尸柩床座构件方才进入平城胡汉居民的选择范围之内。此后，随着平城地区佛风日炽，部分尸柩床座衍生出协助墓主往生佛国的丧葬职能。这种葬俗包含着墓主或丧家对墓主死后借助床榻上升天上，常与佛会的美好愿景。由此可见，平城尸柩床座生成之后，平城胡汉居民基于自身宗教信仰、文化习俗等因素展开了各种改造，最终使得尸柩床座成为传统墓中祭祀、镇墓辟邪以及往生佛国愿景交错的神圣空间。至此，回顾魏晋至北魏平城时代尸柩床座的生成、分化与改造，不难发现，尸柩床座的"骨座"属性渐少，"灵座"属性凸显，最终在平城时代达到"灵座化"的巅峰。此后，随着北魏迁洛与汉化改革，葬具图像上的佛教因素迅速衰减，[1] 迁洛后的尸柩床座图像主要由传统祥瑞、孝子图像、世俗门卫图像等构成。如此一来，床座的"往生佛国"职能迅速消失，只剩下"墓中祭祀"和"辟邪守卫"两大职能。北魏分裂后，东西政权分立，大型壁画墓陡然增多，葬具图像淡出本土丧葬空间，[2] 床座的"辟邪守卫"职能也就此淡出。平城时代盛极一时、多元杂糅的墓中灵座返璞归真，回归到魏晋时代诞生的与墓中祭祀结合的灵座样式，成为北朝后期的主流样式。

| 附表1 | | | 汉末魏晋十六国中国北方墓葬尸柩床座简表[3] | | | | |
|---|---|---|---|---|---|---|---|
| 序号 | 时期 | 地区 | 墓葬 | 材质 | 尺寸（长/宽/高 M） | 棺具 | 来源 |
| 1 | 曹魏 | 河南洛阳 | 西朱村墓 | 铁 | -/-/0.12 | 有 | 考古，2017（07）|

---

1　林圣智：《墓葬、宗教与区域作坊——试论北魏墓葬中的佛教图像》，《美术史研究集刊》2008 年第 24 期。

2　北魏分裂后，本土贵族墓葬中较少出现石质葬具，已知石葬具也大多素面。苏哲曾做过细致统计，参看苏哲《魏晋南北朝壁画墓の世界：絵に描かれた群雄割拠と民族移動の時代》，白帝社，2007，第 144—146 页。

3　表中"—"代表数据不详。

续表

| 序号 | 时期 | 地区 | 墓葬 | 材质 | 尺寸（长/宽/高 M） | 棺具 | 来源 |
|---|---|---|---|---|---|---|---|
| 2 | 曹魏 | 河南洛阳 | 西高穴村墓 | 石 | — | 有 | 曹操高陵，2016 |
| 3 | 曹魏 | 河南偃师 | 杏园村墓 | 砖 | — | 有 | 考古，1985（08） |
| 4 | 西晋 | 河南洛阳 | 涧西16工区M82 | 砖 | 2.2/0.74/0.12 | 有 | 文物参考资料，1956（3） |
| 5 | 元康九年（299） | 河南洛阳 | 洛阳晋墓M8 | 砖 | — | 有 | 考古学报，1957（1） |
| 6 | 西晋 | 河南洛阳 | 西郊晋墓59AM1-27 | 砖 | — | 有 | 考古，1959（11） |
| 7 | 西晋 | 河南安阳 | 孝民屯晋墓M165 | 土 | -/-/0.4 | 有 | 考古，1983（6） |
| 8 | 西晋 | 河南安阳 | 孝民屯晋墓M196 | 土 | -/-/0.45 | 有 | 考古，1983（6） |
| 9 | 西晋 | 河南安阳 | 孝民屯晋墓M197 | 土 | -/-/0.15 | 有 | 考古，1983（6） |
| 10 | 西晋 | 河南洛阳 | 太原路西晋墓M2360 | 砖 | 2.6/0.75/0.06 | 有 | 文物，2006（12） |
| 11 | 西晋 | 河南新安 | 新安晋墓 | 砖 | — | 有 | 华夏考古，1998（1） |
| 12 | 西晋 | 河南伊川 | 伊川槐庄M6 | 砖 | -/-/0.05 | 有 | 华夏考古，2005（3） |
| 13 | 西晋 | 河南新安 | 新安晋墓M262 | 青石 | 0.78/0.14/0.1 | 有 | 文物，2004（11） |
| 14 | 西晋 | 河南沈丘 | 沈丘M1 | 砖 | — | 有 | 中国文物报，2007，3.2.2 |
| 15 | 西晋 | 河南洛阳 | 洛阳晋墓M123 | 砖 | — | 有 | 文物，2009（3） |
| 16 | 魏晋之际 | 北京延庆 | 东王化营M12 | 砖 | — | 有 | 北京考古，2008，第120—127页 |
| 17 | 西晋 | 山东临沂 | 临沂洗砚池M1 | 砖 | -/-/0.6 | 有 | 文物，2005（7） |
| 18 | 西晋 | 山东临沂 | 临沂洗砚池M2 | 砖 | -/-/0.3 | 有 | 文物，2005（7） |
| 19 | 西晋 | 陕西西安 | 南郊晋墓M1 | 砖 | 2.51/1.2/0.08 | 有 | 文物，2007（08） |
| 20 | 东汉中期 | 辽宁辽阳 | 辽宁辽阳M7 | 石 | 2.3/0.66/1.18 | 无 | 考古学报，2015（4） |
| 21 | 东汉晚期 | 辽宁辽阳 | 辽宁辽阳M5 | 石 | 2.37/0.5/0.06 | 无 | 考古学报，2015（4） |
| 22 | 东汉晚期 | 辽宁辽阳 | 辽阳苗圃M10 | 石 | 1.62/0.57/0.09 | 无 | 考古学报，2015（4） |
| 23 | 东汉晚期 | 辽宁辽阳 | 辽宁辽阳M1 | 石 | 北2.34/0.78/0.13 南2.25/0.76/0.12 | 无 | 考古学报，2015（4） |
| 24 | 东汉晚期 | 辽宁辽阳 | 辽宁辽阳M2 | 石 | 东2.18/0.73/0.16，西2.17/0.73/0.12 | 无 | 考古学报，2015（4） |

续表

| 序号 | 时期 | 地区 | 墓葬 | 材质 | 尺寸（长/宽/高 M） | 棺具 | 来源 |
|---|---|---|---|---|---|---|---|
| 25 | 东汉晚期 | 辽宁辽阳 | 辽阳太子河区 M1 | 石 | — | 无 | 考古学集刊，2018，44-58 |
| 26 | 东汉晚期 | 辽宁辽阳 | 辽阳太子河区 M2 | 石 | — | 无 | 考古学集刊，2018，44-58 |
| 27 | 东汉晚期 | 辽宁辽阳 | 辽阳市太子河区 M3 | 石 | — | 无 | 考古学集刊，2018，44-58 |
| 28 | 汉末魏初 | 辽宁辽阳 | 辽宁辽阳 M4 | 石 | 2.27/0.81/0.19 | 无 | 考古学报，2015（4） |
| 29 | 汉末魏初 | 辽宁辽阳 | 鹅房1号墓 | 石 | — | 无 | 考古，1980（1） |
| 30 | 汉末魏初 | 辽宁辽阳 | 三道壕3号墓 | 石 | — | 无 | 考古，1980（1） |
| 31 | 汉末魏初 | 辽宁大连 | 瓦房店市 M3 | 石 | 1.76/0.73—0.78/0.14 | 不详 | 考古，1993（1） |
| 32 | 汉末魏初 | 辽宁大连 | 瓦房店市 M4 | 石 | 不详 | 不详 | 考古，1993（1） |
| 33 | 汉末魏初 | 辽宁辽阳 | 南环街壁画墓 | 石 | — | 无 | 北方文物，1998（3） |
| 34 | 汉末魏初 | 辽宁沈阳 | 八家子 M14 | 砖 | 1.76/0.9/- | 无 | 北方文物，2004（3） |
| 35 | 汉末魏初 | 辽宁辽阳 | 北园 M1 | 石 | 2.3/0.75/0.3 | 有 | 沈阳博物馆筹备委员会会刊，1947（10） |
| 36 | 汉末魏初 | 辽宁辽阳 | 北园 M2 | 石 | — | 有 | 沈阳博物馆筹备委员会会刊，1947（10） |
| 37 | 曹魏 | 辽宁抚顺 | 李石开发区四号路 M2 | 砖 | -/-/0.4 | 无 | 北方文物，2013（4） |
| 38 | 魏晋之际 | 辽宁辽阳 | 棒台子1号 | 石 | -/-/0.19 | 无 | 文物参考资料，1955（5） |
| 39 | 魏晋之际 | 辽宁辽阳 | 棒台子2号 | 石 | -/-/0.44 | 无 | 考古，1955（1） |
| 40 | 魏晋之际 | 辽宁辽阳 | 令支令张君墓 | 石 | -/-/0.16 | 有 | 文物参考资料，1955（5） |
| 41 | 魏晋之际 | 辽宁沈阳 | 沈阳伯官屯1 | 砖 | -/0.9/- | 不详 | 考古，1964（11） |
| 42 | 魏晋之际 | 辽宁沈阳 | 沈阳伯官屯2 | 砖 | -/1.15/- | 无 | 考古，1964（11） |
| 43 | 西晋 | 辽宁辽阳 | 三道壕 M7 | 石 | — | 有 | 文物参考资料，1955（11） |
| 44 | 西晋 | 辽宁辽阳 | 三道壕 M8 | 石 | — | 无 | 文物参考资料，1955（11） |
| 45 | 西晋 | 辽宁辽阳 | 三道壕1号 | 石 | — | 无 | 文物参考资料，1955（5） |

续表

| 序号 | 时期 | 地区 | 墓葬 | 材质 | 尺寸（长/宽/高M） | 棺具 | 来源 |
|---|---|---|---|---|---|---|---|
| 46 | 西晋 | 辽宁辽阳 | 三道壕2号 | 石 | — | 无 | 文物参考资料，1955（12） |
| 47 | 西晋 | 辽宁辽阳 | 本溪晋墓 | 石 | -/0.5/0.4 | 有 | 考古，1984（8） |
| 48 | 西晋 | 辽宁辽阳 | 三道壕西晋末 | 石 | -/-/0.22 | 无 | 考古，1990（4） |
| 49 | 曹魏—西晋 | 辽宁辽阳 | 太子河区M7 | 石 | — | 无 | 考古学集刊，2018，44-58 |
| 50 | 曹魏—西晋 | 辽宁辽阳 | 太子河区M8 | 石 | — | 有 | 考古学集刊，2018，44-58 |
| 51 | 曹魏—西晋 | 辽宁辽阳 | 太子河区M9 | 石 | — | 无 | 考古学集刊，2018，44-58 |
| 52 | 曹魏—西晋 | 甘肃武威 | 藏家庄M1 | 砖 | 3.2/1.02/0.22 | 无 | 陇右文博，2001（2） |
| 53 | 曹魏—西晋 | 甘肃武威 | 藏家庄M2 | 砖 | 2.85/1.2/0.22 | 无 | 陇右文博，2001（2） |
| 54 | 咸熙二年（265） | 甘肃酒泉 | 丰乐M1 | 木 | 1.7/0.6/0.02 | 无 | 考古与文物，2020（01） |
| 55 | 西晋早期 | 甘肃酒泉 | 孙家滩M2 | 木、土、草木灰 | 2.05/0.68/0.5 | 有 | 考古与文物，2005（5） |
| 56 | 西晋 | 甘肃嘉峪关 | 嘉峪关M4 | 陶 | — | 有 | 嘉峪关壁画墓发掘报告，1985 |
| 57 | 曹魏—西晋 | 甘肃高台 | 地埂坡晋墓M1 | 砖 | 不详 | 有 | 文物，2008（9） |
| 58 | 前凉中期 | 甘肃酒泉—嘉峪关 | 丁家闸M1 | 砖 | -/-/0/12 | 有 | 文物，1979（6） |
| 59 | 前凉 | 甘肃酒泉 | 侯家沟十六国墓地M9 | 石灰、草木灰 | 2/0.6—0.5/0.08 | 有 | 考古与文物，2016（2） |
| 60 | 西凉 | 甘肃酒泉 | 小土山墓 | 砖 | 4.16/1.46/0.18 | 砖 | 陇右文博，2004（2） |
| 61 | 后凉、北凉 | 甘肃酒泉 | 丁家闸M5 | 不详 | — | 不详 | 文物，1979（6） |
| 62 | 前凉 | 甘肃玉门 | 金鸡梁十六国墓M19 | 砖 | — | 不详 | 文物，2011（2） |
| 63 | 前凉 | 甘肃玉门 | 金鸡梁十六国墓M21 | 砖 | — | 不详 | 文物，2011（2） |

续表

| 序号 | 时期 | 地区 | 墓葬 | 材质 | 尺寸（长/宽/高 M） | 棺具 | 来源 |
| --- | --- | --- | --- | --- | --- | --- | --- |
| 64 | 永平元年（291） | 甘肃敦煌 | 祁家湾 M321 | 泥、砂 | 1.98/0.6—0.54/0.06 | 有 | 敦煌祁家湾，1994 |
| 65 | 元康六年（296） | 甘肃敦煌 | 祁家湾 M210 | 木、砖 | — | 有 | 敦煌祁家湾，1994 |
| 66 | 曹魏—西晋 | 甘肃敦煌 | 佛爷庙湾 M22 | 沙 | — | 无 | 文物，2019（09） |
| 67 | 西晋早期 | 甘肃敦煌 | 佛爷庙湾 M133 | 泥、砂 | 1.98/0.52/0.05 | 有 | 敦煌佛爷庙湾西晋画像砖墓，1998 |
| 68 | 西晋早期 | 甘肃敦煌 | 佛爷庙湾 M37 | 砖 | 2.06/0.9/0.26 | 有 | 敦煌佛爷庙湾西晋画像砖墓，1998 |
| 69 | 西晋早期 | 甘肃敦煌 | 佛爷庙湾 M39 | 砖 | 1.88/0.81/0.12 | 有 | 敦煌佛爷庙湾西晋画像砖墓，1998 |
| 70 | 西晋早期 | 甘肃敦煌 | 佛爷庙湾 M118 | 沙砾、陶片 | 2/0.5—0.56/0.05 | 有 | 敦煌佛爷庙湾西晋画像砖墓，1998 |
| 71 | 西晋时期 | 甘肃敦煌 | 敦煌 70M1 | 土 | -/-/0.1 | 无 | 考古，1974（3） |
| 72 | 西晋末前凉早 | 甘肃敦煌 | 佛爷庙湾 M10 | 草木灰、白灰 | 2/0.52/0.06 | 有 | 文物，2019（9） |
| 73 | 西晋末前凉早（334） | 甘肃敦煌 | 佛爷庙湾 M61 | 白灰、黄土 | 东 1.7/0.53/0.05 西 1.87/0.51/0.05 | 有 | 文物，2019（9） |
| 74 | 西晋末前凉早 | 甘肃敦煌 | 佛爷庙湾 M22 | 砂 | — | 有 | 文物，2019（9） |
| 75 | 西晋前中期 | 甘肃敦煌 | 祁家湾 M362 | 泥、砂 | -/-/0.04 | 有 | 敦煌祁家湾，1994 |
| 76 | 西晋前中期 | 甘肃敦煌 | 祁家湾 M220 | 泥、砂 | — | 有 | 敦煌祁家湾，1994 |
| 77 | 西晋前中期 | 甘肃敦煌 | 祁家湾 M226 | 不详 | — | 不详 | 敦煌祁家湾，1994 |
| 78 | 西晋前中期 | 甘肃敦煌 | 祁家湾 M224 | 泥、砂 | — | 不详 | 敦煌祁家湾，1994 |
| 79 | 西晋前中期 | 甘肃敦煌 | 祁家湾 M304 | 木板、土 | — | 不详 | 敦煌祁家湾，1994 |
| 80 | 西晋前中期 | 甘肃敦煌 | 祁家湾 M213 | 泥、砂 | — | 不详 | 敦煌祁家湾，1994 |

续表

| 序号 | 时期 | 地区 | 墓葬 | 材质 | 尺寸（长/宽/高 M） | 棺具 | 来源 |
|---|---|---|---|---|---|---|---|
| 81 | 西晋前中期 | 甘肃敦煌 | 祁家湾 M309 | 泥、砂、薄木板、石灰 | — | 不详 | 敦煌祁家湾，1994 |
| 82 | 西晋晚—前凉早（321） | 甘肃敦煌 | 祁家湾 M208 | 泥、砂 | — | 不详 | 敦煌祁家湾，1994 |
| 83 | 西晋晚—前凉早（313） | 甘肃敦煌 | 祁家湾 M320 | 草木灰+黄土/泥、砂 | 左 1.68/0.56/?<br>右 1.88/0.5/? | 有 | 敦煌祁家湾，1994 |
| 84 | 西晋晚—前凉早（314） | 甘肃敦煌 | 祁家湾 M319 | 细、砂和黄土 | 1.99/0.58/0.12 | 有 | 敦煌祁家湾，1994 |
| 85 | 西晋晚—前凉早 | 甘肃敦煌 | 祁家湾 M305 | 泥、草木灰 | — | 有 | 敦煌祁家湾，1994 |
| 86 | 前凉中期 | 甘肃敦煌 | 祁家湾 M356 | 砂、木、白灰 | 2.04/0.68—0.63/0.06 | 有 | 敦煌祁家湾，1994 |
| 87 | 前凉中期 | 甘肃敦煌 | 祁家湾 M305 | 泥、砂 | — | 有 | 敦煌祁家湾，1994 |
| 88 | 前凉中期（341） | 甘肃敦煌 | 祁家湾 M218 | 泥、砂、苇席 | — | 有 | 敦煌祁家湾，1994 |
| 89 | 前凉中期 | 甘肃敦煌 | 祁家湾 M322 | 砂、泥 | 1.7/0.48/? | 有 | 敦煌祁家湾，1994 |
| 90 | 前凉中期 | 甘肃敦煌 | 祁家湾 M323 | 泥、砂、木 | 1.82/0.56—0.52/0.06 | 有 | 敦煌祁家湾，1994 |
| 91 | 前凉中期 | 甘肃敦煌 | 祁家湾 M206 | 泥、砂 | — | 有 | 敦煌祁家湾，1994 |
| 92 | 前凉中期 | 甘肃敦煌 | 祁家湾 M212 | 砖垫、木板 | — | 有 | 敦煌祁家湾，1994 |
| 93 | 前凉中期 | 甘肃敦煌 | 祁家湾 M202 | 细砂、薄木板 | — | 有 | 敦煌祁家湾，1994 |
| 94 | 北凉和西凉（420） | 甘肃敦煌 | 祁家湾 M312 | 泥、砂、草木灰、芦苇秆 | 2.3/0.5—0.4/0.4 | 有 | 敦煌祁家湾，1994 |
| 95 | 后凉（398） | 甘肃敦煌 | 祁家湾 M310 | 细砂、木板 | | 有 | 敦煌祁家湾，1994 |
| 96 | 前凉晚期（370） | 甘肃敦煌 | 祁家湾 M371 | 泥砂+草木灰 | | 有 | 敦煌祁家湾，1994 |

续表

| 序号 | 时期 | 地区 | 墓葬 | 材质 | 尺寸（长/宽/高 M） | 棺具 | 来源 |
|---|---|---|---|---|---|---|---|
| 97 | 曹魏—西晋 | 吐鲁番交河故城 | M7 | 木 | — | 无 | 考古，1997（9） |
| 98 | 建兴三十六年（348） | 新疆吐鲁番 | 阿斯塔那—哈拉和卓古墓 64TKM3 | 木 | — | 无 | 文物，1973（10） |
| 99 | 十六国 | 新疆吐鲁番 | 阿斯塔那—哈拉和卓古墓 64TAM28 | 木 | — | 无 | 文物，1973（10） |
| 100 | 升平十四年（370） | 新疆吐鲁番 | 阿斯塔那—哈拉和卓古墓 65TAM39 | 木 | — | 无 | 文物，1973（10） |
| 101 | 建初十四年（418） | 新疆吐鲁番 | 阿斯塔那—哈拉和卓古墓 63TAM1 | 木 | — | 无 | 文物，1973（10） |
| 102 | 缘禾六年（437） | 新疆吐鲁番 | 阿斯塔那—哈拉和卓古墓 63TAM2 | 木 | — | 无 | 文物，1973（10） |
| 103 | 承平十六年（459） | 新疆吐鲁番 | 武宣王沮渠蒙逊夫人彭氏墓 | 土+木 | 2.9/1.2/0.1 | 有 | 文物，1994（9） |
| 104 | 西晋—十六国 | 新疆库车 | 晋十六国时期砖室墓 M1-M10 | 砖 | — | 有 | 西域研究，2008（1） |
| 105 | 魏晋—十六国 | 新疆库车 | 库车友谊路 M8 | 砖 | 2.05/0.7/0.24 | 无 | 文物，2013（12） |
| 106 | 前秦 | 陕西咸阳 | 文林小区 M113 | 砖 | — | 有 | 咸阳十六国墓，2006 |
| 107 | 建元十四年（378） | 陕西咸阳 | 文林小区 M49 | 砖 | — | 有 | 咸阳十六国墓，2006 |
| 108 | 前后秦 | 陕西西安 | 西安南郊 M29 | 砖 | — | 有 | 文博，2011（1） |
| 109 | 西晋末—前秦 | 陕西西安 | 香积寺村十六国墓 M3 | 砖 | — | 有 | 中原文物，2021（1） |
| 110 | 西晋末—前秦 | 陕西西安 | 香积寺村十六国墓 M4 | 砖 | 0.34/0.16/0.08 | 有 | 中原文物，2021（1） |
| 111 | 西晋末—前秦 | 陕西西安 | 香积寺村十六国墓 M5 | 砖 | — | 有 | 中原文物，2021（1） |
| 112 | 大夏 | 内蒙古乌审旗 | 大夏国墓 | 砖 | 2.87/1.65/0.05 | 有 | 文物，2011（3） |

续表

| 序号 | 时期 | 地区 | 墓葬 | 材质 | 尺寸（长/宽/高 M） | 棺具 | 来源 |
|---|---|---|---|---|---|---|---|
| 113 | 北燕 | 辽宁北票 | 冯素弗墓 M2 | 木 | — | 有 | |
| 114 | 北燕 | 辽宁朝阳 | 袁台子北燕墓 | 石 | -/-/0.18 | 有 | 文物，1994（11） |
| 115 | 北燕 | 辽宁朝阳 | 八宝村 M1 | 石 | — | 有 | — |

附表 2　　北魏平城时代尸枢床座简表（出土）

| 序号 | 时期 | 地区 | 墓葬 | 材质 | 尺寸（长/宽/高 M） | 棺具 | 来源 |
|---|---|---|---|---|---|---|---|
| 1 | 太安三年（457） | 大同 | 尉迟定州 | 砂岩 | 2.04/0.91/0.3 | 无 | 文物，2011（12） |
| 2 | 太和元年（477） | 大同 | 宋绍祖墓 | 石 | 2.39/1.88/0.31 | 无 | 文物，2001（7） |
| 3 | 太和元年（477） | 大同 | 贾宝墓 | 木 | 不详 | 无 | 文物，2021（4） |
| 4 | 太和八年（484） | 大同 | 司马金龙墓 | 石 | 2.41/1.33/0.51 | 有 | 文物，1972，（3） |
| 5 | 3—4 期 | 大同 | 十座北魏墓 | 土 | — | 有 | 中国文物报，1990.8.30.1 |
| 6 | 3 期 | 大同 | 金属镁厂北魏墓 M7 | 砖 | 2.3/0.94/0.52 | 有 | 北朝研究，1996（1） |
| 7 | 3 期 | 大同 | 金属镁厂北魏墓 M9 | 砖 | 略同 M7 | 有 | 北朝研究，1996（1） |
| 8 | 3.1 期 | 大同 | 大同南郊 M128 | 土 | -/-/0.66 | 无 | 大同南郊北魏墓群，2006 |
| 9 | 3.1 期 | 大同 | 大同南郊 M153 | 土 | 不详 | 有 | 大同南郊北魏墓群，2006 |
| 10 | 3.2 期 | 大同 | 雁北师院墓 M7 | 土 | 不详 | 有 | 大同雁北师院北魏墓群，2008 |
| 11 | 3.2 期 | 大同 | 雁北师院墓 M9 | 木 | 2.01/0.62—0.9/- | 有 | 大同雁北师院北魏墓群，2008 |
| 12 | 3.2 期 | 大同 | 雁北师院墓 M19 | 木 | 1.92/0.38—0.74/0.08—0.2 | 有 | 大同雁北师院北魏墓群，2008 |
| 13 | 3.2 期 | 大同 | 雁北师院墓 M24 | 木 | 圆木两根 | 有 | 大同雁北师院北魏墓群，2008 |

续表

| 序号 | 时期 | 地区 | 墓葬 | 材质 | 尺寸（长/宽/高 M） | 棺具 | 来源 |
| --- | --- | --- | --- | --- | --- | --- | --- |
| 14 | 3.2期 | 大同 | 雁北师院墓 M1 | 木 | 2.34/0.64—1.1? | 有 | 大同雁北师院北魏墓群，2008 |
| 15 | 3.2期 | 大同 | 雁北师院墓 M52 | 木 | 北 2.2/0.54—0.84/0.09<br>南 2.4/0.63—1.04/0.12 | 有 | 大同雁北师院北魏墓群，2008 |
| 16 | 3.2期 | 大同 | 七里村 M36 | 木 | 不详 | 有 | 文物，2006（10）|
| 17 | 3.2期 | 大同 | 迎宾大道 M2 | 砖 | 立面呈须弥状 | 无 | 文物，2006（10）|
| 18 | 3.2期 | 大同 | 迎宾大道 M3 | 砖 | 立面呈须弥状 | 无 | 文物，2006（10）|
| 19 | 3.2期 | 大同 | 迎宾大道 M26 | 砖 | 立面呈须弥状 | 无 | 文物，2006（10）|
| 20 | 3.2期 | 大同 | 迎宾大道 M78 | 砖 | 1.9—2.1/0.72—0.84/0.45 | 无 | 文物，2006（10）|
| 21 | 3.2期 | 大同 | 云波里路北魏壁画墓 | 木 | -/0.32/0.16 | 有 | 文物，2011（12）|
| 22 | 3.2期 | 大同 | 文瀛路北魏壁画墓 M1 | 砖 | 2.03/0.9/0.67，西 2.67/0.56/0.6 | 无 | 文物，2011（12）|
| 23 | 3.2期 | 大同 | 大同南郊 M112 | 石 | 2.1/1/0.39 | 无 | 大同南郊北魏墓群，2006 |
| 24 | 4期 | 大同 | 七里村 M37 | 木、砖 | 木 1.92/2.12<br>砖 1.8/0.41/0.27—0.3 | 无 | 文物，2006（10）|
| 25 | 4期 | 大同 | 七里村 M1 | 木 | 帷榻 2.96/2.42<br>木榻 1.98/0.99 | 无 | 文物，2006（10）|
| 26 | 4期太和一迁都 | 大同 | 七里村 M14 | 石 | 石床3具，数据不详 | 无 | 文物，2006（10）|
| 27 | 4期 | 大同 | 湖东北魏一号 | 木 | 2.38/0.94—1.38/0.18 | 有 | 文物，2004（11）|
| 28 | 4期 | 大同 | 国营粮食原种场北魏墓 M6 | 砖 | 2.2/0.92/0.8 | 无 | 三晋考古第三辑，2007 |
| 29 | 4期 | 大同 | 南郊区田村北魏墓 | 石 | 2.28/1.26/0.25 | 无 | 文物，2010（5）|
| 30 | 4期 | 大同 | 沙岭新村 M14 | 砖 | 2.06/0.94/0.5 | 无 | 文物，2014（4）|
| 31 | 4期 | 大同 | 沙岭新村 M13 | 砖 | 1.86/0.78/0.52 | 无 | 文物，2014（4）|
| 32 | 4期 | 大同 | 沙岭新村 M22 | 砖 | 3/1.12/0.5 | 无 | 文物，2014（4）|
| 33 | 4期 | 大同 | 沙岭新村 M2 | 砖 | 1.58/0.52/0.3 | 无 | 文物，2014（4）|

续表

| 序号 | 时期 | 地区 | 墓葬 | 材质 | 尺寸（长/宽/高M） | 棺具 | 来源 |
|---|---|---|---|---|---|---|---|
| 34 | 4期 | 大同 | 二电厂北魏墓M1 | 砖 | 0.8—0.86/0.8—0.86/0.4 | 无 | 文物，2019（8） |
| 35 | 4期 | 大同 | 二电厂北魏墓M2 | 砖 | 不详 | 无 | 文物，2019（8） |
| 36 | 4期 | 大同 | 二电厂北魏墓M11 | 砖 | 2.14/1.15—1.34/0.32 | 无 | 文物，2019（8） |
| 37 | 4期 | 大同 | 二电厂北魏墓M31 | 木 | 3.2/2.8/0.12残 | 有 | 文物，2019（8） |
| 38 | 4期 | 大同 | 二电厂北魏墓M37 | 木 | 不详 | 有 | 文物，2019（8） |
| 39 | 4期 | 大同 | 二电厂北魏墓M36 | 木 | 不详 | 有 | 文物，2019（8） |
| 40 | 1—2期推测 | 内蒙古乌审旗 | 北魏墓M9 | 石 | 3.1/1.4/0.36 | 有 | 内蒙古文物考古文集，1997 |
| 41 | 1—2期 | 鄂托克前旗昂素镇 | 巴音哈达M1 | 土 | 1.67/0.51/0.43 | 有 | 草原文物，2017（2） |
| 42 | 1—2期 | 鄂托克前旗昂素镇 | 巴音哈达M2 | 土 | 1.8/0.45/0.19 | 有 | 草原文物，2017（2） |
| 43 | 或许晚至3期 | 内蒙古呼和浩特 | 北魏墓 | 砖 | 2/0.62—0.77/0.4 | 有 | 文物，1977（5） |
| 44 | 4期 | 内蒙古乌审旗 | 巴图湾水库北魏墓M14 | 砖 | 2.1/0.65/0.44 | 无 | 内蒙古文物考古，1981 |
| 45 | 4期 | 内蒙古乌审旗 | 巴图湾水库北魏墓M15 | 砖 | 2.07/0.64/0.28 | 无 | 内蒙古文物考古，1981 |
| 46 | 4期 | 内蒙古乌审旗 | 巴图湾水库北魏墓M12 | 木 | 不详 | 有 | 内蒙古文物考古，1981 |
| 47 | 4期 | 内蒙古察右前旗 | 呼和乌素北魏墓M18 | 砖 | 2.46/1.1/0.36 | 无 | 内蒙古地区鲜卑墓葬的发现与研究，2004 |
| 48 | 4期 | 内蒙古土默特左旗 | 国营苗圃北魏墓M1 | 砖 | 高0.3 | 无 | 内蒙古文物考古，2008（1） |
| 49 | 4期 | 内蒙古土默特左旗 | 国营苗圃北魏墓M2 | 砖 | 高0.3 | 无 | 内蒙古文物考古，2008（1） |
| 50 | 1—2期 | 宁夏吴忠 | 北魏墓M47 | 砖 | 1.95/0.65/0.1 | 有 | 吴忠北郊北魏唐墓，2009 |
| 51 | 1—3期 | 宁夏吴忠 | 北魏墓M38 | 砖 | 2.9/0.93/0.3 | 无 | 吴忠北郊北魏唐墓，2009 |

续表

| 序号 | 时期 | 地区 | 墓葬 | 材质 | 尺寸（长/宽/高 M） | 棺具 | 来源 |
|---|---|---|---|---|---|---|---|
| 52 | 2—3期? | 朝阳 | 北魏墓 | 石 | 2.3/1.74/0.06 | 有 | 辽宁文物，1983（4） |
| 53 | 2期 | 朝阳 | 北魏墓M1 | 砖 | 不详 | 无 | 考古，1995（10） |
| 54 | 2期 | 朝阳 | 北魏墓M2 | 砖 | 1.1/1.1/0.28 | 无 | 考古，1995（10） |
| 55 | 3期 | 朝阳 | 88CLM2 | 石 | ?/0.7/0.6 | 有 | 辽海文物学刊，1995（1） |
| 56 | 3期 | 朝阳 | 91CGJM5 | 石 | 2.18/1.65/0.34 | 有 | 文物，1998（3） |
| 57 | 3期 | 朝阳 | 91CGJM4 | 石 | 不详 | 无 | 文物，1998（3） |
| 58 | 3期 | 朝阳 | 九中96CJM1 | 砖 | 不详 | 有 | 文物春秋，2018（05） |

附表3　　北魏平城时代尸柩床座简表（征集）

| 序号 | 时期 | 葬具 | 墓葬 | 材质 | 尺寸（长/宽/高 M） | 来源 |
|---|---|---|---|---|---|---|
| 1 | 3.2期 | 北艺石床（15） | 不详 | 石 | 2.16/—/0.4 | 北艺图录，15 |
| 2 | 3.2期 | 北艺石床（30） | 不详 | 石 | 2.12/—/0.345 | 北艺图录，30 |
| 3 | 3.2期 | 忍冬水瓶石棺床（21） | 不详 | 石 | 2.21/—/0.265 | 北艺图录，22 |
| 4 | 3.2期 | 忍冬纹石棺床（22） | 不详 | 石 | 1.8/—/0.28 | 北艺图录，21 |
| 5 | 3.2期 | 北艺石床（16） | 不详 | 石 | 2.08/—/0.48 | 北艺图录，16 |
| 6 | 3.2期 | 北艺石床（17） | 不详 | 石 | 2.1/—/0.28 | 北艺图录，17 |
| 7 | 4期 | 大同智家堡北砂厂石床 | 不详 | 石 | 1.94/—/0.44 | 文物，2004（6） |
| 8 | 4期 | 北艺石床（24） | 不详 | 石 | 1.9/—/0.39 | 北艺图录，24 |
| 9 | 4期 | 北艺石床（26） | 不详 | 石 | 1.87/—/0.3 | 北艺图录，26 |
| 10 | 4期 | 北艺石床（25） | 不详 | 石 | 2.165/—/0.54 | 北艺图录，25 |
| 11 | 4期 | 智家堡村石床 | 不详 | 石 | 2.27—2.4/0.215/0.395 | 文物世界，2008（2） |
| 12 | 4期 | 北艺石床（14） | 不详 | 石 | 2.21/—/0.55 | 北艺图录，14 |
| 13 | 4期 | 北艺石床（29） | 不详 | 石 | 2.165/—/0.54 | 北艺图录，29 |

# 三

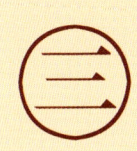

## 图像研究

# 汉代的"外藏"概念：
# 制度、观念与表征
## ——兼论汉墓中一类图像的观念来源

■ 徐志君（南京大学艺术学院）

  "外藏"是汉代墓葬中的衣、食、行、用等生活保障功能的体现。20世纪70年代，俞伟超先生最早提出，将墓葬结构分为"正藏"与"外藏"，其中"外藏"是汉代高等级丧葬制度的一个组成部分，起源于春秋时，经过秦朝的发展，至西汉文景时期完善定型。[1]"外藏"概念直接相关的史料较少，以往的研究主要依据高等级墓葬的物质遗存开展，在适用等级、墓葬中的位置、形制、内涵等方面有很多进展。这些研究大都关注考古学内部、高等级墓葬的制度层面，而制度背后的观念依据则鲜有深入讨论。汉代制度的确立有其观念基础，高等级墓葬的"外藏"制度也应有背后的观念认识；这种观念层面的认识，仅仅在高级贵族中流行，抑或不仅受制度约束，而是由不同阶层共享？当这种观念在不同阶层的墓葬中呈现时，形态如何？

  基于如上问题，本文将"外藏"概念置于"制度—观念—表征"的结构中重新解读。墓葬中的相关物质遗存作为观念的表征，而制度作为观念外在表征的一种特殊形式。基于此，本文的第一、第二两节探析了帝王等级墓葬中，"外藏"呈现出清晰的发展脉络，以及相应的礼制更迭；这种制度化的呈现可以视为"外藏"观念的一种特殊状态。在第三节，本文考察了文帝至元帝时期的诸侯王墓中，"外藏"在位置、形制、内涵方面呈现出多样化特征；探讨了外藏制度背后，超越制度约束的、边界模糊、关于往生世界理想生活的观念，这种广义的"外藏"观念可能被社会不同阶层所共享。本文第四节讨论了汉代中小型墓葬形制和明器组合，本文将其视为"外藏"观念在不同社会阶层的不同表征。

  本文希望转换"外藏"概念的思考

---

1  俞伟超：《汉代诸侯王与列侯墓葬的形制分析——兼论"周制"、"汉制"与"晋制"的三阶段性》，载《中国考古学会第一次年会论文集》，文物出版社，1980，第332—337页。

角度，主要依据物质遗存，为汉代社会不同阶层的思想观念之间搭建一条桥梁，也对阐释汉代中小型墓葬中的图像遗存有所启发。汉画像石中表现日常生活的衣食住行用等题材的图像出现率很高，并且呈现出一定的规律性，常被认为是对当时地上生活的模仿和再现。本文希望通过引进作为观念的"外藏"，对汉画中的这些场景进行重新解读，认为这种有序的丧葬观念可能驱动、同时规划着当时的人们去表现生活场景。而这种表现有多种方式，图像作为其中的一种，在其完善之后，作为一种可选择的方式而被保留下来。

## 一

在前辈的研究中，根据判断标准的不同，"外藏"制度的形成时间主要有春秋说、秦代说和西汉说。本节以时间顺序为线索，通过这三个关键节点的典型案例回溯，对这一制度的形制、随葬品内容、使用等级、位置关系等方面作一个总结，梳理其中的疑点和有待探讨的问题。在此基础上，提示从制度层面和观念层面理解"外藏"的不同意义。

虽然有学者将外藏椁的起源追溯到商代的车马坑、殉人坑和壁龛，[1] 但是直接在保存尸体的椁外有明确分界，再以木椁存放随葬品的形式在春秋晚期莒南大店M1、M2中[2]才出现（图1），俞伟超先生认为这是"外藏"制度的正式成型。莒南M1、M2两墓形制相同，均由一道夯土梁将墓室分为两部分，一部分放置主人椁，即正藏；另一部分为器物坑，即外藏，置铜、陶礼器等随葬品（图1右侧标红部分）。由于器物对应的功能和夯土梁的分隔，使得"正藏"与"外藏"区分非常清晰。这种形制在战国时被曾侯乙墓、中山王𰯼墓等诸侯墓继承。

俞伟超先生的研究奠定了学界对于"外藏"形成时间和形态的基本认识，至今仍为学界共识。但不可忽视的是，莒南大店M1作为区分"外藏"的理想形制，也存在一些模糊的解释空间：在"正藏"殉葬的，椁内有殉人木棺10具（图1左侧标红部分），应该是为墓主人往生生活的"婢妾"，从内涵上看属于"外藏"。由此，"外藏"在墓葬空间中的位置，是否有一个物理层面的界限，仍有可探讨的余地。

---

[1] 也有学者认为外藏椁是由墓内的殉人（主要在二层台上）或墓外的殉人坑，墓道内的车马或墓外的车马坑，以及坑内的壁龛三大因素演变而来。三者都至迟在商代后期初见端倪。参见李如森《汉代"外藏椁"的起源与演变》，《考古》1997年第12期；袁胜文《棺椁制度的产生和演变述论》，《南开学报》（哲学社会科学版）2014年第3期；刘振东《中国古代陵墓中的外藏椁》，《考古与文物》1999年第4期。

[2] 山东省博物馆等：《莒南大店春秋时期莒国殉人墓》，《考古学报》1978年第3期，图版一一八。

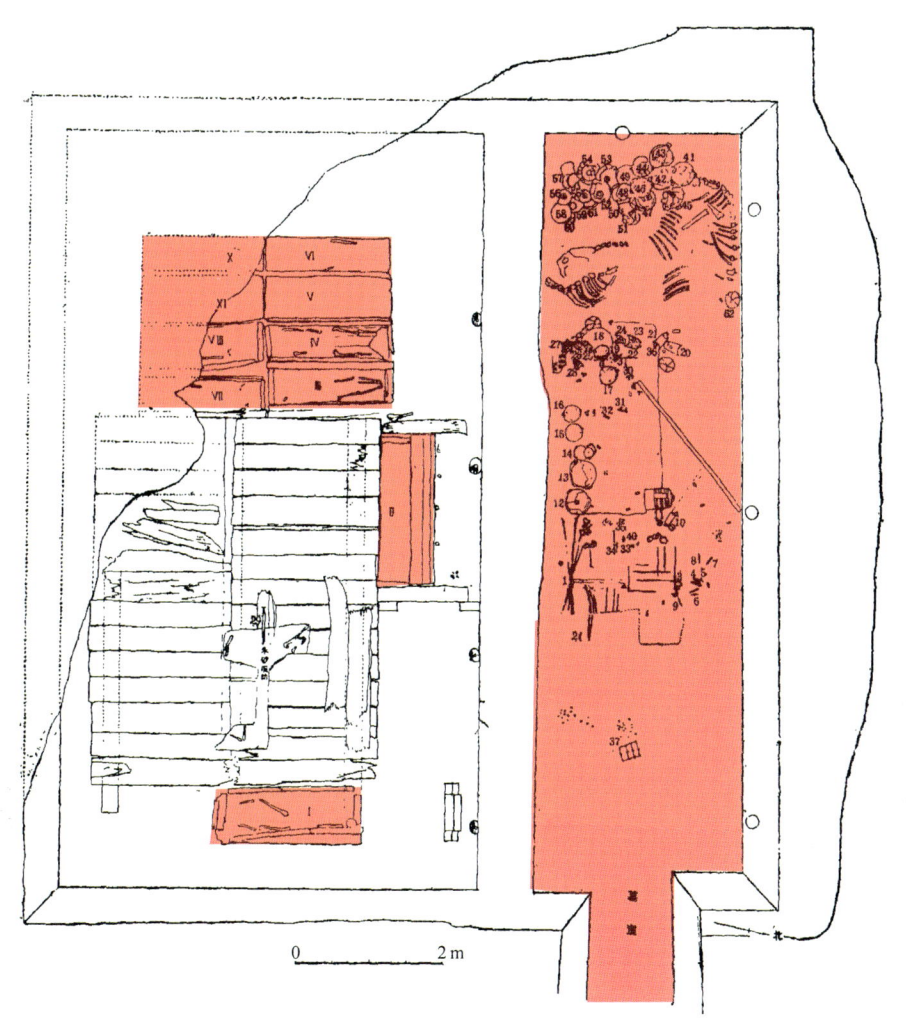

图1 莒南大店M1"正藏"与"外藏"部分示意

(山东省博物馆等:《莒南大店春秋时期莒国殉人墓》,《考古学报》1978年第3期,图二)

秦始皇帝陵的"外藏"系统代表着从先秦到汉代演进的关键环节,在位置、形制、规模、内涵方面均有很大的突破(图2)。与先秦时期相比,秦始皇帝陵的"外藏"系统不仅数量上较前代大量增加,一共180座从葬坑,陵园内76座,陵园外104座,全木顶,既有坑内全铺木地板类似"木椁",也有在坑底漫铺青砖。功能上也极为丰富,不仅包括车马、生活用器,还包括了帝国都城的重要功能结构。[1] 段

---

[1] 与段清波的观念类似,王学理、袁仲一、张卫星、刘庆柱、李毓芳等人都认为秦始皇陵有"若都邑"的意味。赵化成则认为只是对宫城一般性的模仿,而非一一照搬。参见高凤、徐为民《秦始皇帝陵制度研究综述(1949—2012)》,载《秦汉研究》第七辑,陕西人民出版社,2013,第285—322页。

清波将这些陪葬坑分为四个层次：(1) 可能存在的地宫内的陪葬坑（未发掘）；(2) 内城之内的陪葬坑：可能有"厨"，王公九卿中掌管司法的廷尉机构；(3) 内外城之间的陪葬坑：数百匹真马可能象征的"百官"、武库、百戏类俑；(4) 外城外的陪葬坑：兵马俑、马厩坑、动物府藏坑、含有青铜水禽的陪葬坑。[1] 很显然，与先秦时期相比，秦始皇陵的"外藏"系统从规模、层次、内涵的复杂性等方面都大为增加。

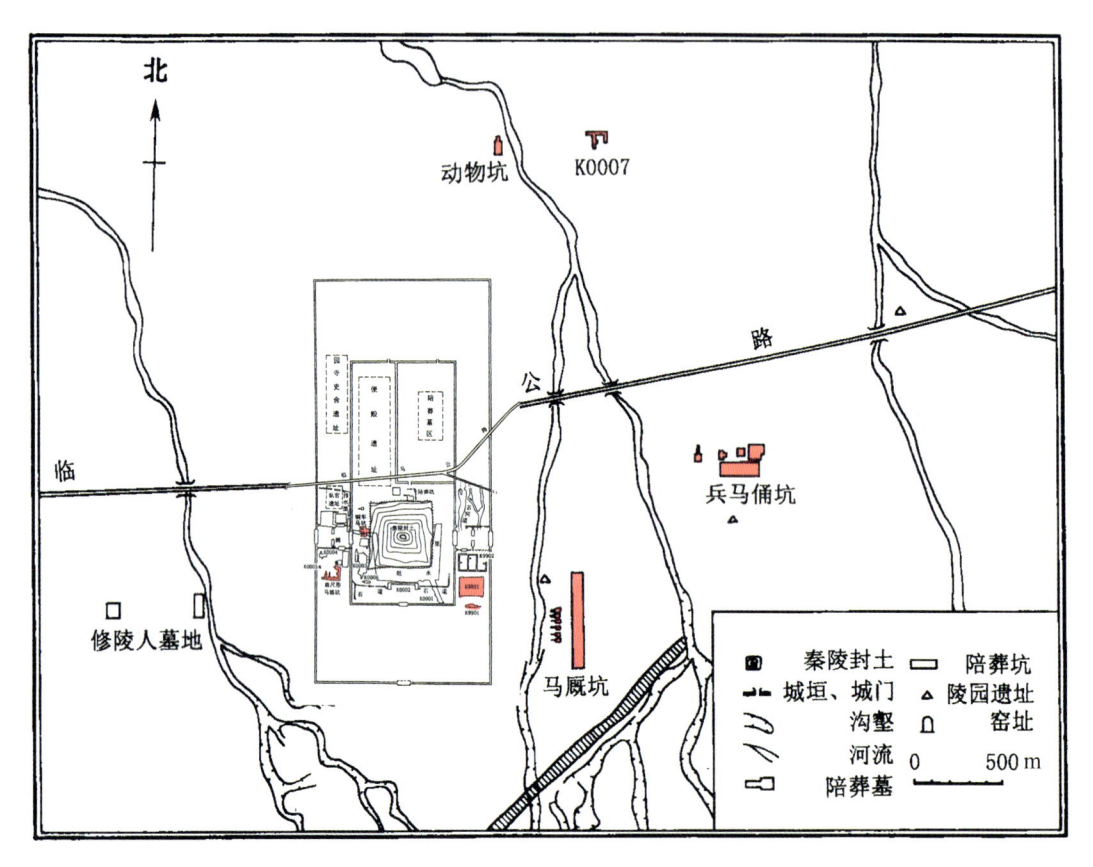

图 2　标红部分为已经发掘的秦始皇陵外藏坑示意

（陕西省考古研究所、秦始皇兵马俑博物馆：《秦始皇帝陵园考古报告（2000）》，文物出版社，2006，第 2—3 页，图一、图二拼合）

---

[1] 关于铜车马坑的性质，目前学界还有争论，刘占成、刘珺、刘九生认为铜车马坑可能建于秦二世时，为埋葬祭品的祭祀坑，而不属于陪葬坑性质，因此本文暂不将其计入秦始皇陵陪葬坑。参见段清波、张颖岚《秦始皇帝陵的外藏系统》，《考古》2003 年第 11 期；高凤、徐为民《秦汉帝陵制度研究综述（1949—2012）》，载《秦汉研究》第七辑，第 285—322 页。

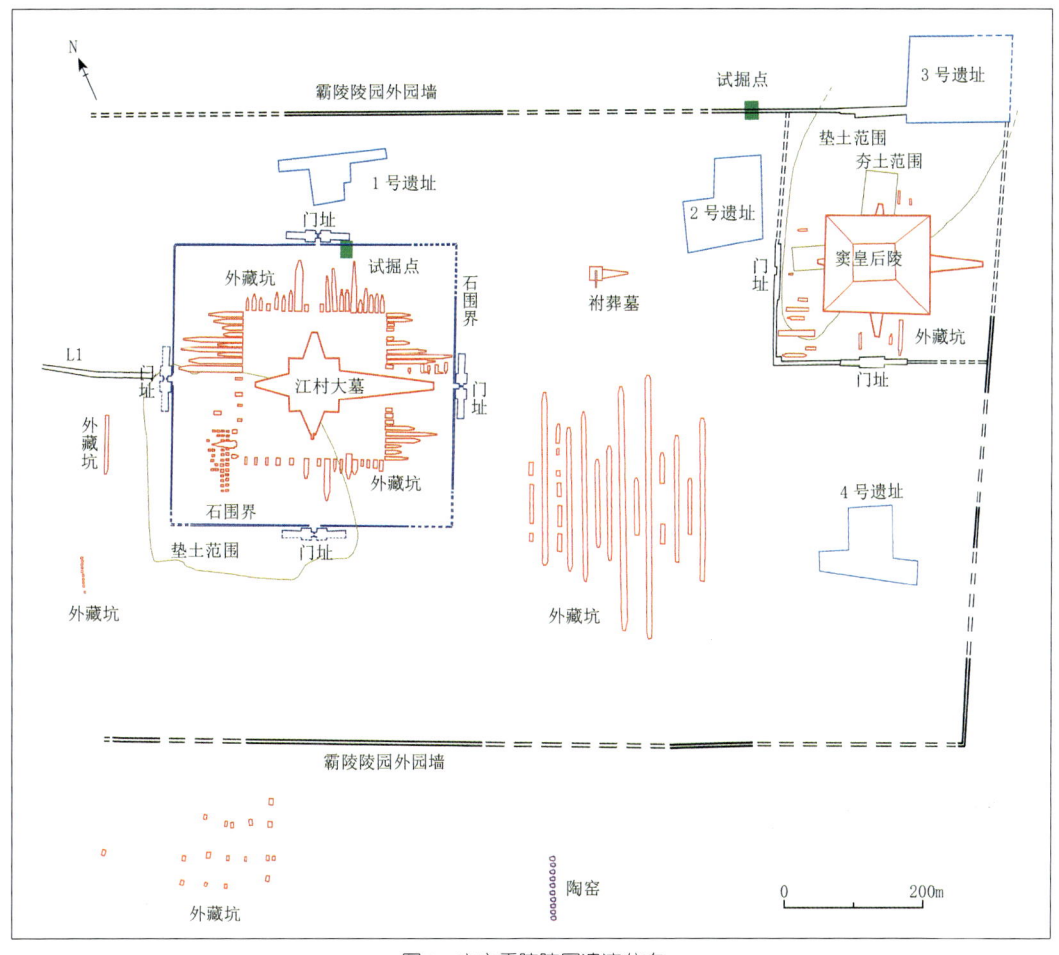

图 3 文帝霸陵陵园遗迹分布

同时，与西汉中期的帝王陵相比，大多数学者认为秦始皇帝陵的"外藏"系统在两方面还欠完善。[1] 第一，每个"外藏椁"的形制并不相同，似乎未经统一设计。第二，从"外藏坑"的分布来看，可能并非一次规划成型的结果。段清波、王学理都曾经指出，秦始皇陵最初的规划在统一前后就已经开始建造，而包括兵马俑、马厩坑、动物府藏坑、青铜水禽坑在内的外城外的陪葬坑可能为秦统一六国后增加。段清波将这种情况概括为一种"前制度时代"的特征，[2] 并在西汉早期得以延续：高祖长陵至惠帝安陵的"外藏"坑形制不一，排列不整齐，文献上

---

[1] 也有年轻学者持不同见解，认为秦始皇陵是"外藏"系统成熟的表现。参见胡斌《从西安凤栖原西汉家族墓地来看西汉列侯墓葬的几个问题》第五章《对"外藏椁"的讨论》，硕士学位论文，西北大学，2012。

[2] 段清波、张颖岚：《秦始皇帝陵的外藏系统》，《考古》2003 年第 11 期。

也未有记载。本文则认为，秦始皇陵"外藏"系统经多次修建而成的史实提示我们："外藏"制度背后的观念形成，经历了一个逐渐累积发展的过程，它似乎随着六国统一的进程而逐渐成形。

长期以来，学界将汉景帝阳陵（前141）的随葬坑视为"外藏"制度完善的标志；而新近的考古成果显示，这一时间可以上溯至文帝霸陵（前157）。霸陵周围发现"外藏坑"114座，其中74座基本呈放射状分布于墓室四周；每侧"外藏坑"之间基本相互平行，靠近墓室一端几乎位于同一条直线上。西南角的一组小型"外藏坑"，形制、距地表距离也大致相同。[1]从整个"外藏坑"的分布和形制来看，是事先统一规划的结果。马永赢的研究注意到，后来景、武、昭、宣四座帝陵陵园的"外藏"系统，继承了霸陵的这种形制和规划，呈现出一种理想化的制度特征。[2]

由于霸陵外藏坑的考古工作尚待深入，景帝阳陵的"外藏坑"埋藏内容可以作为参考。从现在的考古材料看，阳陵封土东北侧清理11座（DK11-21）"外藏坑"，根据出土的29枚印章和封泥，[3]埋藏内容基本涵盖了衣食行用，极尽繁奢，如：出土动物骨骼的K13、K14、K16均与主膳食的"太官"有关，其中K14和K16共出土18种动物，不仅有狗、牛、羊等饲养动物，还有捕获的兔、四不像鹿、狐、豹等，此外还有文蛤、珠带拟蟹手螺、扁玉螺、白带笋螺等外来海洋动物。[4]

上文所作考察，对于"外藏"制度演进的关键节点上的上层墓葬遗存作了分析，呈现这一制度发展、兴衰的理想模型。尽管无法从文献中获得更多信息，但是如果将墓葬作为这种制度的表征，那么帝王级的墓葬中通过严密设计的位置关系、庞大的规模、丰富的内容、统一的形制，可以视为这种制度的理想化呈现状态。但从另一方面看，帝陵呈现的这种理想化轨迹是一种特殊情况。在诸侯和列侯等级的墓葬中，"外藏"系统则呈现出非常复杂的表征形态，彼此之间的随机性和矛盾性特征与规律性并存。

二

由于文献中关于"外藏"的直接记载非常有限，上文所列考古材料为我们勾勒出"外藏"制度发展和成熟的轨迹。本节对于文献的梳理，旨在将文献与考古材料相对照，呈现相关制度的颁布和重大变革的时间、依据，内涵的记载，考古材

---

1　陕西省考古研究院、西安市文物保护考古研究院：《汉文帝霸陵考古调查勘探简报》，《考古与文物》2022年第3期，图6。

2　马永赢：《汉文帝霸陵对西汉帝陵规制的影响》，《文博》2022年第3期。

3　陕西省考古研究院：《汉阳陵帝陵东侧11~21号外藏坑发掘简报》，《考古与文物》2008年第3期。

4　胡松梅、杨武站：《汉阳陵帝陵陵园外藏坑出土的动物骨骼及其意义》，《考古与文物》2010年第5期，图版八。

料与文献之间的模糊之处。

文献所见"外藏"制度的成熟期,大约可以划定在文帝至元帝(前167—前33)间的一百多年时间。2006年发掘的云梦睡虎地M77出土的竹简中有《葬律》条文:

> 棺中之广毋过三尺二寸,深三尺一寸,袤丈一尺,厚七寸。椁二,其一厚尺一八寸;臧椁一,厚五寸,得用炭。[1]

该墓葬时间约在文帝前元十三年(前167)至景帝年间,这段文字是西汉前期对列侯葬制的规定。由于竹简的保存状况不佳,现在还不能确定这篇简文是否完整,之前是否有对诸侯级别墓葬的规定。虽有学者认为简文中提到的"臧椁"是否为"外藏椁"还需讨论,[2] 但更多学者结合上下文和考古材料,认为这是关于"外藏椁"的规定。[3]《汉书·文帝纪》中也曾记载,文帝去世前任命张武:

> (命)郎中令张武为复土将军,发近县卒万六千人,发内史卒万五千人,臧郭穿复土属将军武。[4]

这段文献记载了文帝去世前对自己后事安排的其中一项,调拨了三万多人归张武掌管,负责陵墓的土方工程和"藏椁"相关的劳役。结合睡虎地《葬律》简文可以推测,当时"藏椁"的称谓应该是"外藏椁"的习称。

而文献记载帝王葬制中"外藏"的衰落,在元帝与成帝之间。《汉书·成帝纪》记载:

> 竟宁元年五月,元帝崩。六月己未,太子(成帝)即位。乙未,有司言:"乘舆车、牛马、禽兽皆非礼,不宜以葬。"奏可。[5]

《后汉书·仪礼志》注引《皇览》也记录了这次礼制的更迭:

> 汉家之葬,方中百步,已穿筑为之城。其中开四门,四通,足放六马。然后错浑杂物,扞漆缯绮金宝米谷,及埋车马虎豹禽兽。发近郡卒徒,置将军尉侯,以后宫贵幸者皆守园陵。元帝葬,乃不用车马禽兽等物。[6]

---

1 湖北省文物考古研究所、云梦县博物馆:《湖北云梦睡虎地M77发掘简报》,《江汉考古》2008年第4期。
2 刘浩:《读云梦睡虎地M77汉简〈葬律〉》,《江汉考古》2009年第4期。
3 高崇文:《论汉简〈葬律〉中的祭奠之礼》,《文物》2011年第5期;刘振东:《睡虎地汉简〈葬律〉与西汉列侯墓葬制度》,《华夏考古》2022年第3期。
4 (东汉)班固等:《汉书》卷四《文帝纪》,中华书局,1962,第132页。
5 (东汉)班固等:《汉书》卷一〇《成帝纪》,第302页。
6 (南朝宋)范晔等:《后汉书》卷九六《仪礼志第六》,中华书局,1965,第3144页。

148　图像研究

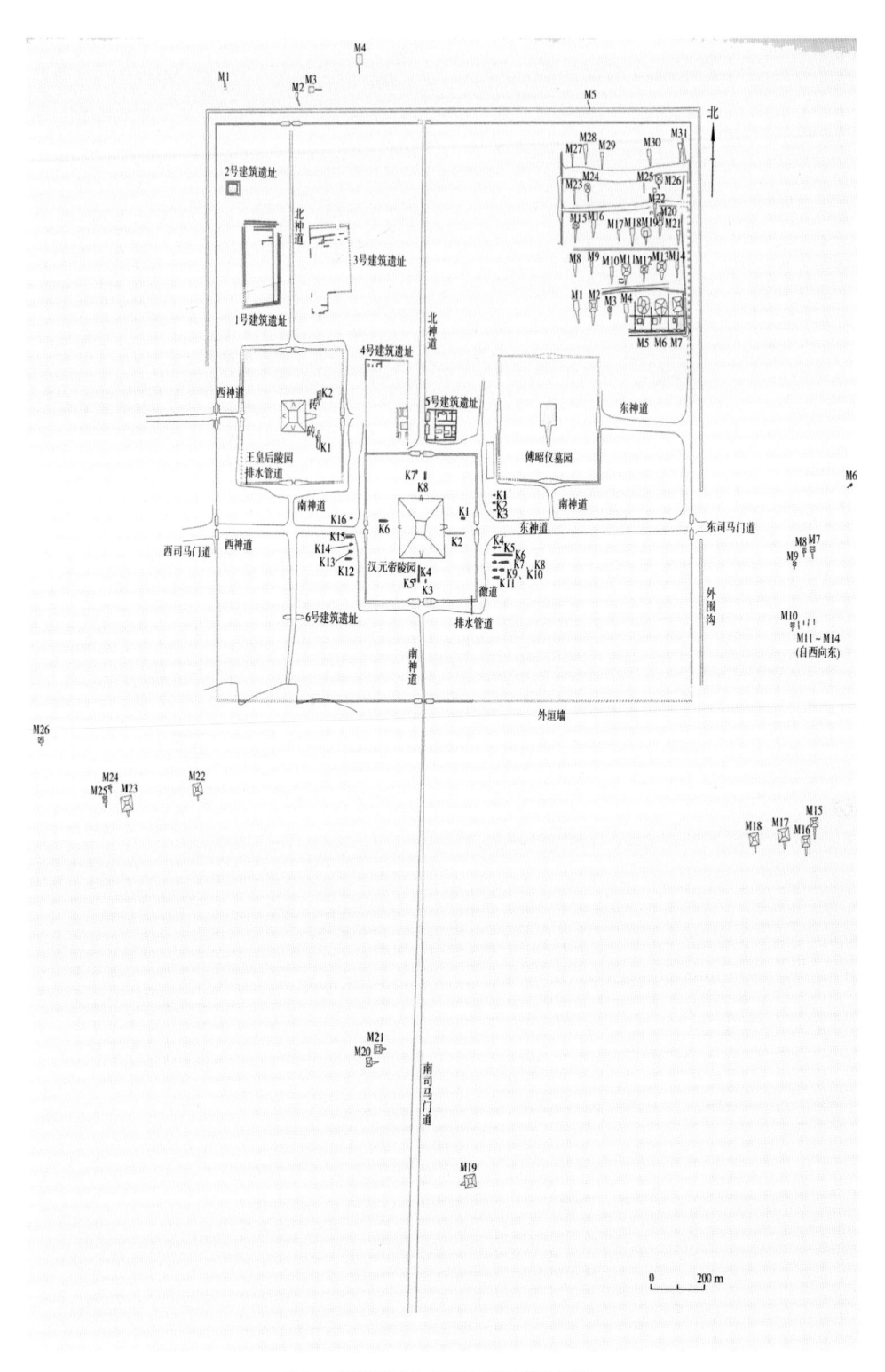

图 4　标红部分为汉元帝陵外藏坑示意

竟宁元年（前33）汉元帝去世后，有司认为像景帝阳陵那样大规模、内容繁奢的"外藏坑"不合礼制，并且得到了新继位的汉成帝的认同，因此从元帝陵开始，西汉帝陵的"外藏"系统明显收缩（图4）。[1] 从考古勘察的结果来看，西汉后四陵时期（元帝渭陵至平帝康陵），"外藏"制度逐渐废止，表现为"外藏坑"数量急剧减少，[2] 恰与文献记载相吻合。

但是"外藏"在宣帝和元帝朝由"合制"变为"非礼"的依据，《汉书·礼乐志》中并未记载。这次葬制变革应该与皇帝本人与大臣贡禹密切相关，汉元帝崇文好礼，曾经推行了一系列的措施来限制社会的奢靡之风。这当然有元帝朝不断的天灾、人祸事件为背景，另一方面也与儒生贡禹先后任谏大夫、御史大夫期间的奏议密切相关。《汉书·贡禹传》记载其规范礼制的奏议核心内容涉及丧葬与祭祀：

> 及（武帝）弃天下，昭帝幼弱，霍光专事，不知礼正，妄多臧金钱财物，鸟兽鱼鳖牛马虎豹生禽，凡百九十物，尽瘞臧之，又皆以后宫女置于园陵，大失礼，逆天心，又未必称武帝意也。昭帝晏驾，光复行之。至孝宣皇帝时，陛下（恶）有所言，群臣亦随故事，甚可痛也！……及众庶葬埋，皆虚地上以实地下。其过自上生，皆在大臣循故事之罪也。唯陛下深察古道，从其俭者，大减损乘舆服御器物，三分去二。[3]

贡禹的这段奏议将霍光作为奢靡之风的始作俑者，有其死后遭到清算的特定背景，主要诉求在于论述皇室、贵族奢靡生活源于"非礼"，应该加以限制；其中涉及丧葬制度的部分，从提及的霍光墓随葬品的内容看，主要即是高等级墓葬的"外藏"部分。这些提议在他生前的时候被部分采纳，而关于宗庙祭祀的改革措施遭到当时丞相韦玄成、御史大夫正弘等人的联合反对未能施行；贡禹去世后，元帝又"追思其议，竟下诏罢郡国庙，定迭毁之礼"。因此，虽然前文所列西汉时期系统性制定礼乐的努力都失败了，但元帝的诏书事实上约束、改变了西汉后期的部分礼制。

贡禹关于霍光葬礼的描述，在《汉书》卷六八《霍光传》中有另一个版本，

---

[1] 陕西省考古研究所、咸阳市文物考古研究所：《汉元帝渭陵考古调查、勘探简报》，《考古》2013年第11期，图五。

[2] 关于"外藏椁"的消亡，韩国河认为到了东汉时期，一般大中型墓的墓穴之外不再有陪葬坑，东汉的帝后陵从目前调查情况看都没有发现与地宫分离的"外藏"系统。换言之，西汉"外藏"系统的功能到了东汉时期由于洞室墓的流行，转移到陵墓内部，大多被耳室、前室等取代。其原因一方面是经济投入不够所致；另一方面也是上层统治者提倡"薄葬"的结果，同时也受到了盗墓风潮的制约。参见韩国河《东汉帝陵有关问题的探讨》，《考古与文物》2007年第5期。

[3] （东汉）班固等：《汉书》卷七二《贡禹传》，第3070—3072页。

其中关于"外藏"的明确记载也成了学界开展研究的主要依据。公元前68年春，霍光去世后：

> 上及皇太后亲临光丧。太中大夫任宣与侍御史五人持节护丧事。中二千石中二千石治莫府冢上。赐金钱、缯絮，绣被百领，衣五十箧，璧玉珠玑玉衣，梓宫、便房、黄肠题凑各一具，枞木外藏椁十五具。东园温明，皆如乘舆制度。（服虔注：在正藏之外，婢妾之藏也，或曰厨厩之属也。）[1]

结合整段记载可以看出，霍光的奢华葬礼是由皇家主持，"外藏椁"是皇家依照"乘舆制度"准备的高规格葬礼的重要组成部分，在当时并不存在"逾制"或"非礼"的情况。

这段记载虽然是目前所见唯一一处关于"外藏"制度的文献（《前汉纪·孝宣皇帝纪》中记载基本相同），但包含了"外藏"这一概念的：（1）适用的阶层（帝王、诸侯、像霍光的列侯级）；（2）形制（木椁）；（3）内涵（婢妾、厨、厩）；（4）在墓葬中的位置（在墓主人尸体为中心、"题凑"为界的"正藏"之外）等四个方面的重要信息。这四个方面的内容构成了这个制度的基本表征，也影响着考古发掘中对相应墓葬结构的辨识和属性认定。本文接下来的分析将依据这四个方面从不同等级的墓葬中的表征，对于其中存在的问题分别予以剖析。

## 三

上两节分别从考古和文献的材料勾勒出了"外藏"制度兴衰的轮廓，但如果我们引入更多的材料，就会发现这个理想的制度模型可商榷之处甚多，在其适用的等级、内涵、形制、在墓葬空间中的位置等几乎所有方面，大部分墓葬都存在与制度不吻合的情况。以往的研究已经注意到这种情况，大都以"逾制"或汉代礼制的松散性特征解释。本文试图转换研究思路：通过梳理诸侯墓葬"外藏"系统的多样性，一方面昭示了其物质遗存背后观念的流行；另一方面这种观念的具体表征，在受到财力、地域文化传统、个人喜好等方面的影响更大于制度约束。

根据刘尊志的研究，截至2011年发现的西汉诸侯王墓43处84座，[2] 这个数字随着近十年的考古工作进展还在增加。这些墓葬分布在中原两京地区、湖北等长江中游地区、湖南两广地区、长江下游地区、苏鲁豫皖交界地区、河北以北地区六个大片，基本涵盖了一种制度在西汉帝国的大体状态。这些墓葬主要有两种形式：

---

[1] （东汉）班固等：《汉书》卷六八《霍光传》，第2949—2950页。

[2] 刘尊志：《汉代诸侯王墓研究》，社会科学文献出版社，2012，第2页注2。

一种是沿袭先秦传统的竖穴墓,另一种是横向开凿墓室的洞室墓。对于诸侯王陵制度的研究,前贤成果已多,本文不再赘述,仅以西汉文帝至元帝时期的诸侯王墓为主要材料,围绕形制、在墓葬中的位置、内涵三个方面的多样性及随机性特征展开论述。"外藏"适用等级方面的问题,则在第四节单独讨论。

## (一) 位置

"外藏"作为一种制度,在墓葬建筑空间中的位置会受到礼制的约束,相对稳定。而事实上"外藏"在墓中的位置多变(图5),尤其是处于西汉墓葬竖穴墓向洞室墓转变的过程中。

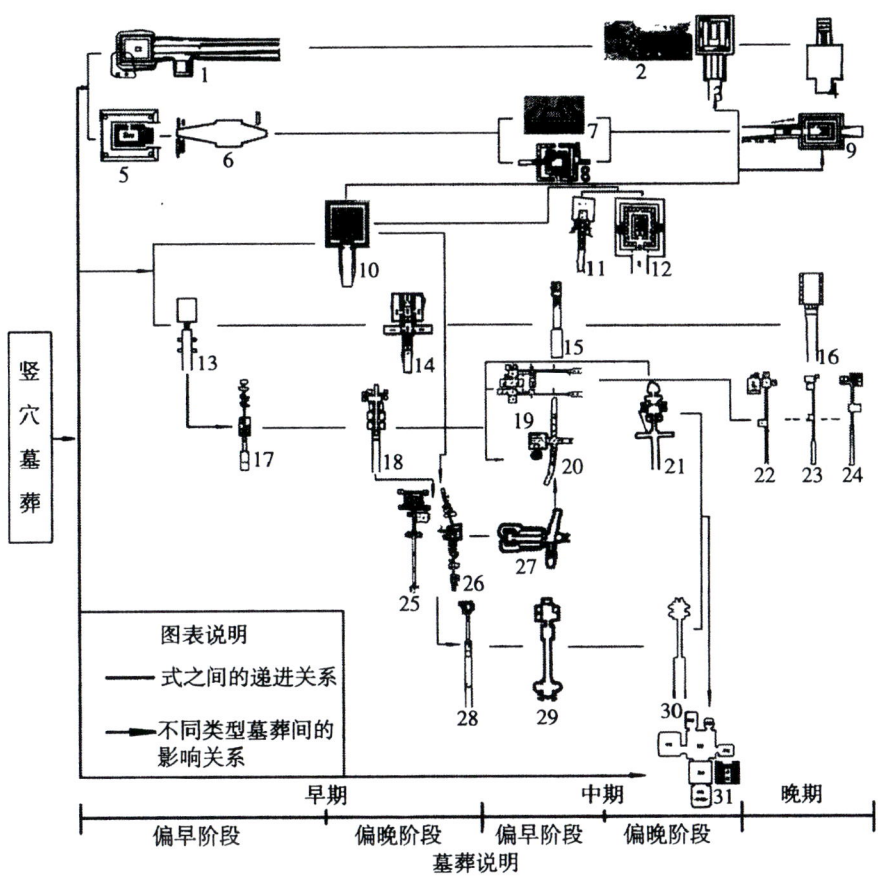

1. 河北省献县 M36;2. 江苏泗阳大青墩汉墓;3. 河北省定县八角廊 M40;4. 望城风篷岭 M1;5. 石家庄小沿村汉基;6. 山东省章丘洛庄吕姓诸侯王墓;7. 安徽省六安双墩三十铺汉墓;8. 河北省获鹿高庄 M1;9. 北京大葆台 M1;10. 湖南长沙象鼻嘴 M1;11. 山东长清双乳山 M1;12. 江苏省高邮神居山 M1;13. 江苏徐州楚王山 M1;14. 广州象岗山南越王墓;15. 山东巨野红土山汉墓;16. 河南省永城窑山 M2;17. 狮子山楚王墓;18. 江苏徐州驮篮山 M1;19. 江苏徐州小龟山楚王(后)墓;20. 河北省满城窦绾墓;21. 曲阜九龙山 M4;22、23、24. 江苏徐州东洞山、南洞山楚王墓、卧牛山汉墓;25. 河南永城保安山 M1;26. 河南永城保安山 M2;27. 河北省满城刘胜墓;28. 河南永城柿园汉墓;29. 河南永城夫子山 M2;30. 河南永城南山 M1;31. 山东潍坊昌乐苗川王后墓

图5 西汉诸侯王形制演变及相互影响示意

(引自刘尊志《汉代诸侯王墓研究》,第121页)

有学者尝试将"题凑"作为区分内、外藏的界限，如高崇文继承了俞伟超的思路，从墓葬与生宅的联系角度，认为汉代诸侯、列侯一级的墓葬中"题凑"之内的棺房、前室、回廊整个椁室为正藏，仿自生前的正殿，题凑之外其他放随葬品的位置为"外藏"[1]。

而实际上，某些功能上属于外藏的随葬品位于题凑之内的空间，如高邮天山广陵王墓可能为第一代广陵王刘胥（卒于前54年），题凑之内东西两侧有"中府""内户"各5间（共10间），均设有单扇门，向椁房开放。在立柱、压边枋、门柱、单扇门上用朱漆隶书书写其名称、位置、编号或尺度。在木构件和随葬器物上，有"船官""食官"，在文物上，有"大官""尚浴"等题记。从这些题记可知，这些空间和其中的随葬品共同服务于墓主人的生活，也就构成了所谓"外藏"系统。此外，如高崇文研究指出：象鼻山一号墓（文景时期）[2]、曹嬛墓、石家庄赵王张耳墓（前202年）、大葆台广阳王刘建墓（前73年）题凑之内的回廊，也与高邮天山广陵王墓一样，应是"外藏椁"功能。[3]

而有的诸侯王墓并无题凑，棺箱外不同位置的器物箱构成了"外藏"系统。如双乳山一号墓主可能为济北王刘胡（卒于前98年）或刘宽（卒于前86年），有两个"外藏椁"位于墓道内，随葬真车马及车马器。椁室分布与象鼻嘴、大葆台题凑内布局相似，只是无题凑，分为棺箱和四个边箱，四个边箱互连为一回廊，随葬"外藏"器物。[4] 大青墩汉墓为土坑木椁墓，无题凑，墓道西侧有上下两层的大型陪葬坑。墓室由主墓室和东、西、南"外藏椁"，以及主墓室和正南"外藏椁"之间的夹层构成。[5]

有学者曾经试图总结"外藏"在墓室空间中的位置变化规律，[6] 如西汉中期"外藏椁"由回廊形式转为在墓室前部置左右椁室的形式，并演变为左右耳室。但所涉的重要例证，如长沙杨家山刘骄墓（M401）[7] 的时间尚存争议，[8] 因此结论也存在疑问。在刘尊志对于诸侯、列侯级

---

1　高崇文：《释"正藏"与"外藏"》，《湖南省博物馆馆刊》2010年第七辑。

2　湖南省博物馆：《长沙象鼻嘴一号西汉墓》，《考古学报》1981年第1期，图版五至二十。

3　高崇文：《西汉长沙王墓和南越王墓葬制初探》，《考古》1988年第4期。

4　山东大学考古系、长清县文化局：《山东长清县双乳山一号汉墓发掘简报》，《考古》1997年第3期，图版一至四。

5　江苏省大青墩汉墓联合考古队：《泗阳大青墩泗水王陵》，《东南文化》2003年第4期。

6　宋少华：《略谈长沙象鼻嘴一号西汉墓陡壁山曹嬛墓的年代》，《考古》1985年第11期。

7　中国科学院考古研究所：《长沙发掘报告》，科学出版社，1957，第95—97页。

8　关于"刘骄"墓和"长沙王后"墓的时代问题，有学者认为可能晚于武帝时期，而应为宣帝元康四年（前61），所谓"长沙王后"应为某"翁主"，参见何旭红《长沙杨家湾西汉"刘骄"墓与"杨子赣"墓考》，《湖南省博物馆馆刊》2014年第十一辑，第321—329页。

的墓葬形态的演变过程分析示意中（图5），我们可以看到在放置尸体的棺室（一般位于竖穴墓的中央或洞室墓的后室）之外，"外藏"空间位置的多变性特征。

因此，大多数学者主张对"外藏"的位置持灵活理解的态度，如刘振东、郑洪春、韩国河等学者认为，所谓墓葬的"外藏"，是与"正藏"相对的概念，因而其在墓室中的位置是相对的，它或位于墓圹内正藏之外，或位于墓道中，或被安置在墓外。[1] 王学理系统分析了西汉诸侯、列侯的墓葬"外藏"形制、分布、内涵等方面的内容，认为西汉诸侯王墓的形制大概受政治、地域、习俗等多种因素的影响，呈现着多样性的特点。概括来说，棺椁所在的封闭空间为正藏，在此范围之外即属"外藏"。[2] 换言之，"外藏"在墓中的位置多变，很难用制度约束去概括，而更像基于一种观念的呈现。

## （二）形制

"外藏"形制差异在洞室墓中，表现得最为突出。段清波认为："'外藏'系统的基本概念就空间设置而言，是指墓葬墓室主体以外的随葬区域，包括墓室内的壁龛、耳室、殉坑、车坑、马坑、车马坑以及墓室外的所有器物坑。'外藏'系统的构成单元、大小、形状没有定制，其内的器物种类繁多，内容复杂。"[3]

保安山M1（可能为梁孝王墓，前144年）由左右车马室、斜坡墓道、主室、回廊、12个侧室组成。回廊外壁的四个角各开凿一个石室，发掘者称之为"角室"，认为其可能为"外藏室"[4]。满城1号、2号墓约为武帝时期（前118—前113年），中室（木结构顶）和耳室为"外藏"功能。[5] 象岗南越王赵眜墓（前122年）凿出一带墓道的竖穴，前部两侧掏左右耳室，整个墓室用红砂石板砌成，分前后两个部分，共七室（前三后四），耳室和后室埋随葬"外藏"相关物品，另有殉人。[6] 河北省1991—1994年发掘的高庄汉墓主人为常山宪王刘舜，卒于武帝元鼎三年（前114），出土陶器499件，均出土于回廊内。9个"外藏椁"；位于主室外四角。[7]

---

[1] 刘振东：《中国古代陵墓制度中的外藏椁——汉代王、侯墓制研究之二》，《考古与文物》1999年第4期；郑洪春、韩国河：《试论汉初"利成"积炭墓》，《考古与文物》1990年第4期。

[2] 王学理：《对秦汉陵墓外藏系统层次问题的解析》，载秦始皇帝陵博物院编《秦始皇帝陵博物院》，陕西师范大学出版社，2015，第93—118页。

[3] 段清波、张颖岚：《秦始皇帝陵的外藏系统》，《考古》2003年第11期。

[4] 阎根齐主编：《芒砀山西汉梁王墓地》，文物出版社，2001，第31—34页。

[5] 中国社会科学院考古研究所：《满城汉墓发掘报告》，文物出版社，1980，第15—17页。

[6] 广州象岗汉墓发掘队：《西汉南越王墓发掘初步报告》，《考古》1984年第3期。

[7] 河北省文物研究所、鹿泉市文物保管所：《高庄汉墓》，科学出版社，2006，第87—90页。

定县40号墓主人为中山怀王刘修，卒于宣帝五凤三年（前55）。前室柱洞显示，墓中原有豪华的木建筑。前室为"外藏"功能随葬品，分为左中右三室：左室前部为偶车，后部为大量陶器。中室前端有漆陶炉，后部为四辆偶车的车马饰件。右室放车马三辆，马十三匹，散乱的兵器。[1]

徐州地区，狮子山、龟山的楚王陵山东曲阜九龙山鲁王墓都是崖洞墓，这类墓中的甬道、墓道两侧的侧室或耳室为"外藏"系统，形制更加复杂。其中北洞山楚王墓（前140—前118年）的"外藏"系统结构复杂、具有代表性。该墓在墓道中段东壁北端开凿露天石阶，台阶外为11个露天竖穴石室，基本结构有前室（象征前堂），后室（象征后寝）及侧室（象征便房），而附属墓室则由"外藏"分布6个门道，通向其他室（图6）。各室功能分别为：

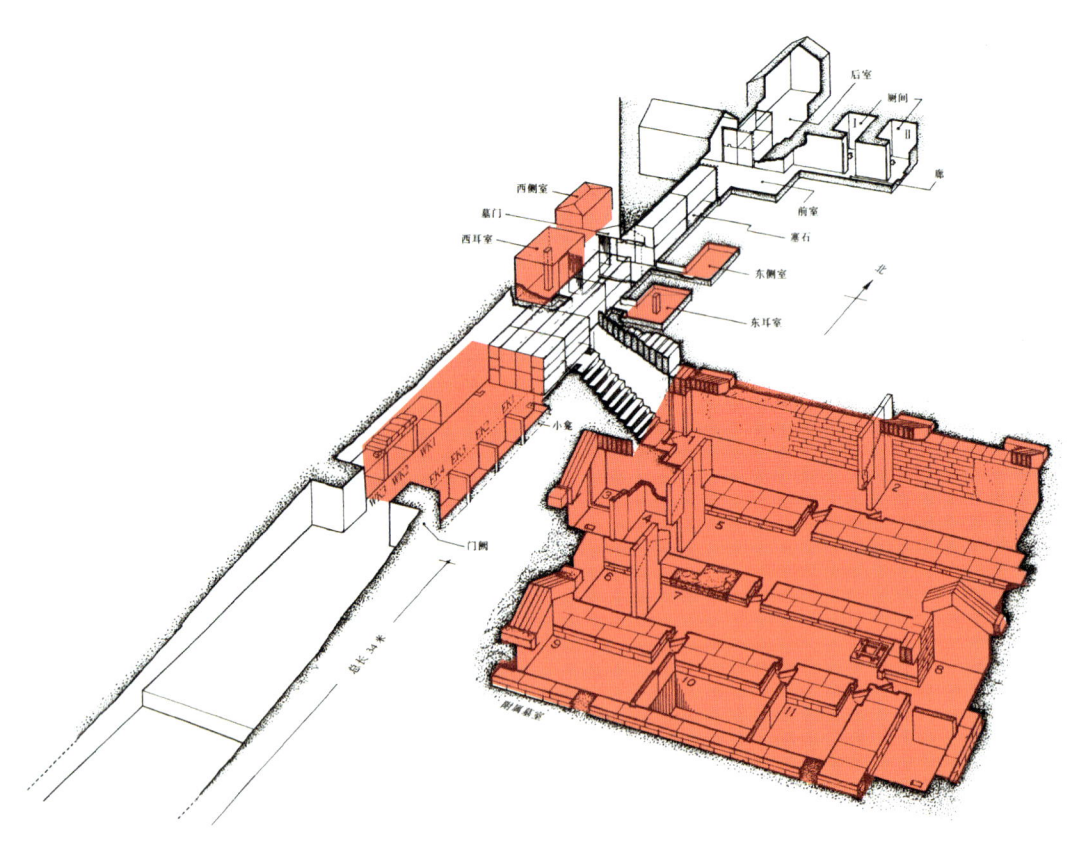

图6 北洞山楚王陵的外藏系统（标红部分）示意

（徐州博物馆、南京大学历史学系考古专业：《徐州北洞山西汉楚王墓》，文物出版社，2003，第8页，图四）

---

[1] 河北省文物研究所：《河北定县40号汉墓发掘简报》，《文物》1981年第8期。

第 1 室：侍卫室；

第 2 室：仓库；

第 3 室：厕室；

第 4 室：更衣室；

第 5 室：宴饮歌舞，为附属墓室中最重要的位置；

第 7 室：院落中的天井；

第 8、9、11 室：厨房；

第 10 室：凌阴；

第 6 室：薪炭库及奴仆使用的厕室。（原报告为第 8 室，现根据文义改为第 6 室）

整个布局模仿贵族生前的宅院，代表着整套生活设施内容。[1] 值得注意的是，原报告未将墓道内 7 龛负责守卫的"郎官"俑列入"外藏"的范围（图 6 中的"小龛"部分），但根据郑绍宗、郑滦明的研究，位于墓道内的这些俑龛显然属于"外藏"[2]。

西汉诸侯王墓的正、外藏系统表现形式较为多样，但其发展与墓葬形制的"第宅化"基本同步。在这个过程中，"外藏"系统呈现为车马坑、器物坑、椁箱、墓室、龛、回廊等多种形态，经历了由竖穴墓中封土下、墓道旁、陵园内外的多元分布，逐渐演变为洞室墓中的建筑组成部分或相关设施。

## （三）内涵

如本文上节文献分析，按照考古遗存与东汉服虔的解释，"外藏"的内涵以衣、食、行、用功能的保障为核心，已无疑义。但是除此之外，关于"外藏"包含封地、宫观百官、军阵的象征物等其他重要内容，前辈学者之间曾经出现过较大分歧。从内涵角度来说，在基本组成之外，其外缘也呈现出随机不确定的形态。

段清波曾依据秦始皇陵的考古成果分析认为，K0006 象征着中央官署廷尉；K0007 可能是某个官府机构的象征；铜车马属于九卿中的太仆；上焦村车马坑属中央厩苑；兵马俑属三公中太尉属下的军队。由此与《史记》中"及并天下，天下送徒诣者七十万人，穿三泉，下铜而至椁，宫观百官奇器珍怪徙藏满之"的记载相对应。这一观点也被汉阳陵的研究者借鉴。焦南峰认为，陵园外南北各 24 座"外藏"坑可能对应着南北军。[3]

而王学理和赵化成二位先生认为，"秦汉帝陵模拟和象征着'百官官署'机构"的观点不能成立。秦汉帝陵"外藏"系统仍不外乎衣食住行的内容，11 座"外藏坑"可能象征了少府管辖的，为皇帝提供衣、食、行、用的生活用品的部

---

1 徐州博物馆、南京大学历史系考古专业：《徐州北洞山西汉楚王墓》，文物出版社，2003，第 42—43 页。

2 郑绍宗、郑滦明：《汉诸侯王陵的营建和葬制》，《文物春秋》2001 年第 2 期。

3 焦南峰、马永嬴：《汉阳陵帝陵 DK11-21 号外藏坑性质推定》，载《汉长安城考古与汉文化》，科学出版社，2008；焦南峰：《汉阳陵从葬坑初探》，《文物》2006 年第 7 期。

门，并无所谓的"百官藏"[1]。从阳陵11座"外藏坑"发掘的封泥来看，王、赵二位先生的论断不无道理。

但是如果我们将目光投向诸侯、列侯级别的墓葬，会发现情况更为复杂。在诸侯王陵中出土了很多诸侯国宫廷及官僚机构的印章或封泥，如狮子山、北洞山、南越王墓、六安双墩泗水王陵等，其中一部分超越了少府管辖的范畴。北洞山楚王墓的墓室中和墓道内共出土铜印13枚，其中"楚御府印""楚武库印""楚宫司丞""彭之右尉""萧之左尉""凌之左尉""襄贲丞印""山桑丞印""虹之左尉""兰陵丞印""缯丞"诸印均无使用痕迹。很明显，这些专为墓葬准备的印章部分代表着汉代楚国的官府机构，而山桑、虹、兰陵、缯等地均为楚国各辖县。[2] 这些印章象征着楚王对于封国的掌管，远远超出了服虔所提示的"外藏"内涵。这种现象，直到西汉中期以后才基本消失。我们有理由相信，墓主人可能选择将封地、官署、军队等生前权力的象征物作为"外藏"内涵，呈现在墓葬中。

此外，在诸侯王墓葬的"外藏"随葬器物中，也存在受到墓主人喜好的影响而出现的随机情况。如江都王刘非（前168—前128年）一生尚武，曾在平定"七国之乱"中立功，其墓陵园内的4个"外藏坑"中车马坑（K2、K7）和兵器坑（K3、K6）各有两个。其中K7位于M2东南侧，整个木椁内共置明器车50余辆，同时出土大量兵器、木俑。发掘者认为K7可能与汉代军阵制度相关。而墓中（M2）未受盗扰的外回廊上层共放模型车20余辆，车厢内置大量铁兵器，车辆应为战车，南回廊上层东部车厢中出土大量实用兵器。[3]

临淄齐王墓主可能是第二代齐王刘襄，卒于文帝前元元年（前179）。齐王墓共五个器物坑，除了在其他诸侯王墓中常见的内容外，有一个专门的殉狗坑（K2），瘗埋30只配饰齐备的狗，每只狗的颈部有铜环、颈圈，饰贝壳；发掘者认为可能是墓主人生前玩乐或狩猎用的猎狗。这五个随葬坑分布有致，位于封土下，与墓室应是同期营造，这个殉狗坑显然是精心设计的墓葬的一部分。[4] 在其他诸侯王陵墓中，虽然也出现过殉葬犬的情况，但基本是一两只，像齐王墓如此大规模的殉葬，应该与墓主人的喜好密切相关。

此外，秦始皇陵的青铜水禽坑、薄太后陵随葬的熊猫和犀牛、大云山江都王陵出土的青铜大象和犀牛俑、南越王墓随葬

---

[1] 赵化成：《秦汉帝陵外藏系统（丛葬坑）的性质问题》，载秦始皇帝陵博物院编《秦始皇帝陵博物院》，第119—130页。

[2] 徐州博物馆、南京大学历史系考古专业：《徐州北洞山西汉楚王墓》，第114—116页。

[3] 南京博物院、盱眙县文广新局：《江苏盱眙县大云山汉墓》，《考古》2012年第7期。

[4] 山东省淄博市博物馆：《西汉齐王墓随葬器物坑》，《考古学报》1985年第2期，图版十三至二十。

的象牙、大葆台汉墓随葬的豹，应该可以视为同一种观念的体现。王子今的研究甚至指出，昭帝平陵与骆驼、牛一起随葬的驴，有可能作为宠物而豢养，最后随葬。[1] 墓主人生前豢养的珍禽异兽，以实物、塑像的方式呈现在墓中，成为往生世界的理想生活组成部分。

综上所述，诸侯王陵中"外藏"系统的位置、形制和随葬品内容都呈现出多样性，这种情况给研究者带来过困扰。这种困扰体现在两方面：一方面，很难根据随葬品内容来确认墓葬中哪些建筑部分属于"外藏"部分；反之，也很难根据墓葬建筑的位置和形制来确定哪些随葬品属于"外藏"[2]。因此有学者放弃从制度层面严格对应"外藏"的位置、形制、内涵关系，而从内涵角度入手，将"外藏"作了较大程度的扩展。刘振东认为墓葬"外藏椁"中埋藏的"婢妾""厨""厩"是一种象征，指各种身份的女性，如侍者、舞者、乐者等；广义上看，包括了各种身份的男性，如御者、家臣、仪卫、兵士等，应是墓葬"外藏椁"中全部殉人（俑）的总括。"外藏椁"中的"厨"，应是象征炊事的场所，包括叫作厨的建筑物，与"厨"相关的设施（灶、水井、粮仓等）和物品（炊具、食具，食用动物或动物俑、酒等）。"外藏椁"中的"厩"，表现为车坑、马坑、车马坑，真马或以马俑、马具代替，真车或用模型车、车器代替。东汉服虔对墓葬"外藏椁"的解释，应当是对当时丧葬中有关"外藏椁"制度考察总结的基础上作出的概括性结论。可以说，"外藏椁"的内容包罗了衣、食、住、行、用的各个方面，是墓主生前奢华生活的真实反映。[3]

这种扩展是对制度层面的"外藏"的规范和边界的直接打破，也为本文反思"外藏"概念提供了另一个视角。当我们面对诸侯王陵中的"外藏"系统在位置、形制、内涵等方面，呈现如此复杂多变的表征，与其说是汉代制度含混，甚至"西汉无礼乐"的体现，[4] 或者是普遍存

---

[1] 王子今：《论汉昭帝平陵随葬驴的发现》，《南都学坛》2015 年第 1 期。

[2] 例如高崇文的研究根据内容确认"外藏"的形制，"外藏椁"放置三类物品：（1）伺候墓主的奴婢（以俑代替）；（2）供墓主饮食生活的炊厨用具；（3）墓主出行用的车马器。因此，凡在题凑墙外放置这类物品的外回廊、室、坑，无论在墓穴内或外，均可定为"外藏"。阎道衡的研究根据随葬品的珍贵程度辨析正藏和外藏，认为正藏包括当时认为比较珍贵的东西回廊和角室可能为当时的"外藏"系统。吴小平根据使用等级区分"外藏"形制，他认为，"外藏椁"指从葬坑，非"婢妾之藏"，非回廊。但外回廊的性质与"外藏椁"相同，均是放置各种随葬品之所，使等级上有差别。参见高崇文《释"正藏"与"外藏"》，《湖南省博物馆馆刊》2010 年第七辑，第 292—298 页；阎道衡《梁王墓的结构分析》，《黄淮学刊》（社会科学版）1995 年第 12 期；吴小平《"外藏椁"考》，《中国文物报》2002 年 6 月 14 日第 7 版。

[3] 刘振东：《中国古代陵墓中的外藏椁》，《考古与文物》1999 年第 4 期。

[4] 沈宏格：《从"汉无礼乐"看西汉诸侯王墓葬》，《东南文化》2014 年第 4 期。

在的"僭越"现象，[1] 不如说"外藏"作为制度层面的存在，如帝陵中显示的那样，是一种理想的，也是极端的体现方式，其背后蕴藏着一个边缘和约束力都处于弹性状态的观念。制度用于约束地位、财力较高的贵族，而观念则流行在不同的社会阶层中，在不同等级的墓葬中呈现为不同的表征。

## 四

本节主要讨论西汉时期的中小型墓葬，希望在不同等级的墓葬之间建立联系，探讨作为一种观念存在的"外藏"的可能性。如果说制度代表着明确的、官方制定的规范，一旦僭越甚至可能面临惩罚。那么观念则代表了一种松散的、模糊的、非官方的共识，在一定范围中（时间、地域、不同族群阶层）为人所共享。如果说"僭越"对应着制度的打破，那么观念所具有的含糊和非官方性质，则通过种种可供选择的表征项呈现出来。

"外藏"制度适用的阶层，与第三节所论位置、形制、内涵一样，是一个模糊的存在，它呈现出的多样性和复杂性与其规律性并存。以往的研究结合文献记载，根据阳陵外从葬墓"外藏椁"的多寡与他们享有的地位高低成正比，认为这种制度只有帝王、诸侯、列侯等级才可享有。如焦南峰注意到阳陵陪葬墓中有从葬坑的不过5座，其中M1与M2均为"中"字形，距阳陵也近，分别有13个和17个"外藏坑"；其他各有一座从葬坑的陪葬墓呈"甲"字形，距阳陵也较远。[2] 新近发掘的M3位于东司马门道250米，拥有两个"外藏"箱；虽然墓主人身份不明，但也应该是高等级大臣。[3]

而实际上在使用中，"僭越"或"逾制"现象非常普遍。胡赵建、尤永、曹栋洋等学者发现，在更低等级的墓葬中，如西安北郊龙首村的M15（文帝末年到武帝初年）、河南省济源市桐花沟M63（西汉中晚期）、广西合浦西汉墓都是低于侯王等级的墓葬，都存在"外藏"功能的耳室。[4]

本文认为，"外藏"制度背后存在着在社会不同阶层流行的观念，这个概念不止于高等级墓葬中呈现，而可以应用于解释更低等级墓葬内的一些现象。本节主要讨论中小型墓葬中的"外藏"现象，参

---

[1] 刘瑞：《海昏侯刘贺墓墓园制度初探》，《南方文物》2016年第3期；刘振东：《睡虎地汉简〈葬律〉与西汉列侯墓葬制度》，《华夏考古》2022年第3期。

[2] 焦南峰：《汉阳陵从葬坑初探》，《文物》2006年第7期。

[3] 山西省考古研究院、汉景帝阳陵博物院：《汉阳陵东区陪葬墓M3之外藏坑考古发掘简报》，《考古与文物》2021年第1期。

[4] 胡赵建、尤永：《"外藏椁"相关问题探讨》，《中原文物》2018年第4期。曹栋洋：《试论江淮地区汉代"外藏椁"的类型及相关问题》，《湖南省博物馆馆刊》2016年第十二辑，第362—369页。

考刘兴林在研究汉代墓葬的封土时，将西汉除帝后陵墓和非正常卒亡的刑徒墓之外的墓葬分为五个等级：

（1）诸侯王、列侯墓葬。圹边10米以上。

（2）九级爵位五大夫至十九级爵位关内侯。圹边5—10米。单棺或双棺，有三四个椁箱或多室砖墓。

（3）八级爵位公乘以下的下层官吏及中小地主、富裕农民。这个阶层人数众多。圹边2—5米。两椁箱以下的木椁墓、单棺空心砖墓、土洞墓或带前室、耳室的小砖墓。随葬品以陶器为主，或有模型明器仓、灶、井等，少量铜器、带钩、陶俑随葬。

（4）无官秩的民爵或庶民，占社会的绝大多数。单棺土坑或土洞墓，墓圹2米左右。随葬品以陶罐、壶为主，个别有铜镜或带钩。

（5）贫民阶层。墓葬仅可容身，无随葬品或一两件陶罐或数枚铜钱随葬。[1]

从某种程度来说，封土与本文所论"外藏"存在类似的情况：高等级墓葬的封土制度体现着汉代关于封土的观念，而这个观念也会在低等级的墓葬中表现出来。中小型墓葬的观念表征，很难以是否僭越去解释，而呈现出多样性和随机性。本文所谓中小型墓葬，即大致相当于刘兴林先生划分的第2、3等级的墓葬。[2]

这类墓葬介于列侯与平民等级之间。从目前考古材料来看，在中小型墓葬的石椁外另置器物坑、壁龛，或直接放置在椁外的填土内的做法源于战国时期的楚制。[3] 但在西汉早期的一些墓葬中，某些"内藏"部分的内容会放置于"外藏"空间，显示这一观念还未成熟。如云梦大坟头一号墓为约早于文帝十三年（前167）的西汉初期墓葬，墓主人身份可能在县令史至五大夫之间，是县丞之类的官史。墓葬为竖穴木椁墓，头箱、边箱各一，随葬159件；头箱内置遣册，车马具、木俑，漆、陶、铜质的生活用具，礼器和兵器。边箱内置木俑、生活用具。值得注意的是，标识墓主人身份的玉印出自边箱。[4]

---

[1] 刘兴林：《论汉代墓葬封土的流行及相关问题》，《汉代陵墓考古与汉文化》，科学出版社，2016，第182—198页。

[2] 实际上如有学者关注到的那样，由于各种原因，列侯墓葬的规模情况比诸墓更复杂，有的不能列入大型墓葬。由于本文不是针对一类墓葬的研究，暂且搁置对列侯墓葬的讨论。相关材料与论述，参见胡斌《从西安凤栖原西汉家族墓地来看西汉列侯墓葬的几个问题》，硕士学位论文，西北大学，2012。

[3] 王从礼认为单棺墓室和一棺一椁墓或一棺重椁墓的墓室中，棺椁制度不可改变的情况下，楚人只好在墓坑壁上大做文章。各类龛的位置设立，均已超出墓主棺椁制度，实属越礼行为。楚墓壁龛、腰坑与棺椁组成的环绕势态，加上各自物品储存作用，使墓室建筑朝实用方向发展，为后期耳室形成起了铺垫作用。但实际上腰坑的情况要更为复杂：腰坑埋葬的狗、羊、鹿、生活用具、兵器，可能和祭祀或镇墓辟邪相关，与外藏坑在功能上存在分歧。王志友的研究梳理了春秋至秦汉各地腰坑随葬情况，对腰坑与祭祀、镇墓辟邪的关系另有详细讨论。参见王从礼《楚墓壁龛与腰坑研究》，《湖南省博物馆馆刊》2013年第十辑，第189—202页。王志友：《东周秦汉时期墓葬中的腰坑浅议》，《秦文化论丛》2003年第十辑，第278—293页。

[4] 湖北省博物馆：《云梦大坟头一号汉墓》，《文物资料丛刊》第4辑，文物出版社，1981，第1—25页。

160　图像研究

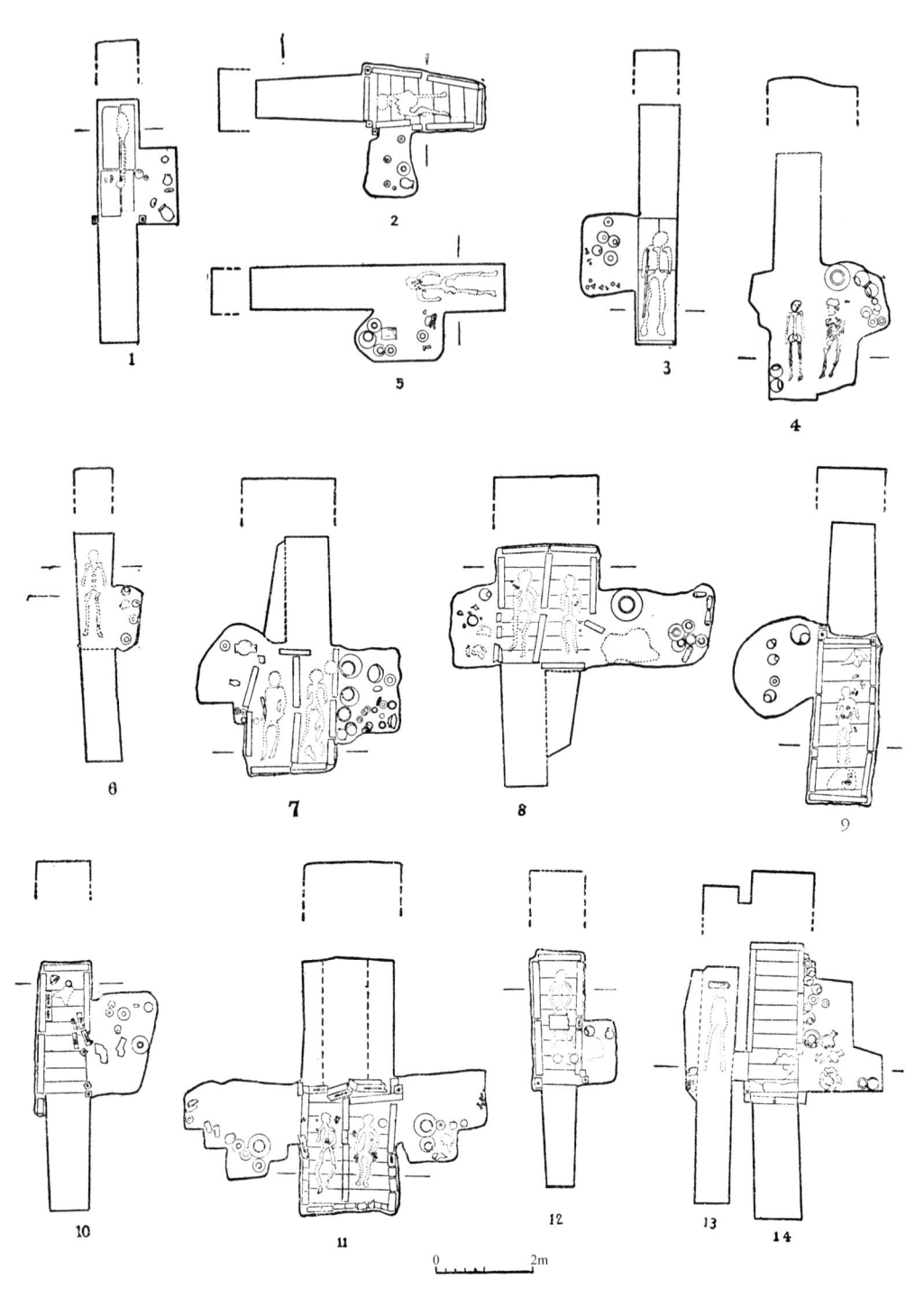

图 7　洛阳烧沟西汉中后期墓葬中随葬品位置示意

(引自《洛阳烧沟汉墓》, 第 18 页)

而在中原地区西汉早期的一些墓葬中，如西安北郊龙首村 M2,[1] 出现了耳室，用于随葬"外藏"功能的生活类明器。2019 年在西安杨家湾地区清理的 3 座西汉时期小型墓葬，发掘者认为墓葬约为西汉早中期的低等爵位的庶民或地主。其中 M1 墓室共出土随葬器物 31 件（组），其中墓室前部一侧有一耳室，放置陶制的鼎、盒、灶、甑、囷等物。[2] 洛阳烧沟 1953 年发掘的西汉武帝至新莽时期墓葬，属汉代一般官吏及其眷属（图7），可以看出汉代新兴的仓、井、灶等陶制生活明器逐渐增加的趋势，在带耳室的小砖券墓中均置于耳室。[3]

徐州地区这类竖穴墓有两种形式：第一种为竖穴近底部的墓壁侧面凿一两个洞室为墓室，同时竖穴也作为一个墓室，放置棺木或随葬品。往往有二层台或壁龛放置随葬物。第二种竖穴底部直接放置棺椁，侧面不开洞室，个别凿出边龛。[4] 铜山县江山西汉墓为夫妇合葬墓，时间约在文帝五年至武帝元狩五年间（前175—前118）。东壁开不规则浅龛，随葬品113件，包括鼎、茧形壶、熏炉，陶舞俑、井、灶、磨、盆等；其中 47 件位于竖穴内，66 件位于洞室。[5] 徐州子房山三座西汉墓相隔不过 10 米，随葬品大体一致，应为家族墓。从墓葬规模和随葬品数目看，墓主人应是西汉楚王国中的官僚士大夫阶层，时间在吕后至文景时期（前182—前140），稍早的 M1、M3 则是鼎盒壶为主的随葬品组合，而稍晚的 M2 出土了 50 件陶俑，另有仓、井、磨等明器。[6]

长江中游地区，江陵凤凰山墓 8、9、10、167、168、169 号墓的形制相同，约为文景时期（前179—前141）。168、169 号墓为夫妻合葬墓，其中 168 号墓主为汉代二十等爵制中的第九等"五大夫"，官秩六百石，葬于文帝前元十三年（前167）；随葬品 500 多件，主要置于头箱和边箱，头箱随葬大批奴婢，车马、木船等物，排列井然有序，象征着墓主生前的生活场面。[7] 10 号墓葬属于文帝晚年至景帝初年。墓主张偃，爵位是五大夫，秩六百石；但其官秩较低，可能是江陵西乡的有秩或啬夫，管理一乡讼狱赋役之事。[8]

---

[1] 中国社会科学院考古研究所西安唐城工作队：《西安北郊龙首村西汉墓发掘简报》，《考古》2002 年第 5 期，图版二、三。

[2] 西安市文物保护考古研究院：《陕西西安杨家湾西汉墓发掘简报》，《文博》2022 年第 3 期。

[3] 洛阳区考古发掘队：《洛阳烧沟汉墓》，科学出版社，1959，第 33、229—240 页。

[4] 徐州博物馆：《徐州市东郊陶楼汉墓清理简报》，《考古》1993 年第 1 期，图版二、三。

[5] 江山秀：《江苏省铜山县江山西汉墓清理简报》，《文物资料丛刊》第 1 辑，文物出版社，1977，第 105—110 页。

[6] 徐州博物馆：《江苏徐州子房山西汉墓清理简报》，《文物资料丛刊》第 4 辑，第 59—69 页。

[7] 湖北省文物考古研究所：《江陵凤凰山一六八号汉墓》，《考古学报》1993 年第 4 期，图版一至十六。

[8] 裘锡圭：《湖北江陵凤凰山十号汉墓出土简牍考释》，《文物》1974 年第 7 期。

1975年发掘的凤凰山167号墓，为无墓道土圹木椁墓。墓主为一老年女性。棺室与头箱、边箱之间有门窗相通。葬具为一棺一椁，椁室分为头箱、边箱。头箱内随葬仓廪类、膳食类、酒饮类、盥洗类、粮食类、财产类。边箱随葬车马、俑为主，奴婢俑各持侍奉的工具和物品。[1]

　　根据墓中出土木牍记载，凤凰山8、9、10号墓时间在文景时期，形制与凤凰山167、168、169号墓相仿。这几座墓出土大批木俑，遣册记载有"执盾""操耜（锄）""造作""从车""櫂（划桨）""御""侍"等分工。出土陶器主要有仓、灶等明器，在长沙和河南等中原地区西汉中期才开始流行，但在湖北境内，从西汉前期的宜昌前坪20号墓就出现。[2] 这些俑和器物，与更高等级的诸侯、列侯墓甚至帝王陵的"外藏坑"对应的功能是同一的，只是规模和精致程度、分布的复杂程度不同。

　　另外值得注意的是，江陵凤凰岭8、9、167、168、169号墓五座墓葬中，遣册中记载有"溥（或簿）土"，其中8、167号墓内有竹筒和方绢装盛的一堆泥土，象征着墓主人占有的土地。[3] 如本文第二节分析，这种随葬土地的性质，与帝王陵和诸侯王陵的"外藏"中随葬封地或军阵的象征物性质其实相同。

　　在山东地区，1972年发掘的银雀山M3、M4可能为文景时期，M1、M2在武帝建元元年至元狩五年（前140—前118），M5、M6可能为西汉晚期。发掘者认为M1、M3墓主人可能为当时阳城国的军官，六座墓的规模相当，大致为同一阶层。M1、M2墓形制与后来发现的银雀山M3—M6相同，均为长方形竖穴，无墓道。东西两壁均有二层台，台上各盖木板10条，构成墓室的顶盖。随葬品的放置情况：下颚有一玉琀，脚部有一双漆奁，内放铜镜和小漆盒。大部分随葬品重叠于椁外的墓室，南部置水果、粮食；中部坍塌；北部置食品、铜钱、竹筒，竹筒内放织物。椁外南端空隙外置四女俑。墓主为女性。其他三墓形制相同。M3、M4出土了灶、井、磨、臼、陶狗等明器，在中原地区常出现在西汉中期墓葬内。[4]

　　根据王琮的统计，汉代鲁中南有1/3的陶器放入壁龛，尤其是西汉中期以后，随着石椁墓在该地区的流行，壁龛成为放陶器的首选。他认为，诸侯王墓的"正外藏制度"对中小型墓葬的随葬品放置方式产生了极大影响，也形成了鲁中南汉

---

[1] 凤凰山一六七号汉墓发掘整理小组：《凤凰山一六七号汉墓发掘简报》，《文物》1976年第10期，图版二。

[2] 长江流域第二期文物考古工作人员训练班：《湖北江陵凤凰山西汉墓发掘简报》，《文物》1974年第6期。

[3] 湖北省考古研究所：《江陵凤凰山西汉简牍》，中华书局，2012，第57、65、173、199、221页。

[4] 山东省博物馆、临沂文物组：《临沂银雀山四座西汉墓葬》，《考古》1975年第6期，图版六至十。山东省博物馆、临沂文物组：《山东临沂西汉墓发现〈孙子兵法〉和〈孙膑兵法〉竹简的简报》，《文物》1974年第2期，图版一至七。

墓随葬器物摆放的基本特征。[1] 刘骥的研究认为，西汉中期石椁墓的附属设施也得到了发展，较多使用器物箱或器物室，较少采用分箱（隔出多重空间）的做法。[2]

扬州地区也有相似转变。[3] 汉代扬州地区仅次于诸侯王的高等级贵族，部分是王室成员。代表有："妾莫书"墓、张集团山 M1、小云山 M7、仪征烟袋山、邗江姚庄 M101 和 M102、宝女墩 M104，形制上为多重棺椁或四个厢室，设置"外藏"。汉代这一等级的墓葬，单棺单椁，椁内未设置太多厢室，多为棺外加一两个厢室，一般多足厢，有侧厢者少。[4] 与扬州地区这几座墓葬形制相同的盐城三羊墩 1、2 号汉墓，属于西汉晚期至东汉早期，从墓葬规模和随葬品看，墓主人可能是大官僚及其眷属。[5] 安徽省凤阳县搬井 M15、M54 形制与此相同，有表现"外藏"功能的器物箱。[6] 曹栋洋曾总结这些等级略低的墓葬中"外藏椁"的三种形式：

（1）在墓道内或墓道与墓室的结合处构筑器物厢（"外藏椁"），放置随葬器物。中原传统。

（2）"外藏椁"和"正藏"连在一起。此类形制多分布于传统的楚文化区或受楚文化影响较为强烈的地区，如山东临沂和浙江湖州。

（3）头厢或头厢、边厢独立于椁室之外的形制。此类形制与第二类"外藏椁"形制产生的背景大致相同，为"外藏椁"变异形态。[7]

从功能来看，仓、井、灶的明器组合实际上与高等级墓葬中的随葬品和相关俑具有同样的"外藏"属性。在山东地区，西汉晚期的小型墓葬由构筑简单的土坑墓、石椁墓及砖室墓向形制复杂的砖室墓、石室墓转变；由鼎、盒、壶等陶礼器组合向仓、井、灶、圈为代表的生活类明器转变。[8] 燕生东和潘攀的研究都将这类石椁主要分为单石椁墓、双石椁墓、多石椁墓三大类（图8）。其中潘攀的分析显示这三类墓葬中，都有规模不等、形制相似的器物箱。其中随葬的器物主要为陶器，包括：鼎、盒、壶、匜、钫、盘、盆

---

[1] 王琮：《鲁中南汉墓随葬品的摆放位置研究》，硕士学位论文，山东大学，2016，第51页。

[2] 刘骥：《山东汉代石构墓葬形制研究》，《形象史学》2021年春之卷（总第21辑）。

[3] 周俊：《扬州地区汉代木椁墓初探》，《东南文化》2004年第5期。

[4] 田二卫：《汉代扬州地区墓葬研究》，硕士学位论文，南京师范大学，2009，第21页。

[5] 江苏省文物管理委员会、南京博物院：《江苏盐城三羊墩汉墓清理报告》，《考古》1964年第8期，图版五至七。

[6] 安徽省文物考古研究所、凤阳文管所：《安徽省凤阳县搬井墓地M15、M54发掘简报》，《东南文化》2015年第5期，彩插一。

[7] 曹栋洋：《试论江淮地区汉代"外藏椁"的类型及相关问题》，《湖南省博物馆馆刊》2016年第十二辑，第362—369页。

[8] 胡赵建：《山东汉墓初步研究》，硕士学位论文，郑州大学，2005，第51页。

等礼器，罐、甑、碗、勺、瓮等生活用器，仓、灶、井、磨、楼、猪圈等模型明器，陶俑等四大类。[1]

《广州汉墓》发表了广州市文管会1953—1960年清理的240座西汉墓。黎金分析总结，早期有土坑和木椁两种。土坑墓只有一竖穴，随葬品多数为3件，最多不超过10件。木椁墓随葬品在棺椁之间，有的放在棺的前后端或左右两侧，无一定规律。中期土坑墓与早期墓葬情况相似，随葬品中出现屋、仓、井、灶、囷，但并不普遍。晚期木椁墓的形制与中期大致相同，随葬品包括仓井灶、三足釜，增加了猪、牛、马、鸡鸭等牲畜俑，但不是很普遍。[2]

实际上在汉代原属于战国时期不同文化传统的地区，都出现了同样的情况：第宅化、生活类随葬品的固定搭配。这些器物搭配的稳定性提醒我们注意，它们并不仅仅是对现实生活的再现。因为第一，并非所有生活用具都在墓葬中表现出来；第二，在汉帝国广大的疆域内，器物组合却统一而稳定。我们有理由相信：围绕墓葬出现的建筑、器物、图像、人类活动以及它们之间的位置关系，不仅仅是对地上生活的模仿，而且是在经济、政治、文化传统共同作用下的一种观念表达。

由于在低等级的墓葬中，同样出现了与高等级墓葬中形制、功能、与"正藏"的关系方面相似的"外藏"系统，只是在规模和用来象征功能的随葬物品内容方面差异较大。传统的观念倾向于将这种现象解读为一种低等级墓葬对高等级墓葬制度的僭越，但是考虑到这两类墓葬随葬器物的差异，本文认为这是不同社会阶层之间共享的一种观念，在各自的墓葬中表达这种观念。在这个意义上来说，制度性的"外藏"适用的阶层限定实际上被消解了。

图8 苏鲁豫皖地区的小型石椁墓随葬品的位置示意

---

1 潘攀：《苏鲁豫皖交界地区石椁墓及其石椁画像研究》，硕士学位论文，北京大学，2012，第29页。
2 黎金：《广州的两汉墓葬》，《文物》1961年第2期。

从内容来看，这些随葬品自然不能与高等级墓葬中的厨、厩、婢妾以及"宫观百官"的象征物一一对应。但从功能来看，它们是对理想的往生生活的一种表达；换言之，墓主人卒后世界的理想生活应该由这些方面构成。从与埋藏墓主人尸体的棺椁的关系来看，它们也确属于外围的、独立的器物空间。从形制来看，它们以更简单的随葬器物箱，甚至以直接埋葬的形式出现。从与埋藏尸体的"正藏"的关系来看，不论它们以何种形式出现，总是以一种独立的组合单元在"正藏"系统之外出现，这与高等级墓葬是同质的。从使用等级来说，这些随葬的器物坑毫无疑问来自更低等级的墓葬，似乎只要经济条件、墓主人意愿等条件具足，就可以选择。

## 五

有学者认为，伴随着两汉墓葬"第宅化"的演变过程，墓葬脱离了竖穴木椁墓棺椁层层相套的体系，"内、外藏"的概念已经不适用于横穴室墓。[1] 通过上文的分析，本文则认为：作为一种不同阶层流行的观念，"外藏"可能在不同形制的墓葬中以不同方式呈现。上节所论中小型石椁墓中，有一部分带有石刻画像，[2] 这部分画像后来成为画像石墓图像的源头之一。经典的研究思路是从经济发展所带来的丰富物质的可能性，以及制度变革方面来入手。[3] 本节希望建立"外藏"观念（而非制度）与石椁墓上画像内容之间的联系，探讨在社会现实层面的变化之外，观念因素牵引和约束汉画创作的可能性。

20世纪八九十年代，苏鲁豫皖地区发现200余座西汉石椁墓，第三期为武帝后期至宣帝时期（前100—前50），鼎盒壶出现较少，部分墓新增了西汉中期流行的仓、井、灶、磨等明器。在武帝至西汉晚期阶段，表现宴享、车马、狩猎等题材的画像石增多，在东汉日益丰富。[4]

对苏鲁豫皖交界地区这类石椁墓的研究分为两大类：来自艺术史领域的学者以图像为主要关注点，从图像的内容、技法、功能、配置等角度做出了很多研究。而来自考古学领域的学者将画像作为石椁墓中的一个元素，以对随葬器物的考古类型学分析为基础，将图像置于墓葬的整体

---

[1] 焦阳：《汉代题凑墓结构体系及空间功能的演变》，《考古》2022年第6期。

[2] 郑岩文章的注释中，较为详细地著录了这批画像石椁的发表信息。这类画像石椁墓最近的发表信息还包括：《古薛城官桥墓地的发现和保护》，《中国汉画研究》第五卷，广西师范大学出版社，2016，第1—35页；胡新立《山东邹城龙水村西汉画像石椁墓》，《中国汉画研究》第五卷，第36—47页。郑岩《西汉石椁墓与墓葬美术的转型》，载氏著《逝者的面具》，北京大学出版社，2013，第76—96页。

[3] 蒋英炬的研究可以视为这种研究思路的代表，认为画像石是在西汉礼俗与墓葬制度变化的背景下产生的。蒋英炬：《关于汉画像石产生背景与艺术功能的思考》，《考古》1998年第11期。

[4] 燕升东、刘智敏：《苏鲁豫皖交界区西汉石椁墓及其画像石的分期》，《中原文物》1995年第1期。

环境中加以考察。

第一类研究关注了画像题材，[1] 并且认为早期图像受到高等级墓葬的漆棺影响：信立祥与郑岩的研究认为画像石墓中的石刻画像是从西汉早期木椁墓中的帛画和漆棺画发展而来的。从题材来看，画像石墓与墓室壁画上的图像可能借鉴了棺上的绘画。[2] 从满城 M2、狮子山楚王陵、大云山江都王陵、马王堆汉墓 M1、高邮天山 M1 和 M2、北洞山楚王陵出土的镶玉漆棺来看，这一结论基本可信。

在西汉晚期，表现现实生活（确切说是享乐生活）的题材进入图像系统。在以前的研究中，已经有学者注意到题材的阶段性增长，蒋英炬、杨爱国曾经对此做过简要的概括：总体来看，这种画像石墓……随着时间的推移，凹面线刻开始出现，画像内容也由简单的门阙、楼堂、人物逐渐扩展，不仅刻画社会生活方面的内容增多，神仙、怪兽等形象也开始出现，从整体上看呈现出发展趋势。[3] 郑岩推测当时的墓葬建造者会使用"搬用""复制""模拟"等手法在墓葬中表现现实生活，如山东济宁师专 4 号墓石椁东西椁板外侧画像有大量建筑、车马、乐舞、渔猎等复杂画面。[4] 最近几年有学者认为，"外藏椁"在西汉末期至东汉初期因墓制葬俗的变化退出历史舞台以后，"外藏"制度以侧室或耳室等新的形式被纳入墓内，被一直继承了下来。在这个过程中，随葬品也走向模型化。而望都一号墓内的车马出行题材壁画，相当于纳入墓葬内的车马仪仗"外藏"部分。[5]

如果将画像题材的发展与壁画墓图像的发展联系在一起，可以看出，在象岗南越王墓，[6] 西安、洛阳等地，早期壁画墓的题材是天象，至西汉中期出现表现现实生活衣食住行用的内容。虽然在配置上存在差异，但从功能角度看，新进入图像系统的题材与石椁墓同质。

尽管存在着地域发展的不平衡性，但

---

1　杨爱国的研究将汉代墓室建筑装饰题材分为四类：（1）对吉祥事物的关注：吉祥动物、植物、神仙、避邪；（2）无羁的想象：云纹、羽化登仙、神仙出行；（3）生活的热情：车马出行、放牧、农耕、碓臼、乐舞、庖厨、宴饮、讲经；（4）对历史人物的钟爱。信立祥将早期画像石的内容分为三类：第一类是驱逐恶鬼，保护墓主尸体作用的玉璧、四神、虎和神荼、郁垒等图像；第二类是与祭祀活动有关的双阙厅堂、狩猎、乐舞、六博以及墓主车马出行等图像；第三类是描绘西王母昆仑山仙界的图像。参见杨爱国《汉代墓室建筑装饰与随葬品的关系》，《四川文物》2001 年第 4 期；信立祥《汉代画像石综合研究》，文物出版社，2000，第 190—292 页。

2　郑岩：《关于墓葬壁画起源问题和思考——以河南永城柿园汉墓为中心》，载氏著《逝者的面具》，第 55—75 页。

3　蒋英炬、杨爱国：《汉代画像石与画像砖》，文物出版社，2001，第 73—74 页。

4　郑岩：《西汉石椁墓与墓葬美术的转型》，载氏著《逝者的面具》，第 93—96 页。

5　参见胡赵建、尤永《"外藏椁"相关问题探讨》，《中原文物》2018 年第 4 期；张立秀《汉中山国墓葬研究》，硕士学位论文，河北大学，2020，第 29、68 页；朱晨露《两汉王侯陵墓"外藏"的初步研究》，《秦汉研究》2013 年第七辑，第 237—244 页。

6　广州象岗汉墓发掘队：《西汉南越王墓发掘初步报告》，《考古》1984 年第 3 期，图版一至四。

当墓葬壁画成为一种风气被普遍接受后，壁画的功能和内容也逐渐发生变化，取材范围日益扩大。对于爵位地位和财力都位于社会中下层的墓主来说，他们无法像帝王一样随心所欲地将各种财富埋藏在地下，而以相对廉价的壁画来复制生前曾经拥有的（或只是理想中的）宅第、庄园、车马、童仆，无疑是最可行的办法。而且同时图像也具有随葬品所不具备的表现宏大场面和活动场景的优势。[1]

前辈们的研究沿着寻求"生前生活——死后生活"对应关系的研究思路，将墓葬中图像作为一种对生前生活或直接，或理想化的模仿。但需要指出的是：第一，同等级墓葬中随葬品组合所呈现出的规律性，显示出其背后蕴含的观念，而这个观念可能还有制度层面更理想、更严苛的版本。如果我们相信图像是随葬品的一种替代表现形式，也有理由相信图像同样受到了影响随葬品的观念的影响。第二，结合画像内容来看，如果我们相信在天象、祥瑞类题材与历史神话类题材背后，潜藏着汉代人脑中共同的知识和观念，那么也有理由相信衣食住行用等生活场景的描绘背后，可能也存在着相似的观念牵引。

燕生东、刘志敏的研究结合纪年画像石，将画像石椁分为西汉早期、西汉中晚期、西汉末年到东汉初年三期，虽然可使用的材料数量有限，但是他们第一次将苏鲁豫皖地区的画像石椁墓置于石椁墓的总体背景下加以考察。[2] 潘攀的研究继承了这一研究思路，做了更加全面和细致的工作，将这一区域细分为鲁中（包括：曲阜、济宁、嘉祥一带）、鲁南（包括：微山、枣庄、临沂、滕州一带）、苏北皖北豫东（包括：徐州、淮北一带）。潘文以《鲁中南汉墓》一书的材料作为基础，一共收集了1400多座石椁墓，其中画像石椁墓170多座，约占石椁墓总数的12%（鲁中4%，鲁南7%，苏北皖北豫东1%）。

根据潘攀对画像石椁的统计，西汉早期的内容为：树、十字穿璧、绶带璧纹、三角形纹或平行纹，树和十字穿璧纹最常见。西汉中期内容新增了几种几何装饰形纹外，还新增了楼宇、人物、鸟和其他动物、六博纹、柿蒂纹、铺首衔环等新图像。西汉晚期内容则新增了双阙与门卫、宴饮、屋宇与人物、车马等图像，配置也更加复杂。王莽至东汉初年石椁墓数量明显减少。画面内容方面，鲁中、皖北、豫东地区变化不大，徐州和鲁南地区发展很快，新出现送葬、狩猎等题材。东汉中晚期除了以前出现的内容外，历史故事和神话题材增多。[3]

---

1 郑岩：《关于墓葬壁画起源问题和思考——以河南永城柿园汉墓为中心》，载氏著《逝者的面具》，第55—75页。杨爱国：《汉代墓室建筑装饰与随葬品的关系》，《四川文物》2001年第4期。

2 燕生东、刘志敏：《苏鲁豫皖交界区西汉石椁墓及其画像石的分期》，《中原文物》1995年第1期。

3 潘攀：《苏鲁豫皖交界地区石椁墓及其石椁画像研究》，第113—127页。

图9 小宫 M222 画像石墓

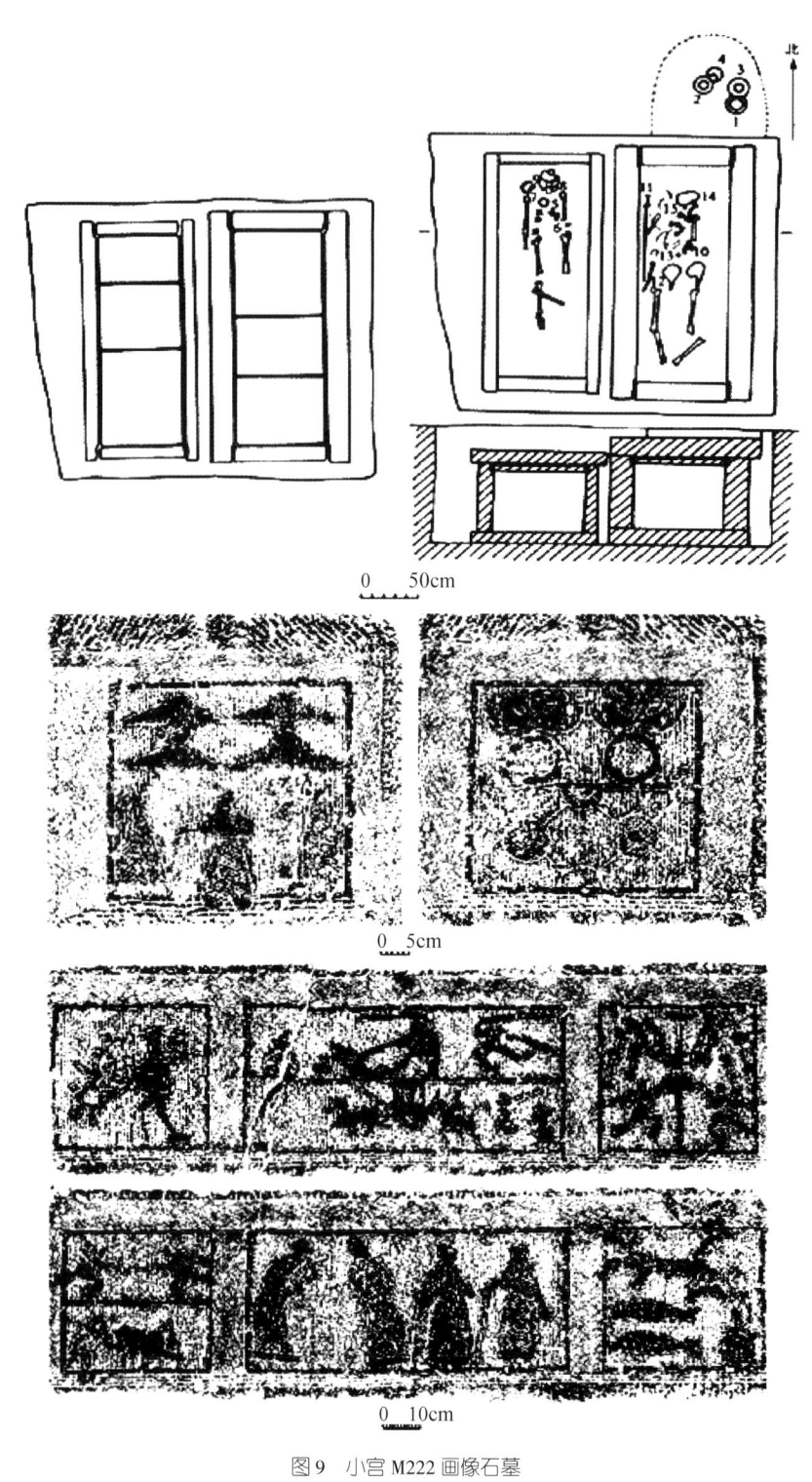

(上: 平剖面图; 中: 头、足档板; 下: 东、西侧板)

本节所作考察，根据画像内容出现的顺序将其大致分为三类：最初出现的装饰纹样、祥瑞、辟邪类图像，随后出现的狩猎、出行、宴饮、庖厨类生活场景的图像，再后出现的历史和神话类故事图像。[1]

从新莽时期开始，除了早期的画像内容，表现享乐生活的图像明显增加：山东平阴县新屯2号合葬墓，收葬男主人的西侧石椁四壁板刻有画像：头挡、足挡为门阙，左（东）侧挡图像分为两部分：左为悬璧，右为厅堂，一人坐，堂外上部一拴马桩，下部一轺车向右，车前一人躬身相向。右（西）侧挡分为两部分：左为一厅堂，下有两组人物，共5人，似为婢女相向而行，外有一车马出行。右为悬璧，一龙横穿左右两图像。滕州小宫M222为夫妻合葬的小型墓葬，除了东椁头部有一小龛放置陶罐随葬外，在两侧板上刻绘了出行、拜谒、宴乐等场景（图9），[2] 与平阴新屯二号墓相似。徐州沛县栖山1号墓（可能为东汉初年）和微山岛沟南村石椁图案增多、复杂化，除了柏树、神怪之外，还出现了拜谒、出行、狩猎、庖厨、乐舞等内容。需要指出的是，尽管南阳画像石与苏鲁豫皖区的画像石有不同的起源，但就赵寨画像石墓、唐河石灰窑画像石墓显示出的题材出现顺序而言，与后者相同。[3] 这些表现享乐生活的图像内容，可以视为作为观念的"外藏"系统的体现。

通过上文考察，当我们重新回顾汉代画像石墓中表现生活类的图像时，应该意识到它们不仅是对于现实生活的再现，或想象中的理想生活的表现，同时也是一种当时社会不同阶层共享的观念的呈现。这个观念包含了在墓葬中的相对位置、内涵功能等稳定的内容，相关的图像是同类明器组合、实物随葬品的不同表征方式。

## 结论与未尽的问题

本文尝试构建一个"制度—观念—表征"的结构，将"外藏"概念置于这一结构中考察。基于先秦以来逐渐发展起来的一种丧葬观念，秦汉时人们希望在保

---

[1] 从目前考古材料来看，汉画图像的另一个大类：天象和表现方位的四神图像，似乎首先在西汉早期的壁画墓中出现，形成比较成熟的图像系统，然后进入画像石墓的图像系统。现在石椁墓中最早见到天象的画像出现于泗洪重岗石椁墓（西汉晚期至新莽时期）两椁室隔壁上。参见南京博物院等《江苏泗洪重岗汉画像石墓》，《考古》1988年第8期。

[2] 山东省文物考古研究所：《鲁中南汉墓》，文物出版社，2009，第210—211页。

[3] 信立祥认为南阳画像石内容题材沿袭了西汉中期以前木椁墓中的帛画和漆棺画。但不同的是，不是从小型木椁墓，而是从附有边箱的大中型木椁墓发展演变而来。信立祥：《汉代画像石综合研究》，第190—292页。南阳市博物馆：《南阳赵寨砖瓦厂汉画像石墓》，原载《中原文物》1982年第1期，后收入南阳汉画馆编《南阳汉代画像石墓发掘报告集》，中州古籍出版社，2012，第182—186页。南阳地区文物队、唐河县文化馆：《河南唐河县石灰窑村画像石墓》，原载《文物》1982年第5期，后收入南阳汉画馆编《南阳汉代画像石墓发掘报告集》，第187—193页。

存尸体的"正藏"之外建造生活保障功能的"外藏"系统。在高等级的墓葬中，大约在汉文帝时期这个观念逐渐成形、稳定，包含了使用者的级别，"厨""厩""婢妾"之类典型的随葬物，藏具形制、数量，"正藏"与"外藏"的位置关系等规范。这个观念在帝陵中的制度化表征，是一种理想的呈现状态。在稍低等级的诸侯王墓葬中，这个观念更多受到财力、地方文化传统、个人喜好等因素影响。而在更低等级的中小型墓葬中，这个观念则以象征性的明器组合、图像等方式呈现，画像石墓中出现的表现生活场景的部分图像就是其中的一种呈现方式。而不同等级墓葬中相应的藏具、相互位置构成的空间关系、生活实用器、明器和图像，构成了这种观念的不同表征。

通过分析，本文在有限的文献材料基础上，将物质遗存作为一种观念的外在表征，通过对物质材料的重新梳理与反思，尝试勾勒出这个汉代观念的具体形态。

"外藏"观念不仅仅是对现实生活的模仿和再现，也是一种关于死后理想生活的共同构想，流行于汉帝国的不同阶层。当制度衰落后，观念仍然可能延续，并与新的墓葬结构重新组合。

同时本文也注意到，对于"外藏"问题的探索仍待深入，如：（1）文帝时这一制度已经形成，汉壁画墓/汉画像石墓等中小型墓葬中至西汉晚期才开始呈现，是否是一种制度下落形成的观念？（2）本文探讨了图像与器物之间的同质关系，属于同类功能的不同表征，而从目前的考古材料来看，它们之间的关系更为复杂：如汉画像石中表现"外藏"观念的图像也在墓阙、祠堂等其他墓葬建筑上出现，这些地表建筑上出现的同类图像是否可以一概认为是同一种观念的表征，仍然存疑。此外，有的墓葬中出现了体现同一功能的随葬物和图像，很多墓中同时出现了真车马、偶车马或车马出行图像，它们之间的关系也有待进一步研究。

# 汉代"人鱼"的神化及其海洋想象萌芽*

■ 李重蓉（中国国家博物馆）

人鱼是中西方文化中共有的一种神话生物，在不同的文化背景中有着不同的寓意。我国的人鱼传说源起较早，相关文献见于先秦，如《山海经》中即有明确记载；而图像起源更早，有研究将人鱼图像的原型溯源至新石器时代的彩陶纹饰上。如西安半坡、临潼姜寨出土的仰韶文化半坡时期的人面鱼纹彩陶盆，天水甘谷县西坪出土的仰韶文化鲵鱼纹彩陶瓶、武山县出土的马家窑文化鲵鱼纹彩陶瓶等陶器上，都绘有鱼纹。但史前彩陶上的人面鱼纹、鲵鱼纹，与后人所理解的"人鱼"可能存在较大出入。

汉代画像石、画像砖上有一种人体的部分结构与鱼体的部分结构相拼贴组合而成的神怪图像，具体可分作人首与鱼身相组合、鱼身与四只人足相组合的两类图像。前一类图像基本符合人们对"人鱼"的想象，但通过梳理先秦汉晋的图文资料，却发现这类人首鱼身神图像的定名并非一开始就叫作"人鱼"，《山海经》中的"人鱼"也并不指称这类图像。那么，当时人是如何认识"人鱼"的？这一概念有着怎样的演变过程？目前学界对于汉代人首鱼身神图像的关注相对较少，[1] 本文试就汉代的"人鱼"概念、人鱼图像、图像的地域分布及特色、汉晋以后人鱼概念的变迁及其文化内涵等问题略呈拙见，求教于方家。

## 一 秦汉"人鱼"与人首鱼身形象

### （一）画像砖上的"人鱼"图像

1991 年，敦煌佛爷庙湾 1 号西晋墓出土了大量彩绘画像砖，画像题材包括神

---

* 本文系国家社科基金青年项目"美术考古视角下的怪兽图像研究"（21CKG026）阶段性成果。
1 相关成果可参见田春《中国古代人鱼图像的谱系》，《设计艺术》2015 年第 1 期；田春《中国古代人鱼图像与传说的互释与演进》，《美术学报》2015 年第 2 期。

兽祥瑞、历史人物、带有佛教文化因素的动植物、世俗生活场景等，其中神兽祥瑞画像砖的数量占比最大。砖面大多带有墨书榜题，其中即有带榜题的人首鱼身神画像砖，为同类题材图像的定名和研究提供了依据。[1]

该墓外甬道仿木门楼照墙由八层彩绘画像砖和一层阙楼砌成。在内照墙第二层上，第一、第四砖各绘一人首鱼身图像，相向而对。砖面四周以墨线勾勒边框，中央彩绘一人鱼图，其头部为一戴冠男子形象，表情安详；头部以下乃鱼身，鳞片细致，带鳍与尾。两砖上的人鱼面向右或左方游动，御波轻划，身姿轻盈，旁有题记"兒鱼"二字（图1）。

有学者认为"兒鱼"即鲵鱼，而鲵鱼在古代便有"人鱼"之称。《说文·鱼部》："鲵，刺鱼也，从鱼，兒声。"段玉裁注："刺鱼者，乖刺之鱼，谓其如小儿能缘木，《史》《汉》谓之人鱼。《释鱼》曰：'鲵大者谓之鰕。'郭云：'今鲵鱼似鲇，四脚，前似猕猴，后似狗，声如小儿啼，大者长八九尺，别名鰕。'按此鱼见书传者不下数十处，而人不之信，少见则多怪也。余在雅州亲见之。《广雅》：'魶，鲵也。'亦谓此。"[2] 提及鲵鱼即"人鱼"的说法。又《春秋左传正义·宣公十二年》曰："古者明王伐不敬，取其鲸鲵而封之，以为大戮。"杜预注："鲸鲵大鱼，名以喻不义之人，吞食小国。"孔颖达疏："注鲸鲵大鱼名。《正义》曰裴渊《广州记》云：'鲸鲵长百尺，雄曰鲸，雌曰鲵，目即明月珠也，故死即不见眼睛也。'周处《风土记》云：'鲸鲵，海中大鱼也，俗说出入穴，即为潮水。'"[3] "鲸"和"鲵"，似乎是对同一种类、雌雄不同鱼的不同称呼。不过清方旭《虫荟》卷四《鳞虫》"鲵鱼"条："鲵鱼膏燃之不灭，秦始皇骊山冢中所用'人膏'即此。或曰即鲸之雌者，误。"[4] 则否定以雄雌来区别鲸鲵的观点。

鲵鱼图像在当时已被程式化，如1987年发掘的敦煌佛爷庙湾133号西晋早期墓中，也出土了类似的大鲵画像砖（M133：8-4）。[5] 据发掘报告称该砖图像的定名参照了敦煌佛爷庙湾1号墓出土画像砖的题记，该砖图像仅备一说。

西晋画像砖上的"兒鱼"（鲵鱼）图像，可能即当时人认为的人鱼形象，这与后人所理解的神化"人鱼"相符合，而非俗名为"娃娃鱼"的现实动物。

---

[1] 殷光明：《敦煌西晋墨书题记画像砖墓及相关内容考论》，《考古与文物》2008年第2期。

[2] （清）段玉裁注：《说文解字注》，中华书局，2013，第583页。

[3] （晋）杜预注，（唐）孔颖达等正义：《春秋左传正义》卷二三《宣公十二年》，上海古籍出版社，1990，第399页。

[4] （清）方旭：《虫荟》，载《续修四库全书》，第1120册，第218页。

[5] 甘肃省文物考古研究所：《敦煌佛爷庙湾西晋画像砖》，文物出版社，1998，第38、71—72页，图版三二：1、三一：2。

图 1　敦煌佛爷庙湾 1 号西晋墓出土兒鱼画像砖

(笔者拍摄)

## (二) 文献中的"人鱼"与人首鱼身神

然而先秦秦汉文献记载中的"人鱼",却并不指这种人首鱼身神。如《山海经》中有多处记载,其中《山海经·北山经》有具体描述:"决决之水出焉,而东流注于河。其中多人鱼,其状如䱱鱼,四足,其音如婴儿,食之无痴疾。"[1] 又《山海经·海外西经》云:"龙鱼陵居在其北,状如狸。一曰鰕。即有神圣乘此以行九野。一曰鳖鱼在夭野北,其为鱼也如鲤。"袁珂案:"龙鱼,疑即《海内北经》所记陵鱼,盖均神话传说中人鱼之类也。龙、陵一声之转,一也;龙鱼陵居,陵鱼当亦因其既可居水,复可居陵而号陵鱼,二也;龙鱼似鲤,谓之龙鲤,陵鱼亦似鲤,谓之陵鲤,三也;龙鱼'一曰鰕',《尔雅·释鱼》云'鲵大者谓之鰕',《本草纲目》云'鲵鱼,一名人鱼';而'人面手足鱼身在海中'之陵鱼,正是人鱼形貌,四也。有此四者,故谓龙鱼即《海内北经》所记之陵鱼。"[2] 可知,在此"人鱼"是指鲵鱼,乃至今可见的现实动物。

汉代文献中也有"人鱼"记载。《史记·秦始皇本纪》提到秦始皇陵地宫"以人鱼膏为烛,度不灭者久之",裴骃《集解》:"徐广曰:'人鱼似鲇,四脚。'"张守节《正义》曰:"《广州志》云:'鲵鱼声如小儿啼,有四足,形如鳢,可以治牛,出伊水。'"《异物志》云:"人鱼似人形,长尺余。不堪食。皮利于鲛鱼,锯材木入。项上有小穿,气从中出。秦始皇冢中以人鱼膏为烛,即此鱼也。出东海中,今台州有之。"[3] 王子今

---

[1] 袁珂:《山海经校注·山经柬释》卷三,上海古籍出版社,1980,第 86 页。

[2] 袁珂:《山海经校注·海经新释》卷二,第 224 页。

[3] (汉) 司马迁:《史记》卷六《秦始皇本纪》,中华书局,1959,第 265、266 页。

先生考证过"人鱼膏"的说法,他列举古代学者对"人鱼膏"有"人膏""鱼膏"等不同观点,注意到其中有涉及"鲸鱼"的部分,推测如果"人鱼膏"确是鲸鱼脂肪,"则也可以看作书写了以鲸鱼为对象的海洋资源开发史的重要一页";又提示有的解说中有"人鱼""出东海中"的信息,认为这是重要的早期海洋学信息。[1]

《续汉书·郡国志一》载弘农郡"卢氏有熊耳山,伊水清水出"。李贤注"熊耳山"曰:"《山海经》曰:'其上多漆,其下多樱。浮豪之水出焉,西北流注于雒,其中多美玉,多人鱼。'"[2]

文献中也出现人首鱼身神形象,但他们另有其名。如《山海经·海内南经》曰:"氐人国在建木西,其为人人面而鱼身,无足。"[3]《山海经·海内北经》曰:"陵鱼人面,手足,鱼身,在海中。"[4]《山海经·南山经》曰:"英水出焉,南流注于即翼之泽。其中多赤鱬,其状如鱼而人面,其音如鸳鸯,食之不疥。"[5] "氐人""陵鱼""赤鱬"皆为人面鱼身形象,乃神话想象类动物。

汉代纬书中也有这一形象,《尚书中候》曰:"禹临河观,有白面长人鱼身,出曰:'吾河精也。'"[6]《尚书中候人考河命》曰:"观于河,有长人,白面鱼身,出曰:'吾河精也。'呼禹曰:'文命治淫。'言讫,受禹河图,言治水之事,乃退入于渊。于是以告曰:'臣见河伯,面长人首鱼身,曰吾河精,授臣河图。'"[7] 纬书中自名曰"河精"的神灵,外形为人首鱼身,被时人认为是河伯,带有神圣的天命与权力。

经过梳理可知,先秦至晋的人鱼概念大致分为两类。一类是在文献记载中,"人鱼"并不等于人首鱼身神,它作为现实动物的名称,可能指鲵鱼,也可能指鲸鱼,与东海有关;有认为鲸鲵即一物、只是雄雌不一的观点,但不论是指哪种鱼,它们的形象都是写实的鱼类。另一类是在图像资料中,逐渐借用"人鱼"一名来标记人首与鱼身相组合的虚拟形象,这一定名的变化可能发生在汉晋之际,在汉代画像砖、画像石上已出现了这种想象性的人首鱼身图像,西晋画像砖图像可能是对汉代图式的沿用。

---

[1] 王子今:《秦汉名物丛考》,东方出版社,2015,第270—283页;《秦汉海洋文化研究》,北京师范大学出版社,2021,第65—75页。

[2] 《续汉书·郡国志》一,见(南朝宋)范晔《后汉书》志第十九,中华书局,1965,第3401、3402页。

[3] 袁珂:《山海经校注·海经新释》卷五,第280页。

[4] 袁珂:《山海经校注·海经新释》卷七,第323页。

[5] 袁珂:《山海经校注·山经柬释》卷一,第6页。

[6] 安居香山、中村璋八辑:《纬书集成》(上),河北人民出版社,1994,第406页。

[7] 安居香山、中村璋八辑:《纬书集成》(上),第431页。

## 二 汉代"人鱼"图像及其空间表现

### (一)"人鱼"画像石

汉代的"人鱼"图像主要见于邹城、济宁、徐州等地的画像石上。

1973年济宁喻屯公社发现13块画像石,其中编号为第八的石头高164厘米、宽30厘米、厚35厘米,石头正面自上而下依次刻有三个人首蛇身神、二羊相背而立又回首对望、三个人首鱼身神、一羊与一人首飞鸟、两名羽人、两个人首蛇身神交尾、一兽、三首人面兽图像(图2)。[1] 此石上的人鱼图像并排,其头部为戴冠男子形象,五官清晰,长有胡须;头部以下为鱼身,长着鱼鳍和鱼尾(图3)。

2013年邹城市峄山镇北龙河村南4号石室墓出土一块汉画像石,[2] 石面上、下、左三侧刻边框,画面中央为一座栾拱支撑的双层水榭,水榭中有人,水榭左右两侧环绕着飞鸟;水榭下的河塘里神人与鱼群相交织,组成一幅生动热闹的河伯出行图(图4)。其中在栾拱下有三鱼,栾拱右侧有三名戴冠的人首鱼身神,其形象与济宁喻屯公社画像石上的人鱼图像相似;他们之后又有三人骑鱼,四鱼拉辂车、车上端坐着车夫和戴山形冠的河伯;这些神人车队的上方,还有游鱼、鸟与乘舟者在徜徉。此石上的三名人鱼在河伯出行队伍的前方遨游,似乎是为车队开路的前行者。

图2 济宁喻屯公社出土画像石拓片

---

[1] 夏忠润:《山东济宁县发现一组汉画像石》,《文物》1983年第5期。

[2] 邹城市文物局:《山东邹城峄山北龙河宋金墓发掘简报》,《文物》2017年第1期。

图 3 济宁喻屯公社出土人鱼画像石局部

（徐呈瑞提供）

类似的人鱼图像还见于邹城高庄乡金斗山出土、邹城孟庙收藏的一块画像石上，画面主体为一群神兽围绕着月亮，月下有一对人鱼左右相对（图5）。[1]

1975年邹城北宿镇南落陵村出土一块画像石，石上阴线刻图像，画面横向分为三格，右格为建鼓图，中格为车马出行图，左格则为神人乘鱼车出行图（图6-1）。在左格中，一龙为乘、三鱼拉车，车上有一御者与一尊者，车后还有一仙人骑神兽相随；在拉车三鱼的上方，有一披发的人首鱼身神，向前游动，似乎在为鱼车导向护航（图6-2）。[2]

---

[1] 中国画像石全集编辑委员会：《中国画像石全集》第2卷《山东汉画像石（2）》，山东美术出版社、河南美术出版社，2000，第27页，图版说明；第72页，图八〇。

[2] 胡新立、朱青生：《汉画总录》33《邹城》，广西师范大学出版社，2017，第166、167页。

汉代"人鱼"的神化及其海洋想象萌芽　177

图4　邹城市峄山镇北龙河村南4号墓出土汉画像石及拓片
（徐呈瑞提供）

1964年徐州十里铺汉画像石墓中室横额石正面刻双龙相交图,在其身体交缠形成的环形内,有两名人鱼图像。人鱼头戴冠,与鲁南地区图像不同的是,他们腰部以上的上半身为人形,身着交领外衣;下半身才为鱼形,似乎呈斜卧姿而非游动状(图7)。[1]

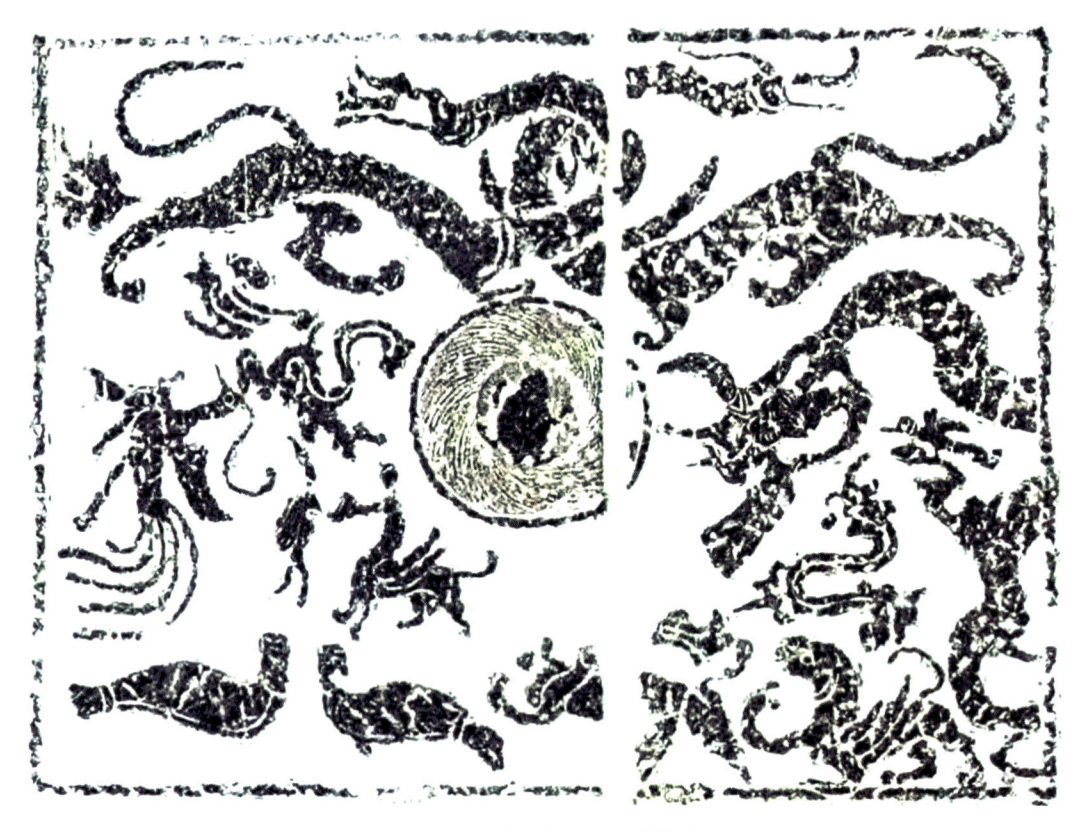

图5 邹城高庄乡金斗山出土画像石拓片

图6-1 邹城北宿镇南落陵村出土画像石拓片

---

[1] 江苏省文物管理委员会、南京博物院:《江苏徐州十里铺汉画象石墓》,《考古》1966年第2期。

图 6-2　邹城北宿镇南落陵村出土画像石局部

图 7　徐州十里铺汉墓中室横额石拓片

另外，徐州汉画像石艺术馆收藏一块画像石，画面中央为西王母图像，其左右各有一名侍者；西王母的上方右侧有一神兽，左侧有一人鱼图像（图 8）。[1]

汉代画像石上的人鱼图像与敦煌佛爷庙湾西晋画像砖上的鲵鱼图像极为相似，皆为人与鱼形象的组合，其头部为男性面孔，基本都戴冠，具有一定的礼仪性色彩。因此，将汉画像石上的这类图像定名作"鲵鱼"应基本无误。

---

[1] 转引自郑茜方《汉画中的人鱼形象》，《咸阳师范学院学报》2018 年第 5 期。

图 8 徐州汉画像石艺术馆藏画像石拓片

可知自先秦至西晋，人首鱼身形象的定名从"氐人""陵鱼""赤鱬"，逐渐演变为"児鱼"（鲵鱼），也就是"人鱼"，实现了借用曾经指代现实动物的名称来称呼想象虚构神灵的转换。

## （二）图像对于神仙世界的空间表现

目前所见的人鱼图像资料虽然有限，但它们在形式上具有共性，即都有空间设计，以此途径来表现汉代人的神仙信仰。

墓室作为一个特殊场域，其中的图像与器物表达着特定的丧葬习俗和礼仪规范。据"人鱼膏"可知，秦汉人可能认为"人鱼"膏脂是一种能够长燃不灭的灯料，它被放置在墓室中，以其长明的功效起到护佑安宁的作用，从而人鱼被赋予一种想象性功能。可推知墓室中的其他人鱼图像也承担着特殊的风俗信仰功能。

具体到每幅图像中，人鱼图像一是出现的场景多以水域为主，组合对象乃神人与神兽，如乘鱼车的神人、奇禽异兽、月亮等，这些意味着人鱼也是一种祥瑞。二是从构图形式上说，人鱼图像的设计中强调空间感，人鱼能够引导观者留意画面以内和以外的空间，从而建构和引人想象神仙世界。

比如济宁喻屯公社共出 13 块画像石，发掘简报称它们"出土时次序已乱，各块之间联系尚待研究"，难以明确画像石原本所处的位置。从形制及构图看，与刻人鱼图像的第八石相近的有第七、九、十、十一、十二、十三石。只有第七石高 142 厘米，其余6块石头皆高164厘米，宽厚尺寸不等；这7块画像石皆在一面刻画图像，自上而下各刻七至十一组奇禽异兽、神灵羽人图像。相近的高度和构图形式，意味着这7块画像石有可能原初在墓室中的位置相近，或都为同一种类型的建筑构件，比如立柱石。

立柱石作为支撑墓室顶部的构件，相互会组成一个空间，这个空间的制高点是墓顶。各立柱石上的图像往往属于同一题材，比如奇禽神灵，在视觉上形成一个横向互相呼应的场域；这些立柱石画面的构图形式又是纵向排列的，并且墓顶一般会设置象征天界的图像，如此从立柱石到墓顶就形成一种纵向的从下往上上升的连贯和谐的视觉效果。一横一纵，共同营造出迥异于人间的神界的神秘氛围。该墓第八石上的人鱼图像，既与同刻于一石上的神兽、又与其他几块相似画像石上的灵怪相呼应，将观者的视线首先横向引入到它们所置身的仙境当中，然后又纵向上升到顶空的天界。这种空间感的设计，反映出当时人对于宇宙层次的理解，而神兽祥瑞则是人间与神界沟通的中介。

又如邹城高庄乡画像石上，一群神兽围绕在月轮四周，使观者的视线聚焦在画面中心，再四向发散开留意到周围呈放射状分布的神兽（图6）。其中一对人鱼图像位于画面左下角，即图像最底层的位置上；他们左右相向而对，昂首、身体向外横向打开，也会将观者的视线引向他们头顶的方向。此石上的人鱼图像与其他神兽一起，类似于众星拱月，组成以画面中央的月轮为主、周围为辅的空间格局。

再如徐州十里铺汉墓的人鱼图像刻于中室横额石正面，此石有明确的方位，应与周围画像石联系起来观察。在中室与前室、后室的相接处，各有两侧立石支柱，立柱上都架横额。在中室共有五幅画像，分别位于中室横额的正反面、东西立柱的正面和西立柱的侧面，其中东立柱正面刻双龙，西立柱正面刻双盘龙。如此，横额和东西立柱三石的正面画像构成一个平面，这一平面上的图像皆为双龙，象征生殖与吉祥；又在横额正面的双龙相交的长尾中，还夹以人鱼图像，便在视觉上形成一种纵深空间的效果，仿佛双龙中间还有一个空间、才可能容纳其他神灵（图7）。所以，整个中室的画像既有二维平面的组合，也有三维立体空间的表现。

图9　邹城北宿镇南落陵村出土画像石拓片

另外，邹城北宿镇和峄山镇出土画像石上的人鱼图像皆位于鱼车前方，其含义可能相近。由于峄山镇4号墓的修筑年代是元代，该墓画像石乃旧物利用，难以还原画像石在汉代墓室中的原境，所以以北宿镇画像石作为分析对象。虽也已难辨北宿镇画像石在墓中的位置，但同出的另一石形制与之相近，后者表面横向浅浮雕三格图像，图像形式与人鱼画像石的一一对应：左格刻二龙相戏，中格刻一虎一牛相斗、旁有一人持殳刺虎，右格刻三鹤争鱼（图9）。[1] 从二石体积和画面布局来看，它们可能是石椁的两侧椁板，相互之间可能原本存在组合关系。将二石上的六幅图像放在一起，其中反映人间生活的车马出行图和建鼓图位于另外四幅神人神兽图像中间，形成人神共处的氛围，当中的人仿佛也能经由引导而与神相通（图6-1、图9）。

汉代石椁与容纳石椁的墓室的象征意义类似，都意味着墓主人的地下宅居与灵魂所居之处，石椁图像也具特殊含义。此块北宿镇人鱼画像石上三幅图像中人物的朝向值得注意。右格的建鼓图面向观者，仿佛正在进行一场热闹喧天的乐舞仪式，汉代有以歌舞祭祀神灵的现象，如《汉书·五行志》云：哀帝建平四年（前3），"其夏，京师郡国民聚会里巷仟（阡）陌，设（祭）张博具，歌舞祠西王母。"[2]

中格的车马正朝左而行。右格的鱼车也是自右向左而行。将这三幅图像联系起来，可知它们的表现形式类似连环画，彼此之间可能有线性关联、存在线性叙事逻辑：右格正以建鼓音乐的仪式来祭祀和沟通神灵，以此安抚独自面对未知死亡世界的墓主人亡灵；中格车马上刻画的可能正是墓主人，他由前行的车队带往另一个世界；前方左格乘鱼车的神人，正是墓主人的引导者，将护送他平安过渡到神仙世界，而与鱼车并列位于最前方的人鱼，则是整个神与人车队的引领护航者。人鱼不仅引导着画面上的车队，也可能引导画面之外的观者将视线一直投向左方、超越显性的画面，去想象通往前方的另一个神仙世界。在此，人鱼图像既给画面中的显性空间做出定位，确定了人物的方位和行动顺序；还暗示出有一个画面外的隐性空间的存在。

以上画像石的图像都有对空间的设计。如通过横纵向的空间表现，来展现动态流动的升仙过程；用有主有次的空间格局，来反映仙界的等级；用平面中蕴含立体的空间感，来暗示双盘龙所在平面以外还有另一个空间的存在，这两个世界的神灵彼此和谐相处；通过显性和隐性空间的暗示，引人想象即将被人鱼引导进入的神仙世界。通过对空间感的设计，人鱼图像表达着汉代人的神仙信仰。

---

1 胡新立、朱青生：《汉画总录》33《邹城》，第168、169页。
2 （汉）班固：《汉书》卷二七下之上《五行志下之上》，中华书局，1962，第1476页。

## 三 汉代"鱼"文化

鱼图像早在新石器时代就已被作为艺术纹饰刻画在陶器上，长期以来，我国积淀了含义丰富的"鱼"文化，这可能对汉代"人鱼"图像的创造有所启发。

### （一）象征男女情爱的鱼

鱼繁殖力强，多籽，生长迅速，可被当作生育崇拜的象征，寄托着古人对于人丁兴旺的期待与诉求。

《诗经·陈风·衡门》曰："岂其食鱼，必河之鲂？岂其娶妻，必齐之姜？岂其食鱼，必河之鲤？岂其娶妻，必宋之子？"[1] 将食鱼与娶妻相联系，既因为黄河之鲂与鲤、宋齐两地的女子，都是各自所属中最优秀的，也因为鱼有生殖、男女情爱的象征含义。

这一意识在民间广为流传。如古乐府《皑如山上雪》云："竹竿何嫋嫋，鱼尾何簁簁"[2]，以钓竿之柔细与鱼尾之绵密，比喻男女之间绵长无尽的相思。又如蔡邕《饮马长城窟行》曰："客从远方来，遗我双鲤鱼。呼儿烹鲤鱼，中有尺素书。长跪读素书，书中竟何如？上有加飧食，下有长相忆"[3]，亦道尽幽渺悱恻的相思之苦。

在此鱼作为沟通双方之间的信使，游子与思妇可聊以慰藉，于是"鱼传尺素"成为一典，屡见于后人的诗词中。鱼长期作为"动物信使"，在文人学者的诗文中充当信函、书牍的代名词，这可能与鱼的"深潜"（带有"保密"属性）和"游动"习性有关。

### （二）具有神奇属性的鱼

鱼也被汉代人认为带神力，在汉画像上主要有三类图像加以表现，即鱼龙曼衍图、鱼车图和三鱼共首图。

其一，汉代人认为鱼与龙之间存在某种关联，有学者从图腾的角度考证过[4]。又汉代文献中有"鱼龙曼衍"或"曼衍鱼龙"之说，它是一种"鱼龙幻化"的表演艺术，常被认为是一种杂技或幻术。学界对此多从考古、百戏杂技、戏剧戏曲等领域进行考察，近期还有学者在前人基础上，从美术领域考证了这一概念的生成及其标准图像。[5] 在汉画像中，也常见鱼龙混游的图像，后世还有"鲤鱼跳龙门"的传说。这些都说明古人认为鱼龙之间有关系，不仅因为它们同为水生物，还可能

---

[1] 王秀梅译注：《诗经·国风》，中华书局，2015，第271页。

[2] （南朝陈）徐陵编，（清）吴兆宜注，程琰删补，穆克宏点校：《玉台新咏笺注》，中华书局，1999，第15页。

[3] （南朝陈）徐陵编，（清）吴兆宜注，程琰删补，穆克宏点校：《玉台新咏笺注》，第34页。

[4] 王大有：《龙凤文化源流》，北京工艺美术出版社，1987，第72、130—131页。

[5] 朱浒：《汉代"鱼龙曼衍"图像新证》，《南京艺术学院学报（美术与设计）》2021年第1期。

因其外形、特性上有共通性，所以彼此之间能够相互转化，这也增添了鱼的奇特属性。

其二，鱼也可以作为神人座驾。汉画像上常见一种鱼车图，即几条大鱼作为神人所乘之车的牵动引力，它们并排而游，鱼身上套辕，牵引车箱，车上有御者和主神。鱼拉车，承载着神人出行，这一场景相当浪漫无稽。鱼无翼亦无足肢，却能够在水中自由移动，加之水这一介质的透明性，更使得仿若在"无"这一真空状态下游动的鱼增添了几分空幻轻灵之气。它作为沟通神仙世界与人间的媒介，引导人升仙或向人传达另一个世界的讯息。

关于鱼车图的寓意，学界已多有讨论，较早有李陈广先生认为它反映的是河伯出行图，这一观点得到了学界认同；[1] 也有学者认为它反映的是琴高乘鲤鱼升仙的故事；[2] 还有学者认为它具有强烈的神仙和升仙意义。[3]

其三，汉画像石上还有一种造型别致的三鱼共首图像，即三条鱼环绕聚首在一处，它们的头部相叠、身尾各向一方伸展，呈现出三鱼只有一个头、但三条鱼的身体外向撇开呈 360°排列的奇妙视觉效果。这一图像形式既反映出汉代人基于生活观察之上的别出心裁的造型能力，也寓意神秘。

如四川合江张家沟二号崖墓出土四号石棺右侧，刻有三鱼共首图像。画面上刻一排神兽，从左往右依次为：直立的蟾蜍，与一只立兽相对；扬尾的九尾狐向右方踱步，身形轻盈，一只三足乌左向与之相对；一只神鸟展翅而飞，回首而望；最右方是三鱼共首，一个鱼头三向各延伸出一尾鱼身，线条曼妙（图10）。[4]

图10 四川合江二号崖墓出土石棺拓片

---

1　李陈广：《南阳汉画像河伯图试析》，《中原文物》1986 年第 1 期。李立：《汉墓神画"鱼车图"的神话内涵与神话艺术魅力》，载氏著《汉墓神画研究：神话与神话艺术精神的考察与分析》，上海古籍出版社，2004，第 46—65 页。牛天伟、金爱秀：《汉画神灵图像考述》，河南大学出版社，2009，第 152—169 页。

2　宋艳萍：《汉画像石中的"鱼车图"》，《四川文物》2010 年第 6 期。

3　王煜：《也论汉代壁画和画像中的鱼车出行》，《考古与文物》2013 年第 3 期。

4　中国画像石全集编辑委员会编：《中国画像石全集》第 7 卷《四川汉画像石》，第 144—145 页，图一七九。

图 11 山西离石左表墓墓室门侧画像石拓片　　图 12 宿州萧县龙城镇陈沟画像石拓片

山西离石马茂庄左表墓墓室门侧画像石上也有此图像。该石的上、左、右三方边栏各刻云气纹，主体画面为仙境图。最上方是神人驾驭神兽驾车的出行图，两名神人乘坐在云车上，车上树华盖，华盖下主神后坐，头戴山形冠；御者前坐，扬鞭驾车；云车由四只神兽所拉，神兽纷纷扬蹄飞驰。画面中间为三鱼共首图；其下方有一只蟾蜍；右方立一麒麟，左方立一带角翼兽，双兽相向而对。画面最下方则有一虎，似有羽翼，口中似衔有一物，同时还在追逐前方一兽；在虎逐兽的旁侧，静立一鸮鸟，向翼虎回首，似在观看（图11）。[1] 此石上的三鱼共首图线条写意，在正中央以稳固的三角形成画面重心所在，使得其上下左右的构图对称，设计形式匠心独运。

类似图像较多，见于河南、山东、四川等地，杨爱国先生曾作过梳理。[2] 另外安徽宿州萧县龙城镇陈沟出土一块画像石上也见此图像（图12）。[3]

关于三鱼共首图的含义，似乎应区别对待。比如有一类图像并无特别之处，它们在山东画像石上较为常见，仿佛只是对鱼群簇拥在一起时、身形相互掩映而造成视觉错觉的现实写照。但另一类图像中的

---

[1] 中国画像石全集编辑委员会编：《中国画像石全集》第 5 卷《陕西、山西汉画像石》，第 201 页，图二八三。

[2] 杨爱国：《古代艺术品中三鱼争头图探析》，《民族艺术》2013 年第 3 期。

[3] 朱存明：《徐州新发现汉画像石的考察与研究》，《中国国家博物馆馆刊》2013 年第 7 期。

三鱼共首却不再与其他鱼类同时出现,而明显与一些神兽相组合,这一类图像的含义可能更为复杂。对于后者,学界多有讨论,高文先生较早作过探讨,认为"三"的构图可能具有哲学含义,古人用三条鱼来表现"阴、阳、和"的"三气图"[1]。杨爱国先生则在总结各家观点的基础上,提出"多重寓意"的看法,认为这类图像可能寓意祥瑞和富贵,[2] 可给我们以启示。

### (三) 象征吉祥的鱼

鱼谐音"余",取意年年有余,兆示着丰年。如《诗经·小雅·无羊》云:"众维鱼矣,实维丰年。"[3]

图13 神鱼仙人赤松子铭变形四叶对凤镜拓片

---

[1] 高文、王锦生:《阴阳双鱼、涡纹、三鱼共首——谈汉代画像中的"三"》,《中国汉画学会第十届年会论文集》,湖北人民出版社,2006。

[2] 杨爱国:《古代艺术品中三鱼争头图探析》,《民族艺术》2013年第3期。

[3] 王秀梅译注:《诗经·小雅·无羊》,第414页。

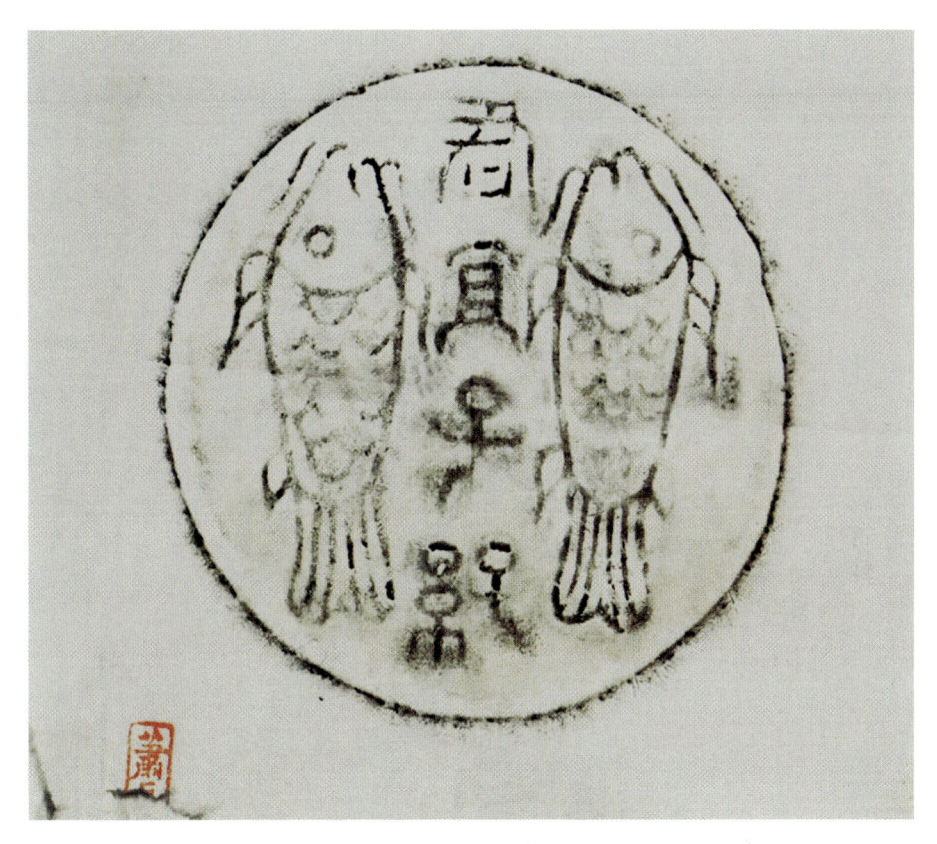

图 14 中国国家博物馆藏汉代双鱼青铜洗拓片
(中国国家博物馆提供)

汉代有大量将鱼与吉祥用语相联系的图像。如一面东汉三国时期的铜镜,镜面内区围绕镜纽的上下左右四面,各刻一汉隶,合起来作"君宜高官"四字铭文;外区为一圈铭文带,铭文作"□□□□□□□,青龙白虎居左右,神鱼仙人赤松子,八爵(雀)相向法古始,令以长命宜孙子,作吏高迁车生耳,□"。铜镜边缘为一圈神兽羽人纹饰带,其中有神鱼、九尾狐、羽人戏虎等图像(图13)。[1] 神鱼有两条,雕作侧面,呈游动之姿。

又如中国国家博物馆藏一件汉代双鱼青铜洗拓片,洗内底部左右各刻一向上游动的鲤鱼,双鱼并排,鱼须、鱼鳍和鳞片刻画清晰,在双鱼中间从上而下刻四字汉隶"君宜子孙"。拓本左下角钤"萧"押记朱文长方印(图14)。

这些鱼图像与吉祥铭文相伴,明确了鱼象征富贵吉利的寓意。

---

[1] 王纲怀:《汉镜铭文图集》,中西书局,2016,第454页。

以上艺术中的"鱼"所包含的丰富内涵,为人鱼图像的创造奠定了文化基础。

## 四　汉晋"人鱼"图像的地域特色

汉代"人鱼"图像的分布体现出较强的地域特色。目前所见"人鱼"画像石主要分布在今邹城、济宁和徐州,皆属于画像石的第一分区,此分区内的画像石起源较早、水平最高、影响力最大。[1] 制作画像石所需的生产技术、自然环境、思想观念以及图示程式等现实及艺术文化条件都有所保障,体现出较为浓厚的地域特色。

首先,邹城、济宁和徐州在汉代有丰富的铁资源。在东汉时期,邹城属徐州刺史部鲁国,济宁属兖州刺史部东平国,徐州属徐州刺史部彭城国,《汉书·地理志》载东平国:"有铁官",鲁国六县之一的鲁县"有铁官",楚国七县之一的彭城"有铁官"。[2] 这些地方皆设铁官,说明当地铁资源较丰富、锻铁技术水平较高,为画像石制造提供了生产条件。又《续汉书·郡国志三》载"彭城有铁。"李贤注曰:"古大彭邑。《北征记》城西二十里有山,山有楚元王墓。伏滔《北征记》曰:'城北六里有山,临泗,有宋桓魋石椁,皆青石,隐起龟龙鳞凤之象。'"[3] 彭城外山上墓地有用料上乘、刻工精细的石椁,说明当地制作画像石的技艺高超。

其次,这几地又皆有河流或湖泊流经,邹城、徐州有泗水流经,邹城、济宁临近微山湖。泗水与微山湖的水产丰富,至今犹以鳢鱼为特产。这一自然条件可能为雕刻画像石上鱼的多种造型提供了便利。

再次,鲁地儒风源远流长,至汉仍胜于其他地方,《汉书·地理志》载:"今去圣久远,周公遗化销微,孔氏庠序衰坏。地狭民众,颇有桑麻之业,亡林泽之饶。俗俭啬爱财,趋商贾,好訾毁,多巧伪,丧祭之礼文备实寡,然其好学犹愈于它俗。"[4] 儒教礼制提倡厚葬,为汉墓的装饰提供了思想基础。

最后,第一汉画区画像石的风格较为统一,通过比较其他汉画区的画像石发现,第一分区内对于鱼图像的刻画较有特色,不仅鱼类多样,而且对鱼的出现场景、组合对象等的表达多元,相关题材被程式化,为人鱼图像的创造提供了艺术支撑。

---

1　信立祥:《汉代画像石综合研究》,文物出版社,2000,第13—15页。

2　(汉)班固:《汉书》卷二八下《地理志下》,第1637、1638页。

3　《续汉书·郡国志》三,见(南朝宋)范晔《后汉书》志第二十一,第3460、3461页。

4　(汉)班固:《汉书》卷二八下《地理志下》,第1663页。

图 15 邹城郭里镇下镇头村收集的两块画像石

在种类上，第一分区不仅有其他分区也常见的鲤鱼图像，还多见鲵鱼图像。如邹城郭里镇下镇头村收集的两块画像石，上下组成整幅画面，以带栱水榭为主要图像，承栱立柱的右方有四鱼二鲵呈聚首状（图 15）。[1] 邹城郭里镇黄路屯多见这类鲵鱼画像石。[2] 又如嘉祥武氏祠左石室后壁小龛东侧画像石，画面分上下三格，在

---

[1] 胡新立、朱青生：《汉画总录》31《邹城》，第 158、159 页。

[2] 胡新立、朱青生：《汉画总录》31《邹城》，第 167—169、176、177、200、201 页。

最下格也刻有两鲵。[1]《水经注·伊水》曰："（伊水）又东北至洛阳县南，北入于洛。"郦道元注："……《广志》曰：'鲵鱼声如小儿啼，有四足，形如陵鳢，可以治牛，出伊水也。'司马迁谓之人鱼，故其著《史记》曰：'始皇帝之葬也，以人鱼膏为烛。'徐广曰：'人鱼似鲇而四足，即鲵鱼也。'"[2] 其中涉及鲵鱼形如鳢鱼的说法值得注意。

神人骑鱼也是第一汉画区常见的图像。如嘉祥武开明祠屋顶后坡东段画像石，[3] 画面分上中下三层，最上层刻绘神人出行图，其中主神乘坐鱼车，其周围环绕跟随着各式随从，有不少神人即骑鱼随行（图16）。

图16 嘉祥武开明祠屋顶后坡东段画像石拓片

---

1 中国画像石全集编辑委员会：《中国画像石全集》第1卷《山东汉画像石（1）》，第57页，图八一。

2 （北魏）郦道元著，陈桥驿校证：《水经注校证》，中华书局，2007，第378页。

3 傅惜华、陈志农编，陈志农绘，陈沛箴整理：《山东汉画像石汇编》，山东画报出版社，2012，第430页。中国画像石全集编辑委员会：《中国画像石全集》第1卷《山东汉画像石（1）》，第64页，图八九。

这些形式多样的鱼图像，反映出当地人对鱼的特殊关注和想象，赋予其较为特别的功能含义。

汉代"人鱼"画像石集中在上述几地，有地方现实条件的支撑，图像体现出地域特色。汉代以后，西晋敦煌地区的画像砖上重现了汉代"人鱼"图像，则反映出中原文化的传播和影响。

东汉末年天下大乱，河西一带却并未受到中原地区战乱的影响，在较长一段时间内保持了政治稳定，农牧物产丰富，持续与西域交易，当地百姓相对能够安居乐业。《后汉书·孔奋传》载："时天下扰乱，惟河西独安，而姑臧称为富邑，通货羌胡，市日四合，每居县者，不盈数月辄致丰积。"[1] 在中原画像石墓逐渐衰落的情况下，河西地区的画像砖则继承中原文化，发展起来。佛爷庙湾画像砖墓的墓葬形制、随葬品种类及画像砖题材风格，都具有明显的中原传统文化因素，同时也具有地域特色。就其画像砖而言，图像题材带有浓厚的仙幻色彩，还出现带有佛教文化印记的图像，凸显出敦煌地区在东西文化交流中的重要文化纽带地位。其中的神兽祥瑞画像砖被安排在象征庄园崇门危阙的照墙壁面上，体现了汉魏以来社会各阶层强烈的辟邪升仙思想。"人鱼"图像的西传，是中原文化影响到河西地区的一个形象反映。

综上，"人鱼"图像之所以会在汉代出现，既有长期积淀的民族文化心理在起作用，赋予了鱼丰富的文化含义；也有较强的地域特色，可能受到当地地理环境的影响；还具有时代风潮的因素。一方面，神兽在汉代被大量创造，这既有先秦本土神话素材的积淀，也受到外来文化的影响。随着西汉张骞通西域，我国与异域的政治、经济、文化交往日益增多，大量外来事物涌入本土，为汉代神话的文本创造、图像造型，提供了丰富生动的资源；另一方面，汉代大约自西汉中期以来，谶纬日益流行甚至有影响朝政之势，加上神仙信仰在社会各阶层的普及，这些思潮都为神兽的被创造提供了思想基础。汉代中外交流增多、谶纬思想和神仙信仰的流行，是"人鱼"图像出现的时代因素。

## 五　"人鱼"概念的演变及其原因

如前所述，"人鱼"概念可能是在汉代发生了变化，此后它有两种基本含义，以同名来指称不同的事物。一种是延续《山海经》的说法，指称现实的鲵鲸鱼；另一种则指称半人半鱼的精灵，影响深远，特别是在唐宋笔记小说中被描述为海精，突出其传奇与非常性。

### (一) 神化的"人鱼"概念

神化"人鱼"的思维可能萌生在汉

---

[1] （南朝宋）范晔：《后汉书》卷三一《孔奋传》，第1098页。

代，这可能是促使"人鱼"由现实中的鱼转向想象中神灵的关键时期。从《山海经》中的"人鱼"、《史记》中的"人鱼膏"，到汉画像上造型奇特、演绎神仙思想的"人鱼"图像，定名变化的背后可能是观念的变化，即现实性与想象性的"人鱼"概念在汉代合流，并且这一概念中可能萌生出海洋信息，这为汉代以后的"人鱼"神话奠定了基础。

魏晋文献中已有神化的"人鱼"概念，如三国吴沈莹《临海异物志》曰："人鱼似人，长三尺，余不可食。"[1] 后世继承之，明胡震亨《唐音癸签》曰："人考东坡《异物志》，鱼有名西施者，美人鱼也，出广中大海，食之令人善媚。"[2] 还有提及其医药价值的，如明祝允明《祝子志怪录》"人鱼"条曰："人鱼俨如真人，但是鱼尾亦男女异形，若得之，可疗人诸病，如头痛，取其头骨烧傅，肩痛，取肩依类取骨烧傅，即愈。"[3]

唐宋时期尤其流行半人半鱼灵怪的说法，这时"人鱼"明确与大海相关联。如《太平广记》卷四六四引唐郑常《洽闻记》"海人鱼"条："海人鱼，东海之大者，长五六尺，状如人，眉目口鼻手爪头皆为美丽女子，无不具足，皮肉白如玉，无鳞，有细毛五色，轻软长一二寸，发如马尾，长五六尺，阴形与丈夫女子无异，临海鳏寡多取得，养之于池沼，交合之际，与人无异，亦不伤人。"[4] 又宋曾慥《类说》卷二四引宋聂田《祖异志》（一题《徂异志》）"人鱼"条曰："待制查道奉使高丽，晚泊一山而止，望见沙中有一妇人，红裳双袒，髻发纷乱，肘后微有红鬣，查命水工以篙扶于水中，勿令伤妇人。得水偃仰，复身望查，拜手感恋而没水。水工曰：'某在海上，未省见此何物。'查曰：'此人鱼也，能与人奸，处水族，人性也。'"[5] 宋陆佃《增修埤雅广要》"妇鱼"条在《徂异志》的基础上，还补充："又谢仲玉见妇人出没波中，腰以下皆鱼也。"[6]

这一说法流传颇广，持续至清代，特别是在宋元明的志怪小说中多见，如宋陆佃《增修埤雅广要》"妇鱼"条、元林坤《诚斋杂记》载"海人鱼"、明冯梦龙《古今谭概》"人鱼"条、明王世贞《汇苑详注》"人鱼""海人鱼"条、明陈懋学《事言要玄·物集》、明黄一正《事物绀珠》"海人鱼""人鱼"条、明黄衷《海语》"人鱼"条、《续通志》卷一七

---

[1] （三国吴）沈莹：《临海异物志》，明刻唐宋丛书本，第1页。

[2] （明）胡震亨：《唐音癸签》卷二〇，清文渊阁四库全书本，第117页。

[3] （明）祝允明：《祝子志怪录》，明刻本，第146页。

[4] （宋）李昉等：《太平广记》卷四六四，民国景明嘉靖谈恺刻本，第6862、6863页。

[5] （宋）曾慥：《类说》卷二四，明天启六年刻本，第1589页。

[6] （宋）陆佃撰，（明）牛衷增辑《增修埤雅广要》卷二三，明万历三十八年孙弘范刻本，第793页。

九《昆虫草木略》载"人鱼"、清陆廷灿《南村随笔》"人鱼"条、清郭柏苍《海错百一录》载"人鱼"、清屈大均《广东新语》载"人鱼"等,皆有类似的记载。

需要说明的是,汉代以后也有"人鱼"图像存在,如五代两宋墓中有人首鱼身俑,他们作为神煞形象用以镇墓,是道教文化的产物。如果仅凭形式上的相似,难以证明这类陶俑与汉代画像石上的"人鱼"图像之间有必然的传承关系。我国古代缺乏像西方一样的图像志传统,不可能用某一种文献解释复杂多样的图像,即使同一时代的图文之间也并非完全对应。早期图像可能与特定的主题结合在一起,可是随着图像的流传,其原初的意义不一定继续随之传递下来,即使是相似的图像在不同的时代、语境中也可能有着不同的意义。

## (二)"人鱼"概念变化的原因

汉代以后"人鱼"被神化,从现实鲵鱼逐渐发展为女性与鱼身的组合形象,其性别乃至性魅力得到强调,使之既具有奇异性又世俗化;并且"人鱼"的外形被描述得格外细致,明确与海洋而非某条河流相联系。想象植入到曾经真实的存在中。为什么"人鱼"会被神化,为什么其性别会发生转变,为什么"人鱼"会逐渐与海洋相关联?这些变化的发生有其现实因素,现实变化刺激观念的转变。

其一,汉代以后的"人鱼"概念与海洋有关,乃使者海员在出海途中发现的异域生物,这一传说的流行可能与人们对海洋的开拓探索有关。古代海洋航运是为适应政治外交、经济贸易的需要,古人对海洋资源的开发开始很早,先秦经济思想中已有"鱼盐之利"的观念,秦汉大一统格局下海洋资源进一步开发利用,特别是宋元以来航海技术极大提升。在唐宋及其之后笔记小说奇幻无稽的文字背后,实际反映出的是随着海洋知识的丰富和外域视野的拓展,人们对海洋的热情与想象也随之而起的历史进程。人们会尝试着将海洋信息引入日常生活、与人类发生关联,这就为"人鱼"传说的兴起提供了外部环境条件。

其二,唐宋笔记小说中"人鱼"形象的性诱惑力得以突出,这一观念可能受到西方文化的影响。随着中西方交往的频繁,双方的文化也得到进一步交流。西方的人鱼传说分为两类,一是在神话和宗教传说中的人鱼形象。如古希腊荷马史诗《奥德赛》中引诱水手的海妖塞壬,最早是以女人首和鸟身组合的形象出现;但在中世纪却逐渐演变为半女人身和半鱼尾组合的形象。公元1世纪老普林尼《自然史》中提到一种名为"涅瑞伊得斯"的半人半鱼生物。在公元8世纪中叶至9世纪末流行的加洛林艺术中、11—12世纪的罗曼式艺术中,都有女身鱼尾的美人鱼形象。在中世纪宗教中,人鱼被视作性吸引力的象征、代表着淫荡与肉体之罪。[1]二是在大航海时代，随着海洋航运和贸易的极大发展，西方人对于异域充满探索热情，相信"人鱼"真实存在并对其执着追寻的人大有其在。我国唐宋以来的"人鱼"形象与西方文化中善于迷惑海员的海妖塞壬、美人鱼，外形、内涵都有着相似之处，双方有可能存在影响与被影响的关系。

其三，从文学艺术内部的发展规律来说，文学自魏晋以来逐渐独立，以精神想象为其特色的小说话本日渐发展。独立的文学不再服务于政治等宏大命题，而只需要满足个体心理和情感的抒发。"人鱼"传说正带有魏晋以来志怪小说一类的特色，是历代人们对异域世界、未知世界保持好奇心理的写照。

不同时代有不同的社会思潮和风俗，通过比较汉晋与唐宋至清的人鱼概念，可知不同社会背景对相似图像的塑造和影响。从汉代求仙观念到唐宋以后随海洋航运发展而兴的对异域的探索精神，不同时代的思想主题、文化背景对于同一"人鱼"意象的想象、诉求不同。

## 结　语

综上，本文结合相关文献和图像资料，考证汉代"人鱼"图像的定名，并厘清"人鱼"的现实、想象两种概念及其演变。"人鱼"图像对于神仙观念的表现可从图像的空间设计上加以理解。汉代"人鱼"图像的流行有其地域、时代原因，体现出较强烈的时空特色；它还受到民族文化心理、中外文化交流和汉代谶纬、神仙信仰等思想的影响。汉晋以后想象性的"人鱼"概念得以传承，有代表性的如唐宋笔记小说所记载的"人鱼"意象，这一意象可能受到海洋航运发展后人们对于海洋文化的探索风潮兴起的影响，而它当中包含的海洋信息可能萌芽于汉代；至于唐宋墓葬中的人鱼俑，可能与汉代的"人鱼"概念不同，而与道教文化有关。

探讨"人鱼"图像的学术价值，主要有三方面：其一，为了解古代"人鱼"概念的演变增添了图像资料，就汉代可能是概念变化较为关键的时代提供思路，并探讨汉代"人鱼"图像流行的原因。其二，细读图像，对于汉代"人鱼"图像所要表现的神仙信仰，从图像的空间性上加以分析，尝试从方法上为相关研究提供思路。其三，对于"人鱼"概念的演变尝试从背后观念的变化上去理解。同一称呼既可能出现在文献中，也可能在图像中，文献与图像之间可能存在影响、印证但不完全对应的关系；而无论是其图文之间，还是文献与文献、图像与图像之间，都可能存在同名而异物的差异。差异可能是因为不同时代观念认识的影响所致，这

---

[1] 王慧萍：《怪物考：中世纪幻想艺术图文志》，湖北美术出版社，2017，第22—25页。

从"人鱼"概念的演变上可领略一斑。

## 附记

本文初稿曾在"中国秦汉史研究会第十六届国际学术研讨会"宣读,得到与会专家的宝贵意见,经修改后定稿,谨致谢忱。

# 论河西墓葬壁画中的"启门图"*

■ 贾小军（河西学院历史文化与旅游学院）

从汉代开始，绘画或雕刻中常常出现"启门图"，这类图式包括两个基本元素：一是半启的门，二是启门人（有男有女）。由于"启门图"中的启门人多为女性，学界常称之为"妇人启门（图）"，因此也是这类图式的标准模式。"除此之外，还存在部分非典型的启门图，没有开门人的形象"[1]，"这似乎暗示着启门者在这类图式中并非必不可少"[2]。因此，学者们根据这类图像的具体内容，往往会称之为"妇人启门（图）""启门图""半启门"等，并有大量研究成果问世。[3] 需要指出的是，这类图式多被认为是汉代开始，在宋元时期较为流行，而之间的魏晋至隋唐之际几乎遁形。笔者在梳理河西走廊墓葬壁画时，发现魏晋十六国河西墓葬壁画中有一些类似图像，尚未得到学界关注，因此有必要进行专门讨论。为便于讨论，本文使用"启门图"这一名称。

---

\* 本成果得到国家社科基金项目"汉唐时期河西走廊墓葬壁画整理研究"（项目编号：14XZS014）资助。

1  张善庆：《佛教艺术语境中的启门图》，《敦煌学辑刊》2018年第3期。

2  吴雪杉：《汉代启门图像性别含义释读》，《文艺研究》2007年第2期。

3  相关的研究主要有：宿白：《白沙宋墓》，文物出版社，1957年第1版（2002年第2版）。梁白泉：《墓饰"妇人启门"含义揣测》，《中国文物报》1992年11月8日。刘毅：《"妇人启门"墓饰含义管见》，《中国文物报》1993年5月16日。郑滦明：《宣化辽墓"妇人启门"壁画小考》，《文物春秋》1995年第2期。郑岩：《白驹过隙与侍者启门——东汉缪宇墓画像中的时间与空间》，《文物天地》1996年第3期。冯恩学：《辽墓启门图之探讨》，《北方文物》2005年第4期。张鹏：《妇人启门图试探》，《艺术考古》2006年第3期。吴雪杉：《汉代启门图像性别含义释读》，《文艺研究》2007年第2期。李清泉：《空间逻辑与视觉意味——宋辽金墓"妇人启门"图新论》，《美术学报》2012年第2期。李明倩：《打开一扇门——中国古墓妇人启门图像研究综述》，《戏剧丛刊》2011年第5期。吴伟：《"启门"题材汉画像砖石研究》，硕士学位论文，南京大学，2013。樊睿：《汉代画像石中的启门图图式浅析》，《中原文物》2012年第6期。郑岩：《论"半启门"》，载氏著《逝者的面具》，北京大学出版社，2013，第378—419页。罗二虎：《东汉墓"仙人半开门"图像解析》，《考古》2014年第9期。丁雨：《浅议宋金墓葬中的启门图》，《考古与文物》2015年第1期。张善庆：《佛教艺术语境中的启门图》，《敦煌学辑刊》2018年第3期。

## 一 河西墓葬壁画中的"启门图"

河西墓葬壁画中典型的"启门图"（指图像中既有半启的门，又有启门人），以笔者目前所见，共有 2 例，分别出自嘉峪关新城 1 号墓和酒泉丁家闸 5 号墓。嘉峪关新城 1 号墓"启门图"绘制于新城 1 号墓前室东壁"各内"左侧门扉上（编号 M1：01），该门扉虚掩，上绘左一女抱一婴，右一女站立其前，右扉画朱雀衔环铺首（图 1）。[1] 从构图元素来看，该图既有虚掩的门扉，又有绘于门扉上的女性，可以认为该图具备了"启门图"的基本元素，又考虑到右侧门扉上的朱雀衔环铺首，可知该半启之门并非因绘制该画的门扉砖发生过位置变动使然。退一步讲，即使该半启之门扉为该门扉发生过位置移动所致，仍不会影响该图"启门图"的性质。只是半启的门扉上所绘为两位女性及一女怀抱的婴儿，与常见的"启门图"颇有不同，可归入"双女启门图"。[2]

酒泉丁家闸 5 号墓"启门图"（图 2）绘制于该墓前室北壁下层中部偏西，"坞墙上有七雉堞，两角各立一鸟。坞壁内耸起碉楼，楼上有三雉堞。坞壁两门半开，门内立一披发小看门奴。坞壁前有两公鸡相斗。另一公鸡在扬翅高啼。坞壁下方绘桑树三株，树间立五采桑女"[3]。该图的独特性在于启门人是披发门奴，所启之门为坞壁之门。

其余十余幅"启门图"是没有启门人的图像，这些图像均与坞壁图或绘有围墙的果木园有关，仍然集中出现于嘉峪关新城魏晋墓群和酒泉丁家闸 5 号墓。

新城魏晋墓群有 9 幅，分别出自 1 号墓（3 幅）、3 号墓（1 幅）、5 号墓（4 幅）和 6 号墓（1 幅）。新城 1 号墓前室西壁设一阁门，"用条砖砌框，对缝竖嵌两块条砖作为双扇门，为半开式，门上画凤鸟、衔环铺首"[4]，"门楣上绘一对黑色鸟"[5]，与东壁阁门呈对称分布。新城 1 号墓"出游图"（图 3，编号 M1：033）"前为一仆、一侍女，后为一容车，正朝坞走去"[6]。同样出自新城 1 号墓的"坞"图（图 4，编号 M1：036），

---

[1] 甘肃省文物队、甘肃省博物馆、嘉峪关市文物管理所：《嘉峪关壁画墓发掘报告》附录二"嘉峪关魏晋墓壁画内容总表"，文物出版社，1985，第 97 页；该报告图版五九之 2 命名为"侍女与主妇"。张宝玺编《嘉峪关酒泉魏晋十六国墓壁画》命名为"阁门上主妇与侍女"，甘肃人民美术出版社，2001，第 13 页。

[2] 冯恩学：《辽墓启门图之探讨》，《北方文物》2005 年第 4 期。

[3] 甘肃省文物考古研究所：《酒泉十六国墓壁画》，文物出版社，1989，第 7 页。

[4] 嘉峪关市文物清理小组：《嘉峪关汉画像砖墓》，《文物》1972 年第 12 期，图三。

[5] 甘肃省文物队、甘肃省博物馆、嘉峪关市文物管理所：《嘉峪关壁画墓发掘报告》，第 97 页。

[6] 甘肃省文物队、甘肃省博物馆、嘉峪关市文物管理所：《嘉峪关壁画墓发掘报告》，第 98 页。

"左为坞,坞外有马、牛、羊等,画上有朱书题榜'坞'字"[1]。这两图坞门形制相同,皆双扉,左侧门扉关闭,右侧门扉微微开启,因此可以视之为没有启门人的"启门图"。

图 1　新城 1 号墓"启门图"
(引自甘肃省文物队、甘肃省博物馆、嘉峪关市文物管理所《嘉峪关壁画墓发掘报告》,图版五九之 2)

---

[1] 甘肃省文物队、甘肃省博物馆、嘉峪关市文物管理所:《嘉峪关壁画墓发掘报告》,第 98 页。

图 2　丁家闸 5 号墓 "启门图"
(引自甘肃省文物考古研究所《酒泉十六国墓壁画》,图版 "坞壁")

图 3　新城 1 号墓 "出游图"
(引自嘉峪关文物局《嘉峪关文物图录·可移动文物卷》,三秦出版社,2014,第 93 页)

图4 新城1号墓"坞"图

（引自嘉峪关文物局《嘉峪关文物图录·可移动文物卷》，第132页）

图5 新城3号墓"坞壁穹庐图"

（引自甘肃省文物队、甘肃省博物馆、嘉峪关市文物管理所《嘉峪关壁画墓发掘报告》，图版七四之2）

新城3号墓的"坞壁穹庐图"（图5，编号M3：025）位于前室北壁东侧，"左边二穹庐内各有一髡发者（河西鲜卑），一卧、一蹲踞着煮食。右为坞"[1]。整个壁画绘制于数块砖面或砖之侧壁之上，显示出该坞规模不小。该坞平面长方形，设两门，一门设于左侧墙壁，另一门设于画

---

[1] 甘肃省文物队、甘肃省博物馆、嘉峪关市文物管理所：《嘉峪关壁画墓发掘报告》，第99页。

面前方的墙壁右侧，两门皆微微开启，无启门人。

新城 5 号墓的"坞壁守卫图"（图 6，编号 M5：08）位于前室南壁东侧，绘一男子手持棍棒立于坞外，该坞四周高墙围绕，前面设有大门，门上有楼，楼上有窗户以便瞭望。[1] 该坞门朝左，门扉半开。另一幅"坞壁守卫图"（图 7，编号 M5：019）位于该墓前室东壁，绘一男子手持木棍，立于坞门之前，右边蹲着一犬。[2] 坞门半开。这两幅"坞壁守卫图"又不同于单纯缺启门人的"启门图"，门扉半开，缺启门人，但门外有人守卫，在图像内涵上，似与前引酒泉丁家闸 5 号墓"启门图"（图 2）相近。"果木园图"（图 8，编号 M5：016）亦位于该墓前室南壁东侧，绘一座四周有高墙围绕的果木园，前方开有一门，门扉半开。果木枝叶披露墙头。[3] 需要指出的是，这是《嘉峪关壁画墓发掘报告》唯一一处说明"门扉半开"的、缺少明显启门人的同类图像。出自该墓前室南壁西侧的另一幅"果木园图"（图 9，编号 M5：048），绘一守园人手持棍棒在看护果木园。果木园四周有高墙围绕，前方开有一门，树枝披露墙头，树梢有一飞鸟。[4] 坞门半开。这两幅"果木园图"的共同点是园门半开，主要区别在于前者无人看护，后者有人看护。

图 6　新城 5 号墓"坞壁守卫图"
(引自甘肃省文物队、甘肃省博物馆、嘉峪关市文物管理所《嘉峪关壁画墓发掘报告》，图版七五之 1)

---

1　甘肃省文物队、甘肃省博物馆、嘉峪关市文物管理所：《嘉峪关壁画墓发掘报告》，第 49 页。
2　甘肃省文物队、甘肃省博物馆、嘉峪关市文物管理所：《嘉峪关壁画墓发掘报告》，第 50 页。
3　同上注。
4　甘肃省文物队、甘肃省博物馆、嘉峪关市文物管理所：《嘉峪关壁画墓发掘报告》，第 54 页。

图7　新城5号墓"坞壁守卫图"

(引自甘肃省文物队、甘肃省博物馆、嘉峪关市文物管理所《嘉峪关壁画墓发掘报告》，图版五四之2)

图8　新城5号墓"果木园图"

(引自甘肃省文物队、甘肃省博物馆、嘉峪关市文物管理所《嘉峪关壁画墓发掘报告》，图版五七之2)

论河西墓葬壁画中的"启门图" 203

图 9 新城 5 号墓"果木园图"
(引自甘肃省文物队、甘肃省博物馆、嘉峪关市文物管理所《嘉峪关壁画墓发掘报告》,图版五七之 1)

图 10 新城 6 号墓"坞壁图"
(贾小军摄)

新城 6 号墓"坞壁图"(图 10,编号 M6:017)位于该墓前室东壁南侧,坞四面有高墙围绕,中间有一高耸的楼橹,以便瞭望、俯射。前方开一门。[1] 坞门半

---

1 甘肃省文物队、甘肃省博物馆、嘉峪关市文物管理所:《嘉峪关壁画墓发掘报告》,第 58 页。

开，无启门人。

丁家闸 5 号墓有 5 幅相关壁画，分布于该墓前室北壁中层（1 例，图 11）、南壁中、下层（2 例，图 12）、东壁中层（2 例，图 13）。前室北壁中层坞壁图位于画面右侧，坞门半开，周围有树丛环绕。坞壁左侧有一棵大树，树下有一人，树上有一鸟。坞壁右侧为农夫扬场图。南壁中层偏东绘一坞壁，坞壁上有四雉堞，坞壁门为木制门框，门扇半开。四周有树丛围绕。坞壁左右分别是扬场图、犁地图，扬场者汉族打扮，犁地者高鼻深目，当是胡人。需要指出的是，这是唯一一处为《酒泉十六国墓壁画》所描述（即"门扇半开"）的"启门图"。南壁下层左侧亦绘一坞壁，坞门半开，周围亦有树丛围绕。坞壁外有一披发、赤足、着长衣的扬场人。东壁中层左（北侧）右（南侧）两侧、中间各有一幅坞壁图，但中间的坞壁已模糊难辨，故不在统计之列。左侧坞壁周围树丛围绕，坞门有木制门框，门扉半开，坞外右上侧为一耙地图，右下侧为一耕地图。右侧坞壁图虽受盗洞影响，但半开的门扉及木制门框尚可辨识，周围亦有树木围绕，唯难以判断有没有启门人，权作无启门人计。这 5 例无启门人的"启门图"有一个共同特点，即坞外树木围绕，近旁有农作场景，劳作者既有汉人，亦有胡人。

以上是笔者目前所见河西魏晋壁画墓中的"启门图"，共 16 幅，这 16 幅图中只有 2 幅与壁画中的坞壁无关，其余 14 幅均与坞壁之门有关。与以往常见的既有半开的门扉，又有启门人的"启门图"相近的有 2 幅（图 1、图 2），其余 14 幅虽与典型的"启门图"有较大差别，但亦有各自特点，其中 3 幅（图 6、图 7、图 9）虽无"启门人"，但图中坞门、园门皆半开，门外有人守卫；其余 11 幅均为无启门人的"启门图"。以下对这些典型或特殊的"启门图"进行讨论。

图 11　丁家闸 5 号墓前室北壁中层壁画

（引自甘肃省文物考古研究所《酒泉十六国墓壁画》，图版"北壁壁画"）

图12 丁家闸5号墓前室南壁中、下层壁画
（引自甘肃省文物考古研究所《酒泉十六国墓壁画》，图版"南壁壁画"）

图13 丁家闸5号墓前室东壁中层壁画
（引自甘肃省文物考古研究所《酒泉十六国墓壁画》，图版"东壁壁画"）

## 二 河西墓葬壁画"启门图"的图像特点

上述河西墓葬壁画"启门图"之所以一直没有受到学界重视，主要原因应当有以下两点：一是这些图像与典型的"启门图"或"妇人启门图"有一定差距，这又与学界对此类图像要素的定位有关；二是与学者们关注的侧重点不在"启门"或"半启之门"有关，因为上述半启之门绝大多数为坞壁之门，而学者们的关注点在于坞壁本身。以下的讨论就从这两点开始。

## （一）论上述"启门图"之成立

前已述及，典型的"启门图"多为"妇人启门图"，因此郑岩论道："这种图式包括两个基本元素：一是半启的门，二是启门的女子。减少其中任何一个元素，这种图式都将不复成立。"[1] 但在实际的讨论中，学者们往往采取非常灵活的方式，因此又有"男子启门图""双女启门图"等类别出现，[2] 而随着研究的推进，也有学者认为"启门者在这类图式中并非必不可少"[3]，因此将没有开门人形象的图像纳入讨论范畴，[4] 山东地区的汉画像石就有"启门者尚不构成必要元素的启门图"[5]。由此看来，"启门图"最为基本的元素，在于有已启之门，因为既然有已启之门，那么在图像中是否看到启门人已不再必要，启门人的意义已经包含在"已启之门"当中了。

图14　宣化辽墓"男子启门图"（局部）

（引自河北省文物考古研究所《宣化辽墓——1974~1993年考古发掘报告》，文物出版社，2001，彩版62）

---

1　郑岩：《论"半启门"》，载氏著《逝者的面具》，北京大学出版社，2013，第378—419页。

2　冯恩学：《辽墓启门图之探讨》，《北方文物》2005年第4期。

3　吴雪杉：《汉代启门图像性别含义释读》，《文艺研究》2007年第2期。

4　张善庆：《佛教艺术语境中的启门图》，《敦煌学辑刊》2018年第3期。

5　樊睿：《汉代画像石中的启门图图式浅析》，《中原文物》2012年第6期。

另外，图 1 半启的门扉上所绘为女墓主和怀抱婴儿的侍女以及图 2 中启门的披发者，都是以往在典型的"（妇人）启门图"中没有见到的。后者较好理解，因为在以往讨论的"启门图"中，就有启门的男侍等形象出现，图 2 中启门的披发者被称为"看门奴"，身份或与河北宣化辽墓"男子启门图"（图 14）中的持函启门男子相类。而图 1 与位于新城 1 号墓前室西壁，与图 1 所在的东壁阁门对称分布的另一"启门图"还需进一步说明。

以往讨论的"启门图"中虽未见到抱婴儿的女侍，但"启门图"中出现较多人物形象却已有之。如辽宁凌源富家屯 1 号元墓墓门上部的启门图就有手持各种器皿、并肩向外张望的三位女子出现。[1] 因此就启门图的复杂性而言，图 1 新城 1 号墓"启门图"并不是唯一的例子。另外，就绘画内容来讲，由于该图中的女墓主、侍女及侍女怀抱的婴儿全部展现在半启的门内，因此画面似乎没有多少神秘感。但启门人物身体全部露出门扉的"启门图"在后世也能见到，如四川泸县青龙镇 1 号墓后壁龛启门图中的侍女双手托灯盘，站在微启的门扉前面，[2] 暗示她刚刚从门间走出。[3] 就画面基本的构思来讲，认为该图是较为典型的"启门图"，理由除了半启的门扉、门扉上的女性人物两个要素之外，还有第三个理由值得注意，即该图与右侧门扉上的朱雀衔环铺首形成很好的呼应。在后世"启门图"中，由于启门人的存在，启门人所在门扉上本应有的铺首等内容或被遮挡，或被省略，乃有意为之。显然，该图具备了这一特点。同时，该"启门图"与该墓内另一幅"启门图"在墓室之内的对称分布，继承了汉代以来"启门图"在经营位置上的特点。因此，将这两幅图认定为"启门图"是没有问题的。

另外需要说明的是前述三幅坞（园）门半开的守卫图。河西墓葬壁画坞壁中，也有坞门紧闭，并且有人在坞外活动者。酒泉西沟 7 号魏晋墓的"坞舍图"（图 15）"绘一密封的高墙深院建筑，建筑物的顶部有垛墩，墙上题有'坞舍'二字。一人头戴白帻帽，身着镶红、黑边的交领白色束腰长衫，右手持手杖正向坞舍门走去"[4]。高台骆驼城苦水口 1 号墓"坞壁射鸟图"（图 16）绘一高大的三层坞壁，坞门紧闭，坞外右侧有一大树，树上两鸟，一人站立树下挽弓射鸟。与这两幅坞壁图相比较，可知前引三幅守卫图中的坞（园）门半

---

1  辽宁省博物馆、凌源县文化馆：《凌源富家屯元墓》，《文物》1985 年第 6 期，图 3。
2  四川省文物考古研究所：《泸县宋墓》，文物出版社，2004，第 18 页，图 11。
3  郑岩：《论"半启门"》，载氏著《逝者的面具》，第 378—419 页。
4  甘肃省文物考古研究所：《甘肃酒泉西沟村魏晋墓发掘报告》，《文物》1996 年第 7 期。

开乃有意为之,并有特定意义。因此可以认为,将这几幅图归入"启门图"没有问题,在一定程度上,还可以拓展对传统"启门图"的认识。

图15 酒泉西沟7号墓"坞舍图"

(引自酒泉市博物馆《酒泉文物精粹》,中国青年出版社,1998,第83页)

图16 高台骆驼城苦水口1号墓"坞壁射鸟图"

(引自政协高台县委员会《高台文物精品鉴赏》,兰州银声印务有限公司,2018,第154页)

## （二）河西墓葬壁画"启门图"的特点

据前述可知，河西墓葬壁画中的"启门图"具有以下特点：

1. 在经营位置方面，与以往汉画像石或唐代以后的"启门图"通常位于墓室某处空间的中心对称轴上，或者位于墓门照墙之上不同，河西墓葬壁画"启门图"分布位置较为分散。图1与另一幅阁门图分别位于新城1号墓前室东壁、前室西壁，图2、图11分别位于丁家闸5号墓前室北壁，图3和图4均位于新城1号墓前室西壁，图5位于新城3号墓前室北壁东侧，图6、图8、图9位于新城5号墓前室南壁，图7位于新城5号墓前室东壁，图10位于新城6号墓前室东壁南侧，图12（2幅）位于丁家闸5号墓前室南壁。

这16幅"启门图"全部来自墓室，其中6幅出自丁家闸5号墓前室，4幅出自新城1号墓（前室西壁3幅，前室东壁1幅），4幅出自新城5号墓（前室南壁3幅，前室东壁1幅），其余2幅出自新城3号墓前室北壁、新城6号墓前室东壁。丁家闸5号墓前室6幅"启门图"大体呈对称分布；新城1号墓前室东西壁的阁门"启门图"在墓室内亦对称分布。其余8幅均来自新城魏晋墓群，分布较为零散，在所在墓葬中亦无明显的对称特点。与以往学界所揭示的"墓葬启门图通常位于墓室某处空间的中心对称轴上，或者位于墓门照墙……（或）位于葬具棺椁前后挡板"[1]的特点相比，河西墓葬壁画"启门图"既继承了汉代以来"启门图"的基本位置特点，又有自身较为鲜明的地域和时代风格。这反映出"启门图"图式的多样及内涵的丰富。

2. 在构图元素方面，河西墓葬壁画"启门图"的构图元素，虽然也有与以往常见的"启门图"相近即由半启之门和启门人两个元素共同构成（图1、图2），但更多的"启门图"则没有启门人，显然，在这些"启门图"中，半启的门扉才是核心元素。更值得注意的是，在河西墓葬壁画16幅"启门图"中，有12幅图的"半启之门"为坞壁之门，2幅为与坞壁相近的果木园门扉，可以说，半启的坞壁之门成了河西墓葬壁画"启门图"非常重要的构图元素。其中，有1幅"启门图"的启门人为披发人，应为古代某少数民族成员的形象，这与其他时代、其他地域的"启门图"形成鲜明对比；有3幅图无启门人，但半启的门外还有人守卫，似乎暗示着他们刚刚从门内走出，同时拒绝其他无关人员进入。邳县东汉彭城相缪宇墓画像石上残存"［守］［门］吏"字样，[2]或许这几位坞壁（果木园）的守卫者与汉代画像石上的"守门吏"相类。这都是以往的研究没有关注到的细

---

1 张善庆：《佛教艺术语境中的启门图》，《敦煌学辑刊》2018年第3期。
2 南京博物院、邳县文化馆：《东汉彭城相缪宇墓》，《文物》1984年第8期。

节。因此可以认为，与汉代或者后世较为常见的由半启之门和启门人两个元素共同构成的"启门图"相比，河西墓葬壁画"启门图"有较多的时代和地域特色。

3. 在图像来源方面，由于"启门图"起源于汉代，因此可以笼统地说河西墓葬壁画的"启门图"来自汉代的传统，但不同的"启门图"由于图像元素不同而来源有所不同。对两幅有启门人的"启门图"而言，直接说其来自汉代的传统应该没有什么问题，而其余各幅则具有较为明显的时代和地域特色，需要仔细辨别。如缺启门人的"启门图"，应当在中原地区"启门者尚不构成必要元素的启门图"[1]中寻找根源；门扉半开、缺启门人、门外有人守卫、上有飞鸟的果木园图，或许也来自汉代画像石上相近的题材（详后）。但上述"启门图"出现的基本建筑背景——坞壁，更多地体现出这些"启门图"共同的时代和地域特点。考古报告认为："这种设备森严、易守难攻的坞，壁画中每有出现，正反映了当时阶级矛盾的尖锐程度。"[2] "世族门阀制度是魏晋南北朝时期封建政权的社会阶级基础。这在壁画中由广建坞壁，强迫部曲从事生产和自给自足的自然经济面貌而得到充分的证明。"[3] 魏晋十六国时期，战乱频仍，墓葬壁画的创作者将中原地区汉代画像石的"启门图"搬迁至此，但雕梁画栋式的传统建筑却变成了这个时代常见的坞壁形象。

## 三 河西墓葬壁画"启门图"的图像意义

从图像性质上讲，"启门图"是表达人物与建筑关系的一种图式，它虽绘制于墓壁，却又"力求突破墙的局限，半开的门扉、美丽的女子，都将观者的注意力从墙上移开，从死亡中移开"[4]，从而将观者带到丰富的理想世界之中，这一理想中的"世界"，或许就是"启门图"所表达的目的。

### （一）门内是什么？

在以往的研究中，"启门图"的"门内"往往被联想为庭院、房屋、厅堂，[5]或墓主的寝室，等等，[6] 这与学者们对

---

[1] 樊睿：《汉代画像石中的启门图图式浅析》，《中原文物》2012年第6期。
[2] 甘肃省文物队、甘肃省博物馆、嘉峪关市文物管理所：《嘉峪关壁画墓发掘报告》，第58页。
[3] 甘肃省文物考古研究所：《酒泉十六国墓壁画》，第17页。
[4] 郑岩：《论"半启门"》，载氏著《逝者的面具》，第378—419页。
[5] 宿白：《白沙宋墓》，文物出版社，2002，第54—55页。
[6] 李清泉：《空间逻辑与视觉意味——宋辽金墓"妇女启门"图新论》，《美术学报》2012年第2期。

"启门图"这类图式的限定既要有半启之门,又要有启门人有关。前引图1应该就具备了这一特点。就绘画内容来讲,由于该图中的女墓主、侍女及侍女怀抱的婴儿全部展现在半启的门内,因此画面似乎没有多少神秘感。但考虑到该图画面的丰富性,在同类图式中仍然具有独特性。该图首先表现的应该是时人子嗣繁衍的追求,但也不排除其他的象征意义。李清泉在讨论宋辽金墓中的"妇人启门"图时认为,这类图像潜在的社会文化根源是"妇人治寝门之内"的传统女性伦理观念。[1] 新城1号墓墓主人既为世家豪族、亦是地方政府属佐,"妇人治寝门之内"的传统女性伦理观念应当适用于墓主的身份。

但更多的河西墓葬壁画"启门图"中启门人的缺失,使我们无法就此一概而论。事实上,在汉代画像石中既有缺启门人的启门图,也有半启的门内有其他内容者,如邳县东汉彭城相缪宇墓西壁横额的画像石"宴饮图"内就有两幅启门图,"宴饮图的主体为一座楼房,……院门半开,一侍者探头向外张望。门外立进谒者二人,一戴山形冠,一戴进贤冠。正厅大门敞开,宾主跪坐屏风前,两人之间有一曲足几,几上有器物。厅门外一侍者手中捧三足食盦。左边马厩门半开,露出一马后半身。屋顶栖息珍禽"[2]。该图中一例为典型的"启门图",启门人为侍者;

另一例为缺启门人的"启门图",半启的门内是一匹马,因此该门乃马厩之门,而屋顶栖息的珍禽,很容易让我们联想到前引图9中果木园上的飞鸟,甚至新城1号墓前室西壁阁门门楣上所绘那对黑鸟。[3]

这个例子告诉我们,"启门图"中半启之门内涵丰富,不能仅仅局限于庭院、厅堂或寝室,似乎还有更为丰富的内涵。

图17 河北安平壁画墓"府舍图"楼橹

(引自南京博物院、邳县文化馆《东汉彭城相缪宇墓》,《文物》1984年第8期,图八)

前已述及,绝大多数河西墓葬壁画的"启门图"与坞壁或果木园这样封闭的防

---

[1] 李清泉:《空间逻辑与视觉意味——宋辽金墓"妇女启门"图新论》,《美术学报》2012年第2期。

[2] 南京博物院、邳县文化馆:《东汉彭城相缪宇墓》,《文物》1984年第8期,图八。

[3] 嘉峪关市文物清理小组:《嘉峪关汉画像砖墓》,《文物》1972年第12期,图3。

卫性建筑有关，因此，回答"门内是什么"这个问题看起来就比较简单了：门内即坞内（或园内）。坞壁是作守备之用的军事防御建筑。韩昇指出：动乱年代，原来作为政府基层行政组织的乡、亭、里等，"成为掳掠财富与人口的目标，常遭兵燹。所以，城内百姓便在乡里大族率领下，逃往山林陂泽，聚众凭险自卫，从而形成'坞壁'"[1]。即所谓"永嘉之乱，百姓流亡，所在屯聚"[2]。陈寅恪先生指出："西晋末世中原人民之不能远徙者，亦藉此类小障库城以避难逃死而已。"[3]"坞壁之内"代表着安全。因此，简单地理解，半启的坞门之内，是一个安全的世界。"安全"应该不是人们理想中的最高追求，但这或许是动乱年代包括可能是位在王侯、三公之列的丁家闸5号墓墓主人[4]在内的人们颇为无奈的选择。用坞壁、楼橹表示墓主人生前生活的场所早已有之。如河北安平逯家庄东汉壁画墓中室的"府舍图"（图17），"宅邸外有围墙，内有多重院落，房屋为木构瓦顶，下有台基。画面中最突出的建筑为一座望楼，楼体为方柱形，庑殿顶上有旗杆，彩旗和长带随风飘扬，檐下立一扁圆形大鼓"[5]。就此而言，河西墓葬壁画中"启门图"多与坞壁有关，在一定程度上也是对汉代墓葬壁画传统的沿袭。

## （二）坞壁与桃花源

进一步讲，类似坞门之内的安全世界即墓主人理想的生活世界。巫鸿在论及丁家闸5号墓前室壁画时指出："前室中绘有三个不同的界域：宇宙、仙境和模仿人间的'幸福家园'。"[6] 这个"幸福家园"应当就是墓主人理想的生活世界。在这样的幸福家园中，有农耕与畜牧，有狩猎与采桑，也有炊厨与宴饮，更有仪仗与出行，墓主人生前的荣光，在死后以壁画的形式随葬于黄泉之下，进而追求升仙和长生不老。

传世文献对理想生活境界的描述，莫过于陶渊明笔下的"桃花源"。《桃花源记》云："土地平旷，屋舍俨然，有良田、美池、桑竹之属。阡陌交通，鸡犬相闻。其中往来种作，男女衣着，悉如外人。黄发垂髫，并怡然自乐。"[7] 以此对照河西墓葬壁画中的坞壁内外景致，何其相似乃尔！高台骆驼城苦水口1号墓"坞

---

[1] 韩昇：《魏晋隋唐的坞壁和村》，《厦门大学学报》1997年第2期。

[2] （唐）房玄龄：《晋书》卷一〇〇《苏峻传》，中华书局，1974，第2628页。

[3] 陈寅恪：《桃花源记旁证》，《清华大学学报》（自然科学版）1936年第1期。

[4] 甘肃省文物考古研究所：《酒泉十六国墓壁画》，第11—12页。

[5] 徐光冀主编：《中国出土壁画全集·1 河北》，科学出版社，2012，第12—13页。

[6] ［美］巫鸿：《黄泉下的美术：宏观中国古代墓葬》，施杰译，生活·读书·新知三联书店，2010，第34页。

[7] 唐满先注：《陶渊明集浅注》，江西人民出版社，1985，第151页。

堡图"（图18）中，坞内树木枝叶茂密，坞外良田美畴，畦畛相望。前引丁家闸5号墓前室内的几幅坞壁图往往掩映在茂密的树丛之中，坞外则可以见到从耕种到收获的农业生产全过程。敦煌佛爷庙湾37号墓的"纳凉图"（图19），"画面左侧为丘形谷堆，右侧一老者戴角巾跽坐……手持便面纳凉。一僮……侍立于老者身侧"[1]。老者平静的表情，正反映出其在"幸福家园"中的悠闲与坦然。高台许三湾墓群出土的"庭院家居图"（图20）绘一门扉紧闭的坞壁，坞壁内部是一组"炊厨→进食→宴饮"图，展示了坞壁之内丰富的生活情景。而丁家闸5号墓"启门图"中那位披发启门人，似是桃花源中那些"见渔人，乃大惊"并"设酒杀鸡作食"的桃花源人。

诚然，正如唐长孺先生所指出的："如《桃花源记》所述的那种没有剥削的生活，那种'虽有父子无君臣'的秩序是和那时常见的避兵集团的坞壁生活很不相同的。"[2] 但见于世族地主乃至官僚阶层墓葬壁画的"坞壁"，无疑体现的是"坞主"们的追求，在他们看来，层层设防的坞壁之内，才是乱世真正的"幸福家园"。我们虽然要批判坞壁内这种存在剥削的生产关系，却无法阻挡墓主人乃至他的部曲、仆从有这样的追求。

图18　高台骆驼城苦水口1号墓"坞堡图"
(引自政协高台县委员会《高台文物精品鉴赏》，第106页)

---

1　甘肃省文物考古研究所：《敦煌佛爷庙湾西晋画像砖墓》，文物出版社，1998，第84页。
2　唐长孺：《读〈桃花源记旁证〉质疑》，载氏著《魏晋南北朝史论丛续编》，中华书局，2011，第185—198页。

图 19 敦煌佛爷庙湾 37 号墓 "纳凉图"
(引自甘肃省文物考古研究所《敦煌佛爷庙湾西晋画像砖墓》，图版五六之 2)

图 20 高台许三湾 "庭院家居图"
(引自政协高台县委员会《高台文物精品鉴赏》，第 156 页)

当然，坞壁及其半启之门并非墓主人死后理想世界的全部，但坞壁内外的"幸福家园"无疑是死者、墓葬艺术的设计者所能感受到的一切死后追求的基础，而天界与仙境，则成为他们的进一步追求。这也是为什么丁家闸 5 号墓壁画坞壁内外的"幸福家园"之上，才是天象、祥瑞与神仙。诚如巫鸿所论："设计者将死后世界设想成若干界域的拼合，这些界域在墓葬的不同部分以不同的图像与器物来表现。它们之间的关系并不清楚，我们也很难判定死者到底将会居住在哪一个界域中。似乎是墓葬设计者为了尽量表达他们的孝心和取悦死者，提供了他们所知道的所有有关彼岸世界的答案。"[1]

以此观之，上述"启门图"中所启之门只是图像创作者所营造的"幸福世界"的一个基本元素，它本身并不重要，重要的是半启之门沟通了坞门内外的世界。

## 四 河西墓葬壁画"启门图"的学术史意义

据考证，目前所见"妇人启门图"年代最早的一例是山东邹城卧虎山 2 号西汉晚期墓石椁东端所刻门扉的该主题图像。[2] 但汉唐之间该类图式发现较少。

1987 年在山西大同北魏平城时代湖东 1 号墓发现的一具漆棺后档上绘门楼一座，门楼上有此类图式："朱色大门以细墨线勾画轮廓，左扇门向外半启，门内一人头戴白色尖圆顶窄缘帽，着圆领窄袖黑色衣，腰系带，探身翘首前视。门外两旁各绘左右对视的守门侍者，侍者曲身呈胡跪式，双手置于膝上胸前，均头戴白色尖圆顶窄缘帽，着圆领窄袖红色衣，腰系带。"[3] 显然，前引河西墓葬壁画"启门图"在汉唐间"妇人启门图"类图式中具有重要意义，这些图像应当来源于汉代中原的类似题材，又在很大程度上丰富了该图式的内涵，在汉唐历史传承中具有承上启下的地位。

当然，这些"启门图"的意义，不仅仅在于增加了这类图式在魏晋十六国北朝时期图像的数量，由半启的门所引发的关于我们对时人创作墓葬壁画的动机及丧葬理念的认识才更加重要。关注这些"启门图"，既丰富了我们对这类图式的认识，也能够推动这些图像赖以存在的墓葬本身的研究。

---

1 [美]巫鸿：《黄泉下的美术：宏观中国古代墓葬》，第 63 页。
2 郑岩：《论"半启门"》，载氏著《逝者的面具》，第 378—419 页。
3 山西省大同市考古研究所：《大同湖东北魏一号墓》，《文物》2004 年第 12 期，图一〇。

# 高平仙翁庙壁画考释
## ——兼谈神祠壁画的基本问题*

■ 孙 博（中国国家博物馆）

"伯方的庙、市望的塔、秋子的戏台子、圣皇岭上的好挑角。"上党民谣道出了伯方仙翁庙在晋东南地区文化景观中的地标性。这座位于山西省高平市西北8公里伯方村的庙宇规模确非寻常，1986年既已列为山西省文物保护单位，2013年升级为第七批全国重点文物保护单位。更令人瞩目的是，其正殿有一堂完整的明代壁画，被多种报道和著作认为是《唐玄宗泰山封禅图》，轰动一时。李零先生在《古人的山川——祭岳镇海渎》一文中，采用仙翁庙东壁壁画作为"唐玄宗赴泰山封禅的出行场面"的图解。[1]《中国寺观壁画全集·7元明清神祠壁画》亦持此说。[2] 新近出版的《中国古代物质文化史·寺观壁画》对"封禅说"提出了质疑，认为主尊应属帝君性质。[3] 此外，晋城博物馆馆长张广善则认为该壁画为"道家诸仙朝元"和张仙翁故事之组合，属道教壁画。[4]

笔者2009年夏考察了这座祠庙，感到无论"封禅说"抑或"道教说"都颇可商榷，断续积累材料至今，作此文，既刊布现有认识，亦求教于方家。除考释壁画以外，还尝试与地方信仰、祭祀仪式等历史人类学关注的问题做一些衔接。

---

\* 本文为国家社科基金重大课题"古代东方文学插图本史料集成及其研究"（16ZDA199）成果之一。

1 封禅说文章较早见于周郢《"俨若翠华举，登封图乍开"——山西高平发现"唐玄宗封禅图"壁画》，2004，http://blog.sina.com.cn/s/blog_4c3e6ba401008eo1.html；李俊杰《高平"总圣仙翁庙"之谜》，《山西日报》2005年3月8日。后有李零《古人的山川——祭岳镇海渎》，《华夏地理》2010年第1期。此文修改为《岳镇海渎考——中国古代的山川祭祀》，再次以此壁画作封禅之图示，收入氏著《思想地图——中国地理的大视野》，生活·读书·新知三联书店，2016，第150页。

2 王泽庆、张鹏主编：《中国寺观壁画全集·7元明清神祠壁画》，广东教育出版社，2011，第101—107页。

3 王中旭：《中国古代物质文化史·绘画·寺观壁画·下：明清》，开明出版社，2016，第281页。

4 张广善：《晋城古代建筑》，文物出版社，2011，第175—181页。

## 一　上党总圣仙翁信仰

与绝大多数寺观壁画相似，仙翁庙西祖殿壁画呈左右对称式构图。北壁（正壁）图像分上、下两层，下层呈朝元式构图，众神朝向主尊，上层有风雨雷电等神（图1、图2）；东、西壁都以一主神仙仗为主体，四隅穿插一些洞府仙人的场景（图2、图3、图4、图5）。三壁之中，张果和八仙形象最明确易辨，可为破题处。东、西壁上方各有一骑白驴乘红色云气疾驰飞行的老者（e35、w23），为习见的张果形象，加之西壁右下隅出现了钟离权、吕洞宾为首的其余七仙（e15—21），庙内景泰六年（1455）、成化七年（1471）、万历四十年（1612）等重修碑反复言称此庙所祀仙翁即张果，故骑驴老者为张果迨无疑义。[1]

仅高平一地，冠名"总圣仙翁"的张果老祠就有数个。其中，伞盖山仙翁庙现存年代最早碑刻，元至元二十三年（1286）高平县教谕王公威撰《重修伞盖山总圣仙翁庙记》转引了金代李正奉撰重修碑文。[2] 此外，晋城张建军先生还在伞盖仙翁庙遗构中发现了具有金代特征的斗栱。"高平八景"也仅收入伞盖仙翁庙（图7）。以上因素都暗示，伞盖仙翁庙极可能是上党地区总圣仙翁信仰的早期中心，而伯方仙翁庙则是后续衍生的"行祠"。

---

[1] 以上碑刻录文，见王树新主编《高平金石志》，中华书局，2004，第193—194、201页；又见常书铭主编《三晋石刻大全·晋城高平市卷》，三晋出版社，2011，第88—90、132页。

[2] 王树新主编：《高平金石志》，第179页。

图1 北壁正射影像

(杭州大视角文化传播有限公司供图)

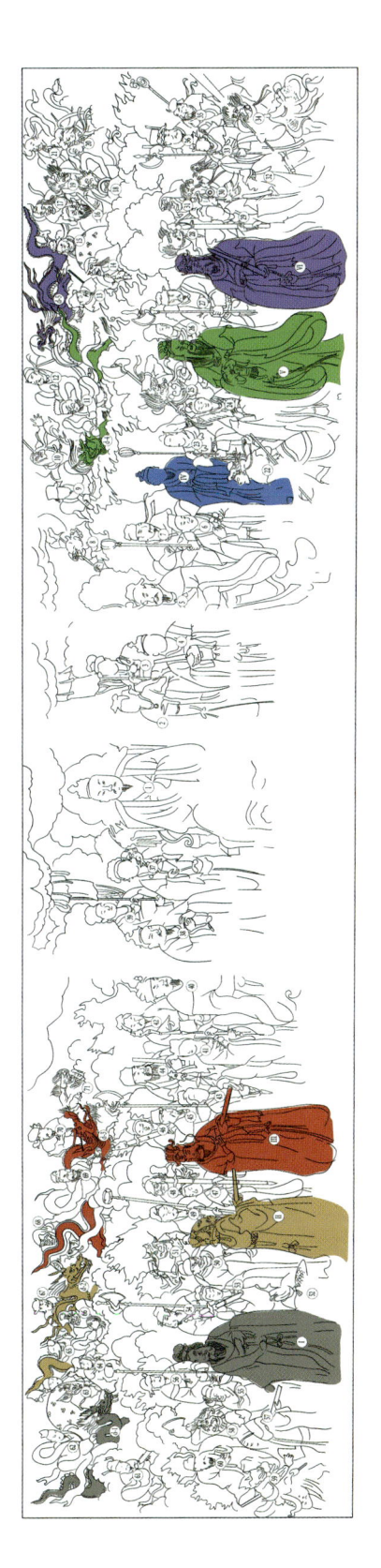

图 2 北壁墓绘
（编号前省略 n，作者摹）

220　图像研究

图 3　东壁

（杭州大视角文化传播有限公司供图）

图 4　东壁摹绘

（编号前省略 e，作者摹）

图 5　西壁
（杭州大视角文化传播有限公司供图）

图 6　西壁摹绘
（编号前省略 w，作者摹）

图 7 《鸠山暮雨图》

(高平八景之一，采自（清）戴纯《高平县志》卷二，哈佛燕京图书馆藏本，1774，第 21 页)

在以上两处仙翁庙中，碑刻凡涉"总圣仙翁"，皆四字连用，并未显露"总圣"为唐玄宗的任何迹象。相反，20世纪80年代长子县发现的"上党古赛写卷"多有包含"总圣仙翁"的"排神薄"。神谱中，唐代皇帝和总圣仙翁各有独立的牌位（图8），故"总圣仙翁"实为一神，"总圣"为玄宗说可断然证伪。

那么，"总圣仙翁"名号起于何时？"总圣"是否为官方赐额？或进一步说，当地张果信仰兴起的历史契机为何？[1] 翻检上党方志，清以后《泽州府志》《高平

---

[1] 对总圣仙翁信仰的考述，可参见宋燕鹏《南部太行山区祠神信仰研究：518—1368》，中国社会科学出版社，2015，第 55—59 页。

县志》《长子县志》"祠祀""寺观"条目，全然不见奉祀张果的仙翁庙。相形之下，同为道教仙人的费长房，祭祀他的悬壶真人庙却纳入祀典，可见"总圣仙翁"信仰至少不是在明清时代划入正祀的。[1] 再向前追溯，宋代传世文献和碑刻中，也未见张果信仰获得过官方认可。然而令人意外的是，在上党排神簿中，神格较"总圣仙翁"低的"真泽二仙"，却在宋徽宗崇宁四年（1105）获得了赐额。[2] 这是后世上党诸方志将后者收录"祠部"的依据。同时可见总圣仙翁在上党尊格之高。目前所知，有关总圣仙翁信仰最早的线索是前叙金代李正奉碑。碑文提道："世传浚（今河南濮阳）人立庙此山。"[3] 似乎，上党仙翁信仰起于民间自发，且有由河南传入的可能。

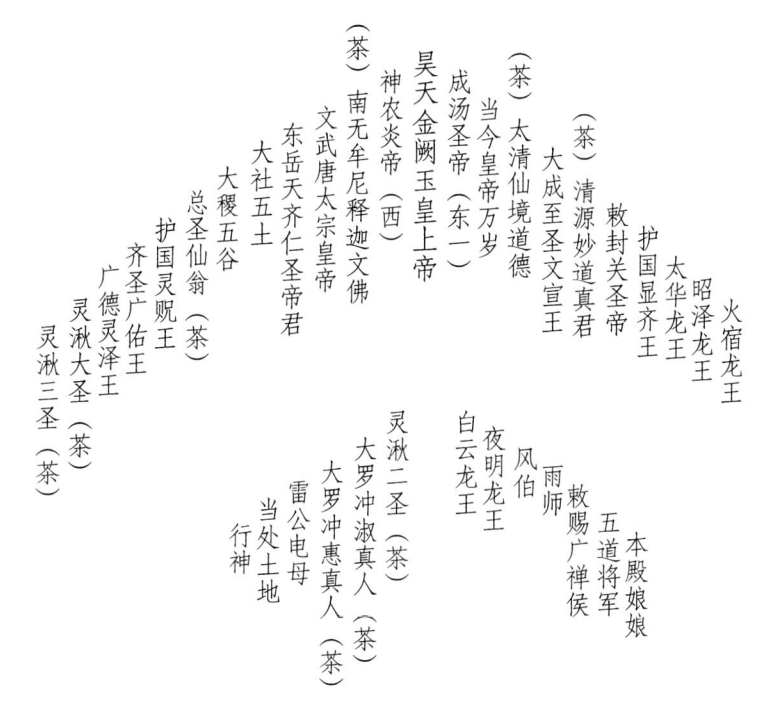

图8 《赛上杂用神前本（甲）》中的"排神簿"

（引自杨孟衡校注《上党古赛写卷十四种笺注》，施合郑民俗文化基金会，2000，第60页）

---

1　（清）戴纯：《高平县志》卷七，清乾隆三十九年刻本。

2　二仙即冲淑和冲惠真人，见（清）徐松辑《宋会要辑稿》礼二〇之六三，中华书局，1987，第796页；二仙北宋崇宁四年（1105）所获敕牒，见（清）胡聘之《山右石刻丛编》，收入《石刻史料新编》第1辑第20册，（台北）新文丰出版公司，1977，第15318页。

3　王树新主编：《高平金石志》，第179页。

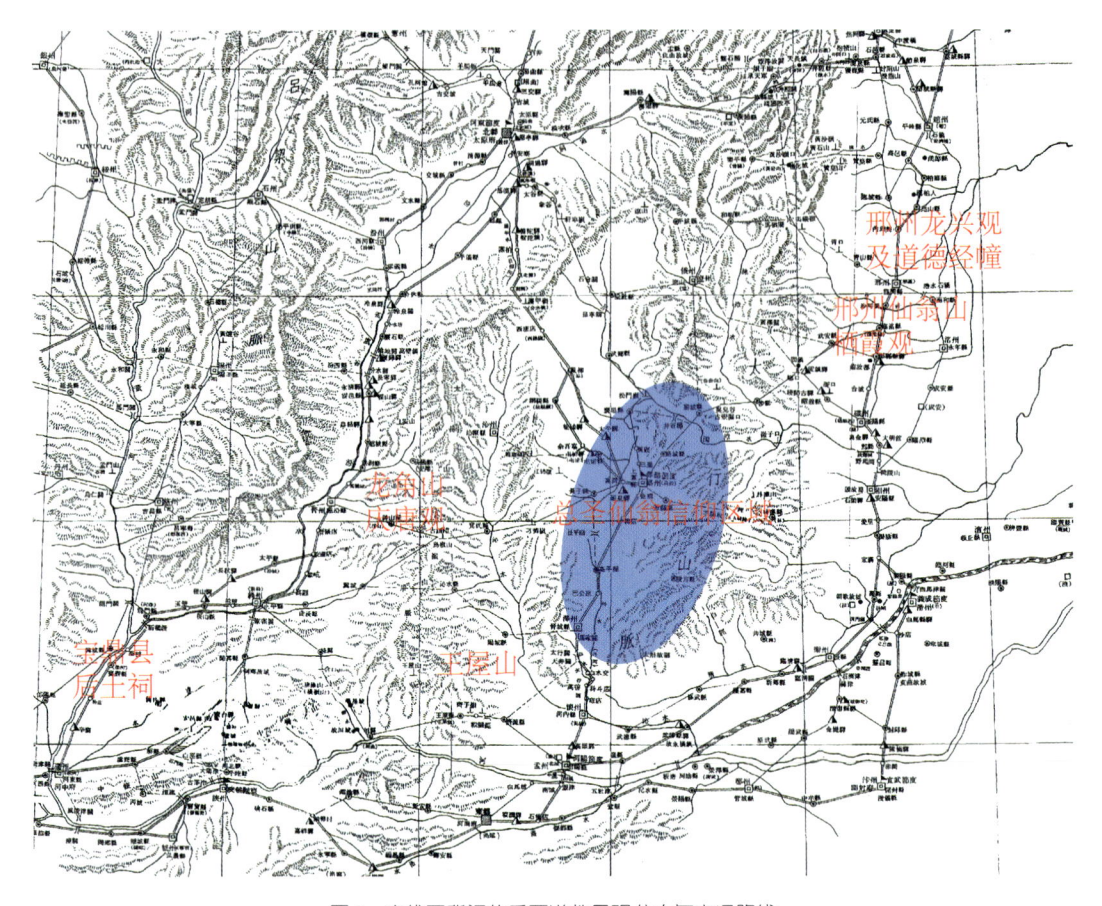

**图 9　唐代晋冀间的重要道教景观分布与交通路线**

(作者以《唐代河东太行区交通图（南幅）》为底图标注。底图采自严耕望《唐代交通图考》第 5 卷《河东河北区》，"中研院"历史语言研究所，1986，附图 19)

　　有关张果最早的记载，见于唐代笔记小说《明皇杂录》，后世文献多依此为蓝本进行演绎。[1] 此书有关张果行踪的记述有"隐于恒州条山（今山西大同县东）"，"往来汾晋间"，"佯死于妬女庙前"[2]。然而，《邢台县志·艺文志》录邢台五峰山《唐玄宗敕封仙人张果记》又有不尽相同之处，是碑称张果"隐于襄阳条山，尝往来邢洺"，玄宗"降旨封其山为仙翁山，建一观为栖霞观。立庙祭祀，至今香火不绝。又为本住持道人置焚田三顷……驸马道士叶法善门人李山童主

---

[1] （唐）郑处诲：《明皇杂录》，田廷柱点校，中华书局，1994，第 30—32 页。

[2] 按，妬女庙在今山西平定县娘子关。妬女，传为介子推之妹。唐大历十一年（776）《妒神颂》对其事有载，录文见（清）陆耀遹《金石续编》卷八，收入《石刻史料新编》第 1 辑第 4 册，(台北) 新文丰出版公司，1982，第 3168—3170 页。

其祀焉"[1]。上述信息不见于《明皇杂录》，却与《旧唐书·张果传》"玄宗为造栖霞观于隐所，在蒲吾县（即今河北平山县）"相符。[2] 与《明皇杂录》相比，叙事上，《唐玄宗敕封仙人张果记》极力把张果的主要活动范围"拉回"到河北地区，与山右石刻迥异。此外，还可知道，邢台的张果祠依附于唐玄宗直接授意兴建的道观，并非独立的存在。

综上，张果生平事迹中最重要的地点并非山西，作为其故乡和升仙之所的河北邢台、邯郸一带更具为其建祠立庙的契机，"滏口陉"这样的孔道或许沟通了河北与晋东南之间的信仰传播（图9）。[3] 至于"总圣"二字，在"排神簿"中同其他神祇名号对照，似乎是一个赐额，只是目前尚未发现文献能够确证这一猜想。跳出总圣仙翁这一孤立的区域信仰，将其发生置于唐玄宗朝崇道并着力构建河东地区道教景观的历史情境，或许是目前较合理的解释。[4]

图10 从左至右依次为西、北、东三壁主尊头像

（西、东壁为笔者摄，北壁为李淞摄）

---

1. （清）李焻：《邢台县志》卷一八《艺文志》，清乾隆六年刻本，第2页。
2. （后晋）刘昫：《旧唐书》卷一九一《张果传》，中华书局，1975，第5107页。
3. 参见严耕望《唐代交通图考·第五卷 河东河北区》，篇四一《太行滏口壶关道》，"中研院"历史语言研究所，1986，第1421—1439页。
4. 这些宗教景观包括，道教十大洞天之首的王屋山，玄宗亲往祭祀的后土祠，派高力士主持扩建的龙角山庆唐观，邢州刺史按玄宗旨意修立的有玄宗作注的道德经幢，玄宗敕建的邢州仙翁山栖霞观等。

## 二 "封禅说"献疑

仙翁庙壁画一般认为是明晚期作品。[1] 从前文对总圣仙翁信仰追溯可知，仙翁庙的确和唐玄宗、道教都有很深的渊源。这也是"封禅说"流行的主因。然若细读画面，就会发现这种释读疑窦丛生。

图11 陈芝田绘《吴全节十四像并赞图卷》（局部）
（元代，波士顿美术馆藏）

首先，三壁主尊（n1、e18、w8）服饰并非帝王封禅应着的礼服。所戴芙蓉冠（图10），通常与道教神或高士相联系。[2] 管见图像中，帝王戴芙蓉冠的，仅宝山辽墓壁画《降真图》中的汉武帝一例，描绘汉武帝谒见西王母。在此带有升仙愿景的语境中，将武帝配以莲花冠并无不妥。[3] 仙翁庙主尊身穿宽长曳地的外衣，其上装饰花卉、仙鹤、火焰三种纹样，为典型的鹤氅。[4] 早在南朝，鹤氅就与仙人、高士相关联。《世说新语》云："尝见王恭乘高舆，披鹤氅裘……叹曰：'此真神仙中人'。"[5] 元陈芝田绘《吴全节十四像并赞图卷》中，高道吴全节多次着鹤氅现身（图11）。明清时，"头戴星冠，身披鹤氅"几乎成了说书人描写神仙、道士的套话。[6] 另一方面，按唐祭祀服制，帝王封禅穿大裘冕、衮冕、𣯛冕几种冕服都可接受。正如唐人《东封图》题诗所云："冕旒明主立。"[7] 因此，画师为主尊设定的鹤氅、莲冠造型，已为其赋予了明确的仙人指向，而将之解释为唐玄宗，实在是强解了。

---

1 仙翁庙壁画年代应在嘉靖至万历间，有以下纪年绘画材料可资参照。其画风近似万历年间刊刻的《三才图会》等明代版画；主神华盖的结构、装饰同嘉靖四十一年（1562）完成的怀安昭化寺水陆壁画相同；山西沁水石室村西寺正殿清代壁画，西壁绘于清顺治十年（1653），东壁绘于清乾隆十三年（1748），人物造型和颜料色相亦与之接近。

2 唐墓壁画屏风图中，高士戴莲花冠，极普遍，当与其时世俗人士穿着道服的风气有关。参见吴羽《唐宋世俗人士穿着道服考》，《晋阳学刊》2009年第5期。

3 《降真图》的解读，见巫鸿、李清泉《宝山辽墓——材料与释读》，上海书画出版社，2013，第27—28、134页。

4 黄能馥、陈娟娟：《中国历代服饰艺术》，中国旅游出版社，1999，第261页。

5 （南朝宋）刘义庆：《世说新语笺疏》，余嘉锡笺疏，中华书局，1983，第634页。

6 参见董进《Q版大明衣冠图志》，北京邮电大学出版社，2011，第460页。

7 （后晋）刘昫：《旧唐书》卷四五《舆服志》，第1936页。

出于审慎，我们还得考虑乡间画师对舆服知识的掌握能力，他们不大可能像礼仪专家或今天的考古学家一样去考据故事所处时代的舆服制度。这个假定几乎是探讨古画舆服问题都会遭遇的方法论难题。兹举两例来看基层画师对舆服、礼器的掌握和运用情况。其一，新绛稷益庙明代壁画有一段祭天场面（图12）。画师较精准地表现了冕服、祭器、乐器等物品。其二，伯方村孔庙发现了一组石刻，无独有偶，此套石刻起初也被附会为"封禅图"，实为《孔子圣迹图》。[1] 其中"汉祀太牢"（图13），表现汉高祖以最高的牺牲规格祭祀孔子。汉高祖头戴明代皇帝、藩王才能佩戴的翼善冠。由此也能看出乡村画师的服饰运用逻辑——对他们乃至观看的民众而言，壁画人物的服饰，犹如戏装，是程式化和符号化的，帝王、文武臣僚等都有各自相对稳定的服饰符号。反过来说，彼时观者正是凭借这些约定俗成的服饰符号来读解壁画的。颇具造型水准的仙翁庙画师，不可能无端地把"唐玄宗"塑造成一个仙人形象，这会给观者造成莫大的困扰。此外，以上两例还有一个共同点，即要表现祭祀就一定要画出祭器、供物，而这些陈设在乡村礼仪实践中是极为重要和常见的，画师必定很熟悉它们。上述重要的"礼仪标识物"在仙翁庙壁画中全然不见，这一点亦为判断壁画与封禅无涉的重要原因。

图12　新绛稷益庙西壁的祭祀场景

(梁颂摄)

---

[1] 封禅说，见于飞《山西高平伯方村发现的唐玄宗泰山封禅刻石》，《文物春秋》2013年第6期。正确释读，见安剑峰、张建军《伯方文庙〈孔子圣迹图〉考》，《文物世界》2016年第1期。

图 13　伯方村孔庙《汉祀太牢》石刻拓片反色处理

（张建军拓，上图为左半部分，下图为右半部分）

## 三　主尊身份引发的视觉谜题

要理解主尊身份，判定此庙的宗教属性是首要前提。中国寺观壁画主要划分为三大板块——佛寺壁画、道教宫观壁画、神祠壁画。因神祠壁画研究薄弱，道观和神祠壁画常被混淆。由于实际情况的复杂性，要在两者之间划出一条明确的分界线并不容易。[1] 要言之，这里可以提供两个简易区分法：一是考察这个宗教场所的管理主体。道团管理并居住其中者，多为道教宫观；由地方社会共同体管理者，概为神祠。这一点在寺观碑刻中多可找到明确的线索。从上党诸仙翁庙现存碑刻可知，主持和参与兴修者无一为道士。明成化《重修仙翁庙记》为首者邢惟深是"仪民官"。嘉靖《重修仙翁祠记》是伯方村民

---

[1] 限于文章主题和篇幅，神祠和道观间的异同，笔者拟另文讨论。

托"省祭官"暴宗仁请儒生撰写的。[1] 伞盖仙翁庙更是如此,元《重修伞盖山总圣仙翁庙记》作者是教谕王公威。[2] 明永乐《重修伞盖山总仙翁庙记》作者为高平县儒学教谕彭贵。乾隆《重修仙翁庙记》撰文者为候选知县。[3] 咸丰二年《伞盖村补修张仙翁庙记》作者为和顺县儒学正堂壬辰科举人王树常。[4] 很明显,两座仙翁庙修缮,过场上,都有县里官员的参与,符合古代神祠管理惯例,是"遣官致祭""到任谒庙"制度使然;二是查找古代方志中的分类。以乾隆《高平县志》为例,此志将该地祭祀和宗教性建筑景观分坛庙、祠祀、寺观三类。护国灵贶王庙、汤王庙、崔府君庙、二仙庙等有区域性信仰性质的神祠都归并在"坛庙"之下。[5] 尽管条目中未列出仙翁庙,但其性质与以上神祠相同,当属坛庙列,从而区别于佛寺和道观。并且这种划分,暗含了儒家对神祠的看重。总之,仙翁庙祀奉的张果虽与道教渊源颇深,但按古人分类体系,此庙仍属神祠。[6]

图 14　东壁右下角
(作者摄)

图 15　东壁右下角摹本
(作者摹绘)

---

1　王树新主编:《高平金石志》,第 201 页。
2　王树新主编:《高平金石志》,第 179 页。
3　王树新主编:《高平金石志》,第 266—267 页。
4　王树新主编:《高平金石志》,第 315 页。
5　王树新主编:《高平县志》卷七,第 5—12 页。
6　张鹏和王中旭都将仙翁庙归入神祠之属。见王泽庆、张鹏主编《中国寺观壁画全集·7 元明清神祠壁画》,第 101—107 页;王中旭《中国古代物质文化史·绘画·寺观壁画·下:明清》,第 276—284 页。

对古代专门从事壁画创作的画师来说，在何种宗教建筑采用相应的壁画"格套"，可谓他们的看家本领。仙翁庙壁画也的确符合神祠壁画的一般格套，即民间常说的"出巡—回归"或"启跸—回銮"模式。东、西壁主神仙队行进方向相反，东壁出，西壁入，即宋代文献所称之"出队""入队"[1]。来迎者中有当境城隍（e6）、土地（e8）、五道（e3）等众，代表了处于神谱基层的地方神。其迎送主神的桥段，在神祠壁画中屡有出现（图14、图15）。相应地，西壁主神仙仗向北而行，靠近北壁的洞府中走出七位仙人来迎。

按格套，壁画中的巡行主尊应即祠神。明成化七年重修碑提到"仙翁即世所谓张果老是也"，正殿名称为"西祖殿"[2]。嘉靖四十四年重修碑再次确认伯方村祠即张果老祠，且此次重修与壁画所呈现的风格年代特征接近。[3] 可见，"西祖""西总圣""仙翁"不过是当地人对张果的别称。因而，壁画中道貌岸然的主神极可能是为满足某种需要而创造的张果形象变体。此推测可由以下细节内证：

细节一，西壁右下角的"七仙来迎"场景。不难看出，他们是八仙中除去张果以外的七位，着百衲衣者为铁拐李（w20），袒胸露乳、身后露一蕉扇的为钟离权（w21），持鼓的粉衣女为何仙姑（w18），负剑戴纯阳巾的为吕洞宾（w19）等。意在暗示，只有被迎主神为张果，才构成完整的八仙。东壁左上角的"七仙燕乐"与之同理。

细节二，东壁张果（e35）身后跟随二绿衣童仆，其中一位（e36）肩扛竹杖，杖头挂葫芦。东壁下层仙仗中，又见二童仆（e24、e25）携古琴、竹杖随行于队尾；分别位于西壁主尊（w8）、北壁主尊（n1）身右的童子（w7、n41）亦持竹杖。画师用竹杖这一较隐蔽的符号，来保证张果以不同形象出现时，能够被观者辨识。

细节三的设计格外别致，东、西壁骑驴张果的首服略有不同：东壁出行时，戴户外活动的东坡巾（方形巾子）；西壁则换作更显随意的头巾，以契合洞府中燕居之情境。这种由首服变化引申出来的张果行踪变化，与主神"出巡—回归"相同步。另一对与之呼应的设计是，东、西"凸"字形山墙最顶端的仙鹤（ea-4、wa-2），翱翔于张果上方，作俯察之状，西壁者口衔灵芝。仙鹤向为升仙或长寿之象征。西汉《列仙传》就描述王子乔成仙后乘白鹤飞行。在此，我们不妨将壁画中"半空直下视"的仙鹤视为主尊的坐骑。后文讨论中，还会看到画家再次运用这种

---

[1] 宋代刘道醇《圣朝名画评》记嵩岳庙东壁为武宗元画"出队"，西壁为王兼济画"入队"。见卢辅圣主编《中国书画全书》第一册，上海书画出版社，2000，第450页。

[2] 王树新主编：《高平金石志》，第194页。

[3] 王树新主编：《高平金石志》，第201页。

神仙与其坐骑分置的手法。

接下来的疑问是，画师改变张果的常规形象，将其塑造为理想化的仙人的依据和目的又是什么？此问题仍可从白鹤意象找到一些线索。唐施肩吾《谢自然升仙》诗云：

> 分明得道谢自然，古来漫说尸解仙。如花年少一女子，身骑白鹤游青天。[1]

作为历史人物的女冠谢自然，去世时已有六十余岁，而在诗文中，她尸解成仙后的模样却是驾鹤的年轻女子。依道家观念，升仙目的不就是肉身超越大限而永葆青春么？画家塑造的伟岸男神形象，也应出于这种想象。同时这首诗还暗示，尸解乃仙凡之间身体变化的转捩点。反观张果传说，几乎所有文献都认为他是以尸解方式成仙的。与壁画同时代的小说《八仙出处东游记》，云：

> 天宝初，明皇遣使征果，果闻辄卒，尸解而入仙班，弟子葬之，发棺视之，乃空棺而已。

这显然是一种典型的尸解故事。画师的处理似在暗示，老者形象的张果代表了俗世肉身（即"尸"）。在尸解过程中，肉身最终被放弃，人"脱劫飞升"而为"真仙"，如同仙翁庙主尊那种穿鹤氅、乘仙鹤的"总圣仙翁"形象。或者在画师看来，只有这种须眉堂堂的主尊，才能与碑文提到的所谓"历代加封"和"总圣"相衬。从壁画效果的角度来考虑，如果没有这样的形象和卤簿扈从左右的阵仗，大尺幅的壁面将变得极为单薄。

尸解易令人联想起佛教"身"（梵 buddha-kāya）和"化现"两个概念。诚然，这些概念对中国宗教视觉文化产生了深远的影响，然而，尸解引发的视觉形象变化，与具有形而上学意味的佛教身体观，仍有着本质的不同。

接下来要讨论的洞府图像，可以帮助我们从另外一个侧面理解画家的独特匠心，进而在壁画的整体叙事语调中理解，表现尸解观念并非画家的主要意图。洞府图像成对出现于东、西壁北侧。按神祠壁画格套，此位置多为祠神府邸。访谈当地村民，他们大多会把画中洞府和当地的"张果老洞"混为一谈。若明代如此，便可想见壁画初创时，乡民何等自豪地向画师讲述了这个本地传说，并叮嘱主创者着重刻画。画家也不负众托，把大部分壁面留给了山林和岩洞，将殿堂内部装点成一所洞天福地。儒生将仙翁庙周边形胜描绘为"曲流澄碧，古木秀阴，鹤鹳栖巢，云霞团盖，清函闃寂"，文字与壁画相得益彰。[2]

---

1　（清）彭定求等编：《全唐诗》卷四九四，中华书局编辑部点校，中华书局，1999，第5651页。

2　王树新主编：《高平金石志》，第201页。

如此，将画中洞府视为当地的张果洞，不失为一种稳妥的解释。然而，除了地方感的塑造，画师还平添了一些别致的元素，引人遐想。主尊与七仙两队相遇处（图16、图17），一只硕大的白猿（wa-3）手捧仙桃出迎，身后还隐约可见一头仙鹿（wa-4）。这一处理，实为点题之笔。明代装饰艺术中，猿、鹿常相伴出现，两种动物本身就是仙道观念中的神兽，又以其谐音象征福禄寿。具体在晋东南，白猿又有其特定含义。上党古赛写卷中多次提及《猿猴脱甲》这出小戏，该戏常与"八仙戏"连演。[1] 其情节，今已不甚了然，八仙戏中有一出叫《八仙斗白猿》，或可参照。该戏云：白猿为马龄大仙之子，至瑶池偷桃献母，八仙擒之。王母赠白猿桃，令其归。[2]《猿猴脱甲》戏明万历间既已有之，和壁画年代、地域皆相符，当地百姓观壁，很可能会以戏中的情节猜度壁画。

图16 西壁右下局部
（作者摄）

图17 西壁右下局部线描
（作者摹）

---

[1] 参见贾利涛《白猿、仙桃与度脱——队戏〈猿猴脱甲〉的传说情境与功能阐释》，《中华戏曲》第57辑，第242—251页。

[2]《蟠桃会总讲》和《八仙过海》内容实际相同。参见吴光正《八仙故事系统考论——内丹道宗教神话的建构及其流变》，中华书局，2006，第43页。另，"白猿献桃"这个桥段在明清民间文学中还有其他含义，令食者免入地狱的功能。白猿偷桃奉母可能由目连救母的故事类型演化而来。

跳出这个冷门的地方性知识，放眼整个元以降戏曲乃至工艺美术，八仙、白猿符号都是西王母蟠桃会的一部分，即便所谓"八仙过海"，其目的也是赴蟠桃之会。[1]在明清工艺美术中，八仙已然是一种极流行的母题，小至器物，大到建筑，无处不在。其格套无外乎四种：（1）西王母、群仙、瑶池悉数出现；（2）仅出现群仙，西王母缺席。有时会表现驾鹤而来的南极仙翁，以示邀约，但庆寿对象仍为西王母；（3）八仙渡海；（4）以暗八仙（器物）借代人物。尽管后三种，西王母均为缺席状态，但彼时观者都熟知瑶池庆寿的内涵，而不至误读。

基于这种视觉文化常识，东、西壁洞府的"半启门"[2]，对观者来说还有另一种解读的可能——洞门的内部不一定是封闭的仙人府邸，人们还可将其想象成通向瑶台的门径。承德避暑山庄的乾隆《绿毯八韵》诗碑，工匠在碑首刻洞府启门人物（图18），以连贯碑座的八仙和碑首的蟠桃会。再如，传仇英作《群仙会祝图》（图19）高台下方的入口也起到勾连露台上、下空间的作用。相似地，此图献桃的猿猴、仙鹤等元素并存。若把仙翁庙的洞府看作《群仙会祝图》被剪裁后的一个局部（如图19线框所示），那么，不排除画家有意采取了"借代式"的视觉修辞，以激起观者对瑶池仙境的联想。此猜测可从另一细节呼应，一位执符使者（w26）正向洞府中的仙翁发出邀请。这个邀请或即赴蟠桃之会。

图18 乾隆《绿毯八韵》诗碑碑首浮雕（局部）

（碑存承德避暑山庄，作者摄）

---

[1] 参见吴光正《八仙故事系统考论：内丹道宗教神话的建构及其流变》，第62—67页。可能早在宋元既已如此了，《南村辍耕录》所载院本名目中《瑶池会》《八仙会》《蟠桃会》三剧目相连，可见内容相近。（元）陶宗仪：《南村辍耕录》，中华书局，1959，第308页。

[2] 宿白将此类图像定名为"妇人启门"，认为"其取意在于表示假门之后尚有庭院或房屋、厅堂"，见氏著《白沙宋墓》，文物出版社，第54—55页。

图 19 传仇英作《群仙会祝图》(局部)

(台北"故宫博物院"藏,采自邱士华、林丽江、赖毓芝编《伪好物——16至18世纪苏州片及其影响》,台北"故宫博物院",2018,第189页)

　　从白猿献桃、有半启门的洞天两处讨论可见,张果仙队的去向可作多种解读,既可代表本地的张果老洞,又可认为是八仙会聚的世外桃源,甚或通往瑶池之门。这种多义性的设计为观者带来了趣味性和娱乐性。在此整体语境下,张果凡、圣两种形貌的不同表现,可能出于一个整体的设计意图,即将地方信仰的神圣性和视觉文化的娱乐性做某种调和，而非刻意强调尸解观念。

## 四 雩祀何神？

下面讨论正壁"朝元图"的含义。正壁分上下两层，上层绘主风雨雷电神众及御者驾驭五龙（nd-1、nd-2、nd-3、nd-4、nd-5），当与求雨有关；下层除主神外，两侧神众可简化为五位配享的辅神（nⅠ、nⅡ、nⅢ、nⅤ、nⅥ）。每一位辅神都配有为其持剑、印玺的仙童玉女，抱卷（或称"录籍"）的武士，以及相貌恐怖的鬼卒。通过这些眷属的添加，画师使正壁扩充为盛大的朝元式构图。画面上层的五龙与下层五位辅神具有一一对应的关系，当为其坐骑。五辅神首服与宁波南宋佛画的十王近似，垂饰有"充耳"，当为龙王。一位眷属（n50）身材低矮，头形特异，当为蛤蟆精之类的士卒。这一水族眷属的出现，进一步验证了上述认识。不过，在中国文化中，以五为数且与龙有关的组神颇多，需要进一步考订。[1]

图 20 山西某五龙圣母庙正壁

（采自 Édouard Émmanuel Chavannes, *Mission archéologique dans la Chine septentrionale*, Paris: Imprimerie Nationale, 1909, No.1168）

---

[1] 王中旭认为主尊两侧的辅神为四海龙王。见王中旭《中国古代物质文化史·绘画·寺观壁画·下：明清》，第278页。而辅神数量为五，此说显然有违实际。

山西五台周边，清代曾一度流行一种以女神为主尊，两侧辅以五龙王的神祠壁画（图20）。由其流行区域，不难推知五龙王即"五台神龙"。《宋会要辑稿》云：

> 庙在大同府，徽宗宣和六年五月，封五龙母"显慈顺应神妃"为"昭懿显慈顺应神妃"，东台龙神"仁济灵泽王"为"元应仁济灵泽王"，西台龙神"义济显济王"为"利应义济显泽王"，南台龙神"昭济惠泽王"为"亨应昭济惠泽王"，北台龙神"云济丰泽王"、中台龙神"崇济顺泽王"为"通应崇济顺泽王"[1]。

大同府天镇县《培风堡龙神庙碑记》完整转述了乾隆时代画工对当地龙宫圣母庙壁画内容的解说，提到正壁绘："（圣母）旁而坐者六，则黄、青、赤、白、黑五龙王及雨师焉"；东壁为《出宫行雨图》，"山神、土地皆携虎、狼以迎送于其下"；西壁为《雨毕回宫图》[2]。此描述不仅与沙畹所摄五龙圣母庙壁画完全契合，亦与仙翁庙壁画有诸多想通之处。譬如，与五神合祀的重要辅神（nⅣ）当即雨师。

然而，此五龙信仰终究局限于云朔一带，且与龙母合祀，并非仙翁庙正壁五神的最终答案。尽管如此，此例指引了一个重要的搜索方向——从上党区域信仰中寻找以五为数的龙王。《上党古塞写卷》"排神谱"和上党诸方志中频出的"会应五龙王"，应予重点考察。此信仰最早可追溯至十六国时期。《元和郡县图志》云：

> 五龙祠，在县（按，上党县）东南二十里五龙山上。慕容永所立，以祭五方神[3]。

在唐玄宗的推动下，开元二十年（732）颁行的《大唐开元礼》正式将五龙纳入小祀，五龙祈雨法也成为官方规定的雩祀之法[4]。宋继唐三祀之制，五龙祀仍其旧。大观二年（1110）宋廷正式为五龙敕封王号：

> 中央黄龙，孚应王；东方青龙，广仁王；南方赤龙，嘉泽王；西方白

---

[1] （清）徐松辑：《宋会要辑稿》礼二一之一七，第859页。

[2] （清）张坊：《培风堡龙神庙碑记》，收入（清）王飞藻《大同府志》卷二八《艺文志》，乾隆四十七年重校刻本，第11—13页。

[3] （唐）李吉甫：《元和郡县图志》，中华书局，1983，第418页。

[4] 五龙祠进入唐代国家小祀的过程，参见朱溢《唐至北宋时期的大祀、中祀、小祀》，台湾《清华学报》新39卷第2期，2009，第305页；朱溢《事邦国之神祇》，上海古籍出版社，2014，第65页。

龙，义济王；北方玄龙，灵泽王。[1]

五龙由此具备了被绘作王者形象的理由。经过唐宋两代推行，会应五龙神从地方神逐渐成为全国性的祠祀信仰。金元明清皆效此法。

综上，无论从全国还是地方信仰来考量，会应五龙都是仙翁庙五位配享神的最佳答案。仙翁庙图样可能保留了一定北宋时期的面貌。

然而，碑刻却与壁画的雩祭对象形成了较大的反差。在所有明代仙翁庙重修碑中，五龙神只字未提。景泰六年《重修仙翁庙记》云："深念神巍灵囗，护国庇民。祈者有应，祷者即霖。"[2] 成化七年重修碑进一步说："若遇岁旱，有祷辄应，能出云雨。"[3] 伞盖山永乐二十年（1422）《重修伞盖山总仙翁庙记》更是详述了一个的祈雨感应故事：

至永乐十四年，苍天大旱，由春至夏，亢阳不雨，官民偏祷于诸祠……之应验，民心煎熬，秋成失望。有本邑十都善士吴义等，谨发虔心，邀会众善……请仙翁祠下，祷告圣水变为霖雨。得水复归，未至半途，油然兴云，霈然雨作……稔此莫

非仙翁之感应也。[4]

在碑刻中，仙翁才是解决民生问题的雨神。如此，文本和图像之间就隐约夹带了某种张力。为何两种媒介分别选择了不同的雩祭对象？这里可以试从碑刻与壁画不同的作者身份找到一条解释的路径。从创作主体来看，碑文出自儒生之手，壁画则由画师托付丹青。嘉靖四十四年重修碑，就是村民辗转托"及进士第"的张希登领衔撰写的。令人颇感意外的是，在这篇应酬之作中，这位儒生毫不掩饰自己对乡民信仰的不屑。他说道："吾不意神仙之术能泽人佑人，使人祷求敬祀如此。"坦率承认自己是出于"舆情之尚不可回"，才勉强为之。[5] 他对仙翁传说的了解，当来自当地省祭官暴宗仁。或者说，他仅仅应付功德主"欲刻之贞珉，以垂永久"的愿望，但却丝毫不愿取悦村民对神力的希冀。可以说，张希登代表了一种儒生的极端态度。

相比之下，行走于村邑的画师，作为一种匠职人，他们并不背负经学式的道德责任感，不能像儒生那样远程写作就可以敷衍了事，必须躬行于神殿内数月之久，也绝不会有那般清高的姿态。对他们来

---

1　（清）徐松辑：《宋会要辑稿》礼四之一九，第465页。

2　常书铭主编：《三晋石刻大全·晋城市高平市卷（上）》，第88页。

3　王树新主编：《高平金石志》，第193—194页。

4　王树新主编：《高平金石志》，第190页。

5　王树新主编：《高平金石志》，第201页。

说，满足乡民的诉求才是第一位的，毕竟其口碑、生计有赖于此。或可猜想，绘制小样时，主创者先要从乡老那里了解祠神掌故，甚至可能和仪式专家有所沟通，方能定稿。[1] 仙翁庙南的广场上今存一八角池。由明成化七年（1417）重修碑可知，此庙所在高岗称"清龙醮财山"，其"北有八角池"[2]。尽管两个八角池方位似有出入，但可肯定的是，八角池于明初既已有之。龙和八角池易令人联想到宋代推行的"五龙堂祈雨法"。此法云：

> 以甲乙日，择东方地作坛，取土造青龙，长吏斋三日，诣龙所，汲流水，设香案、茗果、盥饵，率群臣、乡老日再至祝酹……雨足，送龙水中。[3]

在没有天然水源之地，"龙所"可人工建造。[4] 那么，庙前的八角池或即乡民按祈雨法营建的"龙所"，亦即地方官吏行雩礼的起讫处。甚或当地宋以降祈雨实践就一直遵行此法，并未因迭代而废。一些乡村仪式世家，如今日上党地区称为"主礼先生"的群体，将此类仪式传承下来。仪式专家在与画师商定后，托其手而上壁。画师将会应五龙和总圣仙翁两套不同的雩祭对象并置于北壁，尊格更高的总圣仙翁，似乎扮演了"役使"五龙的巫觋角色。总之，这种配置调和了官方与地方雩祭对象的冲突。

## 五　神祠壁画的基本问题

经过以上考索，本文对壁画的释读已与之前的"封禅说"或"道教说"大异其趣。性质上，此壁画属神祠壁画。因与道教教团无涉，狭义来说，不能算作道教壁画，但广义上，仙翁庙是与道教神仙信仰有关的民俗神庙；内容上，三壁三次出现的主尊为张果成仙后的变体形象，即所谓"总圣仙翁"，而非此前流传的唐玄宗。这种表现方式可以在尸解观念中找到一定的依据，但更重要的是，画家需要以此变体形象结构出一个民众喜闻乐见的宏大朝元图；北壁六位辅神为会应五龙王和雨师组合，表现祠神主雨的神力；东西两壁的猴、鹤、鹿、半启门的洞府等母题则明显围绕福禄寿、升仙之类的主题展开。

考释图像当然是宗教美术的基础性问题，然而就在这看似枯燥的过程中，地方信仰、社会风气之变、不同主体之诉求也

---

1　主殿内有四根金柱，各彩绘一从天而降的巨龙，也在烘托同一降雨主题。
2　王树新主编：《高平金石志》，第 194 页。
3　(清) 徐松辑：《宋会要辑稿》礼一八之五，第 735 页。
4　兴庆宫就建有祈雨用的龙池。见 (宋) 王溥《唐会要》卷二二，中华书局，1955，第 434 页。

得以呈现。这里就此个案所涉及的方法问题加以提炼，希望能对其他神祠壁画研究和相关学科理解神祠壁画有所裨益。

其一，把握神祠一般格套与个案变异之间的关系，这是进行神祠壁画释读的前提。长期以来，无论美术史还是考古学界对这类乡野之间的壁画都不甚重视。这种漠视造成学界对神祠壁画常规格套的认识不足。这也是"封禅说"长期流行未被证伪的原因之一。另一方面，常规格套是我们讨论每一个具体个案的基准。毕竟每个祠神的故事、职能不同，因此画师总会在格套的基础上进行一些调适，以塑造其特殊的神格。不清楚常规，就无从知道特异之处何在。

其二，如何找到解释图像的文本，对神祠壁画来说，是颇棘手的问题。这是由祠神信仰作为一种"非经文宗教"所决定的。不像佛教、道教壁画多有其经典或仪轨依据，神祠壁画则多取材于民俗传说，多数地方性知识。就本例而言，壁画中出现的各种福禄寿母题主要和明代流行的视觉文化有关，画师可能受到了装饰性图像或仙道文学插图本的启发；画面中的张果洞，源自当地的口承传说，也是一类特殊的"文本"；白猿奉桃可能来源于地方戏；"会应五龙王"是唐宋祠祀制度的遗绪。由此可见，神祠壁画的"文本"来源还具有多元性。

其三，神祠作为村社中最重要的文化景观，其宏大的壁画是民众集体意志和诉求的图像显现，极具公共性和纪念性。这些属性驱策画家必须满足上述意志和诉求。与最基本的对神性的功利性需求相比，壁画的纪念性往往表现为地方认同感（loca lidentity）的建构。本个案中，宏大的洞天场面，就是对当地居民引以为傲的张果洞传说的响应。此外，仙翁庙壁画的公共性还表现为视觉娱乐性。尽管神祠文化以儒家祭祀礼仪为底色，但在实践中，神祠空间同时承担着公共娱乐设施的功能，偏离了正襟危坐的儒家礼仪。从壁画的种种巧思可隐约感受到，民众观看壁画时可能产生的疑问，甚至互相之间津津乐道的讨论，享受视觉谜题给人带来的趣味和遐想。

其四，注意神像组合所反映的社会变迁。本例会应五龙王的出现，意味着晋东南地区祠神信仰保留着浓重的唐宋祠祀制度底色；八仙组合又是更晚近流行的元素。把叠加在一起的新旧组合剥离开，就是信仰变迁的历史。[1]

以上几点，皆由仙翁庙个案有感而发，旨在为解释其他神祠壁画提供一些思考路径。"存形莫善于画，宣物莫大于言。"神祠壁画，作为一种视觉文本，有区别于文字史料的特点和价值。近年来，一些取径历史人类学的学者，已开始尝试

---

[1] 相似个案的讨论，见 Michael Szonyi, *The Art of Being Governed: Everyday Politics in Late Imperial China*, Princetonand Oxford: Princeton University Press, 2017, pp. 183-213。

运用祠庙图像解答其关心的历史学议题。[1] 这种长期被主流美术史拒之门外的美术类型，不啻为某种意义上的"乡村诗学"，地方社会的观念、信仰、情感都凝结其中，值得更多深入的探讨。

附记

本文写作中得到张建军、风入松、梁勇先生的资料帮助，在此一并致谢。

---

[1] 此类文章如赵世瑜《图像如何证史：一幅石刻画所见清代西南的历史与历史记忆》，《故宫博物院院刊》2011年第2期。

(四)

文本研究

# "官制象天"与东汉尚书台的设立*

■ 梁　轩（吉首大学人文学院、内蒙古师范大学科学技术史研究院）　赵　璐（天津大学建筑学院）

尚书台的设立与崛起，是秦汉官僚制度的一个重要变革。东汉光武建政以来，为适应新的政治形势，尚书组织的政治地位与职权范围都得到了大幅的增扩，仲长统《昌言·法诫篇》曰："光武皇帝愠数世之失权，忿强臣之窃命，矫枉过直，政不任下，虽置三公，事归台阁。自此以来，三公之职，备员而已；然政有不理，犹加谴责。"[1] 光武帝吸取了西汉权臣篡位的历史教训，将朝政大权集于尚书台，致使三公大权旁落而徒有其名。关于仲长统以及其他汉儒的类似阐述，学界虽不乏质疑之声，但也在一定程度上说明尚书台职权广泛、地位尊崇，已成为东汉实际意义上的行政中枢机构。关于东汉尚书台的设立及崛起，已有诸多前辈学者从不同角度进行了深入探讨，[2] 侧重点虽各有不同，但都指向了君主集权以及君权对相权的侵夺，是尚书台设立的一个重要原因。祝总斌先生则对以往的研究模式进行了反思，指出东汉尚书台的崛起以及三公鼎立制度的固定，归根结底是为了在新形势下更有效地进行统治。[3] 概言之，关于东汉尚书台的设立，学界不断强调政治、权力等因素，不过对于政治与权力背后的知识结构、文化观念的关注稍显不足。

张分田先生曾指出："制度是观念的物化，政策是观念的操作。制度与政策都是某种观念获得认可的产物。物化为制度，规定为政策，并以制度、政策为载体

---

\* 本文为国家社会科学基金一般项目"汉代族制研究"（项目编号：16BZS038）阶段性成果。

1　（南朝宋）范晔撰，（唐）李贤等注：《后汉书》卷四九《仲长统传》，中华书局，1965，第1657页。

2　学界相关研究较多，代表性论作可参考范文澜《中国通史》（第二册），人民出版社，1978，第179—180页；余行迈《从尚书职权的变化看两汉中央集权制与外戚宦官专政的关系》，《江苏师院学报》1980年第3期；徐复观《两汉思想史》（第一卷），华东师范大学出版社，2001，第120—165页；安作璋、熊铁基《秦汉官制史稿》，齐鲁书社，2007，第260—281页；黄留珠《东汉尚书职权试说》，《南都学坛》1990年第1期；杨鸿年《汉魏制度丛考》，武汉大学出版社，1985，第74—112页；卜宪群《秦汉官僚制度》，社会科学文献出版社，2002，第171—201页；黄宛峰《东汉三公、尚书职权辨析》，《南都论坛》1991年第4期。

3　祝总斌：《两汉魏晋南北朝宰相制度研究》，中国社会科学出版社，1990，第13页。

而存在的理论、思想、观念、意识,可以同时影响甚至规范社会存在和社会意识。它比个别人一时的好恶、取舍,比以思想形式存在的学说流派,都更具有一般性、稳定性和规定性。"[1] 换言之,权力的运行及制度的形成都奠基于其特定的知识结构或文化观念基础上,值得注意的是,东汉无论是尚书的职权、地位,还是尚书称谓与组织架构,都与"天文"存在密切关联,显示出尚书台设立的背后还潜藏着诸多"形而上"的知识或观念性因素。因此,对于东汉尚书台的设立,本文试图在前辈学者的基础上,从制度与观念、权力与知识互动的理论视角对该问题展开进一步的探讨。

## 一 东汉尚书"台阁"的空间布局与官署形制

秦汉时期,宫中皆设立尚书,杨鸿年《汉魏制度丛考》对汉魏宫省制度进行了考证,认为两汉魏晋尚书虽设于宫内,但并不设于禁中省内,而是设于省外。[2] 不过,文献中对于尚书究竟是设于"禁中"还是"殿中",略有差异。杜佑《通典·职官八》:

> 秦置六尚,谓尚冠、尚衣、尚食、尚沐、尚席、尚书,若今殿中之任。[3]

《初学记·尚书令》引《汉官》:

> 秦代少府遣吏四人在殿中主发书,故号尚书……汉因秦置之。[4]

又《唐六典》则谓:

> (秦)置尚书禁中,有令丞,掌通章奏而已。[5]

陈苏镇先生特别对西汉"殿中"的空间范围与宫室布局进行了考证,指出西汉未央宫分为宫、殿、省三区。"殿中"区以前殿、宣室殿、承明殿等建筑为中心,有殿墙环绕,由"殿门"出入。温室殿则是皇帝寝殿,位于承明殿以北,在"禁门"内,称"省中"。北部"殿门"与"禁门"之间还有金马门和长秋门,将"殿中"区域分为内、外两个部分。其外是生活服务区,有光禄勋等机构;其

---

[1] 张分田:《社会普遍意识研究》,收入刘泽华、张分田等著《思想的门径——中国政治思想史研究方法论》,天津古籍出版社,2006,第234页。

[2] 杨鸿年:《汉魏制度丛考》,第74—75页。

[3] (唐)杜佑:《通典》,王文锦、王永兴、刘俊文等点校,中华书局,1988,第742页。

[4] (唐)徐坚等:《初学记》,中华书局,1962,第258页。

[5] (唐)李林甫等:《唐六典》,陈仲夫点校,中华书局,1992,第6页。

内则是皇帝及其辅助官员的办公理政区，有承明殿、玉堂殿、高门殿等建筑，而尚书以及侍御史、谒者等机构和朝堂等设施，就位在承明殿"廷中"[1]。换言之，西汉时期的尚书组织就位于宫内、省外的"殿中"区域，而这一空间布局也延续到了东汉。

光武帝定都洛阳，以南宫为中心，尚书也设于南宫。及至明帝朝北宫落成，洛阳南北两宫对峙格局形成（图1），[2] 尚书台仍在南宫而并未北迁。《后汉书·郑弘传》：章帝时，尚书令郑弘"前后所陈有补益王政者，皆著之南宫，以为故事"[3]。《后汉书·杨赐传》："后（灵）帝徙南宫，阅录故事，得赐所上张角奏及前侍讲注籍。"[4] 《文选·陆士衡〈答贾长渊诗〉》李善注引谢承《后汉书》："谢承父婴为尚书侍郎，每读高祖及光武之后将相名臣策文通训，条在南宫，秘于省阁。"[5] 东汉时期"尚书故事"又称"南宫故事"，足证尚书台设于洛阳南宫。汉灵帝中平二年（185），南宫云台殿失火，"延及白虎、威兴门、尚书、符节、兰台"[6]。汉末何进为省内宦者所害，袁术"因烧南宫九龙门及东西宫，欲以胁出让等。让等入白太后，言大将军兵反，烧宫，攻尚书闼"[7]。汉末洛阳南宫的两次火灾都延及尚书台，也说明尚书台位于洛阳南宫。不过，尚书台虽设在南宫内，但却在禁省以外。《后汉纪·光武皇帝纪》：光武帝定都洛阳，"（马援）初到，召诣尚书。有顷，中黄门一人引入，

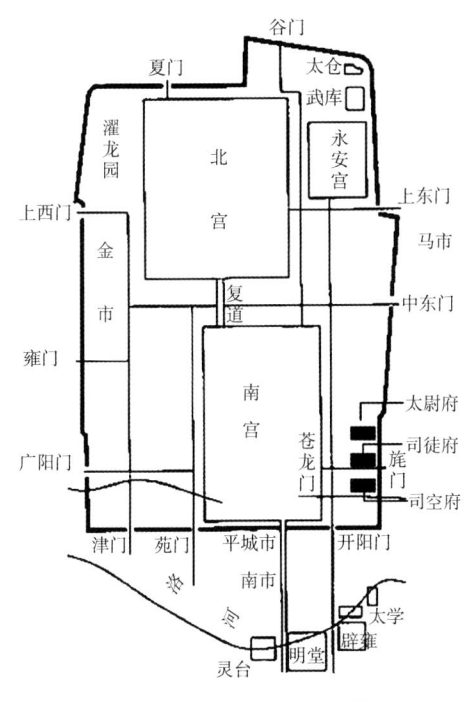

图 1 东汉洛阳城平面复原图

---

[1] 陈苏镇：《汉未央宫"殿中"考》，《文史》2016年第2期。
[2] 梁轩：《"象天设都"与东汉洛阳城的空间布局》，《自然科学史研究》2019年第1期。
[3] （南朝宋）范晔撰，（唐）李贤等注：《后汉书》卷三三《郑弘传》，第1155页。
[4] （南朝宋）范晔撰，（唐）李贤等注：《后汉书》卷五四《杨赐传》，第1784页。
[5] （南朝梁）萧统编，（唐）李善注：《文选》，上海古籍出版社，1986，第1141页。
[6] （晋）司马彪撰，（南朝宋）刘昭注补：《续汉书·五行志二》，收入《后汉书》，中华书局，1965，第3297页。
[7] （南朝宋）范晔撰，（唐）李贤等注：《后汉书》卷六九《何进传》，第2252页。

时在宣德殿"[1]。东汉宣德殿几经增修，其最初为光武帝刘秀在省中日常办公的殿寝，[2] 马援受诏入宫，先诣尚书，再由负责省内事务的中黄门引入宣德殿，说明东汉初尚书就位于省外。应劭《汉官仪》："尚书郎主作文书起草，夜更直五日于建礼门内。"[3] 郑樵《通志·职官略》："后汉章和以后，尚书为机衡之任，尚书郎含香握兰，直宿于建礼门，太官供膳，奏事明光殿。"[4] 尚书郎更值于建礼门内，而从建礼门到省中明光殿则还要路经神仙门，《唐六典》："汉制：尚书郎主作文书起草，夜更直于建礼门内……奏事建礼门内，得神仙门；神仙门内，得明光殿、神仙殿，因得侍省中。"[5] 说明东汉尚书虽位于宫内，但却被置于省外，其空间布局应该跟西汉尚书一样，位于"殿中"的位置。

两汉尚书称谓也有变化，《唐六典》："然后汉尚书称台，魏、晋以来为省。"[6]《玉海·官制》亦谓："后汉尚书称台，魏晋以来为省。"[7] 对此，杨鸿年《汉魏制度丛考》指出："两汉尚书就机关说，称尚书台，或简称尚书，或径称台。三国、两晋，尚书称台也是到处皆是。"[8] 杨氏虽详细考证了两汉魏晋尚书的称谓，但对"尚书称台"究竟始于西汉还是东汉其实并未做出严格区分，而就传世文献来看，《唐六典》《玉海》的说法显然更为准确。西汉尚书称"台"者鲜见，东汉尚书称"台"则非常普遍，尚书台官员径称"台职"或"台官"，尚书郎则称"台郎"，值守尚书台则称"宿台上"或"直台上"。此外，东汉尚书还普遍称"台阁"，《后汉书·仲长统传》："虽置三公，事归台阁。"李贤注："台阁谓尚书也。"[9] 王鸣盛《十七史商榷》"台阁"条曰："据《蔡邕传》邕上封事，以'公府'与'台'并称，所谓宫中，府中也。《黄琼传》《黄香传》，香上疏，皆谓尚书

---

1　（晋）袁宏：《后汉纪》，收入（汉）荀悦、（晋）袁宏撰《两汉纪》，张烈点校，中华书局，2017，第 69 页。

2　南宫之"东宫"，除云台殿外，最重要的建筑是玉堂殿，而玉堂殿的前身当为光武帝刘秀日常办公的宣德殿。陈苏镇先生根据殿寝的功能、位置推断，和帝以后的安福殿就是原来的宣德殿，顺帝时将其改建为玉堂殿。参见陈苏镇《东汉的"东宫"和"西宫"》，《"中研院"历史语言研究所集刊》第 89 本第 3 分册，2018，第 524 页。

3　（汉）应劭撰，（清）孙星衍校集：《汉官仪》，收入（清）孙星衍等辑《汉官六种》，周天游点校，中华书局，1990，第 142 页。

4　（宋）郑樵：《通志（二十略）》，王树民点校，中华书局，1995，第 1019 页。

5　（唐）李林甫等：《唐六典》，第 8—9 页。

6　（唐）李林甫等：《唐六典》，第 6 页。

7　（宋）王应麟：《玉海》，广陵书社，2016，第 2254 页。

8　杨鸿年：《汉魏制度丛考》，第 74—79 页。

9　（南朝宋）范晔撰，（唐）李贤等注：《后汉书》卷四九《仲长统传》，第 1657 页。

为台阁。"[1] 顾炎武《日知录》亦谓："西京但有阁，而未以为官曹之称，至后汉始谓之'台阁'。"[2] 而东汉尚书称"台"或"台阁"，应该是"因建筑的特征，遂移为官署之名称"[3]，换言之，"台阁"其实是东汉尚书机构的衙署形制。

台是一种四方形高且平的建筑，《说文》："台，观，四方而高者。"[4]《淮南子·本经》高诱注："积土高丈曰台。"[5] 早期的台只是夯土之台，主要用于宗教祭祀，其后以夯土台为基础，逐渐演变发展成独立的台榭建筑，台基呈平面方形或矩形，上建屋宇，周壁列阶析上。台榭建筑的大量出现，大约始于西周之末到春秋之际，究其原因，刘叙杰《中国古代建筑史》指出："此时各地诸侯羽毛日益丰满，大建宫室楼台，竟成一时风尚，目的都是为了炫耀权势地位和满足生活上的奢淫。"[6] 及至汉代，历经高、惠、文、景四帝，社会承平日久，社会经济也日益复苏与繁荣，筑台之风再度兴起，《三辅黄图·台榭》中就整理了西汉宫苑内的筑台，可考者有汉灵台、柏梁台、渐台、神明台、通天台、凉风台、鱼池台、酒池台、着室台、斗鸡台、走狗台、坛台、韩信射台、果台、东山台、西山台、钓台、通灵台、望鹄台、眺蟾台、桂台、商台、避风台。[7] 东汉灵台建于光武中元元年（56），[8] 是目前仅存的一座大型灵台遗址（图2）。[9] 根据 1975 年汉魏洛阳灵台遗址发掘报告，可知洛阳灵台的观象主体就是一座夯土构筑的两层高台，高台东西残长约 41 米，南北长约 31 米。台基第一层为周庑，周庑以内则为第二层夯土台基，每面宽 27 米，现土台残高 8 米余，周庑以及台基内留有窟室，当为官员办公与设备存放的空间设置（图3）。[10] 东汉尚书称"台"，参照洛阳灵台的形制与结构来看，尚书机构的衙署主体也当是一座大型的构筑在四方高且平的台基上的台榭建筑，而夯土高台内部可能也设有廊庑、窟室等空间设施。

---

[1] （清）王鸣盛：《十七史商榷》，黄曙辉点校，上海书店出版社，2005，第 259 页。

[2] （清）顾炎武：《日知录集释》，黄汝成集释，栾保群、吕宗力校点，上海古籍出版社，2006，第 1362 页。

[3] 杨鸿年：《汉魏制度丛考》，第 78—79 页。

[4] （汉）许慎撰，段玉裁注：《说文解字注》，许惟贤整理，凤凰出版社，2007，第 1017 页。

[5] 何宁：《淮南子集释》，中华书局，1998，第 592 页。

[6] 刘叙杰主编：《中国古代建筑史·第一卷·原始社会、夏、商、周、秦、汉建筑》，中国建筑工业出版社，2009，第 270 页。

[7] 何清谷：《三辅黄图校注》，三秦出版社，2006，第 327—342 页。

[8] 《后汉书》卷一下《光武帝纪下》："（中元元年）是岁，初起明堂、灵台、辟雍，及北郊兆域。"（第 84 页）史载洛阳灵台高 6 丈（《洛阳伽蓝记》也说它残高 5 丈余），若按汉尺 1 丈 2.35 米折算，灵台原高 14 米左右。

[9] 潘鼐编著：《中国古天文图录》，上海科技教育出版社，2009，第 4 页。

[10] 傅熹年：《中国科学技术史·建筑卷》，科学出版社，2008，第 146 页。

图 2　汉魏洛阳灵台遗址

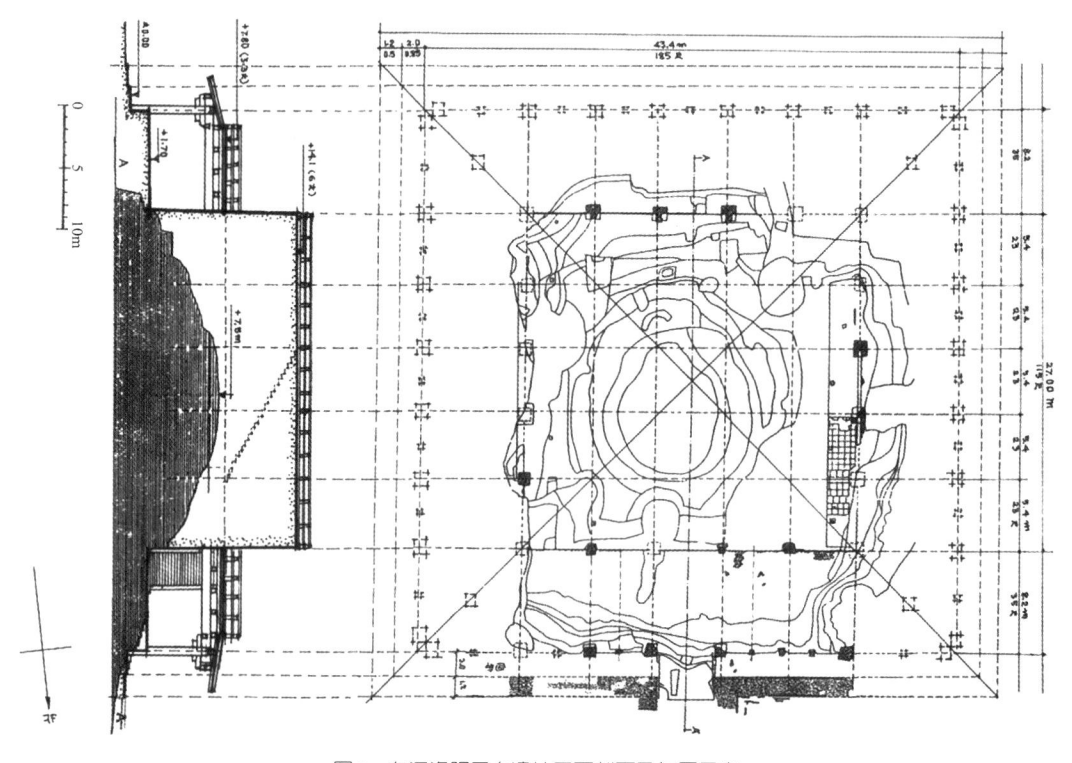

图 3　东汉洛阳灵台遗址平面剖面及复原示意

图4　河南焦作白庄出土七层连阁彩绘陶楼　　　　图5　河北阜城桑庄汉墓出土的绿釉陶楼

东汉尚书称"台阁",说明台基上还建有阁,是一种土木混合的台榭建筑结构。"阁"初指固定门扉的小木桩,《尔雅·释宫》:"所以止扉谓之阁。"郭《注》:"门辟旁长橛也。"[1] 引申为置食物的横板,《礼记·内则》郑注曰:"阁,以板为之,庋食物也。"[2] 阁也出现在早期的桥梁结构中,文献中称作"阁道"或"飞阁",平座上建屋的阁即在此基础上发展而来,《营造法式》:"张衡《义训》:'阁道谓之飞陛,飞陛谓之墱。'今俗谓之'平座',亦曰'鼓坐'。"[3] 商周以来,木构架建筑就以台基、屋身和屋顶作为房屋的三个主要组成。及至战国、秦汉,出现了多层房屋以及高大的台榭建筑。而西汉中后期以来,随着传统礼制的打破和社会观念的转变,高台建筑逐渐为高层建筑替代,楼阁建筑得到进一步发展。[4] 汉画像中就出现了许多楼阁建筑的图像,特别是东汉时期的建筑明器,更是把楼阁作为创作的对象,这些楼阁往往高达三四层,最高的可达九层,而"每层用斗拱承托腰檐,其上置平坐,将楼阁划

---

1　(晋) 郭璞注,(宋) 邢昺疏:《尔雅注疏》,李传书整理,北京大学出版社,2000,第143页。
2　(汉) 郑玄注,(唐) 孔颖达疏:《礼记正义》,龚抗云整理,北京大学出版社,2000,第991页。
3　(宋) 李诫:《营造法式》,邹其昌点校,人民出版社,2013,第9页。
4　武利华:《中华图像文化史·秦汉卷 (下)》,中国摄影出版社,2015,第606页。

为数层"[1]。例如河南焦作白庄 6 号墓出土的陶楼（图4），[2] 由院落、主楼、附楼、阁道四部分组成，其中主楼高 1.92 米，为七层重檐阁式建筑，在二层、四层置腰檐和平坐。河北桑庄出土汉墓绿釉陶楼也是一座典型的阁式建筑（图5），[3] 高五层，每层皆以腰檐、平坐区分，阁身即建筑在平座基础上，可见单体建筑的阁楼还是保留有些许早期"以板载物"之"阁"的结构特征。东汉尚书称"台阁"，其官署形制应是一座将"台"与"阁"结合在一起的复合式建筑，即先夯土筑台，再在台基上构木建阁，"井干广望，重阁相因"[4]，由此将台、阁合二为一，并将其作为尚书的办公官署，"台阁"由此成为东汉尚书机构的一种专称。

尚书"台阁"的设立，为尚书规模的增扩提供了可能。司马彪《续汉书·百官志三》"少府"条曰：

> 尚书六人，六百石。本注曰：成帝初置尚书四人，分为四曹：常侍曹尚书主公卿事；二千石曹尚书主郡国二千石事；民曹尚书主凡吏上书事；客曹尚书主外国夷狄事。世祖承遵，后分二千石曹，又分客曹为南主客曹、北主客曹，凡六曹。[5]

光武帝改革尚书旧制，在尚书令、仆射之下分设六曹，时称"八座"，又设左右丞各一人，其下尚书郎也由西汉时四人增至三十六人，三十六人分属六曹，每曹六人，其下继续再设令史二十一人，共计六十七人。西汉尚书还隶属于少府，不过随着尚书组织的职能完善与政治地位的提高，东汉时尚书虽"文属少府"，但实同独立机构。由此言之，东汉将尚书组织沿袭了下来，并将其与"台阁"结合在一起，这一变动不仅使新机构的规模、架构都得以重构，也为尚书职能的完善并成为一个相对独立的政务机构奠定了基础。

## 二 尚书"台阁"的典藏功能及其天文意象

东汉王朝恢复尚书建制，还专门设"台阁"，这与尚书主文书的传统密切相关。历经新莽改制，西汉典章多有阙失，光武建政以来积极延揽汉朝旧臣，对西汉

---

[1] 刘敦桢主编：《中国古代建筑史》，中国建筑工业出版社，1980，第 66 页。

[2] 河南博物院编著：《河南出土汉代建筑明器》，大象出版社，2002，第 23 页。

[3] 河北省文物研究所：《河北阜城桑庄东汉墓发掘报告》，《文物》1990 年第 1 期。

[4] （汉）李尤：《七款》，收入（唐）欧阳询《艺文类聚》，汪绍楹校，上海古籍出版社，1985，第 1025 页。

[5] 《续汉书·百官志三》，收入（南朝宋）范晔撰，（唐）李贤等注《后汉书》，第 3596 页。

一朝的"旧制""故事"进行搜集。[1]《东观汉记·张纯传》:"纯在朝历世,明习故事。建武初,旧章多阙,每有疑义,辄以访纯,自郊庙婚冠丧纪礼仪,多所正定。"[2] 尚书台就是整理与厘定这些汉朝旧制的机构,《后汉书·伏湛传》:"光武即位,知湛名儒旧臣,欲令干任内职,征拜尚书,使典定旧制。"[3]《后汉书·侯霸传》:"建武四年,光武征霸,与车驾会寿春,拜尚书令。时无故典,朝廷又少旧臣,霸明习故事,收录遗文,条奏前世善政法度有益于时者,皆施行之。"[4] 而台本身就具有一定防灾避灾功能,长期以来被作为典藏机构,例如西汉御史中丞"在殿中兰台,掌图籍秘书"[5];东汉云台,"图书、术籍、珍玩、宝怪皆所藏在也"[6]。阁,作为一种高层建筑也具有典藏功能,西汉时皇宫内有石渠、天禄、麒麟、白虎诸阁,《三辅黄图·阁》:"石渠阁,萧何造,所藏入关所得秦之图籍。至于成帝,又于此藏秘书焉。"又引《汉宫殿疏》:"天禄、麒麟阁,萧何造,以藏秘书。"[7] 由此言之,东汉尚书"台阁"之设一定程度上是出于文献典藏与整理的实际需求。

"台阁"在宗教人文层面也极具象征意义,尤其随着秦汉神仙方术的流行,高台、楼阁往往被赋予交通人神的功能,所谓"仙人好楼居,不极高显,神终不降"[8]。先秦秦汉以来帝王为祈求与天沟通,往往不惜大肆筑台建阁,"以候天神之下"[9],仅汉武帝在位时,就先后修建了柏梁、渐、神明、通天诸高台。而"台阁"作为一种宗教性极为浓厚的复合式建筑,不仅在现实中具有特定的文献典藏功能,其所具有的形而上的象征性与宇宙意象,也在相当程度上促成尚书机构与"台阁"建筑的结合。

---

[1] 汉代所谓"故事",范围广泛,内容复杂,包括律令、仪制、百官的章奏、历朝的注记、行政中不成文的惯例、君臣理事而成的典故、君臣之间誓约或与外族的约束等等,基本性质属于往事旧例。而"故事"既为施政的重要依据,两汉政府不能不将故事当作档案,加以典藏。参见邢义田《从"如故事"和"便宜从事"看汉代行政中的经常与权变》,收入氏著《治国安邦:法制、行政与军事》,中华书局,2011,第429页。

[2] (汉)刘珍等:《东观汉记校注》,吴树平校注,中华书局,2008,第618页。

[3] (南朝宋)范晔撰,(唐)李贤等注:《后汉书》卷二六《伏湛传》,第894页。

[4] (南朝宋)范晔撰,(唐)李贤等注:《后汉书》卷二六《侯霸传》,第902页。

[5] (汉)班固撰,(唐)颜师古注:《汉书》卷一九上《百官公卿表上》,中华书局,1964,第725页。

[6] 《续汉书·五行志二》,收入(南朝宋)范晔撰,(唐)李贤等注《后汉书》,第3297页。

[7] 何清谷:《三辅黄图校注》,第398页。

[8] 何清谷:《三辅黄图校注》,第395页。

[9] (汉)卫宏撰,(清)孙星衍校集:《汉旧仪补遗》(卷下),收入(清)孙星衍等辑《汉官六种》,周天游点校,第97页。

## （一）东汉尚书之别称

由于岁差，北斗在公元前第四千纪前后距离真天极的位置十分接近，其拱极运动在规划天极的同时，也理所当然地使其成为当时的极星，而这个被北斗绕极运动所规划出位于北极正中的圆形天区，古称"璇玑"（图6）。[1] 而在"璇玑"的划定中，北斗"天枢""天玑（机）"及"玉衡"星具有重要意义，三星之名也被不断解构重组，不仅用来泛指北斗，也被用来指称尚书。

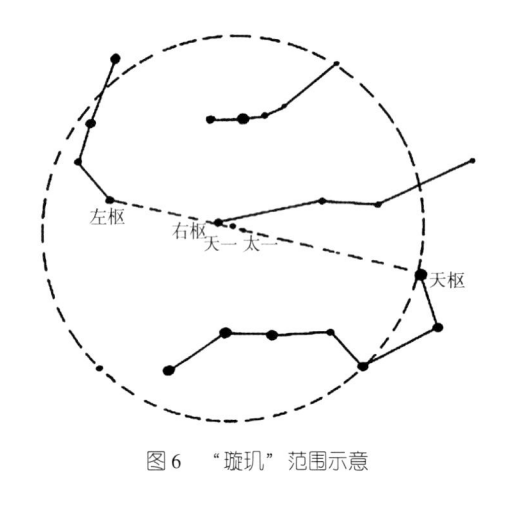

图6 "璇玑"范围示意

"天枢"为北斗第一星，早期曾充当过极星，是北斗拱极运动的枢纽，[2]《新论·离事》："北斗极，天枢，枢，天轴也。"[3] 东汉尚书被拟于北斗，就以"枢"为名，例如枢要、枢密，《后汉书·韦彪传》："天下枢要，在于尚书。"李贤注："《百官志》曰：'尚书，主知公卿二千石，吏人上书、外国夷狄事。'故曰枢要。"[4] 华峤《后汉书·陈宠传》：陈宠为尚书，"自在枢密，谢门人，不复教，拒知友"[5]。"玉衡"为北斗第五星，《文选·张衡〈东京赋〉》"摄提运衡"注引薛综曰："衡，玉衡，北斗中星，主回转。"[6] 又《汉书·律历志上》："衡，平也。其在天也，佐助旋机，斟酌建指，以齐七政，故曰玉衡。"[7] 历代式盘中多以玉衡星为中心，正是玉衡为北斗中星主回转的直观呈现。[8] 而东汉时期，"枢""衡"的组合就普遍被用来比喻尚书，以取其枢纽、轴心之义，《隶释·山阳太守祝睦后碑》中就载墓主祝睦擢拜尚书、

---

1　冯时：《中国古代物质文化史·天文历法》，开明出版社，2011，第78—79页。

2　冯时：《中国天文考古学》，中国社会科学出版社，2010，第134页。

3　桓谭：《新论》，中华书局，1977，第44页。

4　（南朝宋）范晔撰，（唐）李贤等注：《后汉书》卷二六《韦彪传》，第918页。

5　周天游辑注：《八家后汉书辑注》，上海古籍出版社，1986，第567页。

6　（南朝梁）萧统编，（唐）李善注：《文选》，第118—119页。

7　（汉）班固撰，（唐）颜师古注：《汉书》卷二一《律历志上》，第969页。

8　李零对出土的8件古式及其所表征的中国古代宇宙模式，做了深入的分析与探讨。参见李零《中国方术正考》，中华书局，2006，第71—75页。

尚书仆射，颂词称其"陟泰微，准枢衡"[1]。"枢衡"之称对应的正是尚书、尚书仆射之职。

"天玑（机）"为北斗第三星，机有机心、轴心之义，东汉也以"机事"指称尚书，《后汉书·胡广传》：尚书仆射胡广"典机事十年"[2]。尚书典"机事"，"机事不密则害成"，是以尚书又称"机密"，《后汉书·陈忠传》：（陈忠）"明习法律，宜备机密，于是擢拜尚书。"[3]《后汉书·黄香传》："惟机密端首，至为尊要。"李贤注："谓尚书令。"[4] 尚书令地位尊要，是以称"机密端首"。"枢机"指称尚书则更为普遍，任职尚书台则称"典枢机""在枢机""管枢机"，《后汉书·徐防传》：尚书郎徐防"职典枢机，周密畏慎"[5]。《后汉书·陈宠传》：尚书陈宠"自在枢机，谢遣门人"[6]。《后汉书·文苑列传上》：尚书令黄香"遂管枢机，甚见亲重"[7]。"机衡"也是尚书别称，《后汉书·郎𫖮传》："尚书职在机衡。"[8]《太傅胡广碑》：尚书仆射胡广"内正机衡""入参机衡"[9]。可见，"枢机""机衡"本泛称北斗，东汉被用作尚书的别称，而称谓背后反映的则是东汉尚书的地位。

## （二）东汉尚书的分曹

东汉尚书台内部的组织架构，也在一定程度上受到北斗信仰的影响。西汉中后期，尚书组织不断增扩，由四曹增至五曹；及至东汉，"世祖承遵，后分二千石曹，又分客曹为南主客曹、北主客曹，凡六曹"[10]。尚书机构规模的扩大势必要求其组织架构更加细化，是以光武帝时将尚书从西汉时五曹增至六曹（图7）。[11]

东汉尚书何以分六曹，当与斗魁文昌宫存在一定的"法象"关系。《史记·天官书》："斗魁戴匡六星，曰文昌宫：一曰上将，二曰次将，三曰贵相，四曰司命，五曰司中，六曰司禄。"司马贞《索

---

[1] （宋）洪适：《隶释·隶续》，中华书局，1985，第83—84页。

[2] （南朝宋）范晔撰，（唐）李贤等注：《后汉书》卷四四《胡广传》，第1509页。

[3] （南朝宋）范晔撰，（唐）李贤等注：《后汉书》卷四六《陈忠传》，第1555页。

[4] （南朝宋）范晔撰，（唐）李贤等注：《后汉书》卷八〇上《黄香传》，第2614页。

[5] （南朝宋）范晔撰，（唐）李贤等注：《后汉书》卷四四《徐防传》，第1500页。

[6] （南朝宋）范晔撰，（唐）李贤等注：《后汉书》卷四六《陈宠传》，第1553页。

[7] （南朝宋）范晔撰，（唐）李贤等注：《后汉书》卷八〇上《文苑列传上》，第2615页。

[8] （南朝宋）范晔撰，（唐）李贤等注：《后汉书》卷三〇下《郎𫖮传》，第1067页。

[9] （清）严可均辑：《全后汉文》，中华书局，1999，第768页。

[10] 《续汉书·百官志三》，收入（南朝宋）范晔撰，（唐）李贤等注《后汉书》，第3596页。

[11] 林剑鸣：《秦汉史》，上海人民出版社，2003，第746页。

隐》引《春秋元命包》："上将建包曰上威武，次将正左右，贵相理文绪，司禄赏功进士，司命主灾咎，司灾主左理也。"[1] 斗魁文昌宫为北斗配属星官，共六星，六星各有所司，古称"六府"或"天府"，《晋书·天文志上》："文昌六星，在北斗魁前，天之六府也，主集计天道。"[2]《石氏星经》："文昌六星，如半月形，斗魁前，为天府，主天下集计事。"[3] 与文昌宫"主天下集计事"相类，东汉尚书诸曹"典天下岁尽集课事"[4]。值得注意的是，尚书六曹的划分就被认为与斗魁文昌宫六星相关，李隆基《送张说巡边》："三台入武帐，八座起文昌。"[5] 尚书令、仆射与六曹尚书被尊称为"八座"，"八座"之设就被认为是比拟于文昌，赵殿成《王右丞集笺注》："荀绰《晋百官表》注曰'尚书为文昌天府，众务渊薮'。《鼠璞》'今以六曹尚书为文昌'。成按，《晋书·天文志》'文昌六星在北斗魁前，天之六府也'。天子六曹尚书似之，故以文昌为尚书美称。"[6] 这些材料虽晚出，但在一定程度上说明尚书诸曹与文昌诸星之间的关联，东汉尚书台增至六曹，应该是法象斗魁文昌宫之缘故。

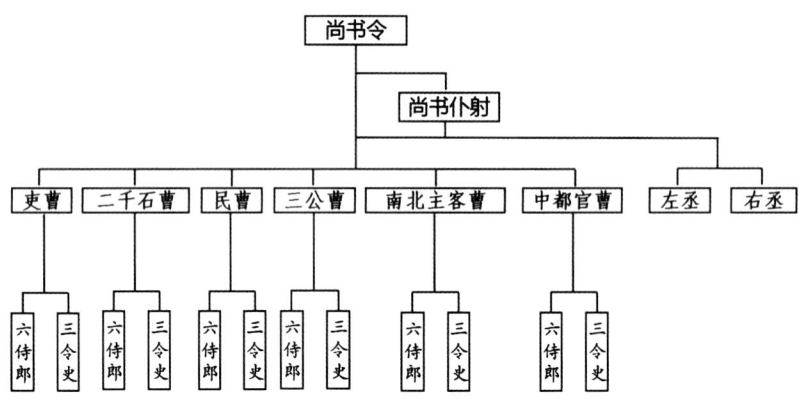

图7 东汉尚书六曹示意

---

1 （汉）司马迁撰，（南朝宋）裴骃集解，（唐）司马贞索隐，（唐）张守节正义：《史记》卷二七《天官书》，中华书局，2014，第1544页。
2 （唐）房玄龄等：《晋书》卷一一《天文志上》，中华书局，1974，第291页。
3 （宋）李昉等：《太平御览·天部六》，中华书局，1960，第31页。
4 《续汉书·百官志三》，收入（南朝宋）范晔撰，（唐）李贤等注《后汉书》，第3596页。
5 （宋）计有功撰，王仲镛校笺：《唐诗纪事校笺》，巴蜀书社，1989，第24页。
6 （唐）王维著，（清）赵殿成笺注：《王右丞集笺注》，上海古籍出版社，1961，第16页。

## （三）东汉尚书的职权内容与范围

从西汉到东汉，尚书职权内容与范围发生了非常大的变化。陈树镛《汉官答问》以《汉书》为中心，概括出五项尚书的职权："大臣有罪，则尚书劾之（见《王嘉传》）。天子责问大臣，则尚书受辞（见《朱博传》）。选第中二千石，则使尚书定其高低（见《冯野王传》）。吏追捕有功，则上名尚书，因录用之（见《张敞传》）。刺史奏事京师，则见尚书（见《陈遵传》）。"[1] 陈氏的总结局限于西汉，而黄留珠先生参考了陈氏的方法，以范晔《后汉书》为中心对相关材料进行了梳理与归纳，确定出了东汉尚书职权的五十三项具体内容，并将其归纳为十二类：出纳王命；掌故事机要；处理臣民章奏书表；诘问；议政；选举；断狱；劾奏陈谏；武事；庶务；文事；礼仪。而如果将《后汉书》与其他典籍进行校验的话，十二类职权之外，东汉尚书还有考课、外事、食货、治安、工程五类非经常性职权。[2] 可见，此时尚书的职权已然非常的广泛且繁杂。综合陈树镛与黄留珠的梳理与总结，可以明显看出东汉尚书的职权范围较之西汉发生了显著增扩，原来丞相、御史以及九卿的部分职权不仅被移转至尚书机构，选举、任用、考课、刑狱诛赏等也都成了尚书法定的职权，使尚书台"包揽一切，无所不总"[3]，成为名副其实的国家行政中枢。

东汉尚书的职权范围宽泛，"包揽一切，无所不总"，汉魏六朝以来士人常以"七政"称之。《后汉书·陈蕃传》：桓帝时，陈蕃征为尚书仆射，上疏曰："齐七政，训五典，臣不如议郎王畅。"[4] 又《山阳太守祝睦后碑》载墓主祝睦先后擢拜为尚书、尚书仆射，"七政锟辖，佐辅斗枢"[5]。晋人挚虞《尚书令箴》谓："舜纳大麓，七政以齐。千里之应，枢机在身。"[6] 又《齐故侍中假黄钺左丞相文昭王墓志铭》：墓主王润除尚书左仆射，"参酌元气，燮谐治本，万机斯缉，七政以齐"[7]。而所谓"七政"，《史记·天官书》："北斗七星，所谓'旋、玑、玉衡以齐七政'。"司马贞《索隐》引《尚书大传》："七政，谓春、秋、冬、夏、天

---

[1] 陈树镛：《汉官答问》，收入续修四库全书编委会《续修四库全书·史部·职官类》，第746册，上海古籍出版社，2002，第612页。

[2] 黄留珠：《东汉尚书职权试说》，《南都学坛》1990年第1期。

[3] 安作璋、熊铁基：《秦汉官制史稿》，第266页。

[4] （南朝宋）范晔撰，（唐）李贤等注：《后汉书》卷六六《陈蕃传》，第2163页。

[5] （宋）洪适：《隶释·隶续》，中华书局，1985，第83—84页。

[6] （清）严可均辑：《全晋文》，商务印书馆，1999，第817页。

[7] 赵超：《汉魏南北朝墓志汇编·北齐》，天津古籍出版社，2008，第471页。

文、地理、人道，所以为政也。"又引马融注《尚书》："七政者，北斗七星各有所主：第一曰主日，法天；第二曰主月，法地；第三曰命火，谓荧惑也；第四曰煞土，谓填星也；第五曰伐水，谓辰星也。第六曰危木，谓岁星也；第七曰剽金，谓太白也。日、月、五星各异，故名曰七政也。"[1] "璇玑玉衡"是北斗的另一种表述，[2] 而北斗的执掌概称曰"七政"，"七政"既表征天象中的日月五星，但又不局限于此，其内涵包罗万象，基本上囊括了四时运转以及天地人三界的各种事务。或许是受天学与经学的影响，东汉士大夫不仅将尚书与北斗相比附，更将尚书"无所不统""众务渊薮"的职权与北斗"七政"相媲美，建构成一种"天人"之间的对应关系。

### （四）东汉尚书的政治地位

两汉更迭之际，尚书机构的政治地位得到了非常显著的提升。《通典·职官四》：汉承秦置设尚书，"通掌图书、祕记、章奏之事及封奏，宣示内外而已，其任犹轻。至后汉则为优重，出纳王命，敷奏万机，盖政令之所由宣，选举之所由定，罪赏之所由正。斯乃文昌天府，众务渊薮，内外所折衷，远近所禀仰。故李固云：'陛下之有尚书，犹天之有北斗。斗为天喉舌，尚书亦为陛下喉舌。斗斟酌元气，运平四时；尚书出纳王命，赋政四海。'令及左丞，总领纲纪，无所不统"[3]。历经两汉之际政权的更迭，汉朝的国家行政中枢发生了一个显著变化，三公名义上虽为宰相，但随着尚书台的设立与崛起，朝中形成了"三公'为国栋梁'，尚书踞'机密端首'，两者共行宰相职能"[4] 的格局甚至出现尚书地位重于三公的局面，《后汉书·陈忠传》："汉典旧事，丞相所请，靡有不听。今之三公，虽当其名而无其实，选举诛赏，一由尚书，尚书见任重于三公。陵迟以来，其渐久矣。"[5] 司马彪《续汉书·百官志三》刘昭注引蔡质《汉仪》："凡三公、列卿、将、大夫、五营校尉行复道中，遇尚书仆射、左右丞郎、御史中丞、侍御史，皆避

---

1. （汉）司马迁撰，（南朝宋）裴骃集解，（唐）司马贞索隐，（唐）张守节正义：《史记》卷二七《天官书》，第1542页。

2. 关于"璇玑玉衡"两汉时期大致形成了三种解释：其一，以司马迁为首的主流见解把"璇玑玉衡"看作是北斗七星的不同表述，这一观点对后世产生了极大影响；其二，以"璇玑"为北极，但对"玉衡"未做说明；其三，东汉的古文家把"璇玑玉衡"与当时使用的观测天体的浑仪联系起来。冯时先生指出，三种见解看似没有联系，但无论以璇玑为北极或浑仪，最终都可以以北斗为线索加以解释。参见冯时《中国天文考古学》，第127—137页。

3. （唐）杜佑：《通典》，第587—588页。

4. 黄宛峰：《东汉三公、尚书职权辨析》，《南都论坛》1991年第4期。

5. （南朝宋）范晔撰，（唐）李贤等注：《后汉书》卷四六《陈忠传》，第1565页。

车豫相回避。"[1]"尚书见任重于三公"的说法或许夸张的成分，但也在相当程度上说明东汉尚书地位尊崇，远非西汉尚书所比，而且从时人"陛下之有尚书，犹天之有北斗"的说法来看，"尚书见任重于三公"格局或有其天象上的渊源。

尚书地位尊崇，虞诩、李固等士大夫都普遍将尚书比于天之喉舌或北斗。《后汉书·左雄传》：尚书仆射虞诩上疏推荐左雄"宜擢在喉舌之官"[2]，顺帝遂拜左雄为尚书，再迁尚书令。《后汉书·李固传》："今陛下之有尚书，犹天之有北斗也。斗为天喉舌，尚书亦为陛下喉舌。斗斟酌元气，运平四时。尚书出纳王命，赋政四海，权尊势重，责之所归。"[3] 汉儒视域中，尚书出纳王命，"赋政四海"，是全国政务中枢；而北斗为天之喉舌，"斟酌元气，运平四时"，是自然秩序的枢纽，基于"天人交感"，北斗与尚书被建构成一种自洽的对应。值得注意的是，北斗附近有"三公"星，《史记·天官书》："旁三星三公。"张守节《正义》："三公三星在北斗杓东，又三公三星在北斗魁西，并为太尉、司徒、司空之象，主变出阴阳，主佐机务。"[4]《晋书·天文志上》："杓南三星及魁第一星西三星皆曰三公，主宣德化，调七政，和阴阳之官也。"[5] 斗杓东（南）与斗魁西各有一组"三公"星，[6] 敦煌星图中北斗附近就有两组"三公"星（图8）。[7]"三公"星官表征太尉、司徒、司空，辅助北斗"佐机务""调七政"，不仅地位不及北斗，还受到北斗的制辖，《春秋合诚图》："天理在斗中，司三公，如人喉在咽，以理舌语。"宋均注："斗为天之舌口，主出政教。三公主道宣君命，喻于人，则宜如人喉在咽，以理舌口，使言有条理。"[8]《观象玩占·天理》引《巫咸》："天理，水官也，主司三公，纠贵臣。"[9] 斗魁"天理"四星象征贵人之牢，是"司三公"的关键，换言之，东汉"尚书见任重于三公"的形成有其天象上的依据。

---

1 《续汉书·百官志三》，收入（南朝宋）范晔撰，（唐）李贤等注《后汉书》，第3595页。

2 （南朝宋）范晔撰，（唐）李贤等注：《后汉书》卷六一《左雄传》，第2015页。

3 （南朝宋）范晔撰，（唐）李贤等注：《后汉书》卷六三《李固传》，第2076页。

4 （汉）司马迁撰，（南朝宋）裴骃集解，（唐）司马贞索隐，（唐）张守节正义：《史记》卷二七《天官书》，第1540页。

5 （唐）房玄龄等：《晋书》卷一一《天文志上》，第291页。

6 苏颂《浑象北极图》中斗魁西"三公"星作"三师"。

7 潘鼐：《中国古天文图录》，上海科技教育出版社，2009，第28页。

8 （南朝宋）范晔撰，（唐）李贤等注：《后汉书》卷六三《李固传》，李贤注引，第2076页。

9 （唐）李淳风：《观象玩占》，收入《四库全书存目·子部·数术类》，第59册，齐鲁书社，1995，第554页。

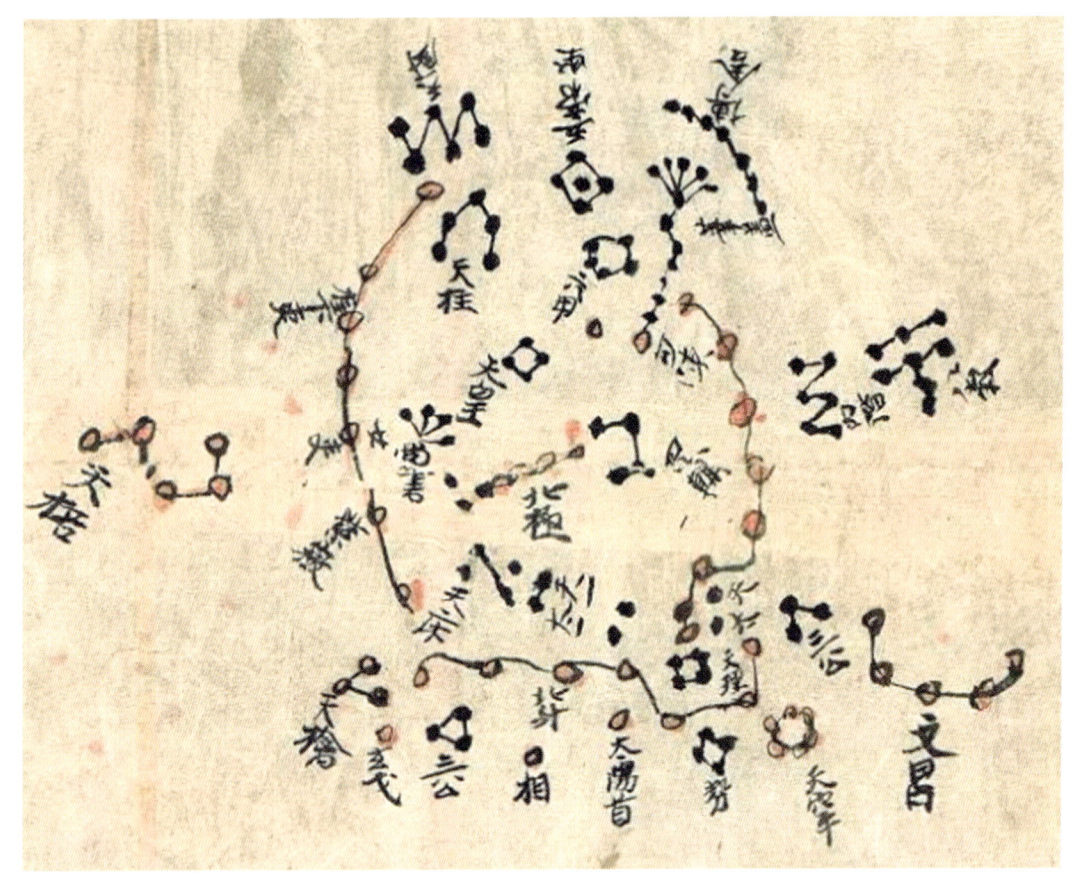

图8　甘肃敦煌唐写本 S3326 星图

综上，尚书台之设与"台阁"本身所具有的文化意涵是紧密相关的，而"将建筑空间与某种超自然力的观念相联属，是古代社会普遍存在的现象，从而使建筑空间在许多文化中具有了某种'天启'的意义，也使得那些具有文化表征性的神圣建筑，具有了形而上的象征意义与原型建筑的特征"[1]。东汉建政以来，统治集团不仅将尚书组织沿袭下来，还专门为其设立"台阁"，此举固然有出于文献典藏的现实需求，但从东汉尚书之别称、职权内容、政治地位以及尚书分曹等情况来看，尚书与"台阁"的结合是为了对应天象中的北斗，换言之，尚书台的设立具有非常深刻的天文意象，是法象北斗的产物。

---

[1] 王贵祥：《东西方的建筑空间——文化空间图式及历史建筑空间论》，中国建筑工业出版社，1998，第332页。

## 三 经学、谶纬与"台阁"设立的知识背景

"台阁"作为一种"通天"的宗教性建筑形式,本是帝王探察"天文"、晓悉"天命"的一种空间场域,东汉帝王法象北斗,将尚书机构与"台阁"建筑结合在一起,无疑是希望通过"台阁"实现"天文"与"人文"的对应,汉儒称之为"官制象天"。而尚书"台阁"法象北斗而设,其背后不仅涉及专制皇权的运行,更涉及以北斗栓系周天列宿的天象观,以及由汉代经学、谶纬之中衍生出的"法斗而治"的政治理念。

古人观象授时,注意力主要集中在天球上的两大区域,其一为北斗所在的北天区,该区终年常见不隐;其次为二十八宿所在黄赤道带,该区一年之中总有部分星宿隐而不见。两区并非彼此分隔,而是通过北斗栓系成一个整体。《史记·天官书》:"北斗七星……杓携龙角,衡殷南斗,魁枕参首。"[1] 朱文鑫对此进行了详细的考据,指出以帝星为起点,斗杓末星可连至角宿,即"杓携龙角";当南斗中天时,北斗玉衡星与南斗遥相呼应,即"衡殷南斗";斗魁四星恰能与参宿两星连成直线,似白虎之首以魁为枕,即"魁枕参首"[2]。以北极星为中心,通过北斗与星宿中几个相对重要的主宿相互栓系,进而统摄周天列宿。而公元前5世纪战国曾侯乙墓漆箱星图(图9),[3] 则是另一种有别于《史记·天官书》的天官体系。漆箱星图四周以篆体环书二十八宿宿名,正中央则用篆书绘一"斗",表示北斗星,而"斗"字特意延长出四条线分别指向二十八宿中的心、危、觜、张四宿,而四宿正是东、西、南、北四宫的主宿。冯时先生就指出:"这张图补充了《天官书》中所没有讲到的北斗与南宫诸宿的关系","它们代表着同一体系的不同发展阶段,但有一点可以明确,拱极星与二十八宿的这种独特关系的确立,至少不会比曾侯乙墓的时代更为晚近"[4]。然而,无论是《史记·天官书》,还是曾侯乙墓漆箱星图,两种天象体系的基本结构却是一致的,都将极星与黄赤道带上的星座紧密地栓系在一起,建立起星象之间的整体结构,而其中的北斗正是统摄周天列宿的枢纽。

---

1 (汉)司马迁撰,(南朝宋)裴骃集解,(唐)司马贞索隐,(唐)张守节正义:《史记》卷二七《天官书》,第1542页。

2 朱文鑫:《〈史记·天官书〉恒星图考》,商务印书馆,1927,第11—12页。

3 王健民、梁柱、王胜利:《曾侯乙墓出土的二十八宿青龙白虎图像》,《文物》1979年第7期。

4 冯时:《中国天文考古学》,第370—374页。

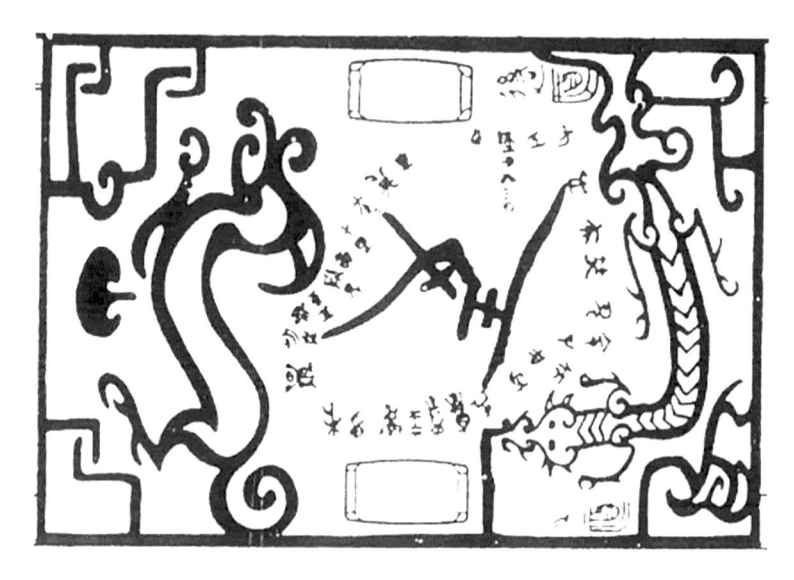

图9 战国曾侯乙墓漆箱星图

北斗在天文学上不仅是观象授时的主要星象，同时还指建天极，并与周天二十八宿相互栓系，成为天象体系的枢纽。基于此，北斗在宗教信仰上也被不断"神圣化"，成为汉人信仰体系中最高天帝"太一"巡行的辇车。《史记·天官书》："斗为帝车，运于中央，临制四乡。分阴阳，建四时，均五行，移节度，定诸纪，皆系于斗。"司马贞《索隐》引宋均曰："言是大帝乘车巡狩，故无所不纪也。"[1]《尚书纬》则谓："北斗居天之中，当昆仑之上，运转所指，随二十四气，正十二辰，建十二月。又州国分野，年命莫不政之，故为七政。"[2] 北斗不仅规范阴阳、五行、四时、十二辰及二十四节气等时间秩序，还决定州域分野，栓系人间秩序的治乱。因此，在汉儒的视域中，北斗既表征"天帝"，又被赋予"人君"的意涵，《春秋元命包》："斗为帝令，出号布政，授度四方，故置辅星以佐功。斗为人君之象，而号令之主也。"[3] 山东嘉祥武梁祠北斗帝车画像石就非常形象地展现了"斗为人君"的观念。[4] 基于汉儒"天人交感"的思维结构与模式，北斗的宗教

---

[1] （汉）司马迁撰，（南朝宋）裴骃集解，（唐）司马贞索隐，（唐）张守节正义：《史记》卷二七《天官书》，第1542页。

[2] ［日］安居香山、中村璋八辑：《纬书集成》，河北教育出版社，1994，第393页。

[3] （唐）瞿昙悉达编：《开元占经》，岳麓书院，1994，第697页。

[4] 潘鼐：《中国古天文图录》，第16页。

与政治意涵也逐渐超越了其天文意义，"君王与北斗之间有着神秘的感应，人间君王统治的合法性，其权力的来源在于天上的北斗"[1]。北斗成为"天道"之所系以及"天命"之所依归，人间帝王想要维持与巩固统治就必须"法斗而治"，这种"法斗"的政治理念不断向当时的主流儒家思想渗透，并形成了汉代儒家经学与纬学中非常突出且重要的一个主题。

汉武帝"罢黜百家，独尊儒术"，儒学经学日益繁荣，尤其是在占星学——阴阳五行说强势影响下，汉代经学几乎对"五经"原始意义进行了颠覆，并通过对宇宙万物的解释，重构了全新的宇宙观——天人范式。[2] 而在这一范式影响下，儒家经学与专制王权的结合更加紧密，"法斗"理念也伴随经学进入统治集团的思维结构中。《后汉书·光武帝纪上》："王莽天凤中，乃之长安，受《尚书》，略通大义。"李贤注引《东观汉记》："（光武）受《尚书》于中大夫庐江许子威。"[3] 又《后汉纪·光武皇帝纪》："世祖讳秀，字文叔。……尝之长安，受《尚书》，大义略举。"[4] 刘秀早年曾前往长安受《尚书》学，而《尚书》中论"天"的文本非常多，诸如"天之断命""续命于天""行天之罚"等，显示商周先民具有强烈的天命思想，敬畏天命也被商周统治集团视作事天治世的最高原则。根据马士远先生统计，在今传五十八篇《尚书》中"天"字出现107次，与之同义的"帝"字出现了34次，《尚书》商周部分篇章更是以"天命"为统领，而这种"天命"观念"在'《书》教'传统的形成过程中，国运定于天命之主题意识亦代代相传，至秦汉而有过之而无不及，直接影响着汉代统治权的合法性论证，在两汉帝国的建立与巩固等多方面都发挥了重要的建设性作用"[5]。光武帝刘秀早年跻身学林，光武诸将"亦皆多近于儒"[6]。即位以来，光武"爱好经术，未及下车，而先访儒雅，采求阙文，补缀漏逸"[7]。对《尚书》学更是推崇，根据学者相关研究，光武朝无论是治术，还是国之大典及意识形态建构中，《尚

---

[1] 朱磊：《中国古代的北斗信仰研究》，文物出版社，2018，第191—203页。

[2] 章启群：《星空与帝国——秦汉思想史与占星学》第五章"两汉经学观念与占星学思想义证"，商务印书馆，2013，第158—191页。

[3] （南朝宋）范晔撰，（唐）李贤等注：《后汉书》卷一上《光武帝纪上》，第1页。

[4] （晋）袁宏撰：《后汉纪》，收入（汉）荀悦、（晋）袁宏撰《两汉纪》，第1页。

[5] 马士远：《两汉〈尚书〉学研究》，中国社会科学出版社，2014，第468—469页。

[6] （清）赵翼：《廿二史札记校证》，王树民校证，中华书局，1984，第90页。

[7] （南朝宋）范晔撰，（唐）李贤等注：《后汉书》卷七九上《儒林列传上·序》，第2545页。

书》学都处于核心地位，[1] 而"璇玑玉衡，以齐七政"之语就出自《尚书·舜典》。由此言之，尚书"台阁"的设立不仅是延续前朝旧制，而是根植于深厚的经学思想基础上，是东汉统治者求诸"天命"的一个结果。

除了儒家经学的影响，西汉后期以来谶纬之学的繁荣，则进一步将"法斗而治"的政治理念投射进政治生态中。谶纬是以阴阳五行学说为核心，比附儒家经学而形成的一个内容庞杂的神学知识体系，[2] 其中不仅包含有星占、风角、物验、推历等具体的知识与技术，同时还蕴含有浓厚的政治隐喻与意图。大量成书于两汉之际的纬书中就广泛收录了各种"法斗"的文本，例如：

《春秋感精符》："人主含天光，据玑衡，齐七政，操八极，故明君圣人道得正，则日月光明，五星有度。"[3]

《春秋合诚图》："天文地理，各有所主。北斗有七星，天子有七政也。"[4]

《春秋汉含孳》："天子所以昭察，以从斗枢，禁令天下，系体守文，宿思以合神，保长久。"[5]

《春秋佐助期》："天子法斗，诸侯应宿。"[6]

《春秋说题辞》："斗居天中而有威仪，王者法而备之。"[7]

《春秋运斗枢》："五帝所行，同道异位，皆循斗枢机衡之分，遵七政之纪"；"天有将相之位，佐列宿位衡，皆据琁、机、玉衡，以齐七政。"[8]

《孝经援神契》："宓戏作易立卦

---

[1] 卫广来：《汉魏晋皇权嬗代》，书海出版社，2002，第33页。王刚：《〈尚书〉学与光武朝政治》，中国秦汉史研究会编：《秦汉史论丛》（第13辑），郑州大学出版社，2014，第64—87页。

[2] 汉代谶纬的数量规模，《后汉书》卷五九《张衡传》："《河洛》《六艺》，篇录已定。"李贤注引《张衡集》："《河洛》五九，《六艺》四九，谓八十一篇也。"（第1912页）八十一篇谶纬的书目与结构，《隋书》卷三二《经籍志》："其书出于前汉，有《河图》九篇，《洛书》六篇，云自黄帝至周文王所受本文。又别有三十篇，云自初起至于孔子，九圣之所增演，以广其意。又有《七经纬》三十六篇，并云孔子所作，并前合为八十一篇。"〔（唐）魏徵、令狐德棻：《隋书》，中华书局，1973，第941页〕这八十一篇谶纬应该是东汉定本的篇目结构，但从东汉初年整理谶纬的情况和刘秀对待谶纬的态度来看，这一篇目结构恐非刘秀君臣所创，而是在他们之前就大体形成了。参见陈苏镇《〈春秋〉与"汉道"——两汉政治与政治文化研究》，中华书局，2011，第421页。

[3] 〔日〕安居香山、中村璋八辑：《纬书集成》，第737页。

[4] 〔日〕安居香山、中村璋八辑：《纬书集成》，第769页。

[5] 〔日〕安居香山、中村璋八辑：《纬书集成》，第812页。

[6] 〔日〕安居香山、中村璋八辑：《纬书集成》，第819页。

[7] 〔日〕安居香山、中村璋八辑：《纬书集成》，第964页。

[8] 〔日〕安居香山、中村璋八辑：《纬书集成》，第710、729页。

以应枢。"注云："应斗枢，发节移度，故作八卦，化方面。"[1]

《易纬坤灵图》："遂皇始出，握机矩，是法北斗而成七政。"[2]

《易纬通卦验》："遂皇始出，握机矩，表计宜。"郑注："矩，法也，遂皇，谓遂人，在伏羲前，始王天下，但持斗运机之法，指天以施教令。"[3]

《礼斗威仪》："宫主君，商主臣，角主父，征主子，羽主夫，少宫主妇，少商主政，是法北斗而为七政。"[4]

"法斗而治"的政治理念脱胎于以北斗栓系周天列宿的天象观，但有别于经学知识体系，纬书中"法斗"的文本被赋予了更加显著的神学属性与政治意向，试图将政治与社会纳入一个统一的王权秩序之中。对此，葛兆光先生就曾指出：汉代纬学之兴，"一方面试图以理论与经典在知识体系中提升自己的文化等级与品位，一方面试图以这一套囊括诸家，包笼天地人神，贯通终极理想、思想道德、制度法律与具体方术的知识系统干预政治，以建立理想的秩序"[5]。随着纬学的发展，尤其是东汉统治集团的支持，纬学中"法斗而治"的理念与王权政治的结合也由此得到了进一步强化。

光武帝刘秀也深受谶纬之学的影响。[6] 赵翼《廿二史札记》"光武信谶书"条曰："是谶记所说实于光武有征，故光武尤笃信其术，甚至用人行政亦以谶书从事。"光武建政以来，"廷臣中有信谶者则登用之，其不信谶者则贬黜随之"，甚至"光武之信谶书，几等于圣经贤传，不敢有一字致疑矣"[7]。统治集团的迷信助推了纬学的繁荣，《后汉书·方术列传上》："光武尤信谶言，士之赴趣时宜者，皆骋驰穿凿，争谈之也。故王梁、孙咸名应图录，越登槐鼎之任，郑兴、贾逵以附同称显，桓谭、尹敏以乖忤沦败，自是习为内学，尚奇文，贵异数，

---

1　[日]安居香山、中村璋八辑：《纬书集成》，第857页。
2　[日]安居香山、中村璋八辑：《纬书集成》，第313页。
3　[日]安居香山、中村璋八辑：《纬书集成》，第190页。
4　[日]安居香山、中村璋八辑：《纬书集成》，第516页。
5　葛兆光：《中国思想史（第一卷）·七世纪前中国的知识、思想与信仰世界》，复旦大学出版社，2001，第292页。
6　随着西汉末年政局的变动，刘秀对谶纬的态度不断调整，即从起初对谶纬避而不谈转向信仰，并被其子孙所承袭，确立和巩固了谶纬在政治领域及学术界的根本指导地位。从政治领域而言，即帝位、人事任免、国家典礼制定、官学统一、机构名称的废立等，无不以谶纬为根本依据。参见闫海文《东汉初帝王的谶纬信仰和经学调整》，《兰州学刊》2009年第9期。
7　(清)赵翼：《廿二史札记校证》，第87—89页。

不乏于时矣。"[1] 谶纬之学对"光武中兴"的意义重大，及至东汉一统，纬书的政治地位也获得相当大的提升，官吏任免、礼乐封禅、经学内容等诸多方面都不同程度受到纬学的影响。而为防止有人制造图谶干乱统治，光武帝对纬书进行了一次大规模的整理与纂集，并以官方的形式"宣布图谶于天下"。最终，在统治集团的强力支持下，"谶纬神学成为统治者所崇奉的指导思想"[2]，甚至成为"国宪"。"法斗"作为谶纬之学中非常重要的一种政治理念，显然也会伴随"光武中兴"而成为国家意识形态建构的一部分，而东汉尚书"台阁"法斗而设的背后不仅有经学上的知识渊源，显然还有来自谶纬学说的理论支撑，这一套综合的知识体系为东汉新生的皇权及权力中枢的重构提供了政治合法性的来源与依据。

两汉之际"奉天法古"思潮盛行，"天文"被汉儒不断地颠覆、解构，赋予其浓厚的神性与道德性，并通过经学与谶纬之学的诠释，衍生出"法斗而治"的政治理念，这套综合的知识体系也成为王权政治以及官僚制度合法性的理论依据。《春秋繁露·官制象天》："吾闻圣王所取，仪金天之大经，三起而成，四转而终，官制亦然者，此其仪与！"[3]《论衡·纪妖篇》则谓："天官百二十，与地之王者无以异也。地之王者，官属备具，法象天官，禀取制度。"[4] 对于天官系统与官僚体系之间具体的对应关系，汉儒内部虽各有差异，但"官制象天""法天建官"的思想基本上是一致的。北斗作为统摄周天列宿的枢纽，被视作"天命"之所系以及"天道"之所依归，基于"天人交感"的思维模式，"法斗而治"也很自然地被投射到王权统治秩序之中，构成皇权统治与制度设计的合法性来源。光武建政之初，虽在台面上组织了一套以三公、九卿为首的中央政府，但朝政大权已被集中至尚书"台阁"。东汉尚书"台阁"法象北斗而设，虽与西汉尚书组织存在一种承前启后的制度关联，但无论是政治地位、职权范围、组织结构，还是称谓制度、官署形制等诸多方面都发生了显著变革。换言之，尚书"台阁"之设并非简单地因袭前朝旧制，而是统治集团在新的历史环境下，基于一套源于天学、经学与纬学的综合知识体系，以"法斗而治"的政治理念为核心而对行政中枢机构进行的一次重构与再造。

---

1　（南朝宋）范晔撰，（唐）李贤等注：《后汉书》卷八二上《方术列传上》，第 2705 页。

2　钟肇鹏：《谶纬论略》，辽宁教育出版社，1991，第 150 页。

3　（清）苏舆：《春秋繁露义证》，钟哲点校，中华书局，1992，第 214 页。

4　黄晖：《论衡校释》，中华书局，1990，第 916 页。

## 四 余论："知识—权力"理论视角下的"台阁"

东汉尚书"台阁"的设立，不仅涉及权力关系，更涉及与权力相关的知识结构。法国思想家米歇尔·福柯（Michel Foucault）曾指出："我们应该承认，权力制造知识（而且，不仅仅是因为知识为权力服务，权力才鼓励知识，也不仅仅是因为知识有用，权力才使用知识）；权力和知识是直接相互连带的；不相应地建构一种知识领域就不可能有权力关系，不同时预设和建构权力关系就不会有任何知识。"[1] 权力和知识并非是相互对立的，相反二者相辅相成、相互促进，一方面，权力为知识的生产提供策略与环境的支持；另一方面，知识则通过生产真理话语为权力的运作提供必要的合理性论证。换言之，权力需要通过知识以及知识依赖的意义系统以发挥作用，而知识则通过定义权力的运作而使之合法化。从"知识—权力"理论视角来看，东汉尚书"台阁"的设立，不仅直接涉及国家权力的运作机制，还涉及尚书"台阁"得以设立的知识话语体系，倘若仅从官僚组织、法律规范、人员组成等范畴来理解古代国家权力的运行显然是不够的。

东汉尚书"台阁"的设立，是秦汉政治体制转型过程中的一个重要标志，其中专制皇权的强化当然是体制变革的一个诱因，东汉统治者欲提高尚书的地位有意利用了天文而使之合理化，但必须指出的是，经由儒家经学、纬学等知识建构出来的这套"官制象天"的思想理论，显然更是东汉尚书"台阁"得以设立的重要原因。皇权强化强调的是权力实体，"官制象天"则强调的是思想文本，前后因素其实并不冲突，而是一种互补关系，尤其是在具体的历史语境中，思想的状况更为复杂。[2] 汉儒视域与思维中，"天文"不仅是日、月、星辰的自然布列与运行，其中还蕴含了"天命"或"天道"，是宇宙与社会秩序的终极依据与来源，《汉书·艺文志》："天文者，序二十八宿，步五星日月，以纪吉凶之象，圣王所以参政也。"[3] 基于汉儒"天人交感"的思维模式，"天文"与"人文"被建构成一种自洽的对应，《汉书·天文志》："凡天文在图籍昭昭可知者，经星常宿中外官凡百一十八名，积数七百八十三星，皆有州国

---

[1] ［法］米歇尔·福柯：《规训与惩罚》，刘北成、杨远婴译，生活·读书·新知三联书店，2003，第27页。

[2] 21世纪初，刘泽华先生有意识地倡导和实践"思想与社会的互动"，指出思想与社会其实是一种互动关系，很难说孰先孰后，但必须看到"思想的社会性""社会的思想性"以及"社会与思想的同一性"三个层面。参见宁腾飞《刘泽华史学方法论的构建》，《史学理论研究》2022年第2期。

[3] （汉）班固撰，（唐）颜师古注：《汉书》卷三〇《艺文志》，第1765页。

官宫物类之象。"[1] 张衡《灵宪》亦谓："众星列布，体生于地，精成于天，列居错峙，各有所属。在野象物，在朝象官，在人象事。"[2] 在汉儒看来，"天文"与"人文"从来就不是彼此割裂的，相反二者紧密交织在一起，"官制象天"正构筑于这样一种"天人交感"的思想基础上，并经由经学、谶纬的知识文本逐渐衍生出"法斗而治"的政治理念，而东汉王朝的建立则为这一政治理念的付诸实践提供了契机。

东汉是中国古代历史中一个非常特殊的王朝，其名曰"汉"，但本质上却是继秦、西汉、新朝之后，一个以宛颍、河北、关陇三大区域豪族集团为核心，通过武力崛起的新王朝。东汉皇室起于乡里，虽是汉朝宗室，但与西汉皇室的亲缘关系非常疏远，加之此前更始汉政权的败亡，葬送了"民心思汉"的有利形势。是以光武建政之初，政权合法性就一直受到各方的质疑与挑战，光武帝刘秀也不得不与各大地方割据政权展开激烈的"天命"之争。历经两汉之际的社会与政治失序，光武帝刘秀虽成功地实现了汉室的"中兴"，但"天命"依然是东汉政权亟须解决的问题，"为了弥补这一缺陷，巩固自己的统治，刘秀一方面采取措施加强皇权，一方面又高擎汉室大旗，大力宣扬汉家当复兴、天命在刘秀等神秘观念"[3]。在国家制度与权力运行过程中"法象天文"，则成为光武帝刘秀及其"继体守文之君"彰显"天命在汉"的一种重要方式，在这一历史背景下"知识"与"权力"二者紧密的结合，尚书台应运而生。因此，东汉尚书"台阁"的设立，固然出于专制皇权强化的现实政治需要，但由经学、纬学等知识所建构的这套"法斗而治"的政治理念，无疑在这场体制重建中起着引领性作用，甚至可以说尚书"台阁"之设，是新兴的东汉皇权基于"法斗而治"的政治理念而进行的一次制度变革。

---

1　（汉）班固撰，（唐）颜师古注：《汉书》卷二六《天文志》，第1273页。

2　（汉）司马迁撰，（南朝宋）裴骃集解，（唐）司马贞索隐，（唐）张守节正义：《史记》卷二七《天官书》，第1371页。

3　陈苏镇：《汉室复兴的历程及其政治文化背景》，《中华文史论丛》2010年第1期。

# 甘州史小玉敦煌莫高窟漫题辑考*
## ——兼谈史小玉并非元末之画工

■ 王海彬 李 国（敦煌研究院）

蒙元宗教文化形态多元，统治阶级对各宗教采取了普遍接纳的宽容态度，使得有元一代呈现出多种宗教共生并存、兼容并蓄、各放异彩的多元化文化现象。受其影响，僻处一隅的古代丝路重镇敦煌，佛教、基督教、伊斯兰教以及道教等宗教亦相对活跃，由于敦煌佛教文化历来昌盛，游览圣境的热度历代不减，朝圣人流络绎不绝。

元代，敦煌莫高窟遗存僧俗道众以及官吏、儒生、军士和普通信众的墨书刻写题记是历朝最多者，题署有确切时间、地域来源、真姓实名者多达数百条。如：莫高窟第5窟至元七年（1270）"甘州□阳人到此/□□□□卢□天抚/宣抚副使曾那"、第14窟天历二年（1329）"兰州刘文秀甘州张仕达张五平安到此"、第126窟天历二年（1329）"晋宁路安道坊住人索中到此游耳"、第8窟至顺二年（1331）"陕西奉元路居住瓜州知州男/郭井思到此烧香"、第45窟至顺二年（1331）"太原冀宁路兴州寿圣院/僧人刘祖鸿山寺焚香礼拜"、第100窟元统二年（1334）"北台山僧人洪净记耳"、第126窟至元六年（1340）"至元六年甲丑日（？）/肃州真元宫/道人奏刀（？）"、第98窟至正六年（1346）"天临路住人/刘明仲礼佛到此"、第78窟至正九年（1349）"晋宁路临分县普济院僧人满师到此记耳"和至正十三年（1353）"宁晋路临分县闫□村普济院僧人圆满到此记耳"、第12窟至正十三年（1353）"四川大都不花军人□向社诸香保壹到寺"、第465窟至正十四年（1354）"宁夏在城住人焦子仪米狗义一行二人到此"、第7窟及444窟至正十七年（1357）"甘州桥楼上史小玉烧香到此"、至正十九年（1359）"大都直省居人野速迭□/里前末陈□"、至正二十八年（1368）"平凉府

---

* 基金项目：国家社科基金重大项目（22&ZD219）"敦煌河西石窟多语言壁题考古资料抢救性调查整理与研究"阶段性成果。

住人刘善童到此"等等。[1] 这些来自北京、山西、湖南、四川、陕西、宁夏以及甘肃等地的朝圣者们，不以万里为远，亲赴敦煌礼佛朝圣，说明了元时西北敦煌地区佛教文化的昌盛。在众多元代朝圣人群中，甘州史小玉就是其中的一位。本文仅对甘州史小玉在敦煌莫高窟留存的墨书漫题作辑录考释，并对史小玉并非元末之画工加以简略考证。不当之处，希请读者批评指正。

## 一 甘州史小玉莫高窟漫题辑录考释

莫高窟第3窟西壁龛外南北两侧墨书题记为：

> 救苦救难观世音菩萨上报四恩下资三有息愿□□□
> 甘州史小玉笔

莫高窟第7窟主室东壁门南墨书题记为：

> 至正十七年正月十五日甘州桥楼上人史小玉烧香到此

莫高窟第379窟主室东壁门南墨书题记为：

> 甘州史小玉烧香

莫高窟第444窟有两则题记，主室西壁龛内北后柱上墨书题记：

> 至正十七年正月六日来此记耳
> 史小玉到此

主室西壁龛内北前柱上墨书题记：

> 至正十七年正月十四日甘州桥楼上
> 史小玉烧香到此

第3窟主室西壁龛南侧墨书"救苦救难观世音菩萨上报四恩下资三有息愿□□□"一行，龛北侧观音像右下墨书"甘州史小玉笔"一行。尤其是龛北侧的"甘州史小玉笔"题记，被学界认为是极为少见的洞窟画师题记，因此《敦煌莫高窟供养人题记》中将其称为"画工题名"[2]，一直备受学界重视，同时也被影视界作为向大众介绍敦煌的重要资料依据（图1）。

截至目前，学界持有史小玉是甘州画工（或画师）和史小玉并非甘州画师，而是元至正年间到莫高窟朝佛礼圣的香客两种截然不同的观点。

---

[1] 李国主编：《敦煌石窟历代游人题记调查整理与研究》[国家社科基金西部项目（18XKG008）结项报告]，敦煌研究院编印，2021。

[2] 敦煌研究院编：《敦煌莫高窟供养人题记》，文物出版社，1986，第3页。

图1　莫高窟第3窟西壁

贺世哲、段文杰、宿白、金忠群、孙修身、梁尉英、马德、李月伯、谢生保、王惠民诸位先生认为史小玉是元代甘州画师。

贺世哲先生研究指出：

> 莫高窟现存九个元代洞窟，但并无一条建窟纪年，仅第3窟西壁龛外南侧壁画观世音菩萨像前墨书："救苦救难观世音菩萨，上报四恩，下资三愿，息□□□□。"龛外北侧墨书："甘州史小玉笔。"从字迹上看，

上述墨书题记与壁画属于同一时期。

史小玉来自甘州。据马可波罗记述，元代的甘州是一个"大城"，城内佛教活动相当活跃，信徒"每月有五日谨守斋戒，不杀生，不食肉，节食甚于他日"。佛教庙宇也很多，"内奉偶像不少，最大者高有十步，余像较小，有木雕者，有泥塑者，有石刻者，制作皆佳，外傅以金。诸像周围有数像极大，其势似向诸像作礼"。当时甘州佛教造像既如此繁盛，那里的佛画高手史小玉来到莫高

窟画出了第3窟那样的佳作也就不足为奇了。同时莫高窟第444窟游人题记中也有史小玉的名字。窟内西壁龛内北侧后柱上墨书："至正十七年正月六日来此记耳，史小玉到此。"同龛北侧前柱上墨书："至正十七年正月十四日甘州桥楼上史小玉烧香到此。"可惜这些题记都已模糊，无法与第3窟题记的字体作比较。如果这些游人题记是史小玉画第3窟的同时在第444窟书写的，那么第3窟的建窟时间就应该在至正十七年（公元1357年）前后，属于元末的作品。[1]

段文杰先生亦认为，元代壁画中密教题材十分突出，特别是接受了从西藏传来的萨迦派密教艺术，在第3窟内，"元代甘州画师史小玉以折芦描与铁线描、游丝描、丁头鼠尾描相结合，把线描造型推到极高的水平。壁画调色清淡典雅，纯然中原画风"[2]。段先生在《敦煌学大辞典》和《敦煌艺术大辞典》编撰的各时代艺术代表窟之第3窟词条时也说：第3窟"建于元代，小型殿堂窟。正龛北侧观音像南下方有'史小玉笔'墨书画工题名，第444窟亦有两处'甘州桥楼上史小玉到此'的题记，纪年为'至正十七年正月五日'。故此窟壁画当作于此时前后"[3]。

图2-1 莫高窟第379窟主室东壁

图2-2 莫高窟第379窟"史小玉烧香"题记紫外光谱图

---

[1] 贺世哲：《从供养人题记看莫高窟部分洞窟的营造年代》，载敦煌研究院编《敦煌莫高窟供养人题记》，第233页。

[2] 段文杰：《莫高窟晚期的艺术》，载《中国石窟·敦煌莫高窟》第五卷，文物出版社、平凡社，1987，第174页。

[3] 季羡林主编：《敦煌学大辞典》，上海辞书出版社，1998，第67页。又见敦煌研究院编《敦煌艺术大辞典》，上海辞书出版社，2019，第129页。

宿白先生也认为，第 3 窟是根据内地新样绘制的洞窟，西壁"甘州史小玉笔"题记，是该窟"作画人题记"[1]。金忠群先生在研究敦煌千佛洞元代壁画艺术时亦认为，第 3 窟"是敦煌以东几百公里以外的张掖地区画师所画"[2]。孙修身先生亦言，"此窟壁画是画工史小玉施艺展技留下的精品"[3]。梁尉英先生在研究敦煌地区元代早期显密艺术时也认为，"甘州史小玉笔"是画家题名。[4] 马德先生在辑录敦煌工匠史料时也将史小玉纳入了画匠行列。[5] 2021 年 8 月，笔者用多光谱技术调查石窟题记时，从第 379 窟主室东壁门南发现了一则在自然光条件下用肉眼很难看到的"甘州史小玉烧香"墨题（图 2）。2022 年 7 月，我们再次复查校勘洞窟题记，在第 7 窟主室东壁门南又发现了一则在多光谱技术条件下才能显现的"至正十七年正月十五日甘州桥楼/上人史小玉烧香到此"墨书题记。从史小玉到莫高窟五则漫题内容的主要目的来看，他确实是为了"烧香"才到此地的。后又经过与马德先生反复讨论，他较为慎重地改变了以往的观点，认为史小玉就是元代到过莫高窟的一名游客，其主要目的就是为了烧香礼佛。[6] 李月伯先生在研究第 3 窟壁画线描艺术时即言，"如果按照莫高窟第 3 窟史小玉题名及第 444 窟至正十七年（1357）的题记，第 3 窟的修建和壁画的绘制，已经是蒙古族统治敦煌 130 年，定国号为元也已 86 年，距元代灭亡只有 12 年，已是元帝国的末期了"[7]。谢生保、谢静先生据第 3 窟"甘州史小玉笔"题记，认为莫高窟画师题名，只此一窟。第 3 窟的这幅《千手千眼观音经变》，"可能是莫高窟惟一有纪年、有画师题名的观音图像"[8]。王惠民先生即认为第 3 窟是元代晚期开凿的一个洞窟，同样比较了第 444 窟西壁龛内柱子上墨书"至正十七年正月十四日甘州桥楼上史小玉烧香到此"的题记。因第 444 窟位于崖面上层，当时正值隆冬季节，并且是春节刚过。由此看

---

1　宿白：《榆林、莫高两窟的藏传佛教遗迹》，载氏著《藏传佛教寺院考古》，文物出版社，1996，第 247 页。

2　金忠群：《敦煌千佛洞三号窟元代壁画艺术初探》，《美术》1992 年第 2 期。

3　孙修身：《元代的莫高窟壁画艺术》，载《敦煌艺术小丛书之十三·敦煌壁画艺术（元）》，甘肃人民出版社，1986，第 3 页。

4　梁尉英：《元代早期显密融汇的艺术——莫高窟第四六四诸窟的内容和艺术特色》，载《敦煌石窟艺术·莫高窟第四六四、三、九五、一四九窟（元）》，江苏美术出版社，1997，第 12 页。

5　马德：《敦煌工匠史料》，甘肃人民出版社，1997，第 22、62、104 页。马德：《敦煌古代工匠研究》，文物出版社，2018，第 146、345、459 页。

6　安君、吉平：《考古证实敦煌壁画缔造者多为甘肃画匠》，《兰州日报》2013 年 8 月 8 日。

7　李月伯：《从莫高窟第 3 窟壁画看中国画线描的艺术成就》，《敦煌研究》2001 年第 2 期。

8　谢生保、谢静：《敦煌艺术中的千手观音》，《寻根》2005 年第 4 期。

来，史小玉除了礼佛之外，还有怀念其故乡甘州的一丝情感。王惠民先生在撰写《敦煌石窟鉴赏丛书》第三辑第十分册第3窟时，还考证了至正十七年（1357）前后的历史背景，"此前不久，西宁王速来蛮坐镇敦煌。莫高窟至今还保存着他刻的六字真言碑（1348）。他还重修了莫高窟皇庆寺（今第61窟），当时'沙州皇庆寺历唐宋，迄今岁月既久，兵火劫灰，沙石埋没矣。速来蛮西宁王崇尚释教，施金帛、彩色、米食、木植，命工匠重修之'。这段资料说明元代莫高窟的荒芜景象和速来蛮坐镇敦煌期间莫高窟一度兴盛起来的情况。史小玉不远千里到这里作画，应与此时敦煌佛教发展有关。史小玉没有辜负大家的期望，他不顾严寒，在小小的一个洞窟里，发挥了他杰出的艺术才能，他的画可谓'下笔成珍，挥毫可范'，成为敦煌艺术优秀代表"[1]。1991—1993年，王惠民在重新核校敦煌莫高窟内容总录时，仍将莫高窟第3窟"西壁龛外北侧有'甘州史小玉笔'题记，据第444窟史小玉至正十七年（1357）题记，知此窟完成于1357年顷"加入注记。[2]

此外，郝秀丽[3]、黑河石[4]、阳飑[5]、欧阳凡一[6]等多据前贤的研究和影视艺术创作，亦认为史小玉是甘州（今甘肃张掖）一带画工高手。

新近景利军在其撰写硕士论文时亦说，"甘州史小玉笔"从字面意思来看，可简单地理解为甘州人史小玉所"写"、所"书"、所"作"或所"画"之意。并引现已公布的元至正某年某人落款"烧香礼拜""烧香到此""到此记耳"题记等来说明在至正年间游人题记的书写是非常详细的，并认为不是简单地用一个"笔"字结尾。因为，自元代的文人画坛开始，画家开始在画上落款，一般以"书、写、制、画、笔、随笔"等字眼，紧随于绘画者书写的落款署名之后。又引《中国绘画史》："画家题款，前人多不强求，至元代始其端。书、赞、诗、赋以补画之不足，以添画之色彩。盖文人画势力盛行，其趣味必兼及画外，故画之题识印章，大有关系。延及明、清，无不以画之题识而判雅俗。"[7] 来证实"甘州史小玉

---

1 王惠民：《莫高窟第3窟的内容与艺术》，载《敦煌石窟鉴赏丛书》第三辑第十分册，甘肃人民美术出版社，1995，第1—2页。

2 敦煌研究院编：《敦煌石窟内容总录》，文物出版社，1996，第5页。

3 郝秀丽：《敦煌莫高窟第三窟千手千眼观音像的造型艺术》，《当代艺术》2011年第3期。

4 黑河石：《史小玉与千手千眼观音》，《中华文化画报》2013年第5期。

5 阳飑：《莫高窟：生命的褒奖》，《档案》2016年第1期。

6 欧阳凡一：《元代伟大的艺术家史小玉：把唯美的惊艳留给了世界》，搜狐号系信息发布平台，2020年10月5日。

7 陈师曾：《中国绘画史》，徐书城点校，中国人民大学出版社，2004，第90—92页。

笔"就是画工所题准确性的结论。[1]

殊不知，就目前学界公布的游人题记，仅为敦煌石窟涂鸦漫题之凤毛麟角，元及他代以"笔"落款的题记如同恒河沙数，如：敦煌莫高窟第5窟西壁龛下北侧元代游人题记：

> 宁夏路朱文秀孙寿占王（？）赤
> 奉元路王世揆杨庭秀张仲良王婆
> □锋尤祥奴
> 晋宁路张小二李小二一十四人法
> 愿点焚香记笔□

敦煌莫高窟第45窟主室东壁门南侧至顺二年（1331）僧人题记：

> 太原冀[2]宁路㒷[3]州寿圣院
> 僧人刘祖鸿山寺焚香礼拜
> 至顺二年四月初一日道高山寺记
> 耳笔

敦煌莫高窟第44窟主室甬道南壁至正三年（1343）游人题记：

> 至正三年正月十日□□□
> 村人秦之李正月十日书

敦煌莫高窟第465窟中室北壁至正二十八年（1368）游人题记：

> 至正二十八年五月我
> 少僧飞佛奴写也

如上僧俗信众题记，在敦煌石窟群中举不胜举。笔者以为，万万不可仅凭一个"笔"字，或"书""写"字就断定是画者的落墨。

霍熙亮、关友惠、沙武田、李国等先生通过多维调查、甄别分析，则与诸贤有截然不同的观点。认为，史小玉并非甘州画师，而是元至正年间到莫高窟朝圣巡礼的香客（图3）。

的确，据第3窟龛北侧观音像右下墨书"甘州史小玉笔"一行题记最后一"笔"字，很容易使人产生误会，理解成史小玉作画后的落墨（图4）。笔者认为，"笔"作为动词有书写、记录之意。仅仅从"史小玉笔"尚难断定此窟壁画为史小玉所作，只能断定是他题写。仔细考察，确如霍熙亮、关友惠先生所言，是不能轻易将其归入画匠题记的。

与第3窟龛北题记对应的还有对称出现于西壁龛南侧观音像左下角墨书题记：

> 救苦救难观世音菩萨上报四恩下
> 资三有息愿□□□

---

[1] 景利军：《敦煌莫高窟第3窟壁画研究及对笔者的创作启示》，硕士学位论文，宁夏大学，2021，第6—8页。

[2] 冀：古同"冀"。

[3] 㒷："兴"的异体字。

图 3-1 莫高窟第 444 窟西壁

图 3-2 莫高窟第 444 窟西壁龛内北后柱上"史小玉到此"题记

图 3-3 莫高窟第 444 窟西壁龛内北前柱上"史小玉烧香到此"题记

图4 莫高窟第3窟西壁龛北侧墨书"甘州史小玉笔"题记

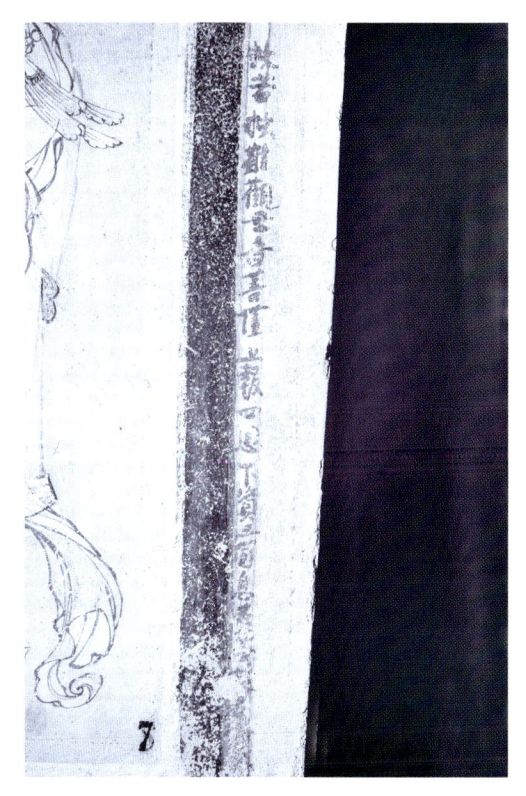

图5 莫高窟第3窟西壁龛南侧墨书发愿文题记

从行文的方式和语气判断，带有发愿的性质，因此《敦煌莫高窟供养人题记》称其为"发愿文"。该题记因时代久远，加之古时洞窟长期裸露开放，风吹沙磨，日照雨浸，墨色逐渐变得浅淡，肉眼辨识极其不易。2012年，笔者与沙武田先生受宁夏社会科学院邀请，准备为在宁夏银川召开的"第四届西夏学国际学术研讨会"（西夏学学术研讨会暨李范文先生治史60周年会议）撰写有关莫高窟第3窟时代考证论文时，曾让同事柴勃隆先生进行了红外图像采集，由于该题记不是当时论文的重点，对其虽有疑惑，但未再加推敲辨析。近期，我们为撰写本文，再次翻检出了10年前的该题记图片，经仔细核对辨识，发现《敦煌莫高窟供养人题记》刊布的录文可能当时受各种条件的影响，个别文字辨录不够准确。原录文"救苦救难观世音菩萨上报四恩下资三愿息□□□□"句中"三愿息"录文有误，当为"三有息愿"。完整的录文为：

救苦救难观世音菩萨上报四恩下资三有息愿□□□（图5）

"四恩""三有"，皆源于佛教。大唐

罽宾国三藏般若译《大乘本生心地观经》卷二"报恩品第二之上"曰：世出世恩有其四种，"一父母恩，二众生恩，三国王恩，四三宝恩"[1]。后秦鸠摩罗什译《大智度论》卷三"大智度共摩诃比丘僧释论第六"三有者：一为欲有、二为色有、三为无色有。[2] 后来，道教汲取了佛教教义，也产生了自己的四恩、三有。

其实，从书法、墨迹、位置判断，第3窟西壁龛两侧的这两则题记均为史小玉所作，可理解成史小玉在第3窟的发愿文字。

霍熙亮先生在1994年庆祝敦煌研究院成立五十周年"敦煌学国际学术研讨会"论文中指出："3窟帐门北侧上画立观音，左下墨书'甘州史小玉笔'。学者依此和444窟龛内墨书'至正十七年正月十四日甘州桥楼上史小玉烧香到此'判定壁画出自史小玉手。笔者对此有疑点：首先，题尾'笔'字不等于'画'，难以证实其身份。其次，假设是他画的，也不敢明目张胆把姓名写进黑框内显眼的画面上，窟主也难允许。第三，壁画精湛出群，尤以线描独领风骚。但难找出它的来龙去脉，据以往调查的印象，与安西东千佛洞7窟西夏壁画技艺十分接近。若出自元末画工之手，如何出现复古的线描？"[3]

关友惠先生在对第3窟壁画时代问题进行讨论时，又分别就洞窟所在的崖面位置、史小玉题记、壁画内容、艺术风格、壁画装饰等几个方面作了简单的分析，认为：

> 第3窟壁画是敦煌艺术中的佳作，是中国绘画史存世作品中的珍品，今人中国美术史著作皆以《内容总录》第3窟附记为依据引用刊录，影响很大。但对其绘画风格作具体分析研究者，并不多见。笔者认为，第3窟壁画并不是元代至正十七年之作，对它的绘制时代问题还需要进行讨论。这里首先应该明了"甘州史小玉笔"并不是画工题记，史小玉其人也不是画窟的画工，而是一个游人香客。史小玉在第444窟的题记有两条：一条写在龛内北后柱上"至正十七年正月六日来此记耳/史小玉到此"；一条写在龛内北前柱上"至正十七年正月十四日甘州桥楼上史小玉烧香到此"。两条题记四十多字中没有一个"画"字。史小玉在第3窟的题记是一则发愿文，龛外南侧写的是愿文的上半部，龛外北侧写的是愿文的下半部。第3窟是一个小窟，难以遮挡风日剥蚀，题记字迹不如第444窟的题记字迹清晰，模糊不

---

1 （唐）般若译：《大乘本生心地观经》，载《大正藏》第3卷，No.0159，第295页。
2 龙树菩萨造，（后秦）鸠摩罗什译：《大智度论》，载《大正藏》第25卷，No.1509，第83页。
3 霍熙亮：《莫高窟回鹘和西夏窟的新划分》，载《1994年敦煌学国际学术研讨会论文提要》，敦煌研究院编印，1994，第54页。

清。龛外南侧愿文的最后四字已不能辨识，从字数来看，可以知道文义未完，下文应是转写在龛外北侧壁上。龛外北侧愿文字迹多已无法辨识，最后"甘州史小玉笔"几个字是参照第444窟史小玉题记辨识的。现在，就这些字迹也无影迹了。由于题记模糊不清，《内容总录》也就依据前人所录，把一则发愿文误当成了两条题记，把愿文下半残留的"甘州史小玉笔"想象为是画窟的画工题名，并据史小玉在第444窟的"至正十七年正月"题记把第3窟壁画定为元代，这显然是错误的。[1]

霍熙亮、关友惠二位先生对长期以来判断第3窟时代的"甘州史小玉笔"墨书题记作出了较为科学客观的分析，辨明了史小玉题记的性质，值得引起学术界的重视。

在前贤研究成果的导引下，沙武田和李国先生在对莫高窟第3窟时代问题进行全新解析的同时，即对第3窟西壁盝顶帐形龛南北对称出现于两侧菩萨像侧的墨书题记进行详尽的解析，并明确认为，"史小玉仅是到过第3窟的一般游人信众而已"[2]。

事实上，从史小玉在莫高窟洞窟墨书的五则题记看，其当属信手闲记，实为游人漫题性质。史小玉本人并非甘州画工或绘画高手，其与精美绝伦的第3窟千手观音壁画绘制无关。

## 二 "虚构"的画师史小玉

史小玉是谁？元时的那个甘州桥楼在何处？何谓桥楼上？在《甘州府志》上是找不到的。《中国绘画史》和《中国历代画家人名辞典》也不见史小玉的任何踪迹。地方古籍文献中更无任何关于他生活、艺术乃至个人生涯的记载。

寻根觅源，影视作品中有2008年由中央电视台新影制作中心出品的38集大型文化系列纪录片《世界遗产在中国》，其中讲述说：元末画匠"史小玉调动了所有不同的线条和描法，将不同的形体质感和人物的神情动态表现得淋漓尽致。无论怎样，它都可算是莫高窟壁画艺术中最后的精彩一笔"[3]。又有由大量敦煌学专家学者作为历史顾问，在2010年央视大片贺岁首播十集人文历史电视纪录片《敦煌》，其中一集"无名的大师"即讲

---

[1] 关友惠：《敦煌宋西夏石窟壁画装饰风格及其相关的问题》，载《2004年石窟研究国际学术会议论文集》（下），上海古籍出版社，2006，第1136—1137页。

[2] 沙武田、李国：《敦煌莫高窟第3窟为西夏洞窟考》，《敦煌研究》2013年第4期。

[3] 2008年6月16日中央电视台播出38集系列纪录片《世界遗产在中国》。

述了敦煌画匠史小玉画窟的"历史"[1]。再有民族舞剧《大梦敦煌》中的男主人公"莫高"、沙漠实景剧《敦煌盛典》中的男主人公"墨丁",等等。作为影视艺术,由艺术家们根据某一时期的历史事件或人物虚构再创作,给人以无限的遐想,是难能可贵的。

再有任积泉、王国华综合影视虚构、歌舞艺术和前人的研究,在《品读张掖文化》第三编"张掖文化的杰出代表人物"中为史小玉列传说:"史小玉(生卒年不详),元朝末年甘州籍绘画大师。"其根据第3窟"甘州史小玉笔"和第444窟"至正十七年正月六日来此记耳,史小玉到此""至正十七年正月十四日甘州桥楼上史小玉烧香到此"三条题记推断,"史小玉在莫高窟第3窟作画期间,第一次闲逛至第444窟,被南壁中央盛唐时代的那幅沉雄富丽的《说法图》所深深吸引或陶醉,正月十四元宵节前夕又专门去烧香膜拜,于是便连续两次留下了姓名"[2]。

近人王秉德《张掖史稿》撰修的地方历代名人词条中,根据学者们的一些研究成果,综合曰:"史小玉,甘州人,元代敦煌莫高窟画师,元代至元十七年前后,他于莫高窟观音洞(即莫高窟元代第三窟)所绘《千手千眼观音》是莫高窟壁画中的极品。画作笔法工整细微,表现人物既传神又夸张,展现了画师坚实的绘画功底和丰富的想象力。"[3]

首先,我们来看词条中的纪年。元代有两个至元年号,前一个至元在世祖孛儿只斤·忽必烈执政(1264—1294年)期间,共计31年;后至元则在元末顺帝孛儿只斤·妥懽帖睦尔执政(1335—1340年)时期,计有6年。目前学界对莫高窟第3窟的绘画时代有西夏和元之争议,至元十七年是公元1280年,而史小玉到莫高窟的漫题落款纪年则为至正十七年,即公元1357年。王氏撰写的词条介绍与史小玉到莫高窟纪年时间不符。

其次,再来看史小玉的年龄。依词条史小玉于"元代至元十七年前后",约1280年到莫高窟作画,时已是"甘州绘画高手",当年少成名。若如上计算,他后来又于1357年到莫高窟第3窟、第444窟,还有我们最近用多光谱发现的第7窟、第379窟漫题了"到此""烧香",其间隔77年,时当百岁。设想一下,期颐之年攀爬到莫高窟最高的第四层第444窟,并在佛台前、后柱上书题"烧香到此",需要多大的勇气和毅力才能完成!(图6)

---

1 2010年央视大片贺岁首播《敦煌》。详参中视传媒股份有限公司、敦煌研究院编著《敦煌》第四集《无名的大师》,中国传媒大学出版社,2010,第50—67页。

2 任积泉、王国华:《品读张掖文化》,甘肃人民出版社,2012,第324—331页;参阅任积泉《张掖文化的杰出人物》(三),《张掖日报》2010年5月22日第3版;任积泉《史小玉与千手千眼观音壁画》,《丝绸之路》2010年第17期。

3 王秉德编著:《张掖史稿》,甘肃省张掖市地方史地学会,2009,第220页。

图 6　莫高窟第 444 窟外景

莫高窟第3窟壁画的文化艺术价值在中国美术乃至世界美术史上占据独特重要地位。故有学者认为，绘制精美绝伦千手千眼观音壁画的古代画工"是不亚于乔托的大画家，了不得"的。我们以为，影视艺术《世界遗产在中国》《敦煌》和《张掖史稿》《品读张掖文化》等文学读物是在借助史实资料，虚构出了一个甘州的画师——史小玉。文学艺术创作者们，仅为通过强调历史事件和文物价值，讲述创造历史的人，来展现出敦煌多彩的壁画，再现当时这些画师生活细节的艺术作品。

## 三 敦煌壁画画师简考

史小玉是敦煌莫高窟第3窟千手千眼观音壁画绘制的画师吗？

敦煌莫高窟是1987年联合国教科文组织公布的世界文化遗产，举世闻名，自魏晋至明清，经过十几个世纪，先后开凿了1000多个洞窟，至今尚留存492个窟中保留有壁画45000平方米，彩塑2400余尊，绘画时间长逾千年，是规模巨大、博大精深、技艺精湛、内容极为丰富的文化艺术宝库，是我国也是世界壁画最多的石窟群，被誉为世界最大的艺术画廊。

敦煌壁画中最主要的部分是佛教内容的尊像画、故事画、经变画、供养人画和装饰图案画，社会众生相和世俗场景亦穿插于各窟经变及佛教故事中，帝王将相、官吏、庶民、外侨、旅客、男女老幼、僧尼道俗，应有尽有；亭台楼阁、宫殿城池、桥梁水榭以及农耕、渔猎、舞蹈和竞技，尽皆包罗。

古代敦煌画师们绘成了精美绝伦的壁画，他们创作了惊世骇俗、才气非凡的作品。

最不可思议的是如此巨量、精美绝伦的绘画作品，竟然不知道是谁画的。由于古人惜墨如金，再加之在佛教圣地，谁敢冒天下之大不韪多写乱画呢？因此这些数量巨大堪称世界艺术瑰宝的敦煌壁画杰作出自谁手，很少有人知道，关于他们的姓名史料列载，几乎是空白。

在敦煌石窟里，从隋代开始，壁画中曾零星出现过一些画匠的供养像及题名，如莫高窟第303窟平咄子，第185窟宋承嗣，第129窟安存立、张弘恩，第196窟宋文君，第444窟氾定全；榆林窟第20窟令狐信延，第33窟白般涩，第35窟竺保、武保琳，以及藏经洞出土文献中的张淮兴、董文员、董保德等，还有一位叫连毛僧的画师，据推测可能是外国人。《敦煌莫高窟供养人题记》中还记录了第290窟辛仗和、郑洛仁等题名，前辈专家们认为是画匠题名。如若是，当为石窟壁画上所存最早的画匠遗迹。在藏经洞出土的文献中，《董保德佛事功德记》是唯一专门的画工功德记，说他师承中原巨匠张僧繇和"曹氏"的画法，状物写人，惟妙惟肖，栩栩如生。看来董保德是一位红极一时的绘画高手，莫高窟里肯定有他的作品，他竟没有留下自己的题名，无法得知哪一幅绝世之作出自他的手笔。

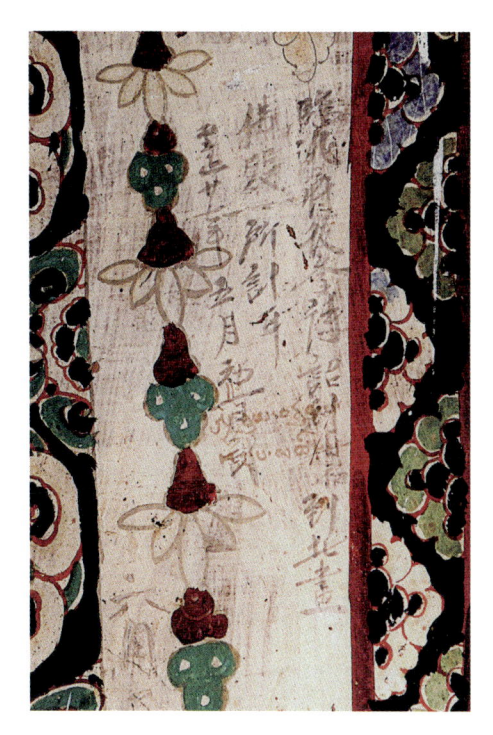

图7　榆林窟第13窟画匠"刘世福"题记

图8　莫高窟第5窟"宣抚副使曾那"题记

再有榆林窟第12、13、15窟至正廿七年（1367）"临洮府后孝待诏刘世福到此画/佛殿一所记耳"（图7），榆林窟第19窟"乾祐廿四年□□□日画师甘州住户高崇德小名那征到此/画秘密堂记"这些不能作为供养人在窟内画像和题写姓名的甘肃籍能工巧匠留存就更为稀少了。

上述记录，比起历代庞大的画师队伍，犹如敦煌石窟壁画的创作者们在浩瀚宇宙中的几颗繁星。鉴于以上种种，敦煌学界一直期盼着能从莫高窟北区找到一些关于壁画作者的千古谜底。经调查，在莫高窟北区的243个洞窟中，有部分可能是敦煌画师的生活住所。而彭金章先生主持的《敦煌莫高窟北区石窟》报告则表明，这些洞窟大多是僧人居住、修行或印制佛经的地方，有些还是瘗窟，这又使得关于敦煌壁画作者的千古之谜更加扑朔迷离了。

综合敦煌学界的观点，敦煌画师的来源主要有以下四个方面：

第一是来自西域和本地的民间画师。这是因为敦煌壁画的早期作品风格和新疆同期的很多佛教石窟壁画风格非常接近。在敦煌文献中，画师多数称为画匠或画工，也有被称为"师"或"先生"的，可见画师们主要来自民间，社会地位并不高，他们创作壁画时很可能就住在阴暗的洞窟里。壁画中大量的田间劳动场景，活生生地再现了当时的经济状态和科技水平，唐代壁画中的婴儿车等生活用具，更是为神秘的佛教壁画增添了世俗社会色彩，给当代艺术提供了极为珍贵的中国千年民间风俗画卷。正因为画师们熟知劳动人民的真实生活，才使他们巧妙地把佛国的空灵与人间的真实融为一体。

第二是中央政府的高级官吏获罪流放敦煌时携带的私人画师。

第三是高薪聘请的中原绘画高手。

第四是来自官办敦煌画院的画师。

那么，史小玉是不是民间的绘画高手呢？经过笔者对其留存在莫高窟的五则题记内容为"烧香""到此""烧香到此"，以及"来此记耳"主要目的分析，似乎是不可能的。

## 四　甘州人朝谒巡礼莫高窟墨书刻画留题

从以下事例，亦可例证史小玉为一甘州朝礼莫高窟的香客。

元代，甘州到敦煌的游客颇多，有官员，有僧侣，还有普通的信众、香客，他们不仅到敦煌来朝圣、巡礼、旅游、观光，还在莫高窟盛唐第31、45、225窟，中唐第7窟，晚唐第14窟，五代第5、98、100、108窟，宋代第55窟，元代第465窟留下了数十条墨书刻写的题记。如：

至元七年（1270）四月初二日，"甘州□阳人/□□□□□卢□天抚/宣抚副使曾那"到莫高窟游览，并在第5窟西壁盝顶帐形龛下北侧供养人像列南向第六身"姊七娘子一心供养"女供养人身上墨书到此题记一方（图8）。宣抚副使为官职名，北宋仁宗庆历二年（1042）始置，南宋抗金名将岳飞就曾于绍兴六年（1136）出任过京西南路宣抚副使一职。元朝亦置，宣抚司、安抚司主要是针对土司之地。据《元史》记载："宣抚司，秩正三品。每司达鲁花赤一员，宣抚一员，同知、副使各二员，佥事一员，计议、经历、知事各一员，提控案牍架阁一员。"[1]

延祐六年（1319）二月十五日，"甘州住人刘智月周剌麻巴小杨二等一行一十余人"到莫高窟进香，并分别在第5、45、108、465窟四处墨题"礼佛到此记耳"。

延祐七年（1320）三月十六日，"甘州旦漆寺信院主"到莫高窟第55窟朝礼。

天历二年（1329）十月廿五日，"甘州张仕达张五平安到此""兰州刘文秀、甘州张仕达、张五平安到此记耳"。

至顺二年（1331）十一月廿五日，"甘州住人周天瑞到此"。

至元四年（1338），"甘州住人□□□等八人到此"。

至正五年（1345）九月初一日，甘

---

[1]（明）宋濂等：《元史》卷九一，中华书局，1976，第2310页。

州路一行捌人"杨济川、伏文殊奴、李英甫、王才广、木明、王典、德安、哇々"到莫高窟朝谒,并分别在莫高窟第98窟和第100窟留写"到此烧香记耳"题记。

至正七年(1347)正月十五日"甘州弟子□□□烧香到此"。等等。

此外,还有元末至正二十三年(1363)七月廿五日,"甘州南平坊住人男姚忠晁/弟姚忠□"专程到莫高窟礼佛,并请高僧在第225窟做法事"超度亡过父亲□□僧"。

据以上甘州官吏、僧俗信众、香客来敦煌莫高窟朝谒巡视,观光览圣的题记,亦可从一个侧面旁证史小玉也是甘州到敦煌莫高窟的一位香客的事实。

## 五 结语

中国敦煌石窟艺术保护与研究、敦煌学的先驱,被誉为"敦煌守护神"的常书鸿先生在《敦煌艺术的源流与内容》一文中曾经说过,"我们要感谢我们的祖先,即可敬可爱的古代的画工、塑匠,他们是怎样用自己的双手和智慧,在荒凉凄惨的沙漠戈壁中,无分寒暑、成年累月地完成他们神圣的工作"[1]。这些古代伟大的艺术家们,他们为敦煌艺术而生,为敦煌艺术而工作,甚至为敦煌艺术而死。每当人们站在这古老而又神圣、静谧庄严的艺术殿堂时,就不可能忘记那些千百年来无数个为人类创造敦煌艺术的无名画工、塑匠和当时劳动人民的功绩(图9)。

元代是否就是莫高窟艺术的终结年代,其实这一问题学者们一直在讨论,清及民国时期,敦煌石窟群的营建和修补一直未曾间断过。[2]

综合分析,判断敦煌石窟绘画作者最可靠的是画匠作为供养人的题名。从现存可以肯定身份的画师题记看,题记方式都与史小玉的题记不同。由此来看,史小玉并非曾经盛传的甘州画匠,他在莫高窟的题名也不能真正反映作为画师在莫高窟创作壁画的情况。笔者以为,甘州史小玉仅为到过敦煌莫高窟朝圣巡礼的一名信众,而题记也只是随手题写。

---

[1] 常书鸿:《敦煌艺术的源流与内容》,《文物参考资料》1951年第2卷第4期。

[2] 胡同庆:《论敦煌莫高窟艺术的下限》,《敦煌研究》1992年第4期。

图 9　莫高窟第 3 窟北壁"千手千眼观音菩萨"

# 毕竟是书生
## ——元季金坛张氏家族的出处进退

■ 陈 波（南京大学历史学院）

镇江路金坛张氏家族在元末江南士人的交游网络中十分活跃，迄今学界尚无专文论及。[1] 张监、张经、张纬父子三人原本长期悠游林下，以馆课巨室为业。至正十六年（1356）张士诚之弟张士德（约1322—1357年）率军渡江袭占平江路。挈家避兵吴中的张经得蒙张氏兄弟不次超擢，短短数年间就由吴县丞仕至松江府判，其人出身文献世家，颇能以儒术缘饰吏事，不少偃蹇下僚、放迹江湖的南方士人从他的仕宦经历中，看到匡时济世、一展宏图的希望，纷纷与之相酬酢，以谋求晋身之阶。然而张吴政权覆亡之后，张氏家族不得不戢鳞潜翼，苟全性命于新朝。除文集、诗歌等零散史料之外，亦间有寥若晨星的元人存世书札和书画题跋涉及该家族。不仅清晰呈现了张氏家族行谊与宦游的几个侧面，也反映了元明鼎革之际，面对群雄并立天命莫测的时局，士人面临出处进退的艰难抉择。

## 一　张经的宦海沉浮

台北"故宫博物院"所藏《元人遗墨册》[2]（下文简称《遗墨册》）一折，蝴蝶装，本幅十二开，第四、七、九开每开二幅，余均每开一幅，后副页一开一幅，有明人方豪、陈璚二跋，共计收录十三封元人书札及诗二首，见于《石渠宝笈》著录。[3] 在此拟对《遗墨册》所收

---

1　新近的研究可参见庄明《倪瓒交游新考——宜兴王氏与金坛张氏家族》，载范景中、曹意强、刘赦主编《美术史与观念史》第24辑，南京师范大学出版社，2019。该文围绕倪瓒的交游网络展开，主要利用书画著录材料及传世文献，对于传世书画材料利用不多，且错误不少。

2　正文图1、2、6皆出自《元人遗墨册》，作品号为故书-000256-00000。图片可见台北"故宫博物院"网页，https://painting.npm.gov.tw/Painting_Page.aspx?dep=P&PaintingId=430。

3　（清）张照等：《石渠宝笈》卷二《贮御书房卷一·元人遗墨》，清乾隆内府朱格抄本。

"陈樫致府判相公德常先生尺牍""成廷珪致德常府判相公尺牍"及"张雨书七言律诗"稍作分析。

先及"陈樫致府判相公德常先生尺牍"(以下简称"陈樫尺牍"):

> 樫顿首再拜。府判相公德常先生契家兄长阁下。近者舟驭之还埭溪。迂懒之人拙于伺侯。遂失攀饯,良为愧愧。意阁下不以是为勤怠,而赐谴也。继闻民怀德政,歌谣载道,卧辙留鸟,古语不虚。此岂易得于海壖之人哉?一洗浮议,深窃赞庆。更冀益加意于新居,以副区区平昔所期也。秋将尽,起处当纳吉倍常。尊君先生寿履康泰,眷聚均庆耳。兹因履道先生赴上庠,经师之请,不可无一字以承候,故具此。履道倦游都会,思得郊居以温素业,阁下必能宛曲以遂其情,不在仆之喋喋也。诗卷附上,自揆鄙恶,不敢缀名其间,乞深亮之。未由侍晤。公退有间时,赐一二字,以慰瞻思,不具备。契家弟陈樫顿首再拜。九月廿八日谨空。汤药二篮,奉尊君先生真雁翎也。樫再拜。

发信人陈樫,字子经,奉化(今属浙江)人,后徙平江(今江苏苏州)。至正间潜心著述,著《通鉴续编》二十四卷,编《尺牍筌蹄》三卷。明初官至翰林学士,以非罪死。生平见《大明一统志》卷八、《吴中人物志》卷六、《两浙名贤录》卷四十六、《元诗选癸集》庚集上。[1] 尺牍左下方钤有"舜昇"联印。

再说"成廷珪致府判相公德常先生尺牍"(成廷珪尺牍):

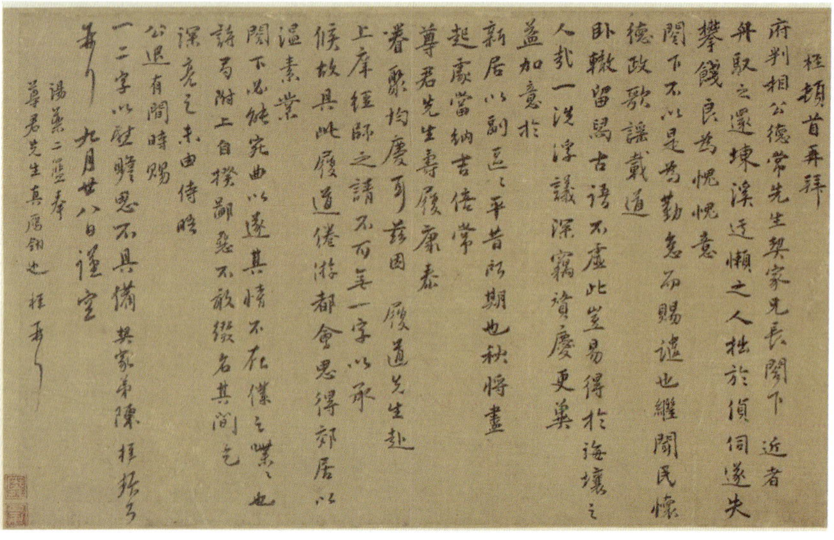

图1 陈樫尺牍

---

1 参见杨镰主编《全元诗》,中华书局,第53册,2013,第99页。

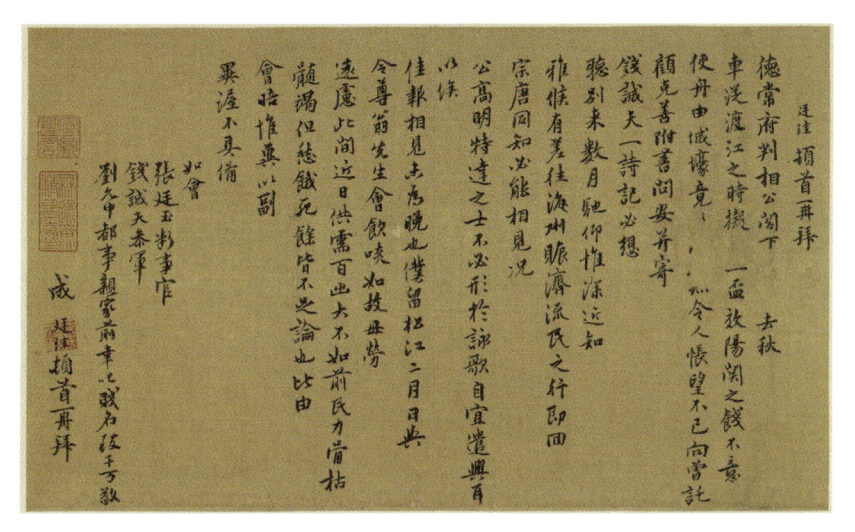

图 2　成廷珪尺牍

廷珪顿首再拜。德常府判相公阁下。去秋车从渡江之时，拟□一杯，效阳关之饯。不意使舟由城壕，竟□□□□，令人怅望不已。向曾托顾克善附书问安，并寄钱诚夫一诗记，必想听。别来数月，驰仰惟深。近知雅候，有差往海州赈济流民之行。即回。宗唐同知必能相见。况公高明特达之士，不必形于咏歌，自宜遣兴耳，以俟佳报，相见未为晚也。仆留松江二月，日与令尊翁先生会，饮啖如故，毋劳远虑。此间近日供需，百出大不如前，民力骨髓竭，但愁饿死，余皆不足论也。比由会晤，惟冀以副异渥。不具备。如会张廷玉断事官、钱诚夫参军、刘允中都事亲家前，幸叱贱名，致千万敬。成廷珪顿首再拜。

写信人成廷珪（约 1289—1360 年），字原常，一字符章，又字礼执。扬州人。不求仕进，以吟咏自娱。好读书，有诗名。奉母居市廛，庭院植竹无数，绰有山林意趣，且题居室为"居竹轩"。晚年遭元末战乱，奔走艰险，至正后期，死于华亭，卒年七十余。死后，由故友邸肃、刘钦搜辑遗作，编成《居竹轩诗集》四卷，今有传本。[1] 该尺牍"廷珪"署名上钤有"成氏之章"印。

上引陈樫、成廷珪所书尺牍，收信人是所谓"府判相公德常""德常府判相公"。无独有偶，北京故宫博物院所藏王蒙《爱厚帖》，收信人也是"德常判府相公"，看来此三札是写给同一人的。《爱厚帖》纵 33.3 厘米，横 58.7 厘米。该帖据北京故宫博物院网站的简要介绍，为《元

---

1　杨镰主编：《全元诗》，第 35 册，第 364 页。

诸名家尺牍册》中的一帖，钤有"世受堂""也园珍赏"等印。《元诸名家尺牍册》《石渠宝笈初编》著录。释文如下：

> 蒙顿首再拜。德常判府相公尊契兄，特在爱厚，辄为禀白：友人林静子山，吴兴人，亦赵氏之甥也。读书博学，多艺能，而未有成名。欲权于彼学中养赡，得三石米足矣。用是求书专注，望介注为祷。斯人年幼而多学，亦公家所当养者。王府君处意不殊此，未由晤会，万冀调摄，以膺峻擢，不具。二月廿四日，王蒙顿首再拜，余控。

《爱厚帖》是王蒙唯一存世尺牍，弥足珍贵。此札系写给做官的朋友"德常判府"，内容是举荐友人林静，请求为其安排一份工作，并介绍了此人"读书博学，多艺能"等特点。林静字子山，是赵孟頫外孙，[1] 王蒙系赵孟頫女婿王国器之子，也是赵孟頫外孙，因此该尺牍可谓"举贤不避亲"。北京故宫《爱厚帖》网页介绍的撰稿人李艳霞指出所谓"德常判府"，名张经，字德常，金坛（今镇江）人。其父张监、弟张纬（字德机）与王蒙、倪瓒交往密切。元至正二十二年（1362）张经曾任松江府判官，书中称"判府相公"，可知此信应书于至正二十二年以后，是王蒙中年的作品。[2] 这为笔者提供了进一步探索的门径。

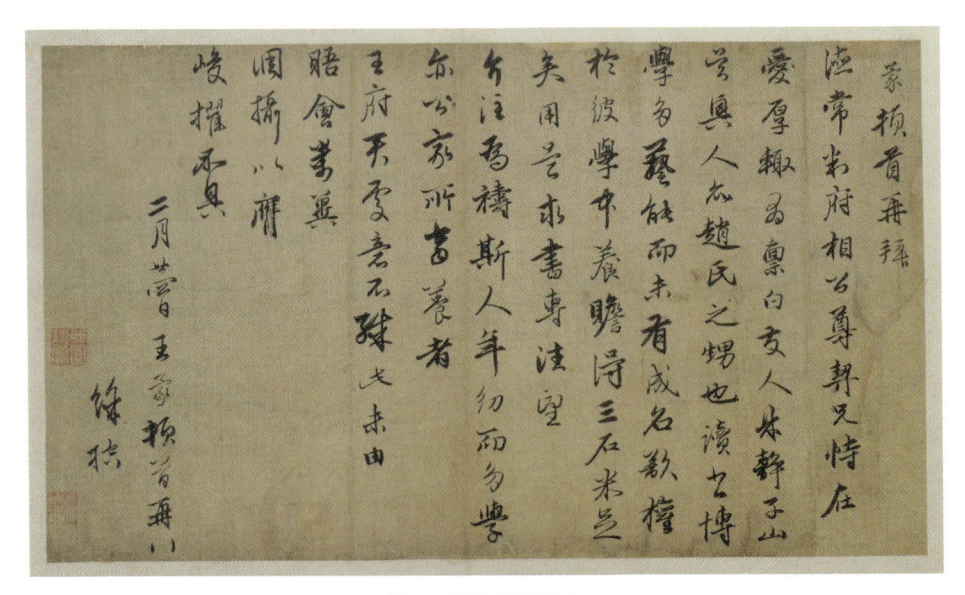

图3 王蒙《爱厚帖》

（图片见故宫博物院网页，https：//en.dpm.org.cn/dyx.html？path=/tilegenerator/dest/files/image/8831/2009/0203/img0005.xml）

---

1 （明）宋濂：《宋学士文集》卷六《愚斋集序》，《丛书集成初编》本，第200页。

2 参见 https：//www.dpm.org.cn/collection/handwriting/229074.html。

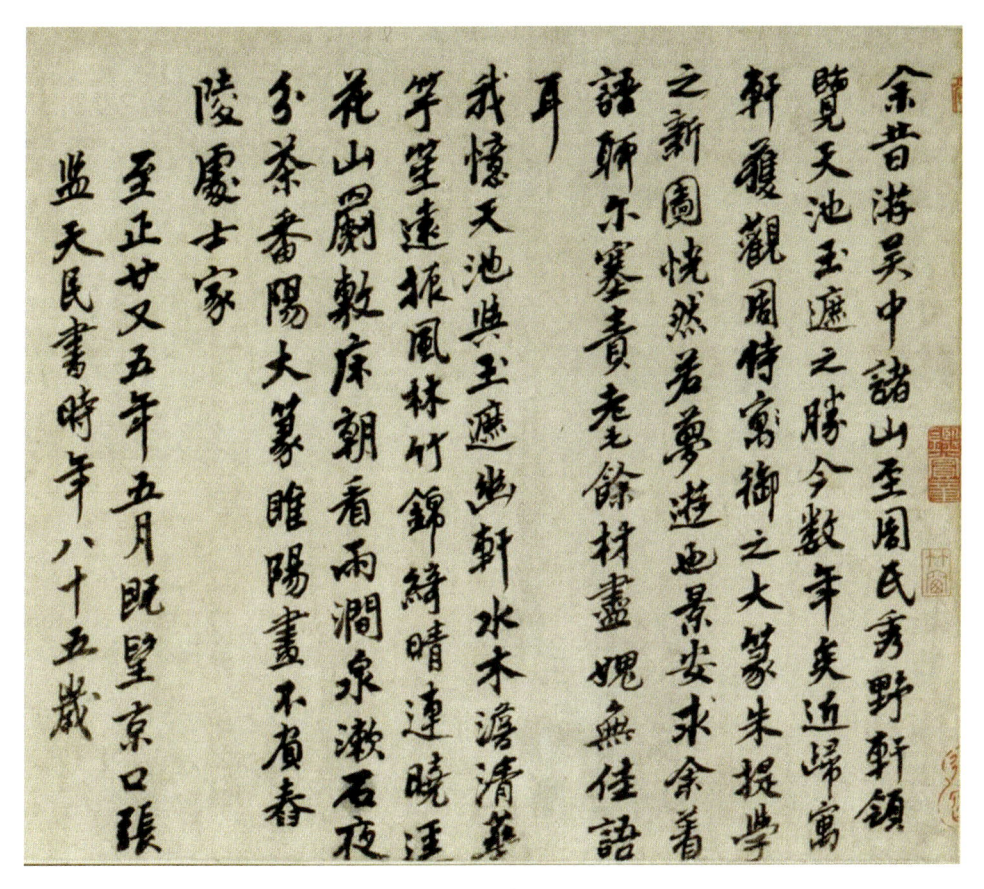

图4　张监跋朱德润《秀野轩图》

(参见 https：//g2.ltfc.net/view/SUHA/608a623142b4355c93c9046b)

如果稍稍翻阅明清时期的书画著录资料，以及《元诗选》《全元诗》等诗歌总集，可知镇江路金坛张氏家族在元末异常活跃。仅明人朱存理《铁网珊瑚》一书，就系统保存了有关该家族活动非常丰富的史料。[1] 张监（1281—1370年），字天民，号鹤溪。其祖父名张志道，字潜夫，号定轩，曾被赵葵（1186—1266年）辟置幕府，宋亡不仕，闭门著书。[2] 至正间，"荆溪王仲德以故宋将家子孙，博古嗜学，延致金坛张天民先生于其家。德常盖先生子。其父子绩学，能以其道行于荆溪。荆溪之人为其父子买田筑室，居甚充

---

[1] 参见朱存理集录，韩进、朱春峰校证《铁网珊瑚校证》书品卷四《良常张氏遗卷》《送张府判诗序》《良常草堂诗》《题张德常小像》《世寿堂铭》，广陵书社，2012。

[2] （元）俞希鲁：《至顺镇江志》卷一九《人材·隐逸·仕进》，江苏古籍出版社，1999，第791页。前揭庄明《倪瓒交游新考——宜兴王氏与金坛张氏家族》将张志道误为张监曾祖父。

然，故朋从枉访仲德，必至德常之家，饮酒赋诗，盖亦极其一时之盛"[1]。张监所居之荆溪草堂扁曰"良常"，以示不忘金坛故居，他与二子张经、张纬自相师友，文风蔚然，一时人望归之。后仍居金坛，卒年九十。倪瓒、张雨皆称其"张有道"。今北京故宫博物院所藏朱德润《秀野轩图》有张监跋文：

> 予昔游吴中诸山，至周氏秀野轩，领览天池玉遮之胜。今数年矣，近归寓轩，获观周侍御之大篆，朱提学之新图，恍然若梦游也。景安求予着语，聊尔塞责，薹余材尽，愧无佳语耳。我忆天池与玉遮，幽轩水木澹清华。竽笙遂镇风林竹，锦绮晴连晓径花。山霭敷床朝看雨，涧泉漱石夜分茶。番阳大篆睢阳画，不负春陵处士家。至正廿又五年五月既望，京口张监天民书，时年八十五岁。[2]

张监此跋系日为至正二十年五月十六日，次月，朱德润病逝。[3] 可见张监与朱德润有一定交往。

张监在元末之所以声名显赫，与其高年耆德有一定关联，但主要还是由于其长子张经曾在张士诚政权中任职，关于这一点，杨基《送张府判诗序》记道：

> 至正丙申（1356）春，江西等处行中书省平章政事楚国公渡江来吴，念吴民多艰，牧字者多非其才，悉选而更张之。自令、丞、簿、尉以及录事、录判，同日命十有一人。各赐衣二袭，马一匹，粟若干石，肥羜、旨酒有差。而丹阳张君德常其一也。德常时为吴县丞，三年以考绩上陟县尹，又明年（1360）除同知嘉定州事，壬寅（1362）秋调松江府判官。于戏！张君自筮仕以来，甫十易寒暑，已迁历四任，抑何速耶！且受命之日，如德常者十有一人，七年之间，余悉坐免，而德常不惟仅存，又藉藉若是，谓之非贤可乎？不特此也。德常受命以后，朝征暮辟，进用者不止百辈，坐免者有之，刑废者有之，固不可指而数，然则德常不惟贤于十人，而且贤于百人矣。自今以进，德愈隆，操愈厉，松柏之姿久而弥固，则今之桃李安知不见其衰且歇也？德常之贤，又岂止百人而已耶？且闻千人而得一人不少也，百人而得一人已富矣。今楚国公十人而得一

---

[1] 朱存理集录，韩进、朱春峰校证：《铁网珊瑚校证》书品卷四《常草堂诗》，第341页。

[2] 朱存理集录，韩进、朱春峰校证：《铁网珊瑚校证》书品卷八《秀野轩》，第596—597页。

[3] （元）周伯琦《有元儒学提举朱府君墓志铭》（收入朱德润《存复斋文集》附录，四部丛刊续编本）言朱德润"至正二十五年，岁次乙巳，六月十七日，微疾，终于正寝"。但北京故宫博物院藏周伯琦手写《朱德润墓志铭卷》则作"至正廿五年，岁在乙巳，六月廿七日，微疾，终于正寝"。参见王连起编《中国法书全集》卷十一，文物出版社，2011，第309页。

人，则楚国公知人之明贤于人远而才之众可见矣。噫！楚国拔之而太尉用之，德常所以辱知于二公者，宁不思有以报之耶？德常之调松江也，大夫士咸歌以送之。淮南袁君达善俾基序其首，因摭楚国公拔君之意以重勉云。西蜀杨基序。[1]

结合陈基《送张德常序》及郑元祐《送张吴县之官嘉定分题诗序》，[2] 大致可以勾勒出张经在张吴政权中的仕宦经历，至正十六年（1356）张士诚之弟张士德（约1322—1357年）率军渡江而南，袭占平江路，亲自任命了一批基层官员，其中就有张经。其事据《南村辍耕录》所记：

> 又江浙行省员外郎杨乘，字文载，滨州人。……十六年丙申，淮人陷平江，连陷松江。秋七月十八日，遣所署官吴县丞张经等，赍礼币造请。公遣人告曰："吾废处田里久，不足以辱使者，吾当择日受命，请以币置里门外。"经等如其言。公命子卣卓具牲醴告祖祢。既竣事，复命酒饮。逮暮，起行后圃中，顾西日晴好，慨然曰："晚节如是，足矣！"

命卣等治毕处置家事，如平日。抚其孙虎林，若怡怡自得也。归，坐至夜分，二子立侍。命曰："二子行且休，吾将就寝。"公俭约，无姬侍，其燕息寝处，人莫得与俱。诘旦，卣等怪寝门未启，发视之，则公已自经。[3]

不可否认的是，张经初仕吴县丞之时，张士诚还未就招安，相比死义的江浙行省员外郎杨乘，不免有从逆之嫌。至正十九年张经（1359）升县尹，明年（1360）除嘉定州同知，至正二十二年（1362）秋调松江府判官，所至皆有善政，在元末士人中颇有誉望。张德常在元末本一介布衣，与其父张监、其弟张纬托庇于宜兴豪民王仲德，[4] 避兵吴中，受张士德、张士诚兄弟之不次超擢，对于这件事，南方士人很多持正面态度。几乎张经每一次升迁，吴中士人皆弹冠相庆，写诗作文以示祝贺，不乏艳羡之意，以致其初仕是否有亏臣节似乎无关宏旨。张经即将上任嘉定同知时，吴县乡三老求送前县尹，苏大年赋诗为赠，今习称《吴县帖》：

---

[1] 朱存理集录，韩进、朱春峰校证：《铁网珊瑚校证》书品卷四《送张府判诗序》，第336页。

[2] 朱存理集录，韩进、朱春峰校证：《铁网珊瑚校证》书品卷四《良常张氏遗卷·送张吴县之官嘉定分题诗序》，第328页。

[3] （元）陶宗仪：《南村辍耕录》卷一四《忠烈》，中华书局，1959，第169页。

[4] 关于王仲德家族，参见刘迎胜《王仲德家族与元末江南古玩收藏》，《元史及民族与边疆研究集刊》第30辑，2010。

思碑。[1]

无独有偶,《遗墨册》所收张雨款七言律诗,也明显表达对张氏一门的阿谀之意:

> 一天风雨净炎埃。父老欢迎别驾来。撮蚤鸱鹠还避去。朝阳鸾凤却飞回。吴门善政人争诵。海国甘棠手自栽。世寿堂中时进酒。彩衣屡舞笑颜开。句曲外史张雨。

据朱存理《珊瑚木难》及《铁网珊瑚》,[2] 此诗作者是"燕山曾朴"。至于诗中所提到的"世寿堂",据郑元祐《世寿堂铭》:

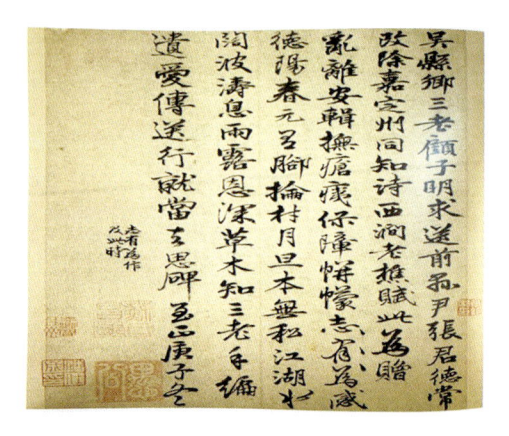

图5 苏大年《吴县帖》

(图版见王连起编《中国法书全集》卷十一,文物出版社,2011,第291页)

乱离安辑抚疮痍,保障骈幪及此时。感德阳春元有脚,抡材月旦本无私。江湖水阔波涛息,雨露恩深草木知。三老手编遗爱传,送行就当去

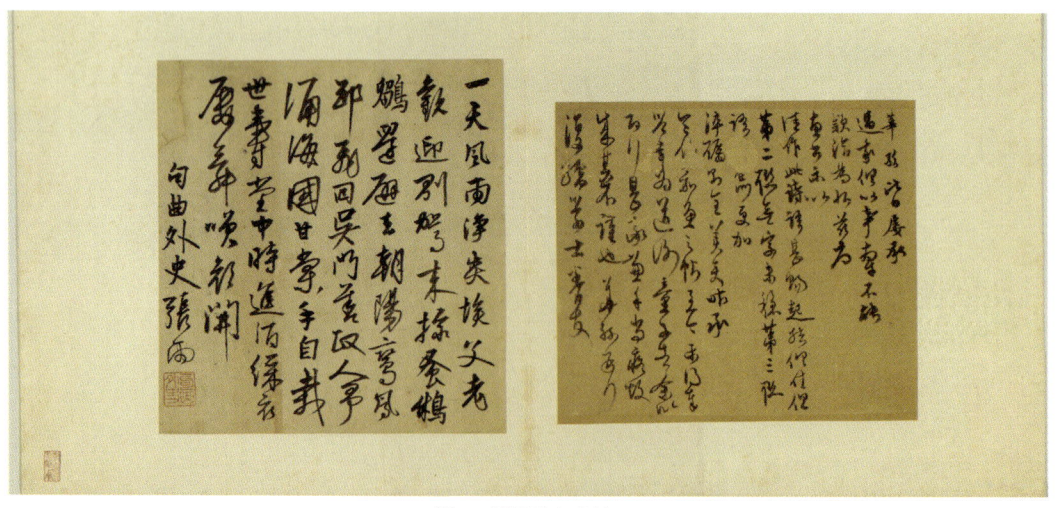

图6 张雨款七言诗

---

1 朱存理集录,韩进、朱春峰校证:《铁网珊瑚校证》书品卷四《良常张氏遗卷》,第335页。
2 (清)朱存理纂辑:《珊瑚木难》卷五《送张别驾》,王允亮点校,浙江人民美术出版社,2019,第387页。朱存理集录,韩进、朱春峰校证:《铁网珊瑚校证》书品卷四《良常张氏遗卷》,第335页。

金坛张德常乃于吴中所寓之室扁曰"世寿堂",以奉其父天民先生居之。先生今年八十岁,耳聪目明,气神滋王。其大父爱山先生年七十五岁而终。其曾大父定轩先生,于书无不读,于学无不讲,宋季赵信公最知人,将起先生以共事,先生知事不可为,力谢绝之,日与漫塘刘先生、实斋王先生优游以终老。其卒也,年九十有三。伯父叔刚先生年七十有二。至其两老姑,今皆年望九十,起居无恙。世言寿有种,其信然欤!夫承平之日,世享寿龄,固足以夸艳,今天下汹汹,而德常以才干在吴县由丞升尹,人称其贤,既能养其父以孝闻,又能推其上世耆年夙学以表章暴白之,抑亦何修何为而能若是耶!岂昔之人当锡福之盛,深培厚植不少概见于世,故其世寿若此其未已耶?德常今则施之于用,而其厚德之积则又在德常也。遂昌郑元祐辱交于父子四十年矣,乃为铭其堂。[1]

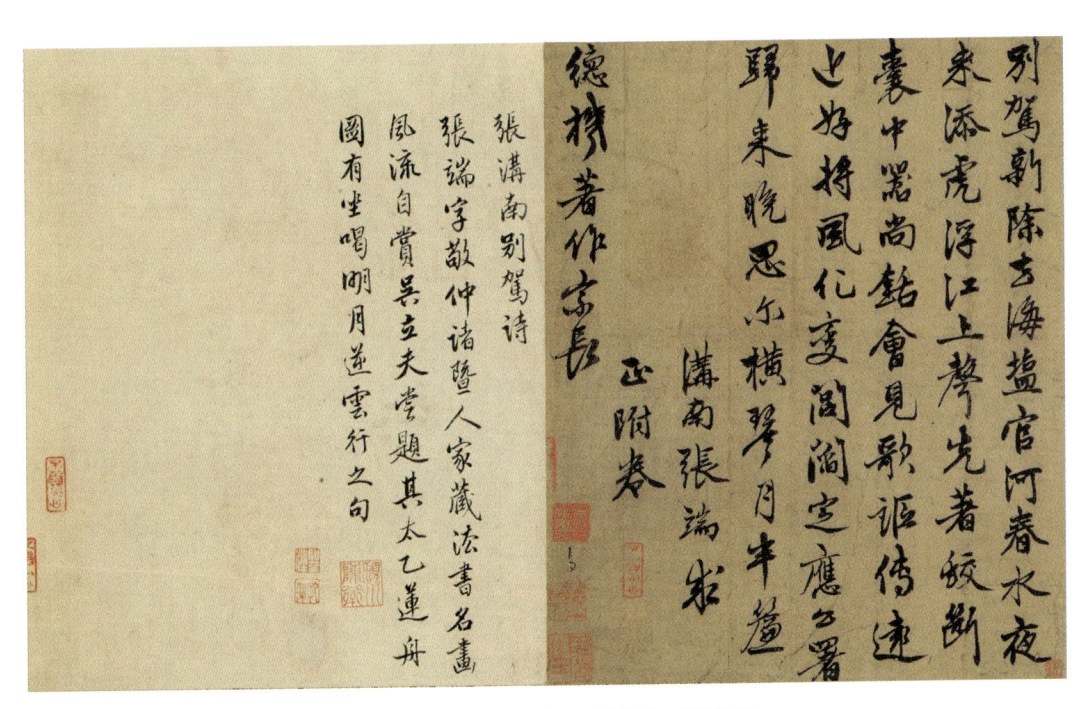

图7 张端(?—1383年)致张德机《别驾诗》

(参见 https://www.cguardian.com/Auctions/ItemDetail?categoryId=835&itemCode=621)

---

[1] 朱存理集录,韩进、朱春峰校证:《铁网珊瑚校证》书品卷四《世寿堂铭》,第354—355页。

张监八十岁应在至正十九年、二十年（1359—1360）冬春间，然据刘基《句曲外史张伯雨墓志铭》，张雨死于至正十年（1350），应不可能书写此贺寿之诗。《遗墨册》所收张雨款七言律诗及苏大年送行诗皆系《良常张氏遗卷》的一部分，该卷乃吴中士人为贺张经升任嘉定同知而作，卷首为郑元祐《送张吴县之官嘉定分题诗序》，共收录二十九位士人的诗作。此外，朱存理《铁网珊瑚》还著录《张府判诗序》一卷，卷首为杨基所为诗序，共收录七位士人贺张经升任松江府判的诗作。私人藏元人张端（字希尹）致张经之弟张纬诗帖，也是同样性质的作品：

> 别驾新除去海盐，官河春水夜来添。虎浮江上声先著，蛟断囊中器尚铦。会见歌讴传远近，好将风化变闾阎。定应公署归来晚，思尔横琴月半帘。沟南张端求正附卷。德机著作宗长。

至此，再回过头来看成廷珪、陈樗尺牍就非常容易理解。此二尺牍应该都是写于至正二十二年（1362）张经升任松江府判官之后。陈樗尺牍中所言"履道先生"，乃指周砥（约1312—?），字履道，号匊溜生、东皋生。吴中人，寓居无锡。幼学举子业，且刻意作诗，有诗文名，工书善画，与昆山顾瑛交往密切，是玉山草堂常客。至正十五年，周砥归吴中，与高启、杨基等游。后归张士诚麾下，从军会稽，死于兵。[1] 据陈樗尺牍："兹因履道先生赴上庠，经师之请，不可无一字以承候，故具此。履道倦游都会，思得郊居以温素业，合下必能宛曲以遂其情，不在仆之喋喋也。"陈樗信中尊称张经为"契家兄"，自称"契家弟"，未审陈、张二家是否存在某种结义关系。总之他成功利用了这层亲密关系，为周砥在张士诚政权中谋得官职。

成廷珪尺牍中，对张经反复表达相见恨晚之意。先是"去秋车从渡江之时。拟□一盃效阳关之饯……令人怅望不已"。没有见到张经，遂"托顾克善附书问安，并寄钱诚夫一诗记"，结果张经又因往海州赈济流民，而不得面晤。于是成廷珪特意在松江逗留二月，"日与令尊翁先生会，饮啖如故"，和张经之父张监日相过从，如此殷勤，似乎不乏求仕的强烈企图。信中末尾还不忘记拜托张经向张士诚政权中的数位官员问好，"如会张廷玉断事官、钱诚夫参军，刘允中都事亲家前，幸叱贱名，致千万敬"。信中提到的顾克善，倪瓒曾有诗赠之，[2] 其人曾任高

---

1 杨镰主编：《全元诗》，第54册，第170页。

2 （元）倪瓒《题墨竹送顾克善府判之高邮》："高邮古淮甸，世产不乏贤。顾君往佐郡，才华当妙年。歌诗隐金石，八音以相宣。侈哉锦囊句，雅甚朱丝弦。而此艰虞际，抚事一怆然。饥者易为食，君能念颠连。何以赠子行，墨君霜节坚。"载杨镰主编《全元诗》，第43册，第25页。

邮府判，高邮是张士诚起兵之地，顾克善得任此职，应较受张士诚信任。至于钱诚夫，在张士诚政权中担任都事，掌管监督海道漕运事宜。[1] 另有所谓"宗唐同知"，当指"郭宗唐"，曾任松江府推官，与张经为同僚。[2] 张士诚与方国珍合作海运是在至正二十年到二十三年间（1360—1363），至正二十三年九月，张士诚自立为吴王，不再向元廷提供粮草。张经任松江府判是在至正二十二年秋，故成廷珪尺牍言"去秋车从渡江"，与张经缘悭一面经历数月，又在松江逗留两月，因此致信张经当在至正二十三年春。其是否求仕成功，已无从判断，但史料中曾提及他与张翥为忘年交，载酒过从，殆无虚日，曾对这位密友透露衷肠："吾仕宦无天分，田园无先业，学术无他能，惟习气在篇什，朝哦夕讽，聊以自娱而已。"[3] 或许他在元末艰险的局面下为求生计奔走经营，终是黄粱一梦。

张经得任松江府判以后，可能因其人出身文献世家，"早以才气知名江表"，任上又颇能以儒术缘饰吏事，不少沉沦下僚、怀才不遇的南方士人从他的仕宦经历中，看到匡时济世、一展抱负的希望，纷纷与之相酬酢，以谋求晋身之阶。除《遗墨册》所收"陈樫致府判相公德常先生尺牍""成廷珪致德常府判相公尺牍"及王蒙《爱厚帖》以外，如杨维桢也曾倚老卖老，为老吏吴让说情：

> 八月四日，老铁祯帖上德常相公先生：屡承问病，乏力不能接对。今日体力稍胜，忽老胥吴让者泣拜床下，自陈八年淹滞，相公怜之，欲行参补，而有优游不断者阻之，阁下窒缺，告天无路，惟有觅死地而已，其情可哀。今假老夫一言，欲相公补押一案，为来官收录之阶，必公赐可。此事不徒协众论，亦系相公平日阴德事也。扶病为布此楮，惟冀委察焉。不具。祯帖上。悚恐，谨后空。[4]

元末松江地僻民丰，远离兵凶战危的动乱中心，保持较长时间的安定状态，文士多荟萃于此。张经作为当地主官，权势炙手可热，向其求仕干禄之辈并不在少数。

---

[1] （元）陈基：《夷白斋稿》卷八《次韵钱都事诚夫海上书事》《送诚夫使吴门督漕事兼寄分院同幕诸公》，四部丛刊三编本。

[2] （元）成廷珪：《赠松江知事唐景友三月十八日同茅子刚府判、郭宗唐推官同日上官》，载杨镰主编《全元诗》，第35册，第397页；王逢《梧溪集》卷五《将游澱山承府倅张德常、郭宗唐联过舟次留宴，灯夕不果，既得风帆，走笔寄张郭》，《知不足斋丛书》本。

[3] （清）顾嗣立编：《元诗选二集·成处士廷珪》，中华书局，1987，第650页。

[4] 朱存理集录，韩进、朱春峰校证：《铁网珊瑚校证》书品卷四《题张德常小像》，第352页。

## 二 悠游林下的金坛张氏家族

《正德姑苏志》卷四一《宦迹》记张经事迹："张经字德常，金坛人，博学通才，为一时之望"，"仁恕公廉，教化平易，折狱明慎。时扰攘之余，继以凶疫，民死者半，经焦劳全活，百姓感怀"。《清閟阁遗稿》卷一四记："元镇交惟张伯雨、陆静远、虞伯胜及觉轩王氏父子（王子明、王光大）、金坛张氏兄弟、吴城陈惟寅、惟允、周正道、陈叔方、周南老，其它非所知也。"其中张氏兄弟即为张经、张纬。倪瓒与张经可谓一生至交，早在张经未仕之前，就是张经"良常草堂"的常客，而且经常共同参加文士间的雅集，倪瓒《清閟阁集》为张经酬答的诗文达十余首，且屡有画作相赠。张经经历了宦海沉浮的起伏过程，期间倪瓒有拒张经邀书碑刻事，另有人作祟，离间二人事，但倪瓒、张经消除误会，友情不减。[1] 张纬字德机，号荆南山樵者。曾僦居盐桥，以馆课为业，屋之西隅有翼然轩，书斋名艇斋。[2] 张经取仕以后，张纬可能一度协助张经，处理一些文牍工作，故元人偶有称之为"判簿"[3]。张经入仕之前，张经、张纬兄弟皆曾馆课为业，奉养年迈的父亲张监，可能是元代典型的儒户家族。兹将涉及张氏的传世书画汇总如表1：

| 表1 | | | 张氏家族相关传世书画作品一览 | | | |
|---|---|---|---|---|---|---|
| 序号 | 时代 | 作者 | 作品 | 相关情况 | 收藏机构 | 备注 |
| 1 | 东晋 | 王羲之 | 定武兰亭真本卷 | 袁桷观此卷于张德常书圃 | 台北"故宫" | |
| 2 | 北宋 | 苏轼 | 天际乌云帖 | 柯九思与张经等观苏轼《天际乌云帖》于荆溪王氏之环庆堂 | 不详 | 翁方纲旧藏 |
| 3 | 元 | 赵孟頫 | 行书杜甫秋兴诗卷 | 钤"张德机"白文篆印 | 上海博物馆 | |
| 4 | 元 | 曹知白 | 双松图轴 | "在窊盈轩为良常草堂"/张经 | 法国吉美博物馆 | 未见 |
| 5 | 元 | 柯九思 | 夏山欲雨轴 | 岳榆至正甲申（1344）题识中提及柯九思曾与张经、岳榆数日欢宴于荆溪王子明之同同轩 | 台北"故宫" | |

---

1 朱存理集录，韩进、朱春峰校证：《铁网珊瑚校证》书品卷四《题张德常小像》，第351页。

2 朱存理集录，韩进、朱春峰校证：《铁网珊瑚校证》书品卷六《艇斋》，第421页。

3 （元）张毂：《诗寄德机判簿》，载杨镰主编《全元诗》，第53册，第106页。

续表

| 序号 | 时代 | 作者 | 作品 | 相关情况 | 收藏机构 | 备注 |
|---|---|---|---|---|---|---|
| 6 | 元 | 俞俊 | 行书别驾帖 | 致张经尺牍 | 北京故宫 | |
| 7 | 元 | 张雨 | 行书玄度字说跋页 | 张玄度（张经子） | 北京故宫 | |
| 8 | 元 | 张雨 | 寄张德机、倪云林等诗札 | 致张纬 | 台北"故宫" | 《宋元墨宝册》（作品号：故书-000250-00008） |
| 9 | 元 | 叶森 | 至节帖 | 致书邵亨贞，提及张玄度 | 北京故宫 | |
| 10 | 元 | 郑元祐 | 行书张氏世寿堂帖页 | 诗帖页，为张经之父张监祝寿 | 吉林省博物馆 | |
| 11 | 元 | 苏大年 | 行书吴县帖页 | 颂扬张经政绩 | 上海博物馆 | |
| 12 | 元 | 孙作 | 楷书扳馔帖页 | 致张经尺文牍 | 日本东京国立博物馆（高岛氏旧藏） | |
| 13 | 元 | 王蒙 | 行书爱厚帖页 | 致张经 | 北京故宫 | |
| 14 | 元 | 王蒙 | 竹石图 | 为张纬作 | 苏州博物馆 | |
| 15 | 元 | 陈樫 | 行书致府判相公德常先生尺牍 | 致张经书信 | 台北"故宫" | |
| 16 | 元 | 成廷珪 | 致德常府判相公尺牍 | 致张经书信 | 台北"故宫" | |
| 17 | 元 | 卢熊 | 行书复刘龙洲墓诗页 | 回复张玄度所寄诗 | 《明贤遗墨》册影印 | 转见《徐邦达集》第6册第641页 |
| 18 | 元 | 张经 | 行楷书次韵廉翁 | | 日本高岛氏旧藏 | |
| 19 | 元 | 张经 | 行草书淮南帖页 | 致王令显尺牍 | 日本东京国立博物馆 | |
| 20 | 元 | 张纬 | 高士传二则 | | 吉林省博物馆 | |

续表

| 序号 | 时代 | 作者 | 作品 | 相关情况 | 收藏机构 | 备注 |
|---|---|---|---|---|---|---|
| 21 | 元 | 倪瓒 | 五株烟树图页 | 王蒙跋中提及张玄度，乃张经之子 | 北京故宫 | |
| 22 | 元 | 倪瓒 | 溪山图轴 | 张监题诗：十年奔走叹间关，且为新图一解颜。绝似方溪无事日，满前乔木看官山 | 上海博物馆 | 张珩《木雁斋书画鉴赏笔记》绘画四 |
| 23 | 元 | 倪瓒 | 呈德机二诗帖 | 致张纬 | 吉林省博物馆 | |
| 24 | 元 | 倪瓒 | 丛篁古木图 | 洪武二年在张经雅集时作 | 南京博物馆 | |
| 25 | 元 | 倪瓒 | 致张德常（张经）书 | | 香港中文大学文物馆 | |
| 26 | 元 | 陈汝言 | 荆溪图 | 有张监、张经父子题于本幅 | 台北"故宫" | |
| 27 | 元 | 陈汝言 | 百丈泉图 | 本幅有张经题诗 | 台北"故宫" | |
| 28 | 元 | 张端 | 致张德机《别驾诗》 | | | 嘉德2011年秋拍《宋元翰墨》专场 |
| 29 | 元 | 王渊、朱德润 | 良常草堂合卷 | | 美国大都会博物馆 | 大都会艺术博物馆"孤独与陪伴·中国艺术中的隐居与雅集"特展（Companions in Solitude: Reclusion and Communion in Chinese Art） |
| 30 | 元 | 朱德润 | 秀野轩图 | 有张监题跋 | 北京故宫 | |
| 31 | 元 | 高志大 | 行书两载帖页 | 致张经尺牍 | 北京故宫 | 未见 |
| 32 | 元 | 兀颜敬思 | 行书札 | 同上 | 山东博物馆 | 未见 |

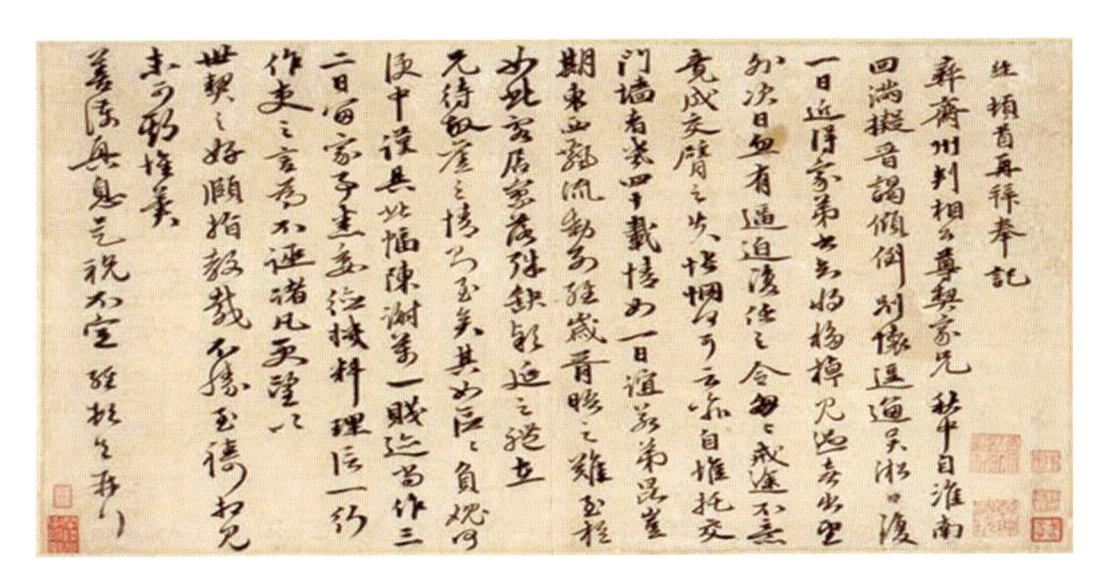

图8 日本东京国立博物馆藏张经致王令显札

(图片见日本东京国立博物馆网页，https://image.tnm.jp/image/1024/C0055179.jpg)

从表1可略知，张氏家族长期悠游林下，如果没有元末动乱，或许可能终身隐于草野。张经在其长期的隐逸生涯中，尽管很早就知名江表，但并没有成为文士交游网络中的核心成员。究其行止，似非留心经术、娴于吏事之辈，而是沉湎书画的艺文之士。但从另一方面，早在元朝肇建之初，在任用南士方面就有意无意流露出对文士的特殊偏好：

赵文敏孟頫、故石塘长孺，至元中有以名闻于上，被召入见。问文敏："会甚么？"奏曰："做得文章，晓得琴棋书画。"次问石塘。奏曰：

"臣晓得那正心修身齐家治国平天下本事。"时胡所戴笠相偏欹，上曰："头上一个笠儿尚不端正，何以治国平天下？"竟不录用。[1]

有元一代，以赵孟頫为代表的艺文之士受到特殊的重视，其后如邓文原、朱德润、班惟志、虞集、柯九思等俱以书画才艺得欢于上，这或许恰恰反映元代统治者对于所谓"汉法"的道器体用之辨并无深刻认识。[2] 自唐代科举取士分明经与进士科以来，士人中儒林与文苑就判然为二，尽管明初修元史别出心裁地增列

---

[1] （元）长谷真逸：《农田余话》卷下，宝颜堂秘籍本。

[2] 《南村辍耕录》卷七《奎章政要》："文宗之御奎章日。学士虞集、博士柯九思常侍从。以讨论法书名画为事。时授经郎揭傒斯亦在列，比之集、九思之承宠眷者则稍疏。因潜著一书曰奎章政要以进。二人不知也。万机之暇，每赐披览，及晏朝，有画《授经郎献书图》行于世。厥有深意存焉。句曲外史张雨题诗曰：'侍书爱题博士画。日日退朝书满床。奎章阁中观政要。无人知有授经郎。'盖柯作画。虞必题。故云。"第91页。

《儒学传》，曰："前代史传，皆以儒学之士，分而为二，以经艺颛门者为儒林，以文章名家者为文苑。然儒之为学一也，六经者斯道之所在，而文则所以载夫道者也……元兴百年，上自朝廷内外名宦之臣，下及山林布衣之士，以通经能文显著当世者，彬彬焉众矣。今皆不复为之分别，而采取其尤卓然成名、可以辅教传后者，合而录之，为儒学传。"[1] 但这多少只是表达了明初元史撰修者的理想，未必能反映元代士林的实际状态。毕竟"经术既修明，艺文亦蔵蕤"[2] 对于大部分士人而言，也只能是可望而不可即的人生目标。毋宁说《明史·文苑传》收录不少由元入明的艺文之士的事迹，更能接近历史真实。在元代的特殊政治社会文化大环境下，张氏家族的留心艺文，对他后来走上仕途实有裨益。仅就目前的资料，很难看出张经初仕张吴政权究竟是主动还是被动。总之其入仕以后短短数年就升任松江府判，执掌一方风流富贵之地，必然引来不少偃蹇江湖的士人眼红心热。但作为长期隐逸的文学之士，此前并无行政经验，又值乱世，短暂任职期间究竟多大程度上能取得治绩是令人怀疑的，吴中士人之所以纷纷讴歌其政绩，显然不乏基于士人群体认同而为之鼓吹的成分。沉浮宦海期间，张经也曾致书荆溪王氏家族的重要成员王令显（字光大，号彝斋），流露出对往昔隐居荆溪期间的追慕之思：

> 经顿首再拜奉记，彝斋州判相公尊契家兄。秋中自淮南回，满拟晋谒，倾倒别怀。逗留吴淞，日复一日。近得家弟书，知将移棹见过，喜出望外。次日忽有逼迫复任之令，匆匆戒途，[3] 不意竟成交臂之失，怅惘何可云喻。自惟托交门墙者，几四十载，情如一日，谊若弟昆。岂期东西飘流，动别经岁。晋晤之难，至于如此。客居寥落，殊缺款延之体。在兄待故旧之情则至矣，其如区区负愧何。便中谨具此幅，陈谢万一，贱迹尚作三二日留，[4] 家事悉委德机料理。信一行作吏之言[5] 为不诬。诸凡更望以世契之好，颐指教裁，不胜至祷。相见未可期，惟冀善护兴息是祝。不宣。经顿首再拜。

但从大量传世的书画及其著录材料看，张经显然很享受昔日朋侪及干禄之辈的歌功颂德。相比全家托庇于荆溪巨室王

---

[1] （明）宋濂等：《元史》卷一八九《儒学一》，中华书局，1976，第4313页。

[2] （唐）权德舆：《权德舆诗文集编年校注》，蒋寅笺、唐元校、张静注，辽海出版社，2013，第493页。

[3] 徐邦达《古书画过眼要录·元明清书法一》所收张经《淮南贴》释文作"戒途"，误，当作"戒途"，意为准备出发。故宫博物院编：《徐邦达集》第五册，紫禁城出版社，2006，第403页。

[4] 徐邦达《古书画过眼要录·元明清书法一》所收张经《淮南贴》释文作"二三日当"，误，当作"二三日留"。

[5] 嵇康《与山巨源绝交书》："游山泽，观鱼鸟，心甚乐之。一行作吏，此事便废。"

氏馆课为业时的寄人篱下，如今的生存境遇可谓判然霄壤。想当初僻居荆溪之时，为构良常草堂以为栖身之所，囊中羞涩的张经曾向素有交谊柯、张、杜三君借钱，却遭到冷嘲热讽，家境富裕的倪瓒实在看不下去，为草一疏，并将家藏赵孟𫖯正书一卷相赠为助：

> 昔王录事寄少陵之资，近代赵文敏干岳氏之助，皆有实效，不事虚文。今德常欲构草堂，所求者柯、张、杜三君，或宿诺而寒盟，或解嘲以调笑，遍求其实，则罔所知。数年之间，三君已矣，草堂适成，载览标题，重增嗟悼，捐予珍秘，永镇新居。[1]

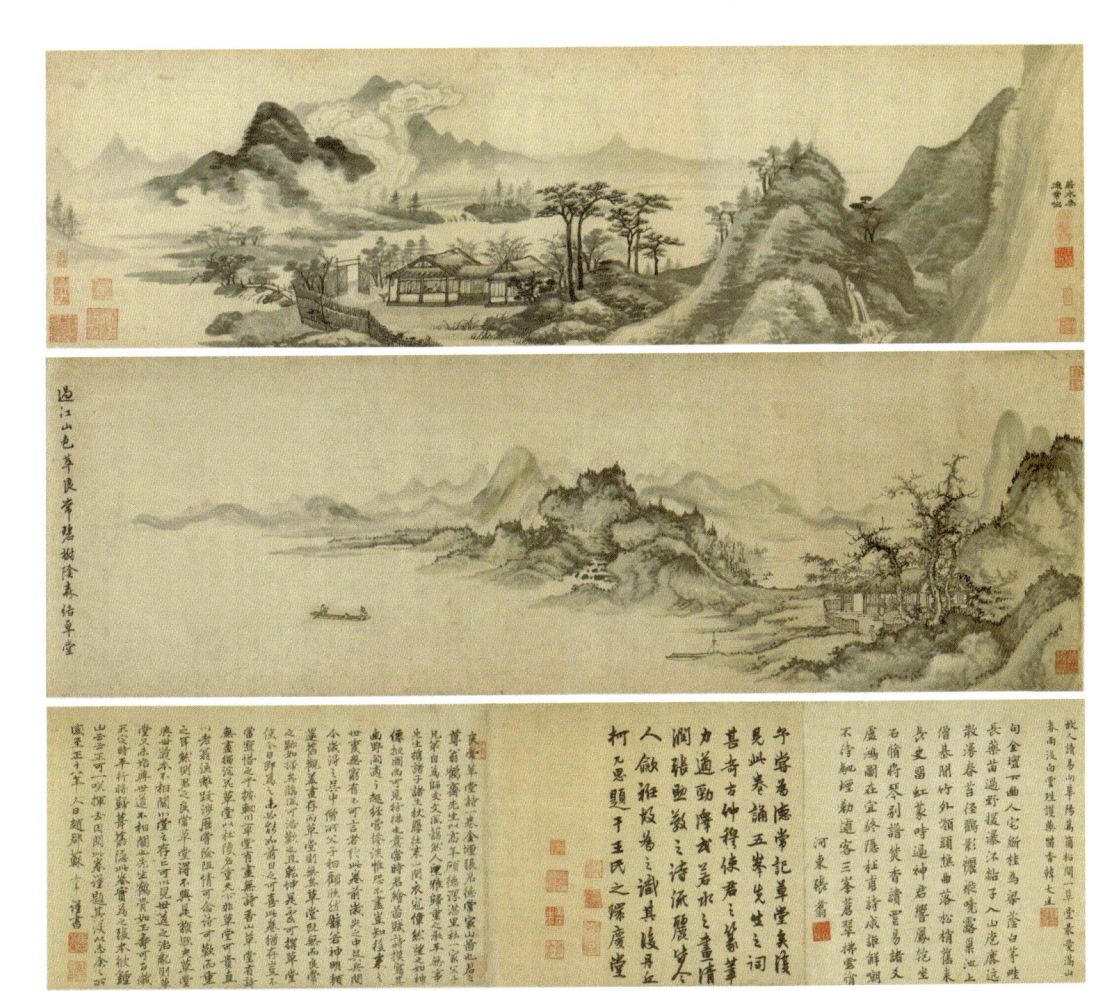

图9　王渊、朱德润《良常草堂合卷》

(图片见 https：//g2.ltfc.net/view/SUHA/608a61adaa7c385c8d9441e2)

---

[1] （元）倪瓒：《清閟阁遗稿》卷一二《题良常草堂疏（余捐舍赵荣禄正书一卷）》，明万历刻本。

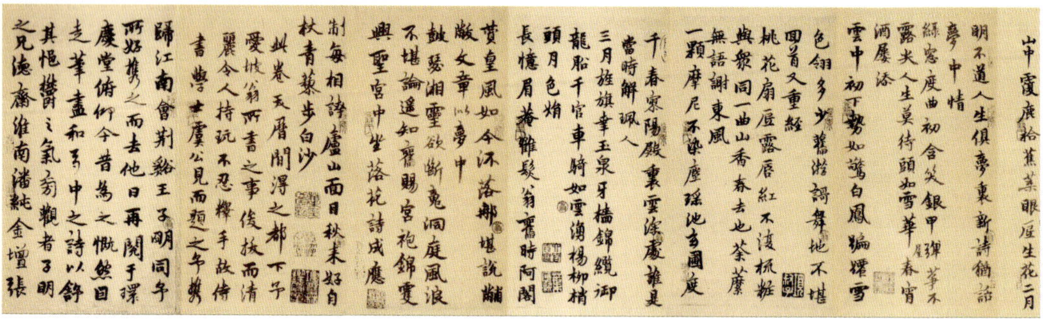

图10 柯九思跋《天际乌云帖》卷[1]

(图片见 http://g2.ltfc.net/view/SUHA/6089867eaec69d5015f5f646)

考虑到张经的交游网络，此三人很可能是柯九思、张雨及杜本。与荆溪王氏家境殷实、雅志恬退不同，作为家族长子的张经或因生计窘迫，曾与吴兴沈梦麟一同北上求仕，[2] 然失意而返。至顺二年（1331），柯九思为权臣攻击，被迫去职，束装南归，受到吴中士人的热情接待，张经就是其中之一，史料中不乏二人亲密交往的记录。至正二年（1342）九月，时任礼部尚书的高昌人阿鲁辉（字正臣）[3]不知出于何故，南下便中看望早已离开朝廷的柯九思，后者约其同游宜兴张公洞，然张经"期而不至"，柯九思特意为他画竹表示惋惜。[4] 同月十九日，柯九思又题张经家藏《赵孟𫖯诗稿》，系后者得之于赵雍，跋文中称"观此卷令人叹慕不已，德常其永保之"[5]。至正三年五月，柯九思与张经等观苏轼《天际乌云帖》于荆溪王氏之环庆堂[6]（见图10）。张氏书画藏品每有柯为之跋，上引王渊、朱德润《良常草堂合卷》中，柯九思称张经为"张助教"，按元代官署中仅有国子监有"助教"一职，张经未膺此职，很可能是因为其父张监为荆溪王氏所聘之家塾师，张经襄助其父，故有此称。或许在张经看

---

1. 《天际乌云帖》又称《嵩阳帖》，行书，共36行，计307字，约作于熙宁十年至元祐丁卯，为私人所藏，收藏情况不详。真伪有争议，曾为翁方纲旧藏，或谓翁误认钩填为真迹，乃赝本，但总体上认为即使为钩填本，也属减真迹一等的"伪好物"，盖有所本。据《铁网珊瑚校正》书品卷二《东坡书蔡诗帖》，现存本柯九思跋"金坛张"以下损"经、长安莫浩。至正三年夏五月，丹丘柯九思书"计18字。

2. （元）沈梦麟：《花溪集》卷三《答张德常》，文渊阁四库全书本。

3. 关于高昌正臣其人可见石守谦《冲突与交融——蒙元多族士人圈中的书画艺术》，生活·读书·新知三联书店，2015，第139页。

4. 朱存理集录，韩进、朱春峰校证：《铁网珊瑚校正》书品卷四《良常草堂诗》，第348页。

5. 朱存理集录，韩进、朱春峰校证：《铁网珊瑚校正》书品卷四《题赵孟𫖯诗稿》，第349页。

6. 朱存理集录，韩进、朱春峰校证：《铁网珊瑚校正》书品卷二《东坡书蔡诗帖》，第171页。

来，柯九思等人皆素有交谊之长者，故而在构筑草堂之时请求援手，或许不算僭越之举，没想到柯九思辈竟"或宿诺而寒盟，或解嘲以调笑"，以致倪瓒也为之鸣不平了。

好景不长，随着张吴政权的覆灭，朱吴政权定鼎天下，一度鸡犬升天的张氏家族又恢复布衣身份。往日朋辈中，如顾瑛、张宣被谪发濠梁，卢熊、王启、高启后皆死于非命。张经不得不带着一家老小如履薄冰地生活。洪武二年（1369）四月，倪瓒自华亭往松陵甫里田舍，生动描述了张经一家的境遇：

> 今年四月十九日，余自华亭过松陵之甫里客舍，天气骤热，因度留夏。邻有张君德常、德机贤伯仲，伯子多蓄名迹而希会面，名迹亦罕示以人，幽居默如潜逃而已。乃子元度亦不肯相过，招邀数次不过，黾勉一来。六月十六日，旱久而雨，一雨浃旬，茅屋上漏下湿，独坐唯有悲叹，因寄二君诗曰："积雨不为休，漂摇使人愁。哀吟四壁静，病卧百虫秋。开门望原野，江湖潦交流。谁能载美酒，为我散烦忧。"余六月末病臂创足痛，呻吟几及旬。故云。七月四日雨止风静，云翳开朗，泥潦尚没足，忽叔子来访，元度踵武亦至，携荣禄此卷及其子赵雍遗墨（《赵文敏公小楷麻姑仙坛、子仲穆书读书城南及书司马温公劝学三帖》），以怡悦老眼，濯瓮牖之凉飔，临碧江之湍激，相与玩咏不已，因自念老景侵寻，亲朋沦落殆尽，虽近在跬步，如张君伯仲父子，尚不得数数晨昔，况二赵星宿光芒，昭回霄汉，梦寐亦所不睹，得不见其遗迹而不喜拤哉，遂记其后，以写余之愦愦焉。岁己酉倪瓒。[1]

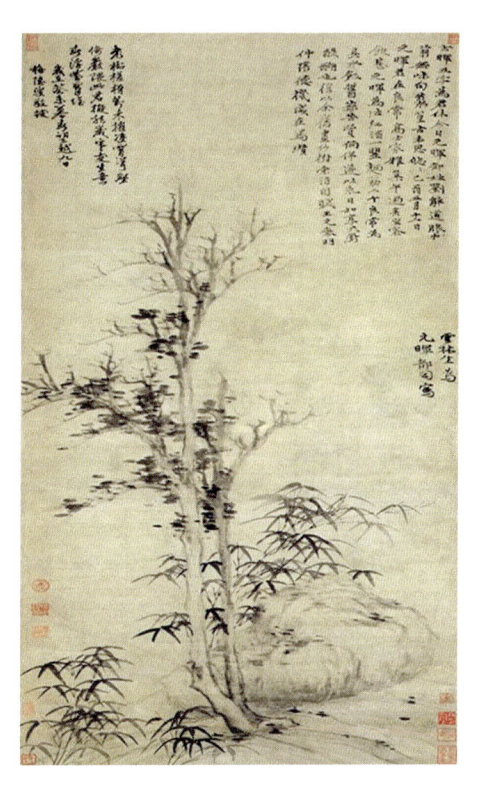

图11 倪瓒《丛篁古木图》
(图片见《书法》2018年第3期)

"幽居默如潜逃"是张氏一族入明以后生活的真实写照，这令其密友倪瓒倍感

---

[1] （明）汪砢玉：《珊瑚网》卷八，载《中国书画全书》第五册，上海书画出版社，2009，第780页。

神伤。友人凋零殆尽，仅偶有机会重聚，此年五月十二日，倪瓒与友人同赴张经宅中，如《清閟阁全集·补遗一》所记，今藏南京博物院之倪瓒《丛篁古木图》题跋为："玄晖五字为君休，今日元晖却姓刘。解道眼前无味句，丛篁古木思悠悠。己酉（1369）五月十二日，元晖君在良常高士家雅集。午过矣，坐客饥甚，元晖为沽红酒一罂，面筋二个，良常为具水饭，酱蒜苦荬，徜徉遂以永日，如享天厨醍醐也。复以余旧画竹树索诗，因赋。王元举明仲、张德机咸在焉。瓒。云林生为元晖都司写。"

## 三　结语

张吴政权作为一个汉人建立的地方政权，一反元朝压抑南士的举措，极力将江南士人罗致幕下。无独有偶，割据浙东三路的方国珍同样为有志取仕的落拓士人大开方便之门，《万历温州府志》卷一八《杂志·窃据》这样形容士人之因应，"士有愿仕者，往谒而赞誉之，即捧檄呼喝于道。"《嘉靖宁波府志》卷二〇《遗事》也有大致类似的描述："士有誉功德以媚之者，辄跻显贵。"南方群雄纷纷招贤纳士，面对功名利禄的致命诱惑，"一时未遇之士悉变其所学，不鬻孙吴之书，则掉仪秦之舌，以干时取宠"[1]。尽管有如杨维桢、王逢、倪瓒等辈拒绝征聘，坚持逍遥林下的隐逸道路，但也有相当多的士人主动求仕。虽然有元一代，由于仕宦道路狭窄，对于士人的用世之心多有压抑，以致很多士人直到明初仍保持对政治的漠然心态。[2] 但是对于这种隐逸的惯性，或许也不能估计过高，还是应该基于区域或阶层等作具体分析，不宜一概而论。从历史的长时段看，传统士人致君泽民的入仕愿望是如此强烈，总体上似乎远远超过隐逸取向，即使悠游草野，也往往不过是"戢鳞潜翼，思属风云"[3]。并且元代隐士不同于前代"往往混迹众人之间，要以自全而已"，而是"身居物表，而名声常赫然诸公贵人之右"[4]。隐士每以不仕之节，受到社会的广泛尊重，不仅关心政治，还频繁参与社会文化、政治、教育教化、社会公益等活动。[5] 流风所及，往往身居庙堂者也向慕隐逸生活，如鲜于枢就拥有一方书画收藏印"虎林隐吏"，仕至高位的赵孟𫖯声称："治生不求甚富，为官不求甚荣，俯仰自足，泰然

---

[1] （明）徐一夔：《始丰稿》卷八《送朱仲谊就养序》，《武林往哲遗著》本，第5页。

[2] 参见张佳佳《山林之乐与仕宦之忧——〈玉笥集〉与元明之际士人的隐逸心态》，《复旦学报》（社会科学版）2009年第5期。

[3] （梁）萧子显：《晋书》卷一《宣帝纪》，中华书局，1974，第21页。

[4] （元）黄溍：《跋项可立序旧》，载《黄溍全集》，王颋点校，天津古籍出版社，2008，第208页。

[5] 参见申万里《理想、尊严与生存挣扎：元代江南士人与社会综合研究》，中华书局，2012，第150页。

无营,乡里称善,斯之谓名。又何必栖身岩穴,遁迹林岭,而后谓之清耶?"[1] 换言之,元代伴随士人隐逸心态泛化的同时,隐仕之间的界限也开始变得模糊。如揆以镇江路金坛张氏家族的出处进退,就元季不少中下层士人而言,取仕或隐逸多少有些随波逐流,半推半就,谈不上是以大义为准绳的自觉抉择。

---

[1] 赵孟頫行书墨迹《书赞》,收于台北"故宫"藏《元人翰墨册》,作品号为故书–000255N000000000。图版可见王连起主编《赵孟頫书画全集》第六卷,故宫出版社,2017,第152页。

# 赵孟頫大楷书法三议

■ 高聿加（南京大学校友事务与发展工作处）

大楷书法之"大楷"，较早见于唐代释慧琳（约433—487年）《一切经音义》[1]；颜真卿（709—784年）以正楷书法与"行书"对举，"大楷"似乎成为正式的称谓。[2] 古代的大楷书法可能多作碑铭之用，因此，有的学者称之为"碑版大楷"。"碑版"泛指碑志之类的物体，清人王芑孙的《碑版广例》（清精写刻本）作了详细的论述和排列。元代以来多数人士认为赵孟頫楷书和行书的成就更为突出，而楷书主要指小楷，直接指为大楷的材料相对要少得多，原因之一，可能是大楷赵书，特别是具有代表性的大楷书法是赵孟頫中年以后开始崭露锋芒的，并多数见于碑刻，所以，关注度受到一定的限制。然而，置于书法史中考察，不论从审美角度还是从创造性看，"赵体"大楷以其"遒媚"风尚独树一帜，唐以来的大楷诸家，大概无人可与之比肩。王连起以及一些学位论文对赵孟頫大楷书法有所涉及，但专论者较为少见。笔者尝试从以下三个方面谈谈不成熟的意见，以就教于方家。

## 一 "赵体"大楷书法与师承

关于赵孟頫（1254—1322年）书法的师承，通常采用宋濂的"三段论"，即初临宋高宗赵构，中期学钟繇和王羲之、王献之，晚期因写碑刻而学李北海和褚遂良；清人吴荣光（1773—1843年）则有"三变说"："松雪书凡三变，元贞以前，犹未脱高宗窠臼；大德间，专师定武《禊序》；延祐以后，变入李北海、柳诚悬法，而碑版尤多之。"[3] 其实，"三段论""三变说"仅仅是大概的分划，赵孟頫的书法具有综合百家的特点，取法范围

---

1　（唐）释慧琳：《一切经音义》卷五二《第十七卷卤·木卤》，日本元文三年至延亨三年"狮谷莲社"刻本。

2　（唐）颜真卿：《颜鲁公文集》卷三〇，清《三长物斋丛书》本。

3　马宗霍辑：《书林藻鉴 书林纪事》卷一〇《元》，文物出版社，2003，第255—256页。

远非限于此，在这个问题上，我认为赵孟頫同代人的说法值得注意。一是元末人陶宗仪引用赵孟頫本人的话说，他临习过褚遂良的《孟法师碑》（图1），"故结字规模八分"[1]。

我们知道，欧阳询等人建立起来的严谨的楷书法度，到了褚遂良的笔下已经开始有所松动。后者汇通王羲之、虞世南、欧阳询诸家之长，在结构、用笔等方面寻求突破，以形成自己风格。《孟法师碑》唐拓孤本的收藏者、清人李宗瀚说褚书"遒丽处似虞，端劲处似欧，而运以分隶遗法，风规振六代之余，高古追钟王以上"[2]。笔者认为，赵孟頫所谓"结字规模八分"中的"八分"，既可指分隶法，也可以指楷书的法式。可以设想，赵孟頫对融晋唐诸家之长又善于变通的褚书深有体悟，某种意义上说，褚遂良书法演进的路径与赵孟頫融入晋唐的方向一致，正是后者学古创新的一种法式。[3]

另一位元人上官伯圭（生卒年不详）说，赵孟頫最初是学六朝人的书法，"后官进至学士，人往往求书丹碑碣者众，方退取孙过庭、李北海、张从申、苏灵芝辈字体杂书之"[4]。生卒年略晚于赵孟頫的柳贯（1270—1342年）在他的《跋赵文敏帖》中也说，颜、柳、徐、李诸帖是赵孟頫大楷取法之所在。总的说来，作为"唐以后集书法之大成者"[5]，赵孟頫大楷书艺更为直接承袭的当然是唐人的典范，《孟法师碑》之外，柳、虞等人也很重要，"劲拙起伏"的李邕书体也的确有助于赵孟頫从小楷跨入大楷领域，但具体到结体和用笔，"潜精羲献""结法老劲"的徐浩书体[6]（图2）与《玄妙观重修三门记》《昆山淮云院记》诸碑相比较，其"神似"度可能更加明显。

此外，从形、质两个方面看，我认为尤其值得注意的还有这样两个人，一是源于二王的陆柬之及其《文赋》的影响，这对以"行楷相通"为特色的"赵体"大楷的影响似乎更为直接。

陆柬之为陆机的后裔，少时从其舅虞世南学书，后上溯魏晋而专攻王羲之。存世《文赋》纸本墨迹卷是初唐时期少有

---

1 详见（元）陶宗仪《南村辍耕录》卷七《赵魏公书画》，中华书局，1959，第81页。

2 另详见（明）王世贞《弇州山人四部续稿》卷一六七《文部褚河南孟法师碑铭后》，文渊阁《四库全书》本；（明）王世懋《王奉常集》卷五〇《文部》，明万历刻本。

3 秦人王次仲用隶书的笔画写篆字，称楷法。晋代楷书兴起，隶书仍然通行，时人为区别起见，沿袭秦人楷法称"楷书"，以"八分"一名称隶书。顾实在《中国文字学》一书中说："实则楷者法式也，凡书迹有法式可循者，皆可目之楷也。故汉世人在八分目之曰楷，魏晋在隶书亦目之曰楷。"参见刘刚《"八分"考》，《沈阳师范学院学报》（哲学社会科学版）1980年第4期。但此处的"八分"实指分隶法。

4 （元）上官伯圭跋：《赵孟頫鲜于枢合卷》，《石渠宝笈初编》卷一。

5 （明）何良俊：《四友斋丛说》卷二七，明万历七年张仲颐刻本。

6 （宋）朱长文：《墨池编》卷三，文渊阁《四库全书》本；（明）赵崡：《石墨镌华》卷四《跋四十七首 不空禅师碑》，清《知不足斋丛书》本。

的几部名家真迹之一。（图3）试以《文赋》的"夫""也""故""远"四字与赵书的行、楷（左一为陆柬之行书选字，第二字为赵孟頫行书选字，第三字为赵孟頫楷书选字）作比较，其相通之处大概不言而喻。（图3）

孙承泽曰："陆司谏所书《文赋》，全摹《禊帖》，而带有其舅氏虞永兴之员劲，遂觉韵法双绝。唐初诸公仿晋，率涉板直，如此妙腕，未见其匹。赵文敏晚年书法全从此得力，人鲜见司谏书，遂不知文敏所自来耳。"[1]（图4、图5）陆柬之的行书是唐人由楷入行的典范，可以说，通过临学此帖，赵孟頫不仅领悟到晋人的笔法和结体，更重要的是，它为赵体大楷书法提供了直接的参照，行楷相通的书风由此获得进一步的体现。在这个意义上说，赵体大楷书法的书体也可以称之为"赵体行楷"。

图1 （唐）岑文本撰、褚遂良书《孟法师碑》（全称《京师至德观主孟法师碑》）（局部）
贞观十二年（638）正书碑刻，21.7×156.7cm，原石久佚，拓本今藏日本三井听冰阁

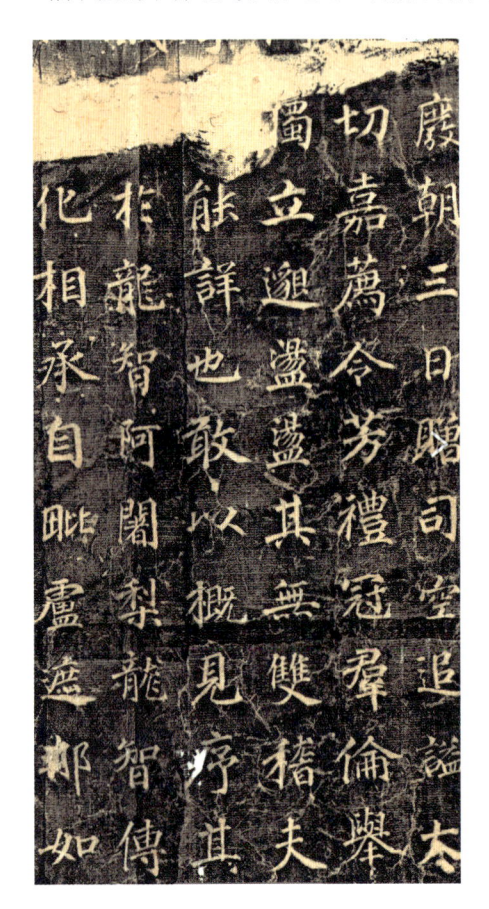

图2 （唐）严郢撰、徐浩书《不空和尚碑》（局部）
建中二年（公元781年）十一月立，267.78×136.88cm，现存西安碑林

---

[1] （清）张照：《石渠宝笈》卷二九《贮·唐陆柬之书文赋一卷》，故宫出版社（故宫藏珍贵版影印），2012。

赵孟頫大楷书法三议　309

《文赋》选字　　　　　　　　　《闲居赋》选字　　　　　　　　《三门记》选字

《文赋》选字　　　　　　　　《前后赤壁赋》选字　　　　　　　《三门记》选字

《文赋》选字　　　　　　《赵孟頫临〈兰亭序〉》选字　　　　《三门记》选字

《文赋》选字　　　　　　　　　《洛神赋》选字　　　　　　　　《三门记》选字

图 3　陆柬之、赵孟頫书法对比

图4 赵孟頫跋陆柬之《文赋》（局部）

元纸本，26.7×370cm，台北"故宫博物院"藏

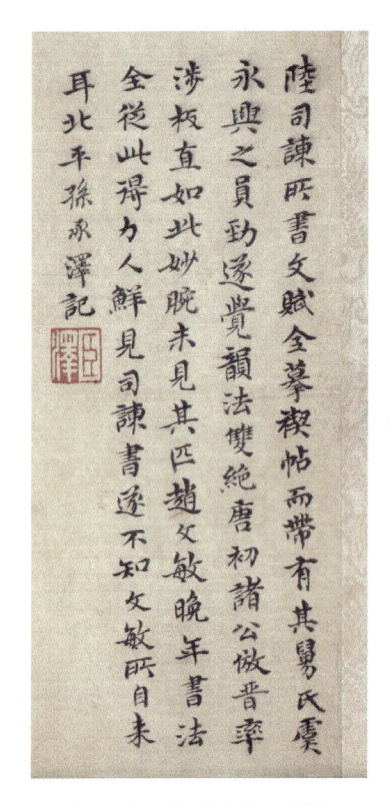

图5 孙承泽跋陆柬之《文赋》

元纸本，26.7×370cm，台北"故宫博物院"藏

图6 （唐）苏灵芝《铁像颂》拓本（局部）

290×114cm，河北省易县文物保管所藏

另一位唐代楷书大家苏灵芝，唐开元、天宝年间人。其书法"视北海（李邕）则加庄，视太师（颜真卿）又多隽"[1]。"加庄"，不仅意味着端庄，更表明在笔力上较之李邕更为厚壮；"多隽"，即较之颜真卿更为圆活。这显然是赵书大楷最为显著的两大特征。从现存苏灵芝的《铁像颂》（全称《大唐易州铁修碑颂并序》，图6）看，用笔厚壮，楷行相通；结体也体现出向"赵体"的过渡性特点。

---

[1] （明）安世凤：《墨林快事》卷五《悯忠寺塔颂》，清抄本。

从其他作品看（如《梦真容碑》，图7），整体上较徐浩更接近赵体的面貌。所以明人张丑说，"妙观碑（《三门记碑》）酷似李北海《岳麓碑》，若见苏灵芝《铁佛寺刻》，弥见松雪翁书学来历"[1]。

图7 （唐）苏灵芝行书原刻《梦真容碑》（局部）
唐开元二十九年（741）六月立，河北易县，经折装墨纸，30×19cm，民国拓本（《北京图书馆藏中国历代石刻拓本汇编》）

---

[1] （明）张丑：《真迹日录》卷二《赵子昂正书玄妙观三门记跋》，文渊阁《四库全书》本。

## 二 以"遒媚"为特点的"赵体"大楷书法

大致从明代后期开始,书家对元代以来书法艺术的评价有了一个比较明显的转向,赵孟頫的书作随之出现了一些负面的评价。以"佯狂"著称的徐渭(1521—1593年)虽然肯定赵书是医治明中期以来争奇求怪而流于粗疏野俗风气的良药,但一个"媚"字已略寓贬意[1];力主诗文复古的王世贞(1526—1590年)论及碑刻时,称赵书出自李邕,但李书"佻而劲",赵书则"稍厚而软"[2],亦似开启了对赵书较为客观的评价。明清之际多人从"节操"角度攻击赵孟頫"甘心仇敌之禄",因而"心术坏而手随之",导致其书法"浅俗""无骨","妍媚纤柔,殊乏大节不夺之气"[3]。清人杨宾(1650—1720年)直称赵孟頫的小楷虽"指不甚坚",但实从二王楷法中来,"至于碑版,本无大力,而又以李泰和为师,往往丰润有馀而劲健不足。无论唐人,即与宋初人较,亦当败北而走也"[4]。随着以字试士的"馆阁体"的推行,赵书几度风靡朝野。也正因为这个原因,以"托古改制"为号召的"碑学思潮"竭力倡导尊碑崇魏、抑帖、卑唐,典型者如康有为(1858—1927年),他演绎包世臣之说,抨击赵、董书作"如璇闺静女,拈花斗草,妍妙可观","并伤怯弱",其原因即在"碑学之不兴"[5]。显然,以人废艺或以碑版贬帖均有所偏颇。其实,对"赵体"大楷书法贬抑者相对要少得多且贬中多有赞誉,例如,明人张丑一方面与项穆一并攻击赵书"殊乏大节不夺之气",转而又认为《胆巴帝师碑》与《玄妙观》二碑"古劲绝伦,品属第一"[6]。明人焦竑(1540—1620年)的观察更为客观,他说,"世徒见公(赵孟頫)一种趁姿媚书,而不知其他,繇见书不广也",具体是由赵孟頫于大德元年出佐济南(时年43岁)所书《法华经》而发,焦竑称誉此书作"精谨遒劲,有初唐虞、薛风,

---

1 (明)徐渭:《徐渭集》第二册《徐文长三集》卷二〇,中华书局,1983,第572页。
2 (明)王世贞:《艺苑卮言 增补艺苑卮言》卷十,明万历十七年武林樵云书舍刻本。
3 (明)项穆:《书法雅言》之《资学·附评》《心相》篇,文渊阁《四库全书》本。(清)全祖望:《鲒埼亭集》卷二六《行状二·阳曲傅先生事略》,《四部丛刊》景清刻姚江借树山房本。(清)丁宝铨:《傅青主先生年谱》引《全氏撰先生事略》,清宣统三年氏刻霜红龛集本。
4 (清)杨宾:《大瓢偶笔》卷四《论赵孟书》,清道光二十七年铁岭杨霈粤东粮道署刻本。
5 (清)康有为:《广艺舟双楫》卷五《学序第二十二》、卷六《榜书第二十四》,崔尔平校注,上海书画出版社,1981,第217、226页。
6 (明)张丑:《清河书画舫》,《波字号第十·元一·赵孟頫》《花字号第四·唐二·吴道玄》,徐德明点校,上海古籍出版社,2011,第519、150页。

与余书绝异"[1]。至于晚年（时年63）所书《胆巴碑》更受推崇，如清末杨岘（1819—1896年）称其"用笔犹饶风致而神力老健，如挽强者矫矫然，令人见之气增一倍"（见碑后杨岘跋）。这就不是通常所认为的秀、媚、软、甜，"无深穆之气"，而是另一番阳刚雄强气象了。对于包世臣、康有为辈，同属碑学大家的李瑞清及至指责他们"言碑而不知赵书"，直斥其为"罪人"（参见后文）。

关于"赵体"大楷书法的总体特点及其形成的轨迹，有许多论著进行过概括，总的说来，无非集中在遒劲、流美以及行书入楷等几个主要方面。笔者从中感悟到，赵孟頫作为一个继往开来者，他面对唐代欧、颜、柳诸家业已完善起来的法度森严、构架齐整的大楷经典，只能发挥自己诸体皆备、优擅行书的特长，走"庄""隽"结合，即遒劲与圆活兼容的路数。笔者在这里拟借用朱履贞于嘉庆五年（1800）成书的《书学捷要》中的"遒媚"二字，来概括"赵体"大楷的书法风格，以此略述"赵体"大楷书法的独创性所在。

赵孟頫曾认为王羲之的《兰亭序》（定武本）"尤遒媚可爱"[2]。这涉及古代常用的一个书法美学概念。对此，朱履贞作了比较系统的阐述。该书卷下曰："遒，劲也，健也"，他所谓的"遒"，意为"妍媚"。他认为书法需有"骨气"，再加上"遒劲"，"二者皆须兼到"才是完美的；继之曰："书之大要，可一言而尽之。曰笔方势圆。方者，折法也，点画波撇起止处是也，方出指，字之骨也；圆者，用笔盘旋空中，作势是也，圆出臂腕，字之筋也。故书之精能，谓之'遒媚'，盖不方则不遒，不圆则不媚也。书贵峭劲，峭劲者，书之风神骨格也。书贵圆活，圆活者，书之态度流丽也。"[3]"方""骨""遒"与"圆""筋""媚"对立又统一才能达到"遒媚"的境界。具体到笔法和结体，就是要求做到"笔方势圆"。正如朱履贞所说，笔方则笔势劲健，不方则疲弱乏力；圆活则气韵流动，不圆则松散窒滞。

显然，"圆活"与"峭劲"的有机融合使赵书达到"气势雄伟而不失灵便"，即"遒媚"风尚的关键所在。"圆活"可对应赵体大楷书法的灵动，行书入楷以及赵书始终以钟、王为典则以及他在行书书法上的优势是其大楷获得灵动风格的有利条件。这方面已多有论述，此不赘述。这里，拟就赵孟頫通过临习唐人李邕和苏灵芝等人的碑刻书法以求其雄伟、"峭劲"的一面略加申述。

明人张丑和李日华都认为赵书《玄妙观重修三门记》（图8）酷似李邕《岳

---

[1] （明）焦竑：《澹园集》卷二二《书后·题跋·题子昂书法华经后》，李剑雄点校，中华书局，1999，第283页。

[2] （明）王世贞：《弇州续稿》卷一六六《文部·墨迹跋·真定武兰亭》，文渊阁《四库全书》本。

[3] （清）朱履贞纂述：《书学捷要》卷下，载《知不足斋丛书》第八册，中华书局影印本，1999，第804页。

麓碑》（又名《麓山寺碑》，图9）。李邕，元人刘有定说："初行草之书……至邕始变右军行法，劲拙起伏，自矜其能，铭石悉以行狎书之，而后世多效尤矣"[1]；明人项穆曰："李邕初师逸少，摆脱旧习，笔力更新，下手挺耸，终失窘迫，律以大成，殊越彀率，此行真之初变也"[2]；朱履贞的评价是："李北海笔画遒丽，字形多宽阔不平"；其"行书横画不平，斯盖英迈超妙，不拘形体耳"[3]。史料多次提到，赵孟頫初学钟繇、"二王"，"后欲展大字，乃入李北海而终主于右军"[4]。说到这里，我们必须强调前面提到的李日华的那句话："若见唐人苏灵芝《铁佛寺刻》，弥见松雪翁书学来历"，这里不仅是楷行相通所显示出的圆活，重要的是用笔厚实、结体端庄所体现出的遒劲风貌。

值得注意的是，清代的碑书学者因强调大楷书法的"雄壮"而排斥体现"锋颖之美"的帖书，这无疑是极端片面的。这涉及审美和艺术实践的大问题，需要进一步探讨和论辩。不过，在这个问题上，元人卢熊的见解似乎可供作某种参考，他说，书法从唐代颜、柳以来，多崇尚"筋力"而缺乏"风韵"；"尚筋力者则失于狂，喜风韵者则过于软媚，求其兼善而适中者亦难矣"；到了宋代，李建中、蔡君谟（蔡襄）等人追踪六朝，虽然受到当代的肯定，但"未能尽善"；本朝赵孟頫"识趣高远，跨越古人，根柢钟王而出入晋唐，不为近代习尚所窘，东海内书法为之一变，后进咸宗师之，或缄之箧笥，或传之金石，不能悉数也"[5]。筋力与风韵兼而有之，笔者理解，这就是"遒媚"之风，是一种更高、更难的境界。

"遒媚"二字亦为康有为所推崇，他说，"元人吴兴首出"，鲜于枢、邓文原、康里巎巎、揭曼硕等"虽有遒媚，皆吴兴门庭也"；唐末柳公权、沈传师、裴休"并以遒劲取胜，皆有清劲方整之气"，柳公权之《冯宿》《魏公先》诸碑"尤为遒媚绝伦"；唐《开元石经》"皆清劲遒媚"[6]。从这个层面上说，笔者赞同这样的意见："赵孟頫楷书不是笔笔唯法的唐风，也不是舍法取意的宋人风格，在欧、

---

1　（元）郑杓：《衍极》卷四，清《十万卷楼丛书》本。

2　（明）项穆《书法雅言·正奇》，文渊阁《四库全书》本。

3　（清）朱履贞：《书学捷要》卷下，载《知不足斋丛书》第八册，第804页。

4　（明）杨士奇：《东里续集》卷二一《松雪书杜秋兴五诗后》，文渊阁《四库全书》补配文津阁《四库全书》本。

5　（明）李日华：《六研斋二笔》卷一《赵荣禄与管公节干月窗判簿二扎子》（见元人卢熊至正二十五年七月语），浙江大学图书馆藏文澜阁《四库全书》本。另见（清）孙岳颁等编《佩文斋书画谱》卷七九，《历代名人书跋十》之《元赵孟頫与丈人节干月窗判簿二帖》（见元人卢熊至正二十五年七月语），清康熙静永堂刻本（64册），天津图书馆藏（善本）。

6　（清）康有为：《广艺舟双楫注》卷二《体变之四》、卷六《干禄第二十六》，崔尔平校注，第69—70、246、248页。

颜、柳、赵四家中他是最高技法的楷书写意，是以楷法体现汉字书写美的最高典范，是中国书坛唐后至今千余年来承钟、王书风变古出新的样板。"[1]（图10）

出于特定的历史背景和评价标准，明清时代的一些书法理论对赵书的评价就有失偏颇，如崇拜赵孟頫"翰牍"书体的钱泳一方面不同意张丑所评赵书"第过为妍媚纤柔，殊乏大节不夺之气"；另一方面又强调，碑版之书必学唐人，"其中着一点松雪便不是碑版体裁矣"[2]。同样书之于碑版，"道媚"丰富了碑版的体裁风格，怎么就不是碑版体裁呢？

图8 赵孟頫书《玄妙观重修三门记》（局部）

大德六年（1302）书，纸本，35×284.1cm，日本东京国立博物馆藏

图9 李邕书《麓山寺碑》（局部）

唐开元十八年（730）立，拓本，270×135cm，藏湖南长沙岳麓公园

图10 （元）赵孟頫撰并书《胆巴碑》（又名《龙兴寺碑》）

延祐三年（1316）书，纸本，33.6×166cm，楷书，125行，923字，现藏故宫博物院

---

1 杨立言：《赵体的书法成就及他的〈胆巴碑〉》，《陕西教育学院学报》1997年第3期。
2 （清）钱泳：《履园丛话》卷一一上《赵松雪》，清道光十八年"述德堂"刻本。（清）钱泳：《履园丛话》卷一一上《书学·总论》《书学·赵松雪》，《清代史料笔记丛刊》，中华书局，1979，第295、292—293页。

### 三 关于"楷书四大家"

欧、颜、柳、赵为楷书四大家，这是"后人""后世"的提法，但"后人""后世"究竟是谁，笔者至今尚未检索到。前文提到康有为曾将欧、颜、赵、柳并列为"帖学"的四个代表人物，并未明确称之为楷书四大家。然而，这一提法是否在一定程度上显示四大家乃水到渠成之说呢？四家中的前三家可能没有问题，关键是赵楷，它与前三家并列的根据何在？

明清以来，赵孟頫书法的地位数经起落，先是傅山等人的挑战，次经帝王的揄扬以至"赵董"并名，成为"馆阁体"的样板；碑学大兴后，又遭包世臣、康有为等人猛烈的抨击。然而，向我们透露赵书大楷地位起伏踪迹的也正是康有为。

从康有为的"欧赵旧体，晋魏新裁"一语看，赵孟頫与欧阳询并称已相沿成习。康有为在他所著的《广艺舟双楫》中特列"干禄"条教人如何学书以适应"馆阁体"的需要，其中按序展现、时兴于各代的书体是：从乾隆之世"以书取士"开始，"盛用吴兴，间及清臣（颜真卿）"；嘉、道之间，以吴兴较弱，兼重信本（欧阳询），至道光末，书名不见经传的郭尚先和张琦居然因"便于折策之体"而"大盛于时"；"欧赵之后，继以清臣……自兹以后，杂体并兴，欧、颜、赵、柳，诸家揉用，体裁坏甚"，自此，人人争购"高第之卷，相承临仿"，"院体"由此败坏至甚；同治、光绪之后"欧、赵相兼，欧欲其整齐也，赵欲其圆润也"，但"二家之用，欧体尤宜，故欧体吞云梦者八九矣"；"近代法赵，取其圆满而速成也。然赵体不方，故成、同后，多临《塼塔铭》，以其轻圆滑利，作字易成。或有学苏灵芝《真容碑》、《道德经》，徐浩《不空和尚》，此二家可上通古碑，实非干禄正体，此不过好事者为之，非通行法也"[1]。

对于包世臣、康有为等人贬抑赵书要作具体分析。同为碑学大家的李瑞清指斥康有为根本不懂书法。他说："包言碑而不知赵书，康故不知书，但绎包说，无足怪者。学者牵于所闻，不察其始终而妄为大言……"[2]，可见，康有为很可能未见或者很少见过赵体大楷真迹便妄加贬损，殊不足取。但贬抑之中恰恰透露出这样的信息：欧、赵并列，由来已久；欧、颜、赵、柳并列虽不在创"四家"说，但从贬抑赵书最甚的碑学兴起之际开始至康有为所处的近代，赵书总是一个绕不开的书体，广为人们所传摹。

众所周知，所谓"四大家""八大

---

[1] （清）康有为：《广艺舟双楫注》卷六《干禄第二十六》，崔尔平校注，第237—238、243—245页。
[2] 瞿忠谋：《从〈评跋萃刊〉看晚清书家对赵体书法的反思性评价》，《书法》2012年第11期。

家""十大家"诸说相沿已久,如初唐书坛以欧、虞、褚、薛并列;中唐变为欧、虞、颜、柳,其中抑或因官府的推崇,抑或因时代审美之崇尚而有所调整。到了元代初年,杭州一带一位姓金的人士以善学欧阳询的书法而出名,而赵孟頫的出现则使习书之风为之一变,"学者争慕效焉,欧学遂废"[1]。此后,各种书法成果日趋丰富,审美风习的变化加上官方的嗜好不一,书家之排名也随之有所调整。如曾国藩便将欧、虞、颜、柳与诗家之李、杜、韩、苏并举。[2] 这可能仅仅是曾氏本人的崇尚。我们推测,虞书的退出可能是存世书作很少,赵书则恰恰相反;赵书之所以与唐三家并列,不仅在于历代推崇者居多,且经久不衰,主要还是唐代诸家的特点是尚"法",赵书则于大楷中衰后,能承继书法之正脉,集前代优秀成果之大成,以其自成一格的书风而标示后代。并且,唐以后直至近现代,其影响似乎无人可以超越。

---

1 (元)黄溍:《金华黄先生文集》卷二一《续稿》一八《跋赵魏公书·欧阳氏八法》,元抄本。
2 (清)曾国藩:《曾文正公家训》卷二,清光绪五年传忠书局刻本,第32页。

# 《形象史学》征稿启事

　　《形象史学》是由中国社会科学院古代史研究所文化史研究室主办、面向海内外征稿的中文集刊，自 2021 年起每年出版四辑。凡属中国古代文化史研究范畴的专题文章，只要内容充实，文字洗练，并有一定的深度和广度，均在收辑之列。尤其欢迎利用历史上流传下来的各类形象材料进行专题研究的考据文章，以及围绕中国古代文化史学科建构与方法探讨的理论文章。此外，与古代丝路文化和碑刻文献研究相关的文章，亦在欢迎之列。具体说明如下。

　　一、本刊常设栏目有理论动态、名家笔谈、器物研究、图像研究、汉画研究、服饰研究、文本研究、跨文化研究等，主要登载专题研究文章，字数以 2 万字以内为宜。对于反映文化史研究前沿动态与热点问题的综述、书评、随笔，以及相关领域国外学者的最新研究成果（须提供中文译本），亦适量选用。

　　二、来稿文责自负。章节层次应清晰明了，序号一致，建议采用汉字数字、阿拉伯数字。举例如下。

　　第一级：一　二　三；

　　第二级：（一）（二）（三）；

　　第三级：1. 2. 3.；

　　第四级：（1）（2）（3）。

　　三、中国历代纪年（1912 年以前）在文中首次出现时，须标出公元纪年。涉及其他国家的非公元纪年，亦须标出公元纪年。如清朝康熙六年（1667），越南阮朝明命元年（1820）。

　　四、来稿请采用脚注，如确实必要，可少量采用夹注。引用文献资料，古籍须注明朝代、作者、书名、卷数、篇名、版本；现当代出版的论著、图录等，须注明作者（或译者、整理者）、书名、出版地点和出版者、出版年、页码等；同一种文献被再次征引时，只须注出作者、书名、卷数、篇名、页码即可；期刊论文则须注明作者、论文名、刊物名称、卷期等。如为连续不间断引用，下一条可注为"同上注"。外文文献标注方法以目前通行的外文书籍及刊物的引用规范为准。具体格式举例如下。

　　（1）（清）张金吾编：《金文最》卷一一，光绪十七年江苏书局刻本，第 18 页。

　　（2）（元）苏天爵辑：《元朝名臣事略》卷一三《廉访使杨文宪公》，姚景安点校，中华书局，1996，第 257—258 页。

　　（3）（清）杨钟羲：《雪桥诗话续集》卷五上册，辽沈书社，1991 年影印本，第 461 页下栏。

（4）（唐）李隆基注，（宋）邢昺疏：《孝经注疏》，载李学勤主编《十三经注疏》，北京大学出版社，1999，第 3 页。

（5）金冲及：《二十世纪中国史纲（简本）》上册，社会科学文献出版社，2012，第 295 页。

（6）苗体君、窦春芳：《秦始皇、朱元璋的长相知多少——谈中学〈中国历史〉教科书中的图片选用》，《文史天地》2006 年第 4 期。

（7）林甘泉：《论中国古代民本思想及其历史价值》，《光明日报》2003 年 10 月 28 日。

（8）［英］G. E. 哈威：《缅甸史》，姚楠译，商务印书馆，1957，第 51 页。

（9）Marc Aurel Stein, Serindia (London：Oxford Press, 1911), p. 5.

（10）Cahill, Suzanne, "Taoism at the Song Court：The Heavenly Text Affair of 1008." *Bulletin of Sung-Yuan Studies* 16（1980）：23-44.

五、（1）请提供简化字（请参照国家语言文字工作委员会 1986 年重新发布的《简化字总表》）word 电子版。如有图片，需插入正文对应位置。（2）同时提供全文 pdf 电子版。（3）另附注明序号、名称、出处的高清图片电子版（图片大小应在 3M 以上），并确保无版权争议。（如为打印稿，须同时提供电子版）。（4）随文单附作者简介（包括姓名、单位、职称、研究方向）、生活照（电子版）、联系方式、通信地址、邮编。

六、如获得省部级及以上项目基金资助，可在首页页下注明。格式如：本成果得到××××项目（项目编号：××××）资助。项目资助标注不能超过两项。

七、邮箱投稿请以"文章名称"命名邮件名称和附件名称。请用文章全名命名，副标题可省略。

八、请作者严格按照本刊格式规范投稿，本刊将优先拜读符合规范的稿件。

九、来稿一律采用匿名评审，自收稿之日起三个月内，将通过电话或电子邮件告知审稿结果。稿件正式刊印后，将赠送样刊两本。

十、本刊已入编知网，作者文章一经录用刊发即会被知网收录，作者同意刊发，即被视为认可著作权转让（本刊已授权出版方处理相关事宜）。

十一、本刊地址：北京市朝阳区国家体育场北路 1 号院中国历史研究院行成楼 220 房间，邮编：100101。联系电话：010 - 87420859（周一、周二办公）。电子邮箱：xxshx2011@yeah. net。